Materialien zur DOCUMENTA IX

Werner Stehr / Johannes Kirschenmann (Hrsg.)

Materialien zur DOCUMENTA IX

Ein Reader für Unterricht und Studium

Edition Cantz

INHALTSVERZEICHNIS

ICH WEISS JA, DASS SIE ETWAS GEGEN DIE MODERNE KUNST HABEN, ABER DASS SIE GUMMIHANDSCHUHE ANZIEHEN, WENN SIE ZUR DOCUMENTA FAHREN, GEHT JA WOHL DOCH ZU WEIT

DOCUMENTA IX

Künstler, Kunstwerke, Betrachter … und Worte

Johannes Kirschenmann und Werner Stehr

Arnold Bode, Kunstprofessor und Initiator der documenta, im Vorwort des Katalogs zur d3: »Hier werden die Leistungen der Kunst des 20. Jahrhunderts (…) sichtbar vor Augen geführt. Die junge Generation eröffnet hinzutretend den Blick auf Morgen.«

Gerhard Richter, Kunstprofessor und Künstler auf der documenta 9: »Ich verfolge keine Absichten, kein System, keine Richtung. Ich habe kein Programm, keinen Stil, kein Anliegen. Ich halte nichts von fachlichen Problemen, von Arbeitsthemen, von Variationen bis zur Meisterschaft. Ich fliehe vor jeder Festlegung, ich weiß nicht, was ich will, ich bin inkonsequent, gleichgültig, passiv; ich mag das Unbestimmbare und Uferlose und die fortwährende Unsicherheit.«

Zeitgenössische Kunst ist erklärungsbedürftig! Das Verhältnis des Publikums zur Gegenwartskunst ist distanziert, ja, gebrochen. Werden Kunstwerke zum Gegenstand der Erfahrung oder gar Impuls zur Kritik, bleibt ihr Kontext oft außerhalb der Reflexion. Der Kunstbetrieb, die Produktionsbedingungen und das, was hinter den Kulissen geschieht, geraten selten ins Blickfeld der Vermittlung.

Im pädagogischen Prozeß war es lange Zeit ideologieverdächtig, die moderne Kunst zu sehr zu bemühen – zuerst war sie auf ihre Tauglichkeit für die als richtig ausgegebenen Interessen der Rezipienten zu prüfen; es galt zu fragen: »Was haben wir von den Sachen? Und: Stehen der Spaß, die Denkanstöße, die Einsichten, die uns aktuelle Kunst vermittelt, in einem vernünftigen Verhältnis zu dem, was die Gesellschaft dafür aufbringt?« (Giffhorn 1977) Was für die Schule gilt, läßt sich auch auf das Publikum im allgemeinen, auf die Besucher von Ausstellungen, Museen oder Galerien übertragen.

Inzwischen wurde die Gegenwartskunst für die Kunstpädagogik erneut entdeckt, das betrifft die Arbeit mit Kindern und Jugendlichen ebenso wie die Ausbildungsinstitutionen; keine Hochschule, kein Fortbildungsinstitut ohne Beuys-Seminar.

Trotzdem sind die Indifferenzen und Widersprüche in der Rezeption zeitgenössischer Kunst damit nicht vom Tisch. Da sie selbst umstritten ist, geht es in dem Glaubenskrieg schließlich um verschiedene Exegesen. Trotz des engagierten Bemühens liegt ein gewichtiger Streitapfel in der Brüchigkeit der pädagogischen Zielrichtung begründet. Welcher Sinn, welche Absichten, welche Resultate lassen sich aus der Auseinandersetzung mit den Werken von Zeitgenossen ableiten? Was haben Jugendliche eigentlich davon? Worauf basiert die Vermittlung? Zumeist kein Kanon von didaktisch unmittelbar verwertbaren Denkfiguren, selten Normen, kaum Werte oder unanfechtbare *Meisterwerke* im traditionellen Verständnis liegen dem Diskurs zugrunde, sondern häufig höchst *Fragwürdiges* oder Offenes. Es drängt sich manchmal die Frage auf, ob angesichts einer mehr oder weniger gut funktionierenden Gesellschaft die Künstler nicht aus der Reihe tanzen oder gar Scharlatanerie betreiben und sich damit den Erwartungshaltungen des breiten Publikums entziehen. Das Resultat dieser Disparität ließe sich dann in die Formel fassen: »Die Kunst antwortet nur noch der Kunst!«, – d. h. im Prinzip ist der Betrachter überflüssig. »Nicht mehr weit weg vom Ende des Jahrhunderts sehen wir freilich, in welch auffälligem Maß ihre Selbst-Bezüglichkeit die Kunst abgedichtet hat gegen vieles außerhalb ihrer Fragen und Antworten. Es ist ein geschlossener, eben: selbst-referentieller Kontext entstanden – die Entfernung zumal der bildenden Kunst vom breiten Publikum hat nicht zuletzt darin eine Ursache.« (Iden 1987)

Museum Fridericianum (Foto: Stehr)

Auf der einen Seite können weder die Fachdidaktik noch die Pädagogen in den Bildungsinstitutionen die zeitgenössischen Tendenzen einfach negieren, eine Ausstellung mit dem Prädikat, der Welt bedeutsamste Wegmarke in der Entwicklung zeitgenössischer Kunst zu sein, kann nicht links liegen gelassen werden. Die Erfahrungen mit vergangenen documenta-Ausstellungen zeigen, daß der Rummel und die Kritik an dem Ereignis die öffentliche Diskussion eher angeheizt als geglättet haben. Durch die Hilflosigkeit des Publikums, und dazu gehören natürlich auch Schüler und Studenten, entstehen gegenüber der Vermittlung klar formulierte Ansprüche. Zudem provoziert die Medienberichterstattung genügend Fragen, die gerne im Für und Wider der zeitgenössischen Kunst aufgegriffen werden: die Ablehnung, das Unverständnis, aber auch die Euphorie und die Heilserwartungen, der Verweis auf hohe Kosten und den Steuerzahler, die schwindelerregende Preisbildung für einzelne Werke und anderes mehr. Das, was als zeitgenössische Kunst im aktuellsten Stadium ausgestellt und rezipiert wird, ist umstritten wie nie zuvor. Seit dem Ende der Avantgarden und begrenzten Bewegungen, wie sie die Pop art vielleicht noch darstellte, in denen noch Vergleiche und unmittelbares Erkennen eine Rolle spielten, gibt es heute nur noch die totale Streuung der an einzelne Künstlerpersönlichkeiten gebundenen Bildsprachen. Jean-

Christophe Ammann bezeichnet das als eine *babylonische Verwirrung* (Ammann 1992). Um so dringlicher stellt sich die Frage der Vermittlung, der Erklärungsbedarf der Werke ist vermutlich größer denn je. Auf der anderen Seite hieße es, die Situation zu verkennen, ginge man davon aus, es gäbe ein zufriedenstellendes Bindeglied in Form eines schlüssigen Antwortkonzepts für die präsentierte Kunst. Nichts dergleichen. Ebenso ist Skepsis gegenüber jeder professionellen Auslegung angebracht, wie überhaupt Mißtrauen gegenüber der Sprache als Ersatzgegenstand. Mehrere Autoren in unseren Materialien setzen sich direkt oder indirekt mit der mystifizierenden Deutung von Kunst, dem Problem des *kosmischen Jargons*, wie ihn Arnold Gehlen nannte, auseinander. Der Hörer oder Betrachter spürt: Auch *Insider* oder Experten stoßen an ihre Grenzen, viele zeitgenössische Werke lassen sich nicht terminologisch oder analytisch fassen, sondern verbleiben in der ihnen eigenen ikonografischen Mitteilung. Die Qualitätsmerkmale sind dabei allemal umstritten; Zyniker behaupten: Wenn die Sonne der Kultur sinkt, werfen auch Zwerge lange Schatten.

Zur DOCUMENTA IX werden wohl fast eine Million Besucher pilgern, ein beachtlicher Teil davon kommen mit Schulklassen oder Studentengruppen. In der Vergangenheit wurde nach jeder documenta die Frage nach ihrer Fortdauer gestellt; jede folgende hatte mehr Besucher, mehr Kritiker und ein stärkeres Medienecho. Fast alle Ausstellungen starteten zunächst mit voreiligen, negativen Wertungen, um dann in der Retrospektive doch als Superlative oder gar *Meilenstein* zu gelten. Vergangenheit und Gegenwart des Museums der 100 Tage sowie die aktuelle Kunst von etwa 180 internationalen Künstlerinnen und Künstlern als Angebot sind angesichts der herausragenden Bedeutung für den aktuellen Stand der Künste didaktische Begründung genug. Doch wie kann es gelingen, so haben wir bei der documenta 8 gefragt, aus solch einem »Elefanten eine Mücke zu machen«?

Die Kunst als das Heiligste?

Die DOCUMENTA IX wurde von ihrem künstlerischen Leiter, dem Belgier Jan Hoet, nicht wie die vorangegangenen unter ein Leitmotiv gestellt. Schon lange vor Eröffnung der Ausstellung wies er die Frage nach einem Konzept mit dem Hinweis auf die sichtbar gewordene Brüchigkeit der Utopien und Ideologien zurück. Konzepte wirken für ihn reduzierend, gegenüber der vom Künstler gewollten Komplexität von Kunst hemmend. Für ihn gilt, »daß die Kunst, die das höchste ist, das heiligste, es so weit bringen kann, daß die Indifferenz zerbrochen wird« (Hoet 1992a). Mit der Kunst will Hoet die Gleichgültigkeit gegenüber den Werken selbst wie gegenüber den darin angesprochenen anderen substantiellen Fragen aufbrechen. Er will die Kraft der Provokation durch Kunst als eine Chance nutzen, den Standort des sozialen Subjektes neu zu bestimmen. Dazu gibt er, so die offiziellen Verlautbarungen, weder einzelnen Künstlern eine Priorität noch bestimmten künstlerischen Medien – »Keine Ideologien, keine Hierarchien« (Hoet 1992a). In einem Interview erläutert der documenta-Leiter, wie er zur Auswahl der Künstler gekommen ist, wo er die Kräfte der zeitgenössischen Kunst sieht – und welche Rolle er dem Besucher der documenta zuweist. Der Betrachter wird zur schwierigen Aneignungsarbeit aufgefordert: »Der Künstler, das Kunstwerk, der Betrachter« – so Hoet an anderer Stelle – »bilden die Einheit einer Struktur, die den Besucher attackiert, verführt, bedroht, verwirrt, umschmeichelt, entspannt, zum Zweck, die Kunst wieder als eigenständige, andersartige fremde Kraft zu entdecken« (Hoet 1992b). Diese Sprache macht den Vermittler stutzig – geht es um Neues oder Selbstverständliches?

Eine zentrale Kategorie bei der konzeptionellen Auswahl der documenta-Kunst ist für Hoet die Grenzverschiebung und Grenzverletzung innerhalb des Systems Kunst. Er nennt das *displacement*. Roland Nachtigäller erörtert den Begriff im Kontext der Vorarbeiten zur Ausstellung. Die abstrakten Denkfiguren der Mathematik sollen dabei helfen, eine Anschauung vom Bedeutungswandel der Objekte in der Kunst zu gewinnen.

Bedeutungswandel von Objekten am Beispiel einer Arbeit von Reinhard Mucha

Vermittlung zeitgenössischer Kunst hat immer auch die eigenen Bedingungen ihrer gesellschaftlichen Funktion zu reflektieren. Jan Hoet wurde vor der Ausstellung heftig kritisiert, nicht zuletzt, weil er lange Zeit trotz spektakulärer Großveranstaltungen in Gent und Weimar den Kunstjournalisten wenig Konkretes in den Block diktierte. Christian Bromig reflektiert das unter dem Gesichtspunkt eines wiederkehrenden Rituals. Carel Blotkamp geht auf die historische Komponente der Kunstkritik ein und stellt dar, aus welchen Einflüssen heraus sie sich zu dem gemausert hat, was sie heute darstellt. Karl

Markus Michel illustriert anhand nachgewiesener Beispiele aus den letzten Jahren die Geschwätzigkeit der Kunstkritik, die, Heiliger Lukas, an die Stelle von Beschreibung und angemessener Deutung Pathosformeln setzt. Werner Hahn, ein hessischer Künstler mit besonderen Ambitionen, stellt seine Kritik an der Künstlerauswahl vor. Das alte Problem der Auswahl durch Experten wirft für ihn eine Fülle von Fragen auf und er begründet seine Klage auf Zulassung zur documenta vor dem Verwaltungsgericht in Kassel.

Vermittlung von Kunst ist stets methodenabhängig, Methodenpluralismus kennzeichnet daher auch die gegenwärtige Kunstpädagogik. Die fachdidaktischen Möglichkeiten der documenta für die Kunstpädagogik diskutiert Johannes Eucker; selektiv ist sein Blick auf die 100-Tage-Ausstellung als Teil eines umfassenden Kunstbetriebes gerichtet. Erst unter dieser kritischen Betrachtung sieht er die Chancen für das Entdecken von Kunst und das Entdecken des Selbst im Umgang mit den Werken. In exemplarischer und subjektiver Weise nähert sich Gunter Otto dem Werk eines auf der documenta vertretenen Künstlers und zeigt damit, daß die Auslegung von Kunst nicht an einen singulären Standort gebunden ist, sondern gleichzeitig den Blick nach außen öffnet.

Ein umfangreiches Kapitel setzt sich speziell mit einigen ausgestellten Künstlerinnen und Künstlern auseinander, die für die Betrachtung besonders geeignet erscheinen. Recht unterschiedlichen Autoren haben dabei ihren Favoriten aus der Teilnehmerliste je nach Vorliebe und Interesse eigenständig ausgewählt und gehen auch nach verschiedenen methodischen Interpretationsansätzen vor. Die Auswahl der Künstler zielte auf eine möglichst repräsentative Breite, um vom Konkreten auf die Kontur des Allgemeinen schließen zu können. Der Gang durch die Ausstellung, mit nur einer Feder beschrieben, wäre weniger ergiebig. Alle Autorinnen und Autoren hatten eine Schwierigkeit zu bewältigen: das Konzept der documenta sah vor, daß die Werke vor Ort, auf die zugewiesenen Gebäude bezogen, entstehen und im Atelier allenfalls konzipiert werden. Der Aufbau am Ausstellungsort in der documenta begann im Hinblick auf die Drucklegung unserer Materialien und des Hauptkatalogs recht spät ab März diesen Jahres. So ist auch hier der Leser als Betrachter gefordert, denn die Hinweise zu den Künstlern sind nicht in jedem Fall als unmittelbare Interpretation der nun in der Ausstellung präsentierten Arbeit geschrieben, sondern informieren über den weiteren Kontext, helfen bei der Einordnung und vertiefen über das singuläre Werk hinaus.

Vermittlung im ästhetischen Erkenntnisprozeß heißt für uns nicht, enge Raster und Schablonen anzubieten, sondern aus dem weiten Feld der Reflexion und Diskussion über die Kunst der Gegenwart ein Spektrum abzubilden, das als das Allgemeine neben das Konkrete tritt. Ein wesentlicher Gesichtspunkt unserer Materialien ist dabei die Frage der *Vernetzung*, d.h.scheinbar separate oder oft isoliert gesehene Sachverhalte sind auf vielfältige Weise mit anderen Faktoren oder einem oft übersehenen Kontext verwoben. Die entstehenden Relationen sind nicht kausal und widerspruchsfrei. Michael Grauer und Klaus Baum diskutieren mit pointierten, kritischen Thesen die Tendenzen der Gegenwartskunst aus theoretischer Sicht und rekurrieren dabei auf Künstler der documenta und deren Werkentwicklung. Deutlich werden neben einer verhohlenen Kritik auch die gleichberechtigten Positionen, die in der zeitgenössischen Kunst nebeneinander stehen. Die Analysen markieren verschiedene Kategorien: Formen des Objektzitats, die Ästhetik der Simulation, Ästhetik als präzises Vergnügen, Materialausdruck und Sinnenbewußtsein oder den Widerspruch zwischen der Kunst als Darstellung eines Ideals und der Kunst als Hinwendung zum beschädigten Leben.

Die Rolle des Künstlers in unserer Zeit reflektiert Jean-Christophe Ammann, er fragt nach dem möglichen Beitrag der Kunst in einem Prozeß der Selbstfindung. Welche Richtung schlägt das schöpferische Denken ein, wenn Richtungslosigkeit die größte Herausforderung an den jungen Künstler darstellt? Kritisch in der Analyse und skeptisch in der Bilanz sieht Wolfgang Max Faust die Möglichkeiten des Künstlers heute. Als *Leitfigur* hat er längst ausgedient; für den Künstler – so kurz gefaßt – ist das Marktgeschehen die dominierende Kraft, nicht die aus sozialer Verantwortung gespeiste Innovation im künstlerischen Prozeß. Der dargestellte Standpunkt untermauert auch die Entscheidung des künstlerischen Leiters, einige etablierte Künstler, die immer nur das Gleiche (wie z.B. Baselitz) wiederholen, endlich einmal nicht auf der documenta zu präsentieren.

Genau diese enge, undurchschaubare Verknüpfung von Kunstmarkt und Kunstgeschehen, die schöne Ware und das wahre Schöne, beschreibt Stephan Schmidt-Wulffen. Der Blick hinter die Kulissen, die Einbindung der Kunst in die vielschichtigen Verflechtungen des Kunstbetriebes (und der Kunstmarkt ist nur ein Segment davon) bildet vermutlich auch den Kern der Vermittlung von Gegenwartskunst. Mit Ulrike Lehmann ist provokativ nach der Rolle des Kunstwerks in der Ausstellung zu fragen. Ist die inszenierte Hülle vielleicht schon das Ereignis selbst?

Die Aufregung um die 100-Tage-Ausstellung wäre nicht so groß, wäre sie nicht aus Tradition mit dem Mythos verknüpft, die wichtigste internationale Ausstellung für zeitgenössische Kunst zu sein. Sie war weder dazu angelegt, diesen Stellenwert zu bekommen, noch ist sie für die teilnehmenden Künstler Garantie der sicheren Aufnahme in den Kunstmarkt-Olymp. Neben stets wiederkehrenden Namen ver-

blassen nicht wenige nach der Teilnahme. Harald Kimpel untersucht, wie sich die documenta als anerkannte Institution der zeitgenössischen Kunst etabliert hat.
Damit gelangen wir ein weiteres Mal in die Nähe von Kunst und Mark(t). Daß die documenta vor Ort einen beachtlichen Wirtschaftsfaktor darstellt, liegt auf der Hand. Für die öffentlichen Etats bleibt sie trotzdem, wie ihre Vorgängerinnen, ein sicheres Zuschußgeschäft. »Wie geht's der Kunst?«- Wichtiger als der lokale ökonomische Faktor erscheint uns die Frage nach der Kunstmarktentwicklung seit der letzten documenta, vergessen werden darf auch nicht der Börsenkrach im Herbst 1987, der die Preise der »Wandaktien« erheblich beeinflußte. Zunächst schien der Kunstmarkt immun, geradezu eine Zuflucht für das verunsicherte Kapital. Doch seit zwei Jahren ist auch hier der Boom gebrochen, die Spekulation vereitelt. Die letzten fünf Jahre des Kunstgeschäfts, die Euphorie der Auktionen und den Katzenjammer der Spekulaten beleuchten Jessica Schulze und Barbara Böcker.

Der Sprung in die Kunst

Kunstsoziologische Untersuchungen deuten darauf hin, daß vor allem junge Besucher Museen und Kunstausstellungen als Informations- und Genußquelle nutzen (vgl. Wick 1979). Die Besucher der documenta sind im statistischen Mittel sogar ein extrem junges Publikum. 1977 beispielsweise waren 14% der Besucher der documenta 6 unter 20 Jahre alt, 44% zwischen 20 und 30 Jahren. Die Bereitschaft und das Interesse dieser Gruppe, sich mit zeitgenössischer Kunst zu befassen, scheint sehr hoch zu sein, jedoch muß auch der Einfluß durch die Schule berücksichtigt werden.
Wichtig erscheint uns, den Besuch der documenta als *Gelegenheit der Entdeckung* zu begreifen. Die vorgestellte Kunst soll dem Urteil des Publikums ausgesetzt werden. Entstehen Momente der Spannung, des Rätsels oder des Nachfragens? Ohne jegliche Fixierung jedoch wird bei über 180 ausstellenden Künstlerinnen und Künstler die Erinnerung später diffus. Das Gewühl der zu Tausenden durchströmenden Besucher lenkt ab.
Zur Erkundung und Strukturierung der Ausstellung ist ein differenzierter Auftrag sinnvoll, der am Konzept der documenta ausgerichtet sein kann. Dem Einwand, hier würden in unlauterer Weise Raster oder Schubladen gebildet, es würde mehr verstellt als erhellt, darf entgegnet werden, daß die Auswahl der vertretenen Künstler, ihre Placierung in den Gebäuden ebenfalls von schlüssigen Überlegungen geleitet wurde. Ebenso finden wir Rubrizierungen im aktuellen kunstwissenschaftlichen Diskurs zur Gegenwartskunst. Die Struktur- und Begriffsbildung ist zur Verständigung über Kunst unerläßlich. Die Gefahr der *Sprachlosigkeit* oder des Schwadronierens als anderem Extrem im unsicheren Umgang mit aktueller Kunst liegt auf der Hand: »Das Sprechen über Bilder kann nur dann vor der Beliebigkeit der Floskeln und der Wiederholung vorfabrizierter Urteilssprüche bewahrt werden, wenn Sprache als Moment im *Wahrnehmungsprozeß* begriffen wird; konkreter: wenn das Sprechen immer wieder an Wahrnehmung rückgebunden, rückverwiesen wird« (Otto/Otto 1987). Trotz alledem geht es um verschiedene sinnliche Dimensionen: sehen oder sprechen. Es wäre eine Illusion zu glauben,- so argumentiert Ulrich Meyer-Husmann, das Kunstwerk ließe sich *intellektuell domestizieren.*
Eine Ausstellung in mehreren Gebäuden und mit der Vielzahl oft unbekannter Künstlerinnen und Künstlern ist zu groß, um insgesamt erfaßt zu werden, wenn zum Beispiel nur ein Besuchstag zur Verfügung steht. Für die meisten Besucher ist das die Regel. An anderer Stelle (vgl. hierzu das Themenheft zur DOCUMENTA IX der Zeitschrift Kunst + Unterricht) haben wir daher versucht, ein pragmatisches Modell mit *Fragen an die documenta* zu entwickeln, das diesem Umstand Rechnung trägt. Der Besucher selbst muß entscheiden, ob der Weg in die Ausstellung für ihn ein Irrweg war – oder ob er um Erfahrungen reicher, den Sprung in die Kunst genossen hat.
Undankbarkeit ist eine Untugend vieler Zeitgenossen. Wir möchten daher an dieser Stelle nicht versäumen, uns herzlich bei all jenen bedanken, die direkt oder indirekt halfen, das vorliegende Konzept auf die Füße zu stellen. Neben den Autoren sind wir der documenta-Gesellschaft und besonders Jan Hoet und Klaus Baum vom Führungsdienst, dem Hessischen Institut für Lehrerfortbildung und dem Bund Deutscher Kunsterzieher für die ideelle Unterstützung zu Dank verpflichtet.

LITERATUR

Ammann, Jean-Christophe: *Erklärungsbedürftig,* unveröff. MS, Frankfurt/M. 1992

Gehlen, Arnold: *Zeit-Bilder. Zur Soziologie und Ästhetik der modernen Malerei.* Frankfurt/M. 1960

Giffhorn, Hans: *Aktuelle Kunst im Unterricht.* In: K+U 46/1977.

Hoet, Jan (a): *Interview mit Petra Kipphoff und Hans-Joachim Müller.* In: DIE ZEIT 4/1992

Hoet, Jan (b): *Materialien der Pressekonferenz vom 14. 1. 1992 in Kassel*

Iden, Peter: *Das Neue gibt es nicht auf Kommando.* In: Frankfurter Rundschau v. 2. 5. 1887

Otto, Gunter/Otto, Maria: *Auslegen.* Velber 1987

Wick, Rainer: *Das Museumspublikum als Teil des Kunstpublikums.* In: Rainer Wick/Astrid Wick-Kmoch: *Kunstsoziologie,* Köln 1979.

Die beiden Zitate wurden entnommen:
Katalog der documenta 3, Köln 1964, S. XIX (Bode) und Faust, W. M./de Vries, G.: *Hunger nach Bildern-Deutsche Malerei der Gegenwart.* Köln 1982, S. 47 (Richter)

DIE DOCUMENTA UND DAS KUNSTPÄDAGOGISCHE KARTOFFEL-THEOREM

Johannes Eucker

Was immer die documenta an künstlerischer Innovation vorstellen mag, es ist kunstpädagogisch ohne Relevanz.
Zu dieser befreienden Einsicht gelangt man, sofern man sich weigert, das Kartoffel-Theorem, ein neues Gesetz der Ökonomie, das viele Bereiche unserer Gesellschaft durchdringt, aus dem Kunstbetrieb in die Kunstpädagogik zu übertragen. Zunächst jedoch:

Das Kartoffel-Theorem und der Kunstbetrieb

Das Kartoffel-Theorem lautet: »Nun sind die Kartoffeln da, nun werden sie auch gegessen« (vgl. Engen 1992). Nun ist die documenta da, nun sollen die Leute sie auch konsumieren. Anders gesagt: »Das Angebot bestimmt die Nachfrage.« Dieses Verfahren kennen wir aus der Konsumwelt bei Katzenfutter, Kosmetika, Autos und Blutdruckmeßgeräten. So ist das in unserer freien Wirtschaft, so auch in einem kulturellen Teilbereich, der freien Kunst: Das Angebot an Kunst bestimmt die Nachfrage nach Kunst, nicht umgekehrt.
Die Umkehrung empfänden freie Künstler ja wohl auch als Verkehrung, denn sie bedeutete: Was die Leute wollen, das sollen die Künstler machen. Darauf könnten diese sich niemals einlassen. Sie müßten ihre in Jahrhunderten erworbene Freiheit wieder mit der Abhängigkeit von Auftraggebern vertauschen. Welchen Auftraggebern würden sie sich aber heute im Vergleich zu Päpsten, Bischöfen und wohlhabenden Bürgern früherer Zeiten ausliefern!
Wenn einerseits im Interesse der Freiheit der Kunstproduzenten das Kartoffel-Theorem für den Kunstbetrieb in Geltung bleiben muß, bedeutet es andererseits, daß die Nachfrage für bestimmte Kunstprodukte zu wecken ist, sobald diese auf den Markt kommen. Diese Reihenfolge leuchtet ein, denn bevor nicht das Kunstangebot vorliegt, wüßten die Leute ja auch gar nicht, wonach sie verlangen sollten. Oder wüßten Sie, welche Kunst Sie sich für die nächste Saison (von Epoche redet man schon lange nicht mehr) oder die nächste documenta wünschen sollten? Und das ist gut so, jedenfalls ist es im Sinne des Kartoffel-Theorems. Ich will keinesfalls die Freiheit der Kunstproduktion anfechten, sofern es sie wirklich gibt. Ich will mich hier auch nicht in den Streit einmischen, ob eine Kunstproduktion, die auf die Mehrzahl der Bevölkerung hin ausgerichtet wäre und auf staatliche Subventionen verzichtete, tatsächlich Schaden nähme an ihrer Qualität (vgl. dazu Engen 1992)?
Wenn die Entdeckung der Kartoffel vor 500 Jahren eine gewisse zeitliche Entsprechung in der Entdeckung der individuellen Freiheit des Menschen und des *autonomen Künstlers* hat – jedenfalls als Möglichkeit – so könnte die gegenwärtige Verbreitung der Pommes frites und anderer aus Kartoffeln hergestellter kulinarischer Genüsse ihre Parallele in der *Autonomie des Kunstbetrachters* gegenüber der Kunstproduktion finden.
Ich will also nicht von Käufern und Sammlern reden, nicht von der ökonomischen Nachfrage, die von Ausstellungen auf dem Kunstmarkt hervorgerufen oder gedämpft wird. Mir geht es im folgenden um die Nachfrage jener, die weder Käufer noch Sammler sind, die Kunstbetrachter. Sie dürften die überwiegende Anzahl der Bürger und der Ausstellungsbesucher ausmachen.
Besondere Aufmerksamkeit verdienen die Schülern/innen. Speziell diese sollen zwar von der Schule zur Mündigkeit und Autonomie erzogen werden (vgl. u.a. Schulz 1980), aber nicht einmal gegenüber der Kunst dürfen sie sich ohne weiteres die Freiheit nehmen, ihren Standpunkt frisch von der Leber weg zu behaupten.
In diesem Zusammenhang muß auch der Kunstpädagogen gedacht werden, denen Unterricht über Kunst der Gegenwart aus Anlaß der documenta verstärkt ins Schulhaus steht. Als Pädagogen vertreten sie erzieherische Ziele und müssen/wollen/sollen doch zugleich als Vermittler in einem Prozeß von Angebot und Nachfrage handeln, der vor allem eine ökonomische und kulturpolitische Seite hat und nicht aus kunstpädagogischen Gründen inszeniert wird. *Der Gebrauchswert eines Kunstwerkes für den Betrachter hat mit dem Marktwert so viel oder wenig zu tun wie Kunstbetrachtung mit dem Kunstbetrieb.*
In dieser komplizierten Situation ist kunstpädagogisches Handeln lokalisiert, an einem Ort, wo Kunstbetrachtung eigentlich Nebenschauplatz ist. Die Besucher von Ausstellungen, die als Betrachter kommen, täuschen. Ihre Vielzahl dient, ohne es zu wollen, auch der Imagepflege des Kunstbetriebs und legitimiert das kulturpolitische und finanzielle Engagement des Staates. Viel Betrieb (durch interessierte Betrachter) verdeckt den eigentlichen Betrieb. Die Vertracktheit der Situation kann aber kunstpädagogisch ins Positive umschlagen. Wenn zum Beispiel Schüler den Eindruck gewinnen, daß ihr Interesse, ihre Wertschätzung einzelner Kunstwerke mit deren Rang im offiziellen kulturellen Produktions- und Distributionsprozeß so gar nicht übereinstimmt, dann wird es auf dem Nebenschauplatz Kunstbetrachtung spannend, dann werden Urteile laut, die Diskussionen erfordern. Auch vorläufige und falsche Urteile gehören ausgesprochen, das sei hier vorweggenommen, damit sie nicht in der sozialen Verborgenheit »entarten«, damit nicht als Kunsturteil firmiert, was seiner Art nach gar kein Urteil über Kunst ist, sondern »nur«

Ausdruck von Ablehnung einer fremden und unverstandenen Sache. (Zum Verhältnis von Jugenlichen und Kunst s. u.)

Das Kartoffel-Theorem und die Kunstpädagogik

Was haben Kunstpädagogen/Museumspädagogen u.a. mit Angebot und Nachfrage zu tun? Sie stehen außerhalb des Kunstbetriebs, sie verkaufen nicht und werben nicht, sind frei von ökonomischem Interesse. Und doch möchten sie bei Kindern, Jugendlichen und Erwachsenen Bedürfnisse wecken, sich (ganz persönlich) mit Kunst zu befassen. Aus Anlaß der documenta treten sie gar an, ihnen relativ neue Kunst nahezubringen, von der viele ihrer Eleven von Hause aus wenig oder nichts wissen (können), wenig oder Falsches halten, die weder von ihnen in Auftrag gegeben wurde, noch im Hinblick auf ihre besondere Interessenlage produziert wurde.

Kunst, insbesondere die der Gegenwart, kann Kindern und Jugendlichen in mehrfacher Hinsicht fern sein:

- als Kunst der Erwachsenen,
- als Kunst, die nach dem Urteil einer Kulturelite und nicht nach den Bedürfnissen der Breite der Bevölkerung entworfen, geschaffen, begünstigt und aussortiert wurde,
- als Kunst, die in Art und Intensität sinnlicher Erfahrung nicht an Videoclips, Werbung und Discos heranreicht,
- als Kunst, die kreiert wurde ohne ihre tatsächliche Verstehbarkeit durch die Zeitgenossen zu prüfen,
- als Kunst, die weniger ein sinnliches Ereignis als eine geistige Herausforderung darstellt,
- als Kunst, die in der Regel Vorwissen voraussetzt oder
- als Kunst, die ohne Verständnishilfe präsentiert wird (...).

Kunstpädagogen müssen sich nun fragen, wo sie in diesem Prozeß stehen wollen. Verstehen sie sich mehr als Produktmanager (als Vertreter der Kunst) oder als Agenten einer Nachfrage (als Vertreter der Lernenden), oder wo wollen sie sich als Mittler ansiedeln?. Mit ihrer Entscheidung verwirklichen sie das Kartoffel-Theorem in der Kunstpädagogik oder weisen es zurück: das Kartoffel-Theorem spaltet die Kunsterzieherschaft. Die einen sagen, die Kunst ist da, nun sollen die Schüler sie auch lernen, die anderen bestehen darauf, daß die Nachfrage der Schüler/innen vor der Kunst da ist und ihnen ein Recht darauf zusteht, Kunstwerke auf ihren Gebrauchswert hin abzuklopfen.

Von beiden kunstpädagogischen Positionen her wird Kunst als wichtiges pädagogisches Erlebnis- und Handlungsfeld anerkannt.

Wer das kunstpädagogische Kartoffel-Theorem für die documenta übernimmt, für den ist klar: Was bei der documenta als Kunst auf den Markt kommt, das sollen Kinder und Jugendliche so auch akzeptieren lernen. Ein pädagogisches Soll, man könnte auch sagen, eine Attacke auf die pädagogische Freiheit, so es sie denn gibt.

In der Geschichte der Kunstpädagogik war von Souveränität gegenüber der Kunst lange nicht die Rede. Ein Beispiel: Zur documenta 6 befragt, formulierte Wilhelm Ebert (1977) noch: »Aufgabe der Kunstpädagogik ist zunächst und vor allem die Erschließung der gesellschaftlichen und ästhetischen Realität Kunst (im weitesten Verständnis) für den Schüler.« (Das Kartoffel-Theorem war damit kunstpädagogisch bestätigt.) Die zentrale kunst- und museumspädagogische Frage wäre dann schlüssig nur noch die nach der flottesten und wirkungsvollsten Methode der Kunstvermittlung.

Diese Folgerichtigkeit muß Gegnern des Kartoffel-Theorems in der Kunstpädagogik verdächtig erscheinen. Damit kehre ich zum Anfang dieses Textes zurück.

Die kunstpädagogische Antithese zum Kartoffel-Theorem

Aus den Fesseln dieses Theorems kann man sich befreien. Die Zauberformel kunstpädagogischer Souveränität gegenüber Kunstmarkt und Kunstbetrieb lautet dann: Was der Kunstbetrieb auswirft, muß die Kunstpädagogik so noch lange nicht aufnehmen. Oder, anders formuliert, so daß man deutlicher die betroffenen Personen erkennt, um deren Lebensglück es geht: Was Künstler produzieren, muß Kinder und Jugendliche (und andere documenta Besucher und potentielle Kunstbetrachter) noch lange nicht reizen. Sie müssen es auch nicht anerkennen. Verallgemeinert gesagt: »Konsumentensouveränität als ›Kultursouveränität‹ des Bürgers schließt auch die Freiheit ein, etwas abscheulich zu finden, was andere als große Kunst betrachten, oder von Kitsch gerührt zu sein und entsprechend durch Nachfrage das Angebot der Kulturschaffenden zu steuern« (Prosi 1991). *Der Autonomie der Künstler auf der einen Seite steht die der Betrachter auf der anderen gegenüber. Dieses Postulat gilt unabhängig von der Dummheit der einen oder der anderen. Die Autonomie beider kann nicht an ihren IQ gekoppelt werden.* Ob das Urteil der Kunstbetrachter allerdings die Anbieter (Künstler und Distributoren) auch nur im geringsten beeindrucken wird, kann bezweifelt werden. Gehört es doch zum Selbstverständnis der Kulturelite, »besser zu wissen, was gut ist und was gut für die vielen anderen Bürger ist« (Prosi 1991).

Von kunstpädagogischen Pommes frites

Ganz ohne Frage mögen heutige Kinder Pommes

frites lieber als Salzkartoffeln. Sie sind Teil ihrer Eßkultur. Eltern wissen eigentlich besser, was gut für sie wäre. Sie kommen trotzdem nicht immer gegen den starken Wunsch ihrer Kinder an. Im Gegenteil, sie geraten in Verlegenheit, wenn er im falschen Lokal im rechten Augenblick lauthals vorgebracht wird. Kinder verzichten oft lieber ganz auf Kartoffeln, anstatt Salzkartoffeln, aber auch jede verfeinerte Form dieses wunderbaren Gemüses anstelle von Pommes frites zu akzeptieren. Erst später lernen viele von ihnen die überraschende Verschiedenheit und Feinheit an Genüssen zu schätzen, die die internationale Kochkunst auch auf deutschem Boden aus dem ehemaligen Grundnahrungsmittel entwickelt hat. Diese Kartoffelgeschichte mag den eben angeschnittenen Gedanken ein wenig illustrieren und uns zu einem pädagogischen Lehrstück werden.
Was für die Eßkultur zutrifft, findet auch in anderen Bereichen der Kultur Entsprechungen. Kunstpädagogen wissen oder sollten wie die Eltern der Frites-Esser wissen, welche Kunst unter Berücksichtigung ihres pädagogischen Nährwertes für diese oder jene ihrer Schüler/innen vorzuziehen sei. In diese Rolle zwingt sie ihr Amt. Engagiert versuchen sie denn auch, den Jugendlichen die ferne, hohe und neue Kunst nahezubringen. Allzuleicht werden (von den Anhängern des kunstpädagogischen Kartoffel-Theorems) bei diesem Bemühen aber die Ausgangslage und die Bezugssysteme der Lernenden mitsamt ihrer ästhetischen Sozialisation übersehen, die sich u.U. erheblich von denen ihrer Lehrer/innen abheben, die sich vor allem auch ständig ändern.
Kinder und Jugendliche haben nicht nur beim Kartoffelessen ihre eigenen (jugend-) kulturellen Bezugssysteme. (Vielleicht sind Pommes frites schon wieder out?) Sie sind weder mit denen der Erwachsenen identisch, noch korrespondieren sie besonders eng mit der Kunst, weder mit der historischen noch mit der gegenwärtigen. Die documenta kann folgerichtig auch nicht erste Wahl zur Befriedigung ihrer ästhetischen Bedürfnisse sein. Ihre Distanz, so wir sie denn bemerken, wird verständlich.
Doch trifft diese Haltung weder durchgängig für *alle* Jugendlichen zu, noch schaltet der Einzelne bei *jedem* Kunstwerk ab. Nicht alle Jugendlichen sind leidenschaftliche Pommes frites-Esser. Mancher kennt auch aus der heimischen Küche schon Kümmelkartoffeln, Béchamel Kartoffeln, Kartoffelbeignets, Rösti oder Papa Assadas, die ihm den Weg frei machen zu weiteren Genüssen. Er kann anknüpfen an schon Bekanntes.
Anders als beim *privaten* Kartoffelessen wagen Kinder und Jugendliche in Räumen der *öffentlichen* Institutionen Schule und Museum nicht so leicht, ihre oft massiv von der Lehrereinstellung abweichenden Vorprägungen offen auf den Tisch zu legen. Nur so aber könnten diese in gegenseitiges Verständnis und in Verständnis von Kunst umgemünzt werden. Sie verstecken u. U. ihr Unverständnis und ihre Unsicherheit hinter unartikulierter Ablehnung oder informellen Äußerungen und festigen so autistisch ihre Resistenz gegenüber neuer Kunsterfahrung bis hin zur Verabsolutierung der eigenen Vorläufigkeit – auch zum eigenen Nachteil. Diese Hinweise auf ein kunstpädagogisches Problem sollen genügen. Seine Tücken liegen u.a. auch darin, daß Anpassung vorgetäuscht wird: Lieber die Lehrererwartungen erfüllen, als einen Konflikt wagen, in dem man als Schüler intellektuell den kürzeren zieht, auch wenn das Recht auf Autonomie nicht an den IQ gekoppelt sein sollte (s.o.).
Damit sich nicht der Eindruck festsetzt, der Erdapfel sei geeignet, die Welt der Kunst und ihrer Wahrnehmung vollständig und endgültig zu repräsentieren, verlasse ich hier die Kartoffelgerichte.

Die documenta und der Kunstgenuß

Nach Menge und Breite gemessen ist das künstlerische Angebot jeder documenta bisher stets opulent gewesen. In seiner Masse kann man es weder als Ganzes aufnehmen noch verdauen. Die Vielzahl der Werke verführt zum »Mitnehmen« mit schnellem Blick: Der Kunstbetrachter als Kunstjogger. Wer höheren Genuß anstrebt, muß sich im Trubel des Geschehens auf besondere Einzelwerke konzentrieren, wozu ein Maß an fernöstlicher Gelassenheit aufzubringen ist, das möglicherweise nicht einmal mehr von der entsprechenden Besuchergruppe erwartet werden kann.
Wendet man sich aber nun dem Einzelwerk zu, fühlt man sich von den Anbietern schlecht bedient. Im Jahr 1977 schreibt Hermann K. Ehmer über diese Erfahrung: »Weder konnten mir die einzelnen Objekte und Künstler ihre ›Geschichte‹ vermitteln (...), noch konnte ich meine Erfahrungen (in den meisten Fällen und besonders bei denen, die für «neu» ausgegeben wurden, mit eben diesen Objekten verbinden (...)«. Ein Professor für Kunsterziehung bekennt seine Rezeptionsprobleme. Wie muß es da erst Laien ergehen, wie Schülern!
Kunstwerke werden in der Regel als abgeschlossen, als Fertigkost serviert. Ihre Zusammensetzung und Genese können vom Betrachter nur schwer oder gar nicht nachvollzogen werden. Wie soll er sich das Werk erschließen, wie in sich neu erstehen lassen, selbst wenn er möchte?
Die documenta ist primär keine kunstpädagogische Veranstaltung. Das kann ihr keiner vorwerfen. Sie ist eher ein Supermarkt als ein Kunst-Restaurant. Sie tut nur so, als lade sie zum Genuß ein. Es reicht allenfalls zum Hungrigmachen. Man fühlt sich angemacht, ohne auch nur das Wichtigste von dem »mitnehmen« zu können, was das Angebot ausmacht.

Verdaulich machen will die documenta nicht, muß sie nicht. Dafür ist ja die Kunstpädagogik zuständig. Dafür ist auch später, nach der Ausstellung, im Unterricht ja eigentlich mehr Muße.

documenta als Schule für Kunstpädagogen

Das schöne Amt hat nicht nur seine Beschwerlichkeiten, sondern auch verderbliche Auswirkungen auf die Amtsinhaber selbst, speziell auf ihre Kunstwahrnehmung. Nicht nur weil das Finanzamt die Reise zur Kunst als steuerlich absetzbar anerkennt, fühlen sich Kunstpädagogen in Ausstellungen sozusagen im Dienst. Es unterläuft ihnen dann gelegentlich (ich bekenne das auch von mir), die Exponate didaktisch zu sortieren. Kunstpädagogen, die ihre didaktische Brille nicht abnehmen können, filtern Kunstwerke aus, feinsinnig engstirnig. Sie engen mit der Selektion nicht nur potentiell den Horizont ihrer Schüler ein, sondern schirmen zunächst mal sich selbst vor Erfahrungen ab (anders als Hermann K. Ehmer das beschreibt), wenn sie Kunst nur partiell und sofort unter didaktischen Verwertungsgesichtspunkten registrieren:
Sie vermeiden ihre eigene ungeschützte Konfrontation mit subjektiv Unbekanntem in der Kunst. Sie verschenken ein Stück Selbsterfahrung, die sie vielleicht sogar der Situation ihrer Schüler als Unwissende, Verunsicherte, Zweifelnde, Fragende innerlich näherbrächte. Sie merken möglicherweise nicht, wie wenige Exponate ihnen selbst gefallen, wie sie selber spontan ablehnend oder zustimmend reagieren, wie hilflos sie trotz kunstwissenschaftlicher Vorbildung sein können, wenn sie ihren Genuß oder ihr Unbehagen jemanden erläutern sollten, wie wenig es bei manchen Kunstwerken weiterbringt, sorgfältig hinzusehen, wie verärgert sie über die Aufwertung von Kunstwerken sind, die sie selber viel besser hätten machen können, wie verdächtig ihnen die Verklärung von Alltagsdingen erscheint, das Kultische, das Pseudoreligiöse (vgl. Fußmann 1991), die scheinbar totale Beliebigkeit, die Gleichgültigkeit, die durch gleich »gültige« Präsentation entstehen kann (vgl. Nordhofen 1992). Sie würden vielleicht auch eine Sehnsucht nach dem helfenden Wort aus dem Munde eines Verläßlichen spüren, das ihnen in der Ausstellung in der Regel vorenthalten wird. Was empfänden sie wohl, wenn sie dann auch noch lehrerhaft vor Bildern befragt würden, die sie sich nicht ausgesucht haben, wenn sie Arbeitsbögen ausfüllen müßten mit Fragen, die nicht ihre sind?
Die Ergebnisse der Selbsterfahrung dürfte nicht mechanisch auf Kinder und Jugendliche übertragen werden. Die Selbstbeobachtung der Kunstpädagogen kann sich nur dann positiv für ihre Schüler/innen auswirken, wenn sie zum Anlaß genommen wird, mal wieder genau hinzusehen, wer sie denn eigentlich sind, woher sie (soziokulturell) kommen, wie verschieden sie sich verhalten oder in welchen Punkten sie sich ähneln.
Neben der Erkenntnis der eigenen Subjektivität und Individualität der Lehrer/innen muß die der Schüler bei beiden im Bewußtsein wach gehalten werden.
Dies ist weder ein Plädoyer gegen Unterricht über Kunst, erst recht nicht gegen das Fach, sondern für den gewiß schwierigen Versuch, neben den didaktisch gesicherten Pflichtübungen auch didaktische Kürübungen zu wagen. Im Hinblick auf die Kunst führt vorzeitiges Selektieren nach den didaktischen Gesichtspunkten der Lehrperson unversehens dazu, wesentliche (auch für Lehrer neue, vielleicht riskante) *kunstpädagogische Erfahrungen* zu unterschlagen. Verschläft die Didaktik die Kunst der Gegenwart? (vgl. Eucker 1985) Es gilt den Versuch zu machen, den tatsächlichen Möglichkeiten und Schwierigkeiten der Beteiligten (der Lehrenden *und* Lernenden) nachzuspüren und sich auf ganz verschiedene Formen des Gebrauchmachens von Kunstwerken zu besinnen. Dabei stellen sich möglicherweise die eingeübten Rollen von Lehrer und Schüler infrage: *Die documenta als pädagogische Experimenta, vor allem als redliche Selbsterfahrung.*
»Müßte es nicht andere Formen des Lernens geben, die eine freiere Orientierung in ästhetischen Erfahrungsfeldern jenseits durchorganisierter Lernprozesse ermöglichen?« fragt Jens Thiele (1992, S. 7). Er fragt auch: »Warum kommen von Kunsterziehern/innen so wenig offensive Veränderungsvorschläge?« ebd. S. 8). Otto hat zwar dazu bereits 1974 konkretere Vorschläge gemacht, als er eine Sachanalyse unter Mitwirkung der Schüler forderte. Öffnung von Unterricht, ohne der Beliebigkeit und Unverbindlichkeit Tür und Tor zu öffnen, das scheint aber in der Praxis der Quadratur des Kreises nahezukommen.
Zunächst – auf dem Weg dorthin – einige weniger spektakuläre Thesen.

Jugendliche und Kunst, ihr gegenseitiges Verhältnis

Sowohl das Bekannte als auch das Fremde können didaktisch produktiv sein. Das trifft auf historische wie moderne Kunst zu. Gehen wir diesem Gedanken hier am Beispiel moderner und zeitgenössischer Kunst nach.
These 1:
Didaktisch produktiv sind nicht so sehr die Bilder, auf denen man erkennt, was man so schon kennt, sondern Bilder, vor denen man stutzt, die zunächst ratlos machen.
Stutzen, Staunen, Stolpern kann im Unterricht und in Ausstellungen zu Äußerungen anregen, Fragen auslösen, Kontroversen produzieren, zum Lernen motivieren.

Ursachen für die Irritationen durch Kunstwerke lassen sich auf der einen Seite beim Betrachter suchen, in seiner ästhetischen Sozialisation. Das ist die Subjektseite des Problems. Sie finden ihre Entsprechungen am Bild als Gegenüber. Das ist die Objektseite des Problems (vgl. dazu Eucker 1982, S.34). Von Kindern und Jugendlichen wissen wir, daß sie vor allem gegenüber jenen Bildern der Moderne und der Gegenwart zunächst zurückhaltend oder ablehnend reagieren, auf die eins oder mehrere der folgenden Merkmale zutreffen (Vollständigkeit ist nicht angestrebt):

- Die Werke lassen das Artifizielle der Materialbehandlung (des Farbauftrags, der Oberflächengestaltung usw.) und die technische Perfektion vermissen;
- die ästhetische Struktur erscheint zu einfach (Komposition, Farbverwendung usw.);
- die ästhetischen Mittel der Räumlichkeit, Körperlichkeit, Proportion, Farbe, Licht, Beleuchtung, Stofflichkeit, Oberflächenbehandlung usw. weichen von der Alltagserfahrung ab;
- banale Dinge werden als Kunsttobjekte deklariert;
- eindeutig erkennbare Gegenständlichkeit als Bildinhalt fehlt oder ist nur reduziert erkennbar;
- die Bildaussage/-bedeutung ist mindestens mit den sprachlichen Mitteln der SchülerInnen nicht eindeutig zu erfassen;
- die Gestaltungs- bzw. Darstellungsweise ist überwiegend abstrakt, ungegenständlich oder deformierend;
- der Marktwert des Bildes steht in keinem Verhältnis zur konkret nachvollziehbaren Arbeit der Bildherstellung.

Solche weitgehend negativ belasteten Merkmale irritieren Wahrnehmungsgewohnheiten und erworbene, meist übernommene ästhetische Maßstäbe. Manche Kunstwerke werden als (zu) fremd empfunden und/oder haben in der Sozialisation der Kinder und Jugendlichen keine positive Bewertung erfahren. Wenn nun solche Bilder im Museum, auf Ausstellungen oder im Unterricht mit Kunstanspruch präsentiert werden, enttäuschen sie Erwartungen an Kunst. Zudem verschließen sich solche Werke häufig den zuvor entwickelten Fähigkeiten, »Bilder zu lesen« zu können, sie bleiben dem Betrachter »ein Buch mit sieben Siegeln«.

These 2:
Die Differenz zwischen Fähigkeit des Betrachters und Anspruch des Kunstwerkes kann didaktisch produktiv sein.

Das hat weniger mit den Objekten zu tun als mit der Notwendigkeit, aussichtsreiche motivationale Bedingungen für den Lernprozeß zu schaffen. Zunächst heißt das: Lernende dürfen nicht nur verunsichert werden. Vertrauen muß soweit reichen, daß es die Schüler/innen wagen, anderer Meinung als die Lehrer/innen zu sein, daß sie bereit sind, überhaupt etwas zu sagen. Auch zurückweisende, ablehnende Reaktionen müssen erlaubt sein. Sie sollten auf den Standpunkt hin (sozial, kulturell) ergründet werden, damit sie in ihrer subjektiven Berechtigung akzeptiert werden können. Annäherungsprozesse brauchen Zeit. Meist kann das Fremde der Kunstwerke mit dem Bekannten der eigenen Vorerfahrung – auch probeweise – nur langsam konfrontiert werden (vgl. Regel 1990). Was hier als motivationsfördernd erörtert wird, sind nichts anderes als Bedingungen kreativen wie auch kommunikativen Handelns überhaupt: Druckfreiheit und Transparenz der Lernsituation, aber auch Mitverantwortung für den eigenen Lernprozeß und jene Art von Anforderung, die dazu angetan ist, die Situation ernst zu nehmen.

These 3:
Didaktisch produktiv kann auch sein, an Bilder anzuknüpfen, die die Schüler aus anderem Zusammenhang kennen.

Nicht jedes Kunstwerk der Moderne oder der Gegenwart wird als fremd empfunden. Manche ihrer Darstellungsweisen begegnen auch schon Kindern und Jugendlichen in ihrem Alltag. Solche Erfahrungen bieten ebenfalls unterrichtliche Anknüpfungspunkte. – Auf die Einflüsse der modernen Kunst und der Kunst der Gegenwart auf angewandte Kunst, auf Design und auf andere Alltagserscheinungen hatte schon Otto 1964 verwiesen. Darin wurde auch damals eine Begründung für die unterrichtliche Beschäftigung mit der Modernen und der zeitgenössischen Kunst gesehen. Die Aufmerksamkeit für Erscheinungsformen des Alltags kann also auch ein Weg zur Kunst sein.

These 4:
Nicht zuletzt weckt die undurchschaubare Machart häufig Interesse an Kunstwerken.

Von Künstlern kann man nicht gerade behaupten, daß sie dazu neigen, ihre Arbeitsweise offenzulegen. Viele zeigen sich als Geheimniskrämer, als ob vor allem die Undurchschaubarkeit des technischen Verfahrens der Werkproduktion ihren künstlerischen Erfolg garantierte. Lernende haben ein berechtigtes Interesse, das fertige ästhetische Produkt auf seinen Entstehungsprozeß zurückführen zu können. Sie wollen wenigstens dessen Machbarkeit nachvollziehen können. Dies könnte immerhin ein Einstieg sein, künstlerische Prozesse zu verstehen und diesem Verstehen durch verständiges Selbermachen auf die Beine zu helfen.

Subjektorientierte Bildannäherung: von Kunstwerken Gebrauch machen.

Der Gedanke der Autonomie des Subjektes gegenüber der Autorität des ästhetischen Objektes findet deutlichen Ausdruck in der »verborgenen Opposition« der kunstpädagogischen Vermittlung gegenüber kunstgeschichtlichen Rezeptionsmethoden (Ehmer 1987, S.21). Mit diesen Begriffen markiert Ehmer die Methode der »Perceptbildung« (Otto, G. u. M. 1987). Die Wahrnehmungsleistung des Betrach-

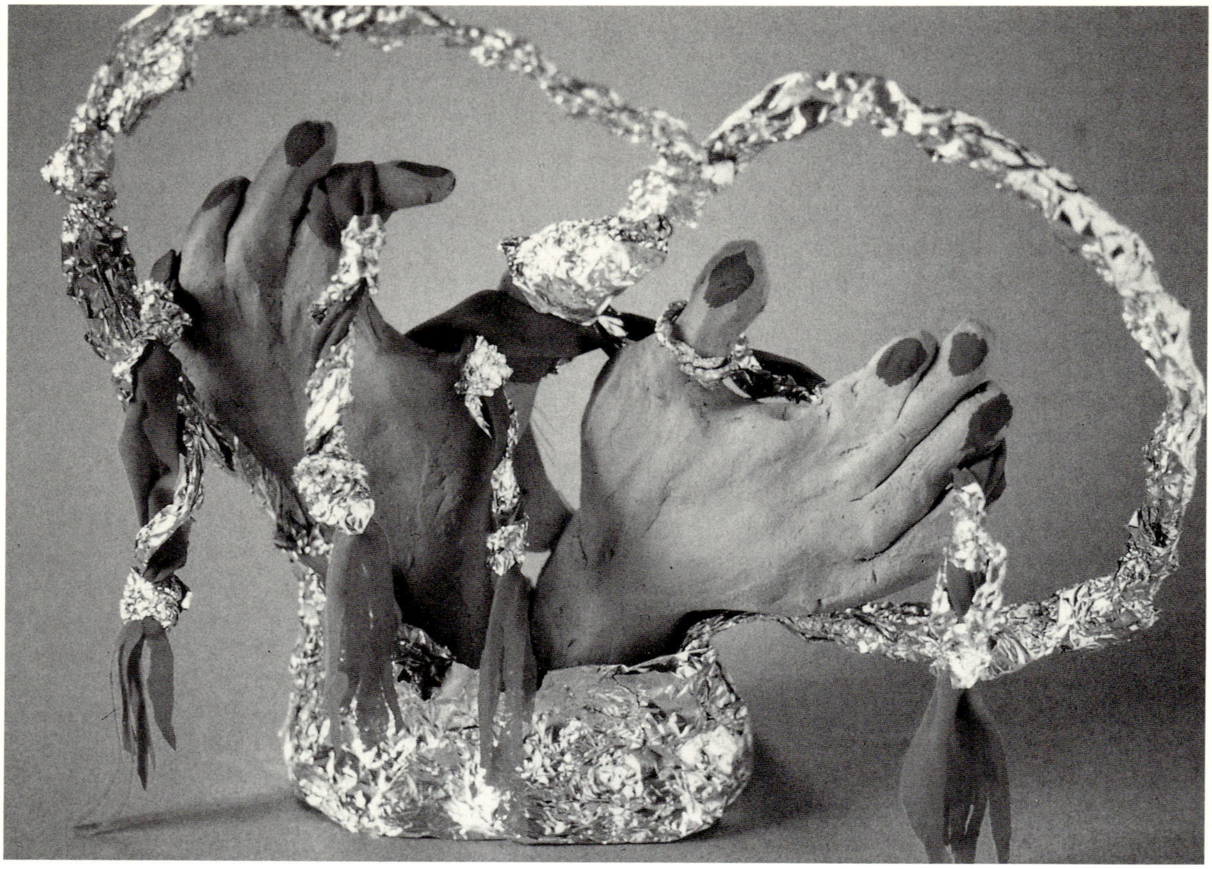

ters ist nicht denkbar ohne Erinnerungen, Assoziationen und Verknüpfungen, ohne lebensgeschichtlichen Kontext. Und sie hat in ihrer Komplexität Vorrang gegenüber den Ansprüchen des ästhetischen Objektes. Sie ist berechtigt und notwendig, sei sie auch noch so vorläufig, führe sie zunächst auch anscheinend sogar vom Objekt weg. Entscheidend ist, daß und welchen *Gebrauch* der Wahrnehmende vom Bild als Gegenüber macht. Subjektivität ist legitim. Freilich müssen subjektive Reaktionen am Bild verifiziert werden, um kommunizierbar werden zu können. Und die Subjekte müssen bereit sein, auch die Sicht anderer, deren Sicht und Deutung von Bildern zu akzeptieren, ja, sie als Aufforderung zum Dialog, gegebenenfalls zur Relativierung der eigenen Auffassung zu nehmen. Insofern kann moderne bzw. die gegenwärtige Kunst ein Übungsfeld für induktives Vorgehen, für intersubjektive Verständigung und für Toleranz sein.

Sich eine Auffassung von Kunst zu bilden ist aber auch ein offener Prozeß, der sich erst recht entfalten kann,

- wenn er fortschreitend angereichert wird mit Kenntnissen über die Geschichte der Produktion und Rezeption der Bilder, über den Künstler, sein Konzept, die gesellschaftliche Situation, über die Funktion des Werkes usw.,
- wenn er gegenüber Auffassungen anderer offen ist,
- wenn die Zwischenstadien der Auseinandersetzung mit Kunst (seien sie nur gefühlt und gedacht oder gesagt, geschrieben, gezeichnet, gemalt) festgehalten und diskutierbar gemacht werden.

Diese Art, von Kunstwerken *Gebrauch* zu machen, kann fortschreitend (didaktische und kunstwissenschaftliche) Methoden einschließen. Das gilt für das *entdeckende* Lernen wie für die Strukturanalyse, für die Expertenbefragung wie für das sozialhistorische Quellenstudium. In der Rezeption der ästhetischen Objekte erfährt der Betrachter Möglichkeiten und Dimensionen fremder und eigener Erfahrungspotentiale. Im Erleben der eigenen Intensität und Zurückhaltung eröffnen sich ihm Blicke auf die wechselseitige Beziehung zwischen individueller Wahrnehmung und dem kulturgeschichtlichen und soziologischen Kontext.

Wenn Schüler und andere lernen sollen, von moderner und aktueller Kunst Gebrauch zu machen und ihre je persönlichen Auffassungen zu bilden, brauchen sie gleichwohl Informationen über Kunst und Künstlertheorien. Dies zu lehren und zu lernen, fällt in der Sekundarstufe II relativ leicht (Aufklärung als Weg zur Kunst, vgl. Eucker 1982, S.36). Bei jüngeren Schülern bereitet solche Information, sofern sie nur sprachlich vermittelt wird, besondere Schwierigkeiten. Deshalb muß – nicht nur dort – nach nonverbalen Formen gesucht werden, Einsichten in die *Theo-*

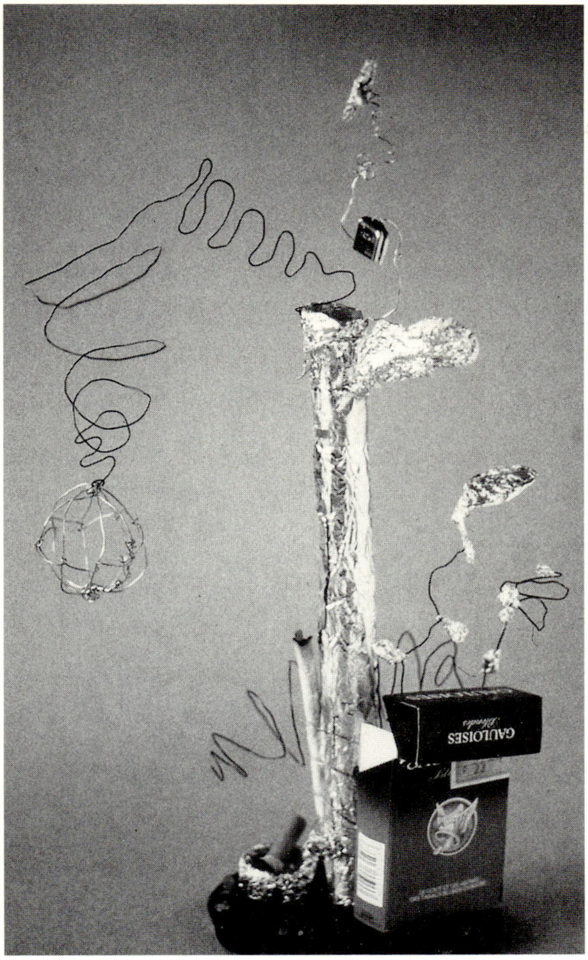

Schülerarbeiten (Klasse 9 Gesamtschule) aus einem Unterrichtsversuch zur Frage, wie Kinder und Jugendliche in ihrer eigenen ästhetischen Praxis auf ein Angebot ausgewählt verschiedener ungegenständlicher Plastiken reagieren, wenn ihnen die Wahl des Materials freisteht. Entgegen den vorher formulierten Hypothesen war die Bereitschaft, ungegenständliche Plastiken zu bauen, in Klasse 4 größer als in Klasse 7 und 9 (vgl. Eucker 1991).

rie der Bilder und in ihre geistige Struktur zu vermitteln.

Die Kunst des 20. Jahrhunderts bietet einen reichen Vorrat an *Bildsprachen,* in denen Wirklichkeit anders als abbildend beschrieben und gedeutet wird. Sie verfügt auch über Ausdrucksmöglichkeiten, die über das Begriffliche hinaus oder an ihm vorbei Gestalt gewinnen können. Dieses Reservoir an Möglichkeiten sollte den Schülern zugänglich gemacht werden.

Unterricht als Experiment: Das Unbekannte in der Kunstpädagogik

Die Erwartung, Kinder und Jugendliche müßten jedwede Art von Kunstwerken verstehen lernen, geht einerseits von einem falschen Verständnis der Funktion von Kunst aus. Solcher Anspruch würde andererseits die Möglichkeiten, Fähigkeiten und Bedürfnisse der Kinder und Jugendlichen überfordern. Schüler lernen auch nicht, jedes literarische Werk, jedes Musikstück, jede wissenschaftliche Erkenntnis nachzuvollziehen.

Indessen ist das nur die quantitative Seite. Problematischer ist wohl die Differenz zwischen der auf *Inhaltliches* zielenden Fragehaltung von Schülern und der das Werk konstituierenden formalen und geistigen Struktur. Man wird damit rechnen müssen, daß Schüler in der Grundschule und in der Mittelstufe häufig kein Motiv haben, von sich aus Kunstwerke zu betrachten, weil es ihnen so scheint, als ob die Bilder weder ihre inhaltlichen Probleme behandelten noch ihren ästhetischen Bedürfnissen genügten. Künstler denken in der Regel – anders als Journalisten, anders als Bilderbuchmacher, als manche Comiczeichner, anders auch als manche Musikproduzenten – nicht an eine bestimmte Zielgruppe, wenn sie produzieren. Am wenigsten machen sie Kunst für Kinder und Jugendliche.

Schlechte Voraussetzungen für Lernprozesse von Kindern und Jugendlichen?

Ja und nein.

Ja, wenn die Schüler/innen keine allgemeine Neugierhaltung gegenüber kulturellen Phänomenen ausgebildet haben die ihnen fremd sind. In diesem Falle verpaßten sie die Chance einer Entdeckung: Zwar beziehen sich Werke der modernen und zeitgenössischen Kunst nicht unbedingt direkt auf ihre Probleme, aber sie führen doch eine Methode vor. Diese kann sehr wohl geeignet sein, auch »ihre Probleme« zu bearbeiten, ihren Träumen, Absichten, Wünschen Gestalt zu geben. Voraussetzung dafür ist allerdings, sich probeweise auf Kunstwerke einzulassen, produktiv und rezeptiv, in der Gruppe und für sich. Auseinandersetzung mit fremden Kunstwerken führt stets auch zur Auseinandersetzung mit sich selbst.

Gute Aussichten auf Erfahrungen mit Fremdem in der Konfrontation mit Eigenem haben jene Schüler/innen, deren Lehrer/innen selbst über differenzierte Beziehungen zu und vielfältigen Umgang mit Kunst verfügen. Sie besitzen eine wesentliche Voraussetzung dafür, anderen Prozesse der Kunsterfahrung zu eröffnen. In solchem Unterricht dominiert weniger das Vertrauen in eine *gesicherte* Methode, sondern viel eher die positive Erfahrung eigener künstlerischer Produktions- und Rezeptionsprozesse. Sie gibt den Mut zu dem gemeinsamen didaktischen Risiko, *mit* den Schülern/innen das Gelände des *Unbekannten in der Kunstpädagogik* (Eucker 1985) zu erkunden. Solcher Unterricht muß umfassend vorbereitet sein, damit individuelle Lernpassagen möglich, verschiedene Wege gegangen und offengehalten werden. Er verfährt nicht ohne Zielvorstellungen, ohne aber auf das Erreichen von *Feinzielen* programmiert zu sein. Sofern den Lernenden Spielraum gewährt wird und sie mitentscheiden sollen, was sie von den Werken einer Ausstellung oder von unterrichtlichen

Angeboten als Anlaß für ihre produktiven und rezeptiven Aktivitäten annehmen wollen, kann man Ziele nicht mehr vorweg dekretieren.

Man kann erwarten, daß Schüler unter entsprechenden Bedingungen ihre Unsicherheit gegenüber Fremdem abbauen und einen eigenen Standpunkt formulieren lernen (sprachlich und in Bildern). Indem sie die Verschiedenheit ihrer Auffassungen in der Gruppe erkennen, und indem sie ertragen lernen, daß andere anders sehen, interpretieren, formulieren und anderes vorziehen als sie selbst, üben sie sich in Toleranz und in je individuellem interpretierenden Gebrauch von Kunst.

Unterricht als Experiment mit ungewissem Ausgang gelingt am ehesten, wenn die Schüler/innen die Fragestellung des Versuchs selber mitformulieren oder doch zumindest in den Experimentcharakter des Unterrichts Einsicht nehmen konnten. Ich möchte ermuntern zu Unterrichtsversuchen im wörtlichen Sinne, bei denen die Schüler/innen vorher wissen, was sie mit ihren Lehrern/innen untersuchen, herausfinden wollen – über sich, ihre ästhetische Lern- und Lebensgeschichte, ihr Kunsturteil, dessen Genese, über das anderer, vielleicht auch das der Lehrer/innen an ihrer Schule. Was als Ergebnis herauskommen wird, läßt sich zwar vorher in Hypothesen formulieren, die man hinterher überprüfen kann, nicht aber in Feinzielen festlegen.

Weiterführende didaktische Perspektiven ergeben sich aus der sorgfältigen Auswertung solcher Unterrichtsversuche nach der Tat (vgl. Eucker 1991). Die documenta könnte ein geeignetes Erfahrungs- und Handlungsfeld für unorthodoxe Versuche zum Unbekannten in der Kunstpädagogik sein.

Anstatt einer Zusammenfassung: documenta und die oberhessische Kartoffelsuppe

Um die Bedeutung der empfohlenen Souveränität gegenüber der documenta als ganzes wie gegenüber einzelnen Kunstwerken vollends verständlich zu machen, werden diese zur oberhessichen Kartoffelsuppe in Beziehung gesetzt.

Brie, Brei, Brembel, Brambes, Brocke heißen die fünf Stufen der Kartoffelsuppe von oben nach unten. Wer es bei einem schnellen Blick bewenden läßt, sieht nur die Brühe. Das mag die sinnlichen Bedürfnisse manches Durchreisenden befriedigen. Wer auch nur oben abschöpft, hat im Grunde mehr verzichtet als genommen…

Die weitere Übertragung der Kartoffelsuppen-Metapher auf das Kunsterlebnis bleibt dem Leser überlassen. Wenn Lesern von der Waterkant dabei einfällt, daß Schiffsjungen auf Segelschiffen früher lernen mußten, wie sie beim Essenfassen aus dem großen Topf nicht zu kurz kamen, hilft das vielleicht auch ihrem Kunstgenuß auf: Man kommt an die Substanz der Suppe nur heran, wenn man das Ganze kräftig in Rotation versetzt und dann mit der offenen Kelle gegenhält.

Da aber das Kartoffel-Theorem für den Kunstgenuß nicht gilt (s.o.), muß natürlich keiner die Suppe auslöffeln, die andere eingebrockt haben. Vielleicht aber, das sei zu bedenken gegeben, verzichtet man dabei auf diese und jene Erfahrung.

LITERATUR

Ebert, Wilhelm: *Unzeitgemäße Bemerkungen.* In. Kunst + Unterricht, H. 46/1977, S. 36/37

Ehmer, Hermann K.: *»… weshalb ich nicht über die Dokumenta schreiben will«.* In: Kunst + Unterricht, H. 46/1977, S.38/39

Ehmer, Hermann K.: *Kunstvermittlung. Über kunstpädagogische Kunstvermittlung und ihre verborgene Opposition gegen die kunstgeschichtliche Kunstrezeption.* In: Kunst + Unterricht 109/1987

Engen, Rudolf: *Die Welt – ein Erdapfel. Ein neues Gesetz für die Ökonomie: Das Kartoffel-Theorem.* In: DIE ZEIT, Nr.2, 1992

Fußmann, Klaus: *Die Schuld der Moderne.* Berlin 1991

Nordhofen, Eckhard: *Das Prinzip Gleichgültigkeit. Über Ernst Gombrich.* In: DIE ZEIT, Nr. 7, 7. 2. 1992

Otto, Gunter: *Didaktik der Ästhetischen Erziehung.* Braunschweig 1974

Otto, Gunter und Maria: *Auslegen.* Seelze 1987

Prosi, Gerhard: *Wettbewerb als Basis allen Kulturschaffens.* In: Neue Zürcher Zeitung, 28./29. 12. 1991

Regel, Günther: *Zur Identität von Eigenem und Fremdem. Kunstaneignung überspringt Grenzen.* In: Circulo, H. 1, 2 u. 3. Seelze: Kallmeyer Verlag 1990

Schulz, Wolfgang: *Unterrichtsplanung.* München 1980

Thiele, Jens: *Suchbewegungen zwischen Schule und Kultur. Eine Gedankenskizze zur Situation des Kunstunterrichts.* In: BDK-Mitteilungen, H. 1/1992, S. 4–10

Dieser Beitrag greift auf folgende Vorarbeiten des Verfassers zurück – auf deutliche Entsprechungen wurde im Text verwiesen:

Das soll Kunst sein? Kunst ablehnen – von Kunst lernen. In: Kunst + Unterricht, Sonderheft 1982;

Verschläft die Didaktik die Kunst der Gegenwart? In: Kunst + Unterricht 89/1985;

Gegenstandslose Kunst: Künstlerisch radikal, didaktisch banal? In: Kunst + Unterricht 126/1988;

Kunst des 20. Jahrhunderts im Unterricht. In: Kunst + Unterricht 145/1990;

Ungegenständliche Plastik – ein Unterrichtsversuch. In: Kunst + Unterricht 156/1991;

Ungegenständliche Plastik. Wahrnehmung, Entwicklung, Material und Gebrauch. Vista Point Köln 1992.

ANNÄHERUNGSVERSUCHE

Wider die Verlockung, das Kunstwerk intellektuell zu domestizieren[1]

Ulrich Meyer-Husmann

Vielleicht sollte man sich besser damit zufrieden geben, nicht die Kunst zugänglich, sondern uns der Kunst zugänglich zu machen. (Werner Hofmann)

Obwohl das 20. Jahrhundert seinem Ende zugeht, uns von den zwanziger Jahren zwei bis drei Generationen trennen, ist für viele Menschen ein Großteil der Kunst dieses Jahrhunderts noch immer Irritation. »Der mensch (...) wünscht ruhe« – schrieb Adolf Loos schon zu Beginn des Jahrhunderts. »Glücklich lebt er in der gesicherten position, die ihm die großen der vorzeit bereitet haben. Daß er weiter soll, daß er seinen endlich erreichten, gesicherten platz verlassen soll, bereitet ihm unbehagen, und daher haßt er den künstlermenschen, der ihm die liebgewordenen anschauungen durch neue verdrängen will.«[2]

Für die Kunst nach 1945 gilt das im verstärkten Maße. War nach 1945 im westlichen Europa zunächst die internationale Moderne ins Blickfeld gerückt (vgl. documenta I und II), die Bedeutung der Abstraktion unterstreichend, so verzweigte sich die Kunst in den 60er und 70er Jahren in eine fast »verwirrende Vielfältigkeit des kreativen Experiments.«[3] Nicht nur die Ausweitung auf neue künstlerische Medien, sondern auch die Tatsache, daß die alten Gattungen vielfach keine Orientierungshilfen mehr abgeben, erhöhen für viele die Schwierigkeiten.

Eine ganze Reihe von Künstlerinnen und Künstlern ließe sich nennen, die in ganz verschiedenen Medien und Techniken gearbeitet haben. Als ein Beispiel mag Sigmar Polke stehen. Neben Bilder, Zeichnungen (darunter auch Bildergeschichten), Graphiken treten Objekte, Collagen, Konzepte, schließlich Film und Video, ganz zu schweigen von der Vielzahl an Techniken, die dabei verwendet werden. Aber nicht nur das, die Grenzen werden fließend zwischen Zeichnung, Malerei, Foto, Graphik, Objektkunst, Rauminstallation, Performance, Video. So wird ›Entgrenzung‹ Signum eines Großteils der Kunst der siebziger Jahre.

»Hört auf zu malen!« hatte Jörg Immendorff programmatisch 1966 in einem seiner Bilder gefordert und sich »gegen eine Malerei gerichtet, die beliebig zu deuten ist«, »die sich selber genug ist und zu keinem Problem Stellung nimmt.«[4] Es war die Forderung an die Kunst, sich der gesellschaftlichen Wirklichkeit zu stellen. »Ausstieg aus dem Bild, Wiederkehr der Außenwelt«[5] nennt Laszlo Glozer denn auch jene Zeitspanne der sechziger und siebziger Jahre, als Künstlerinnen und Künstler der Fluxus-Bewegung in ihren Aktionen Kunst und Leben zur Synthese bringen wollten, als im Happening die Einbeziehung des Zuschauers diesen aktivieren sollte, sein eigenes Verhalten und Handeln zu überdenken, als durch die Reflexion von Kunst und ihren gesellschaftlichen Bedingungen der Glaube da war, zu einer Veränderung der kapitalistischen Gesellschaft gelangen zu können. Das Multiple sollte damals – im Sinne einer Demokratisierung von Kunst – möglichst vielen Menschen die Ideen der Künstler vermitteln; am ausgeprägtesten vielleicht bei Joseph Beuys, der in Erweiterung des Kunstbegriffs das Postulat des kreativen Handelns in allen möglichen Lebensbereichen formulierte.

Dieser Aufbruchstimmung folgte in den siebziger Jahren nach der Ernüchterung über den im Grunde ergebnislosen politischen Aufbruch ein Rückzug ins Private. Die »zahllosen multi-medialen Selbsterkundungsversuche«[6] führten zu »den Richtungen der ›Individuellen Mythologien‹, der ›Spurensicherung‹, der ›Transformer‹, der ›Body Art‹ oder der ›Performance‹.«[7] Zugleich läßt sich eine enorme Ausweitung des Anteils der Fotografie als »Instrument des bildenden Künstlers«[8] beobachten.

Aus dem historischen Rückblick wird der damals erwachende ›Hunger nach Bildern‹ (Faust/de Vries) verständlich, der rückwirkend auch zu einer Neubewertung der Malerei der sechziger und siebziger Jahre führte. Für die letzten Jahre ließe sich vor allem das Wiedererstarken im plastischen und raumbezogenen Bereich ergänzen.

Wie nie zuvor ist allerdings in den letzten Jahren deutlich geworden, in welchem Maße Produktionsbedingungen innerhalb einer Medien- und Konsumgesellschaft die Erwartung an die Künstlerinnen und Künstler mitbestimmten. Lapidar stellt Wolfgang Max Faust fest: »Der Künstler als Leitfigur hat ausgespielt,«[9] die Mechanismen des Marktes beherrschen weitgehend das Kunstgeschehen. Nach Heinz Schütz traten schon Ende der siebziger Jahre »der auf Progression insistierende Innovationismus, utopieträchtige Hoffnung und emanzipatorische Gesellschaftskritik (...) ins Stadium des Zynismus. Im Glamour der achtziger Jahre wächst eine Generation heran, der es weniger um die Läuterung des bestehenden Systems, als um einen Platz in ihm zu tun ist.«[10]

Und der Betrachter? Als Künstler sieht Jürgen Klauke keine andere Chance, – als auf »die Bereitschaft des Betrachters« zu setzen, »sonst könnten wir es von vornherein beim Beschreiben von Bildideen belassen. Diese Bereitschaft wird noch notwendiger, je mehr wir heute von einem Bildfaschismus umgeben sind, der blind macht und gegen den wir uns abzusetzen haben.«[11]

Dem Betrachter wird es allerdings nicht leicht gemacht. Seine Irritation vergrößert sich noch dadurch, daß viele Werke auf Grund ihrer verschlüsselten Sprache des Kommentars oder des Vermittlers bedürfen. Für viele ist das fast zu einem Kennzeichen der Moderne geworden. Die Auffassung, »die Kunst sei erst in den letzten 50 oder 150 Jahren unverständlich und rätselhaft geworden, ist für Werner Hofmann nicht haltbar. Seiner Meinung nach ist sie »in diesem Zeitraum bloß in die Epoche ihrer öffentlichen Fragwürdigkeit getreten, d.h. sie ist fragwürdig und des Fragens würdig geworden.«[12] Dieser Vorgang ist nicht der Kunst anzulasten, es ist »ein Prozeß, den die geänderte Einstellung, d.h. die geänderten Erwartungen des Betrachters ausgelöst haben. Der Versuch, die Unzugänglichkeit des Kunstwerks zugänglich zu machen, seiner Unverständlichkeit mit Verstandeskräften beizukommen, (...) setzt ein rationales Weltbild voraus, zu dem dann das Kunstwerk in ein Spannungsverhältnis gerückt wird.«[13] Für Werner Hofmann kann das »auf zwei Arten geschehen: entweder indem man Kunst als eine Spielart rationalen Weltbegreifens definiert, oder indem man sie als dessen genaues Gegenteil, als das Irrationale schlechthin, auffaßt. Das sind etwa die zwei Pole, zwischen denen sich seit der Renaissance die Deutung bewegt.«[14]

Hofmann unterstellt, daß »das Wissen darum, daß Kunstwerke eine Sphäre der Unzugänglichkeit errichten, (...) dem Menschen stets gegenwärtig gewesen sein (dürfte); erst die wissenschaftliche Einführung und der fachmännische Kommentar lassen ihn auf Überwindung dieses Abstandes hoffen.«[15]

Vor allem in der museumspädagogischen Vermittlungsarbeit wurden in den letzten Jahren oft andere Annäherungsweisen gewählt, als sie in der kunstwissenschaftlichen/kunsthistorischen Vermittlung vorherrschen. Ist die letztere in ihrer analysierenden Form mehr objektbezogen, so versucht die über die verbale Vermittlung hinausreichende Form den jeweiligen Betrachter als handelndes Subjekt mit einzubeziehen.

In unserem so eindeutig visuell ausgeprägten Zeitalter ist sicher ein Ziel der Vermittlung, durch genaueres Sehen zu differenzierterem Wahrnehmen und dadurch zu einem differenzierteren Urteilen zu gelangen. Das läßt sich auf die anderen Sinne übertragen. Dieses genaue Wahrnehmen drückt sich in der bewußteren Verwendung von Sprache aus. Allerdings stößt die verbale Vermittlung in der Erschließung ästhetischer Strukturen an Grenzen, da der mediale Unterschied zwischen Bild und Sprache, Wahrnehmen und Sprechen nicht aufhebbar ist.[16]

Das Besondere ästhetischer Erkenntnisprozesse liegt in ihrer nonverbal-zeichenhaften Form. Ästhetische Erkenntnis ist von daher nicht allein an die sprachliche Vermittlung gebunden, sondern gerade im ästhetisch-praktischen Handeln möglich.

Wenn hier stärker auf die museumspädagogische Praxis abgehoben wird – auch gegenüber Schule, dann deshalb, weil das Museum als Lernort eine besondere Chance beinhaltet. Hier ist das Original Gegenstand der Annäherung, d.h. das Werk bietet unmittelbares sinnliches Erlebnis, hat von daher auch eine andere Erlebnisqualität und Authentizität als die Vermittlung etwa über Dia und Reproduktion, wie sie im Kunstunterricht der Schule vorherrscht.

Es muß nicht so sein, aber die glatte Reproduktion, das flache Bild der Projektion, die dem Auge keine Widerhaken bieten, unterstützen noch die vorherrschende eindimensionale Lernmethode, indem über Bilder gesprochen wird. Vielfach wird gar nicht bedacht, daß die die sprachliche Vermittlung allein bevorzugende Lernmethode »eine enorme Reduzierung der menschlichen Möglichkeiten bedeutet, empfindend, wahrnehmend, handelnd-machend und denkend mit seiner Umwelt in Beziehung zu treten.«[17]

Annäherungsversuche

In dem Katalog zur Berliner Ausstellung ›Kunst wird *Material*‹ (1982) schreibt Dieter Honisch, daß »es heute Künstler gibt, die ihre Vorstellung nicht allein aus ihrer Phantasie oder Intuition entwickeln, sondern aus den Eigenschaften des Materials, mit dem sie umgehen.«[18] Dabei ist es vielfach Absicht der Künstler, hinter die Dinge zurückzutreten, durch vorsichtige Eingriffe, die mehr das Arrangement betreffen, darauf bauend, daß den Dingen eine Energie innewohnt, die auch die Betrachter in ihren Bann zieht.

Joseph Beuys (1921–1986) wäre hier zu nennen, der in vielen seiner plastischen Werke, Installationen und Aktionen mit gefundenen Dingen und einfachen Materialien gearbeitet hat. Gerade das ›Arme‹ seiner Materialien hat immer wieder entrüstete Reaktionen bzw. Kopfschütteln hervorgerufen.

Vorerfahrungen schaffen:

In einem Seminar wurden den erwachsenen TeinehmerInnen in einer größeren Tastbox unterschiedlichste Materialien angeboten, u.a. Holz, Metall, Filz, deren Oberflächenqualitäten beschrieben werden mußten. Über die durch die haptische Wahrnehmung gemachten Erfahrungen konnten sich die TeilnehmerInnen überraschend schnell verständigen. In einem zweiten Schritt sollten die TeilnehmerInnen Gegensatzpaare aus Materialien und Gegenständen zusammenstellen. Die anderen mußten die Gegenüberstellungen überprüfen und versuchen, ihre Einschätzung auf kleinen Kärtchen darzulegen. Ich hatte noch nicht gesagt, warum diese Übungen angesetzt worden waren. Erst der Schritt in die Ausstellung vor den ›Schlitten‹ von Beuys rückte die Vorarbeiten in ein bestimmtes Licht; z.T. schmunzelnd wurden die eben gewonnenen Erfahrungen auf die zu sehenden Gegenstände und Materialien übertragen, schließlich der polare Aufbau des Multiples erkannt. Assoziationen wie Rettungsschlitten/Notsituation/Überleben-

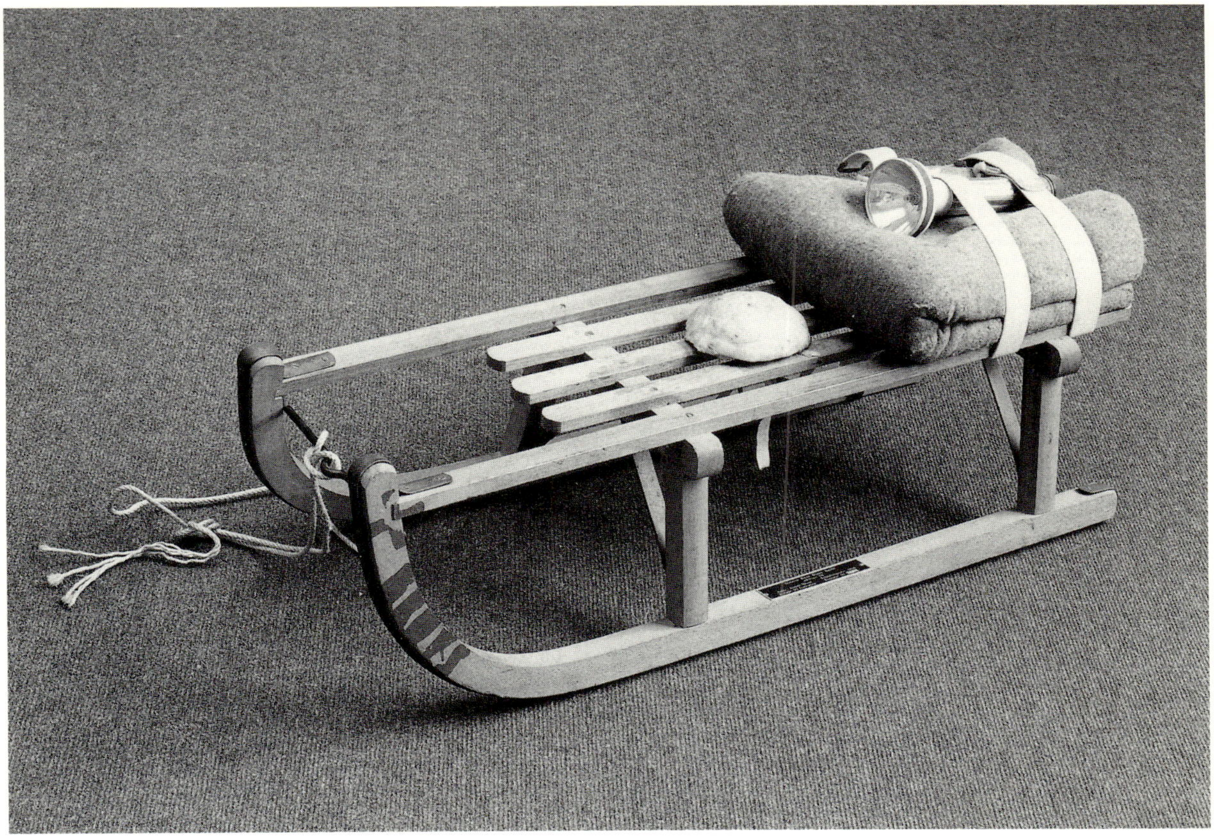

Joseph Beuys: Schlitten (1969) Sammlung Ute und Michael Berger (Wiesbaden)

(wollen) rief den Hinweis auf Beuys' Absturz über der Krim von einem Teilnehmer hervor.
Mit Kindern wurde diese Grunderfahrung (Absturz/Rettung) übertragen auf die Situation desjenigen, der sich entscheiden muß, was er in einer Katastrophensituation mit auf ein Floß nehmen würde. Im Darmstädter Landesmuseum wurde diesem Gedanken eine ganze Ausstellung gewidmet; ›Schlitten, Floß und Arche Noah‹.[19]
Kaum ein Mensch bei uns, der nicht irgendwelche Erinnerungen mit einem Schlitten verknüpft. Im Werk von Joseph Beuys ist er eines der Grundmotive. Es läßt sich bis in Zeichnungen der fünfziger Jahre zurückverfolgen (›Schlitten und schwarze Vogelerscheinung‹, 1955). Wie Beuys in einem Interview mit René Block erwähnt, gibt es einen »Urschlitten«,[20] an den eine ganze Reihe von Erlebnissen gebunden sind. Im Jahre 1969 hatte Beuys das Environment ›The Pack‹ zusammengestellt aus einem aus rangierten VW-Bus und 32 Rennrodeln (Sammlung Herbig; heute: Neue Galerie Kassel). Im gleichen Jahr entstand auch die Edition des Schlitten in 50 Exemplaren.
Auf dem 90 cm langen Schlitten sind eine zusammengelegte Filzdecke und eine Stablampe mit zwei Gurten festgezurrt. Davor liegt eine Fettskulptur, die mit einem Band an dem Schlitten befestigt ist. Eine Kordel zum Ziehen ist vorne angebunden.

In ›The Pack‹ hatte Beuys den »VW-Bus als Fortbewegungswerkzeug unserer Zivilisation mit einer Primitivform von Fortbewegungswerkzeug konfrontiert.«[21] Während dort durch den Bus dem ganzen Rudel ein Bezugspunkt gegeben wird, steht der Schlitten in der Editionsausgabe allein. Aber Beuys betont, daß der Schlitten als Multiple für ihn »ein viel größeres Rudel (bildet) als bei dem VW-Bus,«[22] so daß seine Idee viel weiter verbreitet werden könne.
Außer der Bewegung, die im Schlitten als einem Fortbewegungsmittel unmittelbar gegeben ist, vereinigt der Schlitten in den anderen Gegenständen bzw. Materialien mehrere Beuys'sche Grundelemente: Filz steht für Wärme, bietet Schutz vor Kälte. Wärme bedeutet dabei auch »geistige oder evolutionäre Wärme oder einen Evolutionsbeginn.«[23] Die Stablampe steht für Licht, damit auch für Energie, die Fettskulptur für Ernährung, auch für geistige Ernährung. Wie Dierk Stemmler vermerkt, bezieht Beuys den Schlitten auch auf »Notsituationen,«[24] denn er trägt nach Beuys eine »Ausrüstung zum Überleben.«[25]
Das dualistische Prinzip, das sein Denken und seine Werke durchzieht, ist auch im Schlitten zu finden, z.B. Chaos – Ordnung. Fett ist eine »amorphe, ungeschlachte Masse«[26] und steht für Chaos, auch wenn es hier in eine gewisse Form (Ordnung) gebracht worden ist. Außerdem steht es klar strukturierten

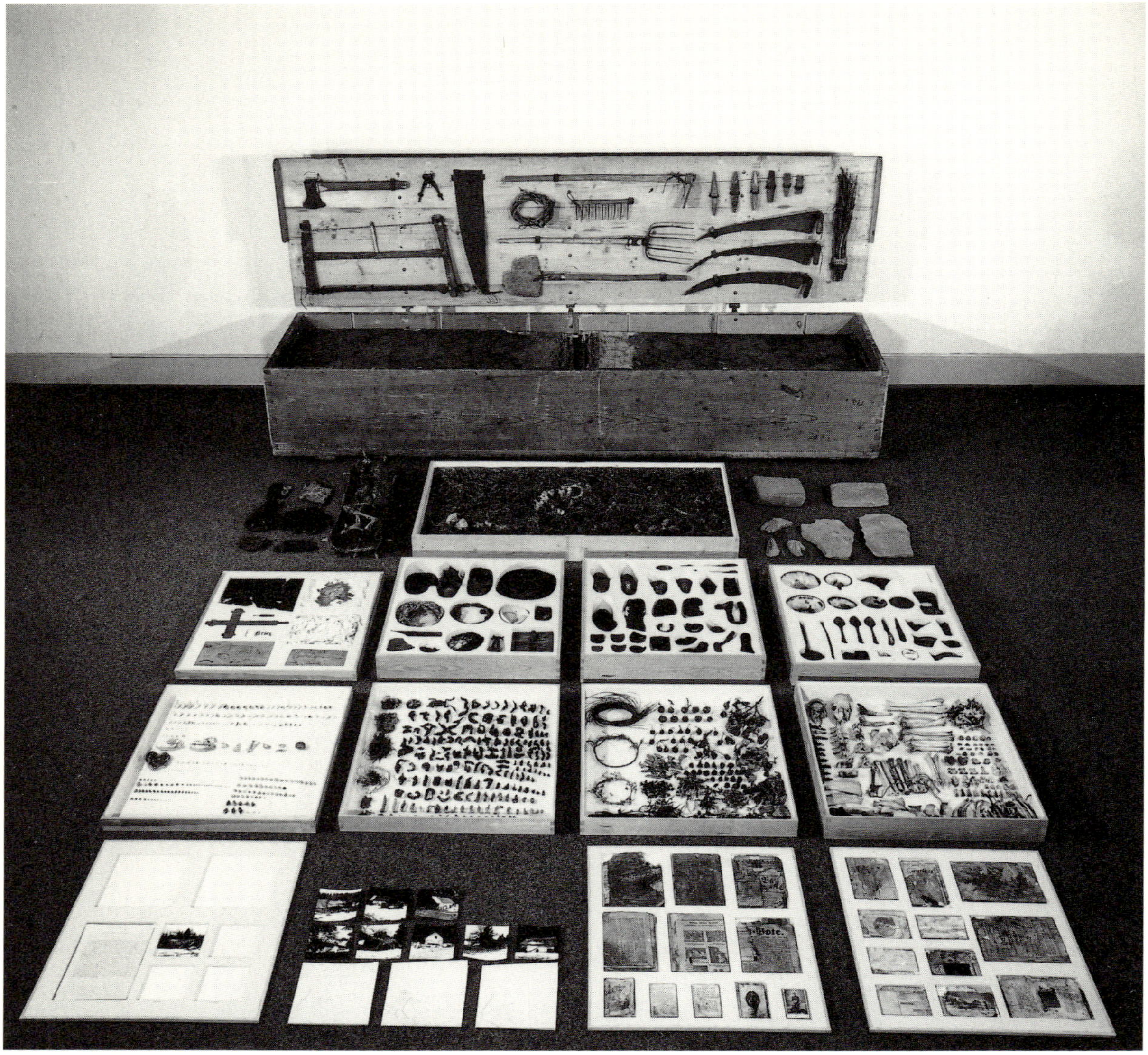

Nikolaus Lang: Kiste für die Geschwister Götte, 1974, Städt. Galerie im Lenbachhaus München

Gegenständen gegenüber wie Schlitten und Stablampe, z. B. Statik – Bewegung. Das Fett ist fest, aber durch Erwärmen kann es fließen. Der Schlitten steht, aber er kann bewegt, außerdem durch die Kordel gezogen werden.

Der Schlitten wird bei Beuys zum Mittel der Bewegung schlechthin (= Leben), schließt damit auch geistiges Leben mit ein. Darauf kann auch das an der linken Kufe oben aufgemalte Braunkreuz verweisen, das von Beuys – das macht auch die Wahl des Ortes am Schlitten deutlich – als Kreuzungspunkt verschiedener Richtkräfte aufgefaßt wird.

In einer alten Kornkiste hat **Nikolaus Lang** (geb. 1941) mehrere Objektkästen mit insgesamt 238 Objekten arrangiert, die – wie der Titel besagt – als Widmung ›Für die Geschwister Götte‹ (1974) gedacht sind. In einer sorgfältigen Dokumentation hat Nikolaus Lang die Fundstücke mit der Schreibmaschine aufgelistet. Auszug: »Handgeschmiedete Axt mit zersprungenem Haus, Buchenstiel; handgeschmiedete Beißzange; Faschingszeitung der ›Welt am Sonntag‹ (1926); Andachtsbild ›Heiliges Herz Jesu, ich vertraue auf Dich‹, 300 Tage Ablaß; Fragment eines Prospekts ›Verpflegung auf den Dampfern des Norddeutschen Lloyd nach Ostasien; Kalender (1900); Kopfkissenbezug (von einer Maus für Nestmaterial zernagt); rechter halbhoher Schuh mit Holzsohle; Lederschlinge; Stichmesser mit Hirschhorngriff; Bachflohkrebs; Tannenrindenwanne mit mumifizierten Resten eines Hasen; fossile Abdrücke von Palmwedeln.«[27]

Lang hat den Objekten noch Dokumentationsfotos von den Fundorten zugefügt. Es sind die ›Überlebensreste‹ der vier Geschwister Götte, die in der Nähe der bayerischen Ortschaft Bayersoien in einer kleinen Hütte bis 1966 gelebt haben.

Was Günter Metken über *Spurensicherer* schreibt, denen er durchweg ein anthropologisches Interesse unterstellt, gilt auch hier. Es soll »etwas über den

Menschen ermittelt werden, das die Wissenschaft wegen ihrer Spezialisierung und beweisabhängigen Rationalität nicht erarbeiten kann: eine Schärfung des Sinnes für die Zusammenhänge von Leben, Zusammenleben, Zeit und Imagination.«[28] Der eigenartigen Wirkung der meist stark abgenutzten Gegenstände, die vielfach gerade aus diesen Gebrauchsspuren ein Stück ihrer Magie gewinnen, kann sich der Betrachter kaum entziehen. »Die Erinnerung muß angestachelt werden«, heißt es bei Günter Metken, »und zwar die persönliche Erinnerung, die die Erlebnisse des einzelnen aufruft und vergleichend mit anderen in Verbindung bringt. Das ist einer der Impulse, die von der Spurensicherung ausgehen können.«[29]

Was würde man von meinem Leben finden? Was würde das über mein Leben aussagen? Jugendliche bauten Kästen, in die Relikte ihres eigenen Lebens eingeordnet wurden als eine Bestandsaufnahme des Jetzt. Teilweise kamen aber auch Stücke hinein, die auf die eigene Vergangenheit verwiesen. Meist waren das die Gegenstände, die die stärksten Gebrauchsspuren trugen. Mit dem Verweis auf Früher, gleichzeitig mit der Betonung der Gegenwart, war ein anderes elementares Charakteristikum heutigen Kunstschaffens angesprochen, die Beschäftigung mit Zeit. Zeit impliziert Zeitlichkeit, damit Anfang und Ende, Leben und Tod.

Zeit ist für uns keine faßbare Größe. Zwar gibt es Vorrichtungen, Zeit zu messen, Zeit zu einer vereinbarten Sache zu machen, um Leben in Gesellschaften überhaupt organisieren zu können. Die subjektive Zeiterfahrung ist eine andere. Der wartende, der intensiv arbeitende Mensch werden beide die gleiche Zeitspanne unterschiedlich erfahren und empfinden. Keine Zeit zu haben, kann heißen, ich habe ständig wichtige Termine, Dinge zu erledigen, Es kann aber auch bedeuten, sich für bestimmte Dinge keine Zeit mehr nehmen zu können oder nicht zu wollen. Zeit macht sich für uns fest an unserer Biografie. Aber was sagen die Daten meines Lebens über mich, meine Zeit aus?

Im Werk von **Hanne Darboven** (geb. 1941) und dem von **On Kawara** (geb. 1933) spielt die Zeiterfahrung und die Frage der Vergegenständlichung von Zeit eine entscheidende Rolle. Beide geben darauf eine konzeptuelle Antwort.

Während der Ausstellung ›Künstlerinnen des 20. Jahrhunderts‹ (Wiesbaden 1990) hingen von Hanne Darboven 42 Blätter von ›Ein Jahrhundert‹ (1970) an der Rückwand eines ansonsten leeren Raumes.[30] Mehrfach habe ich Gruppen dort mit Papier und Bleistift im Sinne der Percept-Bildung[31] arbeiten lassen: Was nehme ich wahr? Was fühle ich? Was fällt mir dazu ein?

Das anfängliche Gelächter ('Das sind ja nur Striche!') wich bald einem intensiveren Studium der irritierenden Zeichen. Im vermeintlichen Wirrwarr wurden Strukturen, z.B. die zunehmende graphische Verdichtung, beobachtet, nachgezeichnet, aufgelistet und damit z.T. erkannt, allerdings auch nicht aufschlüsselbare Zahlenfolgen.

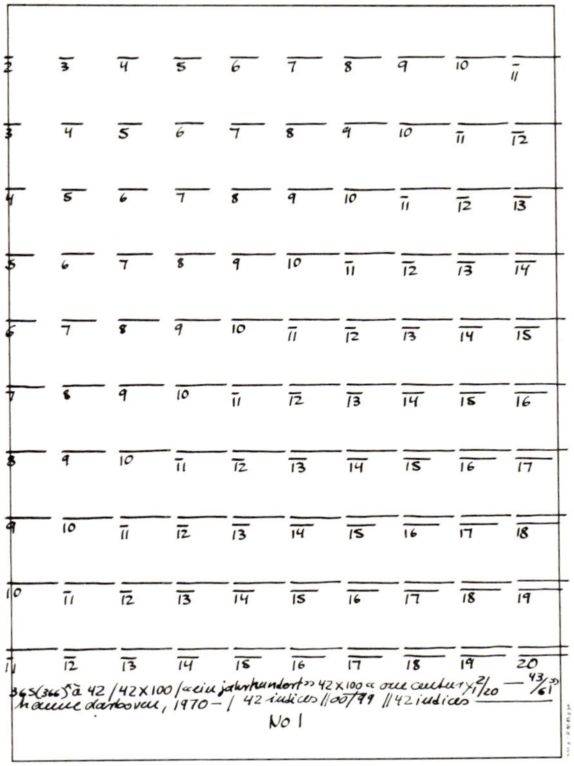

Hanne Darboven: Ein Jahrhundert, 1970, Seite 1
Kunstmuseum Bonn

Ein fotokopiertes Blatt der ersten Seite gab ich erst eine ganze Zeit später jedem einzelnen, um die eigenen Beobachtungen zu überprüfen. Die erste Seite bietet den »Schlüssel zum Verständnis dieser Zeichnungen/Aufzeichnungen,«[32] schreibt Dierk Stemmler.

»365 (366) = 365; Tage (Schaltjahr 366 Tage) eines beliebigen Jahres (Schaltjahres)

42 = 42 indices. Dies sind verschiedene Quersummen aus sämtlichen Tagesdaten eines Jahres, z.B.:

1.1. – Quersumme 2: sie kommt im ganzen einmal vor, also 1 Quersumme.

2.1. = entspricht 1.2. = Quersumme 3, sie kommt im ganzen zweimal vor, wird aber, da nur die verschiedenen Quersummen gelten. als 1 Quersumme gerechnet.

3.1 = entspricht 1.3. = Quersumme 4, wird als 1 Quersumme, von allen anderen verschieden, gerechnet.

D.h., daß z.B. der 1.2. und der 1.3. nicht nochmals als Quersumme unter den 42 Quersummen vorkommen, aber auch: die Tagesdaten 12.1., ebenso 1.12., 21.1., 11.2. ergeben die Quersumme 4; d.h. der 1.3., 3.1.,

12.1., 1.12., 21.1., 11.2., 2.11. sind nur einmal, eben mit der Quersumme 4, in den 42 verschiedenen Quersummen enthalten.
42 x 100 = 42 verschiedene Quersummen aus den Tagesdaten eines Jahres x 100 Jahre = ein Jahrhundert', und zwar ein beliebiges Jahrhundert.
2/20 – 43/61- ablesbar auf jedem Blatt: den 42 Indices (Quersummen) entsprechen 42 Blätter. Jedes Blatt hat 100 Ziffern. Sie sind so angeordnet, daß in jeder von 10 Zeilen 10 Ziffern stehen, also 10 Zeilen und 10 Kolumnen. Jede Zeile beginnt mit der nächsthöheren Ziffer, also Blatt 1: 2,3,4 ... – 11/3 – 12/4 – 13/... 11 – 20. Blatt 2:12 – 21/21 – 30 usw. bis Blatt 42: 43 – 52/52 – 61. Also abgekürzt für alle 42 Blätter 2/20 – 43/61.
Diese Ziffernfolgen zeigen eine allmähliche Progression, die nun in knappster Form zeichnerische Elemente begleiten: der Höhe der Zahl entspricht die Länge des waagerechten Striches. Die kürzeste Länge hat die Ziffer 1, die längste die 10, die Ziffer 11 den längsten Strich und auf der nächsten Zeile den kürzesten (10 + 1), es wird also nach jedem Zehner eine neue Zeile begonnen. so daß am Schluß auf Blatt 42 die zeichnerische Struktur an die Grenze ihrer. Ausdehnungsmöglichkeit gelangt ist (wenn sie nicht die vorgegebenen Rand- und Zeilenabstände verletzen will) und so eine optimale Dichte und Fülle erreicht.
Durch die Strenge der Partitur leuchten geheimnisvolle Zusammenhänge zwischen dem möglichen realen Zeitablauf, dem abstrahierenden Zeitmessen, dem produktiven Zeit-Zeichen-System der gerafften Indices einerseits und der langsamen Progression andererseits, der Erlebniszeit des sich allmählich sättigenden Zeichenvolumens.«[33]

On Kawara: 17 JUL. 1985
Museum für Moderne Kunst Frankfurt a.M. (Foto: Stehr)

Anderen Gruppen wurde im Vorfeld die Aufgabe gegeben, ›Zeichen für Zeit‹ zu notieren. Vorherrschend waren natürlich Zifferblätter von Uhren, aber auch Kurven von Gestirnen, Mondphasen, Zeichnungen mit Angaben von Start und Ziel. In zwei von drei Gruppen tauchten die Strichzeichnungen der abgesessenen Tage in Gefängniszellen auf, damit waren wir beim ›Aufrechnen‹ von Zeit und der Übergang zu den ›Berechnungen‹ von Hanne Darboven leichter.
Aber ist das Kunst? Die Einführung des Begriffs des ›anschaulichen Denkgegenstandes‹ (Jean-Christophe Ammann) erleichterte die Diskussion. Auch konnte einsichtig gemacht werden, daß die Frage eher auf den Fragenden verweist und sein Verständnis von Kunst, als daß es etwas von dem behandelten Gegenstand erfaßt. Für die Jüngeren blieb die Arbeit von Hanne Darboven doch sehr abstrakt. Von ihnen kamen aber Vorschläge, etwa Tagesschachteln zu machen, in denen Ereignisse, Erlebnisse, Gedanken einer Person veranschaulicht werden sollten.
In einem der schönsten Räume des im Juni 1991 eröffneten Museums für Moderne Kunst in Frankfurt sind die sogenannten Date Paintings des in den USA lebenden Japaners On Kawara gehängt. In frieshafter Reihung umfaßt die chronologische Folge einen Zeitraum von 23 Jahren, beginnend mit dem 7. Februar 1966 und endend mit dem 24. April 1989. Das derzeit letzte Bild stammt vom 30. Januar 1990 und hing bisher im angrenzenden Raum. Die Bildtafeln, der 5 cm hohe Keilrahmen, über den die Leinwand gespannt ist, gibt den Bildern eher etwas Blockhaftes, variieren zwischen sechs verschiedenen Formaten/Größen. Auf dem jeweils monochromen Grund (dunkle bzw. graue Grundierungen sind vorherrschend, daneben gibt es auch blaue und rote Felder) ist mit gleichen Buchstaben- und Zahlentypen in weißer Farbe jeweils ein Tagesdatum gemalt worden, mittig und linear.
In den Schriften zur Sammlung des Museum für Moderne Kunst schreibt René Denizot über die Malerei von On Kawara: »Über die Malerei von On Kawara gibt es nichts zu sagen. Die Malerei ist keine Zutat, kein Überbleibsel. Darüber zu sprechen, kann nichts hinzufügen. Die Malerei ist sichtbar, lesbar, aussprechbar. Ausgehend von den gegebenen, den genannten, den datierten Bildern, gibt es nichts weiter über die Malerei zu sagen, als daß die Bilder nicht etwas abbilden, sondern Datums-Bilder sind.«[34]
Genau dort habe ich mit TeilnehmerInnen eines Seminars angesetzt. Sie sollten – ohne untereinander Kontakt aufzunehmen – sich im Raum aufhalten. Das Erstaunliche war, daß fast alle den gleichen Wahrnehmungs- und Empfindungsprozeß durchliefen. Registrieren der Daten gekoppelt mit der Frage, was soll das. Versuche der Erinnerung an vermeintliche geschichtliche Daten (Was war am 9. November 1984? Was am 3. März 1971?), schließlich das Umkippen, das Verwiesenwerden auf die eigene Biografie (Was war damals in meinem Leben?). Mit Überraschung konstatierten die TeilnehmerInnen diese ähnliche Erfahrung. Einige waren in dem Nebenraum, hatten die Tagebucheintragungen studiert und

das Bezugssystem benennen können zwischen ›Tagebuchnotiz, Farbplan für die Grundierung der Bildtafeln und der Schreibweise der Daten. Auch die Art des Aufhebens der Date Paintings in Schachteln, in die eine Tageszeitung des jeweiligen Ortes, wo das Bild entstanden ist, eingeklebt ist, wird dort erkennbar.

Die Bemerkung einer Teilnehmerin, sie würde am liebsten ganz lange allein in diesem Raum einfach nur sitzen, löste Fragen nach der Bedeutung und Rezeption aus: Gedenktafeln, Grabsteine für Zeit u.a. Eine andere Teilnehmerin schlug vor, im Raum zu stehen und leise – wie in Art einer Litanei – Zahlenfolgen zu murmeln. Sie empfände diesen Gedanken schon an sich befriedigend.

On Kawaras Vorgehen konnte so zumindest nachvollzogen werden. Sein Versuch, Zeiterfahrung zu thematisieren, aber zugleich das, was für uns Zeit ausmacht, das Biografische, zu reduzieren und dafür in der äußersten Reduktion auf das jeweilige Datum über eine Art von Subjektivierung eine individuelle Versicherung (›I'm still alife‹ – wie On Kawara immer wieder an Freunde und Bekannte schreibt) zu erreichen und zugleich eine kollektive, denn das Datum ist universell verstehbar.

In seinem Konzeptionspapier zur Eröffnungsausstellung des Museums für Moderne Kunst in Frankfurt ›Aus der Sicht des inneren Auges‹ schreibt J. Chr. Ammann: »Wichtig scheint mir, daß der Japaner im allgemeinen und On Kawara im besonderen einen anderen Individualitäts- und Kreativitätsbegriff besitzt, als wir in unserem westlichen Kulturverständnis. Diese Begriffe sind kollektiver Natur. Sie sind Teil einer Vorstellung von Welt, die keinen Anfang und kein Ende hat und stehen dem jüdisch-christlichen Denken gegenüber, demzufolge die Welt erschaffen wurde und endlich ist.

Es handelt sich dabei um Vorstellungen, die über Jahrtausende Mensch und Gesellschaft geprägt haben. In einer Welt ohne Anfang und Ende kann nur die Gegenwart zählen. Gegenwart enthält konstitutiv Vergangenheit und Zukunft. On Kawara, der Maler, malt Gegenwart in Form des größten gemeinschaftlichen Nenners, den die Konvention überhaupt bietet: Monat, Tag, Jahr.«[35]

Ich glaube, daß ein Teil der Wirkung der Bilder On Kawaras durch die Art der linearen Hängung in Frankfurt erreicht wird, auch dadurch, daß dieser große, lichte Raum keine anderen Arbeiten zeigt bzw. zuläßt. So kommt die ruhige Ausstrahlung zur Geltung, die auch zur Konzentration im Betrachter führen kann und die einen Teilnehmer von einem sakralen Raum sprechen ließ.

Der durchgestaltete Kunstraum

Ob bemalte oder bezeichnete Grabkammer, das abstrakte Kabinett von El Lissitky, das Lackkabinett von Schlemmer, erlaubt den Künstlern, die eigenen Vorstellungen totaler zum Ausdruck zu bringen und zugleich die Betrachter in einem umfassenderen Sinne anzusprechen. Von daher ist nicht verwunderlich, daß Installationen KünstlerInnen in besonderem Maße in den letzten Jahren gelockt haben – auch unter Einsatz ganz unterschiedlicher Medien.

Die Erfahrung der eigenen Körperlichkeit ist dabei für den Betrachter viel stärker ausgeprägt als im Gegenüber zum Bild an der Wand. In besonderer Weise gilt das für den Raum ›The Stopping Mind‹ (1991) von **Bill Viola** (geb. 1951), ebenfalls im Museum für Moderne Kunst in Frankfurt. Bill Viola, der auch diesmal auf der documenta vertreten ist, gibt selbst als Intention an: »The Stopping Mind ist eine Video-Installation für projizierte Bilder und Ton, die auf dem ewigen Wunsch des Menschen aufbaut, die Zeit anzuhalten. Sie handelt von der Unvereinbarkeit der Gedanken (Erinnerung) mit der Erfahrung – d.h. von der eigentlichen Neigung des Geistes, die darin besteht, Erfahrung festzuhalten oder zu bannen und von dem dynamischen Wesen beider, der Erfahrung und dem Bewußtsein selbst, das in ständiger Bewegung begriffen ist.«[36]

Auf was trifft derjenige, der diesen Raum betritt, denn von Betrachter im engeren Sinne läßt sich hier nicht mehr sprechen.

Durch eine Lichtschleuse gelangt man in den abgedunkelten quadratischen Raum, vor dessen Seiten im Abstand von ca. einem Meter vier Projektionsleinwände (325 x 425 cm) gespannt sind, so daß die vier Ecken offen bleiben. Der Betrachter sieht sich vier verschiedenen Motiven gegenüber, die von vier über den Leinwänden angebrachten Projektoren auf die Projektionsflächen geworfen werden. Im Raum herrscht eine eigenartige Ruhe, die von einem gleichmäßigen Flüstern begleitet wird. Umhergehend trifft man in der Mitte des Raumes auf die Stelle, wo dieses Flüstern zu verstehbaren Sätzen einer menschlichen Stimme wird. In sich wiederholenden Sätzen beschreibt die Stimme eigene Erfahrungen und Situationen, die Schritte einer meditativen Versenkung vom Außen in ein Inneres benennen.

Urplötzlich wird dieser leise Sprachstrom zerfetzt durch ein lautes Getöse, begleitet vom wilden Rhythmus wechselnder Bilder oder kurzer Sequenzen auf allen vier Leinwänden, um danach abrupt abzubrechen. Wieder die bisherige Stille und das Flüstern.

Im nicht kalkulierbaren Wechsel gelingt weder das eine noch das andere, weder die im Sprachfluß beschlossene Versenkung in die innere Welt des betrachtenden Ichs, noch Klarheit zu erhalten über die Vielfalt der gesehenen Bilder der äußeren Welt: Landschaftspanoramen, Großstadtfluchten, dazwischen Details von stillebenhaften Arrangements u.a., dazu die dabei aufgenommenen Geräusche, die verstärkt wiedergegeben werden. Was bleibt, scheint die

Einsicht zu sein in »die Unvereinbarkeit der Welten der äußeren und der inneren Realität des modernen Menschen.«[37] Kein angenehmer Ort, auch kein Ort, um über Erfahrungen, Empfindungen zu sprechen. Ich bin im Raum diesen optischen und akustischen Einwirkungen unausweichbar ausgesetzt.

Das Verhalten der Menschen in diesem Raum ist aufschlußreich: Manchmal zögerndes Betreten, erste Orientierung im Halbdunkel, die drehende Bewegung des Körpers, um die Bilder rundum zu erfassen, dann das Horchen auf die Stimme, das Suchen der Lautsprecher, dann plötzlich das bis in körperliche Abwehrbewegung gehende Erschrecken beim Einsatz der Geräusche und des Bilderwechsels. Die Irritation bei wiederkehrender Stille.

Viele gehen dann wieder, andere beobachten andere Besucher, die in den Raum kommen; die wenigsten harren aus, bleiben länger im Raum. Diese finden in der Mitte des Raumes die Stelle, wo die Stimme des Sprechers verständlich wird, und horchen.

Im Rahmen eines Seminars hatten wir die TeilnehmerInnen gebeten, längere Zeit (ca. 15–20 Min.) im Raum auszuhalten. Die Spannweite der Reaktionen war groß, vom Zuwachs an Aggressionsgefühlen bis hin zum Gegenteil, im Sich-Einlassen auf das Flüstern, auch Abwehrkräfte in sich zu spüren gegen den ab und zu tosenden Lärm, zu dem eine immer größere Distanz gewonnen wurde, obwohl man sich ihm körperlich nicht entziehen konnte. Eine Gruppe Jugendlicher nahm alles gelassener hin, vielleicht vertraut mit unterschiedlicher Beschallung. Sie waren durchweg fasziniert vom rasanten Wechsel der Bilder und Geräusche, betonten ihr technisches Interesse, aber auch die Neugierde auf die menschliche Stimme, jedoch auch die Enttäuschung, den englisch gesprochenen Text nicht richtig verstehen zu können. Einige empfanden diesen Raum als den spannendsten im Museum.

Quintessenz? Läßt sich nicht geben. Gemeinsam war allen Versuchen, den Betrachter in Situationen zu stellen, in denen er eigene Erfahrungen machen konnte, ohne sofort von einem sachverständigen Vermittler gesagt zu bekommen, welche Bedeutung das jeweilige Werk hat. Den Betrachter als handelndes Subjekt einzubeziehen, ist sicher ein Stück Gratwanderung, da sich leicht Unverbindlichkeit einstellt, wenn alles im Subjektiven verbleibt.

Wichtig erscheint mir, daß die eigenen Erfahrungen eben tatsächlich eigene Erfahrungen sind und gleichberechtigt neben denen anderer stehen, weil alle diese von dem künstlerischen Werk ausgelöst wurden. Wo subjektiv gewonnene Erfahrungen bewußt (gemacht) werden, können sie Erkenntnisprozesse in Gang setzen.

ANMERKUNGEN

1 Der Aufsatz greift auf die vom Bund Deutscher Kunsterzieher veröffentlichte Publikation zurück.
Ulrich Meyer-Husmann (Hrsg.): *Beispiele. Annäherungen an Kunst aus dem 20. Jahrhundert.* Hrsg. vom BDK Hessen 1991.
Der Untertitel nimmt eine Formulierung von Werner Hofmann auf aus: Hofmann, Werner: *Grundlagen der modernen Kunst.* Stuttgart 1987, S. 19

2 Zitiert nach Werner Hofmann, a.a.O., S. 17

3 Thomas, Karin: *Zweimal deutsche Kunst nach 1945, 40 Jahre Nähe und Ferne.* Köln 1975, S. 209

4 Immendorff, Jörg: *Hier und Jetzt: Das tun, was zu tun ist.* Köln 1973, S. 33

5 Glozer, Laszlo: *Westkunst, Zeitgenössische Kunst seit 1939.* Köln 1981 (AK), S. 234

6 Faust, Wolfgang Max/de Vries, Gerd: *Hunger nach Bildern, deutsche Malerei der Gegenwart.* Köln 1982, S. 15

7 ebenda

8 Billeter, Erika: *Malerei und Photographie im Dialog von 1840 bis heute.* Zürich: Bern 1977 (AK), S. 348

9 vgl. dens. in unseren Materialien oder in: art, Das Kunstmagazin, Heft 1, Januar 1991, S. 70 f.

10 Schütz, Heinz: *Die Kunst der 60er Jahre – Ein Historisierungsversuch 1. Teil.* In: Das Kunst-Bulletin, Heft 3, März 1992, S. 46

11 Klauke, Jürgen. Zitiert nach Neusüss, Floris M. (Hrsg.): *Fotografie als Kunst – Kunst als Fotografie. Das Medium Fotografie in der bildenden Kunst Europas ab 1968.* Köln 1979, S. 282

12 Hofmann, Werner, a.a.O., S. 19

13 ebenda

14 ebenda

15 Hofmann, Werner a.a.O., S. 19 f.

16 Auf die Problematik des Verhältnisses von Bild und Sprache soll hier nicht eingegangen werden. Vgl. dazu Niehoff, Rolf: *Bild und Sprache, Beobachtungen, Reflexionen, Konsequenzen, Anregungen.* In: Kunst + Unterricht, Heft 136, Oktober 1989, S. 12 ff.

17 Legler, Wolfgang: *Denken und Machen – ein offenes Problem.* In: Kunst + Unterricht, Sonderheft 1979, S. 15

18 Honisch, Dieter (Hrsg.): *Kunst wird Material.* Berlin 1982, S. 7

19 Thorbecke, Jan Peter: *Schlitten, Floß und Arche Noah, Thema Überleben – von Schülern gestaltet.* Darmstadt 1987 (AK)

20 Beuys, Joseph. Zitiert nach Multiples. Ein Versuch, die Entwicklung des Auflagenobjekte darzustellen. Berlin 1974 (AK), S. 98

21 Beuys, Joseph. Zitiert nach Stemmler, Dierk: Joseph Beuys, Objekte, Zeichnungen, Multiples. Bonn 1981 (AK), S. 67

22 Beuys, Joseph. Zitiert nach Multiples, a.a.O., S. 98

23 Beuys, Joseph. Zitiert nach Multiples, a.a.O., S. 100

24 Beuys, Joseph. Zitiert nach Stemmler, a.a.O., S. 67

25 ebenda

26 Beuys, Joseph. Zitiert nach Wedewer, Rolf: *Die Realität der Magie, Bedeutungsnanalyse des Werkes.* In: Romain, Lothar/ Wedewer, Rolf: Über Beuys. Düsseldorf 1972, S. 14

27 Hohmeyer, Jürgen: *Auf der Suche nach dem magischen Stoff.* In: art, Das Kunstmagazin, Heft 1, Januar 1981, S. 99

28 Metken, Günter: *Spurensicherung, Kunst als Anthropologie und Selbsterforschung. Fiktive Wissenschaften in der heutigen Kunst.* Köln 1977, S. 16

29 ebenda S. 12

30 Vgl. *Künstlerinnen des 20. Jahrhunderts.* Wiesbaden 1990 (AK), S. 108 ff.

31 Vgl. dazu: Ehmer, Hermann K.: *Kunstvermittlung, Über kunstpädagogische Kunstvermittlung und ihre verborgene Opposition gegen die kunstgeschichtliche Kunstrezeption.* In: Kunst + Unterricht, Heft 109, Januar 1987, S. 13 ff.
Otto, Gunter: *Der Auslegungsprozeß: Das Subjekt, das Werk, die Bedingtheiten.* In: Kunst + Unterricht, Heft 145, September 1990, S. 5

32 Stemmler, Dierk. Zitiert nach *Künstlerinnen des 20. Jahrhunderts,* a.a.O., S. 108

33 ebenda

34 Denizot, René: *On Kawara.* Frankfurt 1991 (AK), S. 15

35 Ammann, Jean-Christophe: *Aus der Sicht des inneren Auges. Zur Eröffnungsausstellung des Museums für Moderne Kunst.* Frankfurt a.M. o.J. (1991), S. 3 f.

36 Viola, Bill. Zitiert nach Lauter, Rolf: *Bill Viola ›The Stopping Mind‹ (1991) Frankfurt a.M. o.J. (1991)*

37 Lauter, Rolf; *Bill Viola ›The Stopping Mind‹ (1991)* (= Informationsblatt des MMK Frankfurt)

WO BIN ICH?

Wie man eine Plastik auslegen kann

Gunter Otto

Wer in Hamburg die Edmund-Siemers-Allee, vom Dammtorbahnhof kommend, auf der rechten Seite, vorbei an der Universität heruntergeht, kommt an einem ca. 3 Meter hohen mächtigen Steinkubus vorbei (Abb. 1).

Ich weiß, daß es eine Plastik von Ulrich Rückriem ist. Mancher mag sich wie ich erinnern, daß vor einigen Jahren auf der Moorweide, in unmittelbarer Nachbarschaft, auf einer baumbestandenen Wiese, in einer *Steinsetzung* fünf Plastiken von Rückriem standen.

Abb. 1

I. Ich bleibe stehen.

Hinter der Plastik entlang läuft schräg auf die Edmund-Siemers-Allee das obere Ende der Moorweidenstraße zu. So entsteht zwischen den Straßen ein Zwickel, Wiese, am Rande vereinzelt Bäume. Hinter der Plastik das Haus der Freimaurer-Loge. Rechts die Universität (Abb. 2). Die Edmund-Siemers-Allee ist eine stark befahrene Durchgangsstraße. Auf der anderen Seite der Straße der Bahndamm, dahinter ein architektonisch steriler

Abb. 2

Hotelkomplex; ein immenses Hochhaus, alle Maße sprengend.

Mir fällt ein, daß direkt ins Judenviertel läuft, wer am Ende des Platzes in die Grindelallee einbiegt. Die Straßen heißen hier alle noch wie eh und je, Grindelallee, Rutschbahn, Heinrich-Barth-Straße, Hartungstraße. Auf einem Platz in unmittelbarer Nachbarschaft der Universität stand die Synagoge. Das ist keine 200 Meter von Rückriems Plastik entfernt. Heute ist in das Straßenpflaster der Grundriß eingelassen.

Aber nicht mehr als 200 oder 300 Meter weit steht noch ein Mahnmal: Das Denkmal des 76. Hamburgischen Infanterie-Regiment (Abb. 3). Ein Quader aus Muschelkalk: 8,90 Meter lang, 7 Meter hoch, 4,30 Meter breit. Gedacht wird eines Regimentes im ersten Weltkrieg (vgl. Hedinger u.a. 1979). Halbplastisch gegeben, ist auf dem Block umlaufend eine Kolonne marschierender Soldaten mit Stahlhelmen und geschulterten Gewehren zu sehen. An einer Seite in Frakturschrift der Spruch: »Deutschland muß leben und wenn wir sterben müssen.«[1]

Das Denkmal ist im *Dritten Reich,* im Jahre 1936, aufgestellt worden. Im Stechschritt der Hamburgischen Garnison wurde es geweiht. Der *Führer* schickte ein Telegramm. Generalmajor a. D. von Heymann hatte in den Hamburger Nachrichten vom 25. 9. 1934 schon verlautbart: »Hamburgs Hanseatenmal soll der nationale Wallfahrtsort unserer Stadt werden, die Stätte des Glaubens an die Macht der Kameradschaft und Treue, die Stätte der Liebe für die hehren Vorbilder unserer gefallenen Helden, und die Stätte der Hoffnung, daß dem wieder marschierenden und wieder wehrwilligen Deutschland die

Abb. 3

Tore der Freiheit und Gleichberechtigung aufspringen, und unter solch Achtung gebietendem Schutz des Vaterlandes Hamburgs Handel und Schiff-Fahrt wieder die Meere überbrückt!« (Zitiert nach Hedinger u.a. 1979, S. 24).

Ich stehe vor dem Stein von Rückriem: 3,02 Meter

Abb. 4

hoch, 2,20 Meter breit, 68 Zentimeter in der Tiefe (Abb. 4). Er ist in den Boden eingelassen. 75 Zentimeter unterhalb der Oberkante ist er quer geschnitten. Der Fluß der Schnittlinie wird im Abstand von ca. zehn Zentimetern durch Bohrlöcher gebrochen.[2] Ebenso 12 Zentimeter oberhalb des Wiesenbodens. (Man kann vermuten, daß der Stein ca. 60 Zentimeter tief in die Erde eingelassen ist). Zwischen der oberen und der unteren Schnittlinie ist der Stein zweimal in der Senkrechten aufgespalten. Die Spaltlinien zerteilen das Mittelfeld in drei Teile, die sich zusammenfügen, als ob sie aneinander hafteten.

Ich blicke nach rechts hinüber über den Bahndamm hinweg. Da steht der Fernsehturm, dieser semielegante Umriß eines technoiden Minaretts, programmatisch aufs Schweben bedacht.

Ich bin allein mit dem Stein. Die Autos höre ich nicht mehr. Ob in der Zwischenzeit ein Zug vorbeigekommen ist, weiß ich nicht. Die Plastik steht wie eine Gegenkraft gegen alles, was vorbeirauscht, S-Bahn-Züge, Autos, Bundesbahn, Menschenströme. Ein Votum, schweigend, gegen Denkmal-Pathos, Architektur-Protz und Technik-Euphorie.

Die haarfeinen Spalten, die mit großer Exaktheit von oben nach unten durch den Stein laufen, machen ihn eher leicht. Vor dem kleinteiligen Relief der Hausfassaden der Jahrhundertwende wirkt er gemessen, ruhig. Halt. Die Bohrlöcher verletzen das Material. Könnten das auch Einschüsse sein?

Das Monument steht unwiderruflich. Es geht gegen die Verhältnisse, die Maße, die Maßlosigkeit der Umwelt an. Aber es ist nicht einfach Wand. Ich kann es mit nichts vergleichen, außer mit Plastiken von Ulrich Rückriem.

Ungefähr 50 Schritt entfernt steht am Rande das Platzes eine (von mehreren) niedrigen Tafeln, vielleicht 60 x 90 Zentimeter groß. Darauf steht in vier Zeilen: Platz der Jüdischen Deportierten

Im Jahre 1933 lebten in Hamburg 24000 Juden.

Hier begann der Weg tausender jüdischer Bürger Hamburgs, der in den Vernichtungslagern des Nazi-Regimes endete.

Mehrere der Tafeln sind beschädigt worden. Die Jahreszahl 1933, die Zahl der einstmals in Hamburg lebenden Juden, die Zahlenangabe *tausender* jüdischer Bürger Hamburgs, das Wort *Nazi* sind gewaltsam herausgekratzt.

An dem Rückriem-Stein entdecke ich später eine kleine angeschraubte Tafel: Kunst im öffentlichen Raum. Ulrich Rückriem. Monument für die Deportierten an der Moorweidenstraße. 1983.

Die Art, in der ich vorgegangen bin, wie ich mich der Plastik von Rückriem anzunähern versucht habe, wie ich sie in Beziehung zur Situation gesetzt habe, in der ich ihr begegnet bin, zu Erinnerungen, zu meiner Nachdenklichkeit, wenn ich vor dem Stein stehe – diese Art der Annäherung nenne ich: ein *Percept* bilden (Otto/Otto 1987, S. 51ff).

Was heißt Perceptbildung? Der Vorgang wird in einem Zitat von Johann Wilhelm Herbart aus dem Jahre 1892 schon einmal plastisch beschrieben. Was er im Hinblick auf eine Landschaft sagt, gilt auch für das Bild einer Landschaft, gilt für Bilder überhaupt: »Nicht alle sehen alles gleich. Der nämliche Horizont hat diesem Auge viel und jenem wenig anzubieten. Er zeigt Einem das Schöne, einem Anderen das Nützliche, einem Dritten ist er eine auswendig gelernte

Abb. 5

Landkarte. In der gleichen Landschaft sucht der Knabe die bekannten Thürme, Schlösser, Dörfer und Menschen – hängt immer an einzelnen Puncten, während der Maler die Parthien gruppirt und der Geometer die Höhen der Berge vergleicht.« (Herbart 1892, S. 79; zit. nach Otto/Otto 1987, S. 55).

»Die Dimension *Perceptbildung* weist auf die Strukturierungsleistung des *Wahrnehmenden* und auf deren Bedingtheit. Die Untersuchung des Prozesses, in dem ein Percept gebildet wird, verweist auf den ›Anteil des Beschauers‹ (Gombrich 1978, S. 205). Es geht darum, wie ›die Beschauer es eigentlich anstellen, die Zeichen zu entziffern‹ (a.a.O., S. 206), wie wir, was wir auf Bildern sehen, klassifizieren und mit dem verknüpfen, was wir wissen, gesehen haben oder träumen.

Die Art und Weise, in der wir eine Straße, ein Bild, eine Musik wahrnehmen, hängt unter anderem von unseren schon gespeicherten Sinneserfahrungen ab: Das heißt z. B.: Wer Bach zum ersten Mal hört, hört im Positiven wie im Negativen etwas anderes als der, der auf den Einsatz des Rezitativs in der Kantate schon wartet. Einen Film sieht man beim zweiten Mal anders als beim ersten Mal. Was am Wiederholungserlebnis erfahren wird, gilt auch für die an verschiedenartigen Objekten gesammelten sinnlichen Erfahrungen. Viele Kommunikationsschwierigkeiten mit Avantgarden rühren zum Beispiel daher, daß die erworbenen Erfahrungsmuster nicht verwendbar zu sein scheinen. ›In Verbindung mit bereits gesammelten Erfahrungen kommt (im Prozeß der Wahrnehmung ästhetischer Objekte; Hinzufügung G. O.) ein Ergebnis zustande, daß wir *Percept* nennen wollen.‹ Murch/Woodworth machen mit Nachdruck klar, daß Erkennen, Wissen und Verstehen ebenso zum Percept gehören wie Erleben. *Das Erlebnis, ein Objekt in der Umwelt erkannt zu haben, entsteht erst nach Vollendung dieses Prozesses* (Murch/Woodworth 1978, S. 11). Der Prozeß, in dem das Percept im Sinne eines subjektiven Äquivalents zum *Konzept* (des ästhetischen Objekts) gebildet wird, dieser Prozeß ist abhängig von Meinungen, Einstellungen und Kenntnissen, er ist hochkomplex und nicht aufteilbar« (zitiert nach Otto/Otto 1987, S. 55).

II. Wie komme ich ›dahinter‹?

Ich habe da gestanden, bin herumgegangen, habe nach rechts und nach links und an der Plastik herauf und hinunter gesehen, ich habe über den Bahndamm geblickt und an das Judenviertel gedacht, mir ist das 76er Denkmal eingefallen. Ich habe sinnlich wahrgenommen, ich habe auf mich wirken lassen, habe nachgedacht, ich habe mich erinnert, 1936, im Jahr der Olympiade, als ich Zigarettenbilder gesammelt habe, ist das andere Denkmal eingeweiht worden. Bei der Aufstellung von Rückriems Plastik hat es, soviel ich weiß, kein Zeremoniell gegeben. Sie blieb und

Abb. 6

bleibt wahrscheinlich eher unbemerkt.
Mir ist aufgefallen, wieviele Beziehungen zur Umgebung, zu Bauwerken und Denkmälern der Nachbarschaft sich einstellen.
Was ergibt die Frage nach all den Relationen und Kontexten? Sie sind relevant, insofern sie helfen, das Problem zu bezeichnen, das der Bildhauer bearbeitet hat (vgl. Baxandall 1970, besonders S. 167ff, 198 ff.). Ich will in das Konzept des Werkes vordringen. Ich muß auf das stoßen, was ich nicht durch den Blick über den Bahndamm, durch die Wahrnehmung der Oberfläche herausfinden kann. Welches Problem hat Rückriem mit welchen ästhetischen Mitteln bearbeitet? Das ist die Frage nach dem *Konzept* des Werkes. Danach muß gefragt werden, um eine Instanz zu haben, an der die Legitimität der Percepte erörtert werden kann. Sind meine Wahrnehmungen *nur* subjektiv, meine Assoziationen und Relationierungen beliebig oder *auch* durch des Werk konstituiert? Läßt sich mein Percept im Werk *verifizieren*?
Laszlo Glozer nennt Ulrich Rückriem »einen noch zu entdeckenden Vorarbeiter latent wirksamer Traditionen«, einen »Vermittler zwischen Gefühls- und Reflexionswelten jenseits der Generationsgrenze«. (Texte 1987, S. 251). Seine Steine nennt Rückriem selbst Denkmal, Tempel, Monument. Der Stein ist nicht nur Stein, nicht nur Material. Er löst Gefühle aus und schafft, begrenzt, Denkräume. Wodurch? Durch die Form, den Gestus, die ihm der Bildhauer gibt, durch den Ort, an den er ihn stellt, durch die Beziehung, in die er ihn rückt. Die der Straße zugewandte Ansicht des Monuments ist strikt südlich orientiert. Ein (angenommener) darauf stehender Sehstrahl führt exakt auf das 76er Denkmal hinter dem Dammtor-Bahnhof. Die Beziehung ist nicht zufällig. Dietrich Helms hat ähnliches für die Steine auf der Moorweide im Jahre 1986 aufgedeckt (Texte 1987, S. 396 ff). Rückriem selbst markiert: »Material, Verhältnisse von Größen und Volumen, Flächen und Farbe, Aufstellungsorte und natürlich der Inhalt meiner Skulpturen. Das Was und Wie stehen da, wie die beiden Türme des Kölner Doms« (Texte 1987, S. 281).
Wenn der Aufstellungsort Teil des Was und Wie des Monuments ist, dann ist die Konfrontation mit dem 76er Denkmal kein Zufall, sondern dann ist das Gegenüber von Pathos und Schweigen, von Nationalismus und Mord, von Illustration und Symbol offenbar intendiert. »Ich suche die geeigneten Orte für meine Skulpturen in der Stadt oder in einer Landschaft. Oft fange ich erst an, wenn ich eine Umgebung gefunden habe.« (Texte 1987, S. 283.).
Wenn das Ambiente Teil des bildhauerischen Konzepts ist, mindestens so gelesen werden kann, dann wird auch sinntragend: von beiden – noch so lauten – angrenzenden Straßenführungen steht Rückriems Stein 30 bis 50 Meter entfernt; bis zum Bahndamm

Abb. 7

sind es fast 100 Meter (vgl. Abb. 6). Am 76er Denkmal flanieren Radfahrer und Fußgänger unmittelbar vorbei (Abb. 7). Dieser ist ein Gedenkstein, jener eine Parole. Und der Hotelturm wird zum Ort des betriebsamen Vergessens gegenüber dem Platz der Besinnung, des Gewahrwerdens von Schrecken (Abb. 8). Rückriem bestreitet die Beliebigkeit von Material

Abb. 8

und Gestaltung ebenso wie die Zufälligkeit des Standortes. Beides sei in den kreativen Prozeß einbezogen (Texte 1987, S. 69ff). An dem Gegenstand müßten durch den kreativen Prozeß Bedeutungen freigelegt werden. Das Material müsse am Endpunkt erkennbar bleiben. D.h., das Material muß sagen, wovon es nicht schwätzt. Es verweist. Die Präsenz zählt. Solche Plastik kann nicht erzählen, sie kann Gedächtnis aktivieren. Der Ort, an dem das Kunstwerk steht, ist nicht zufällig. Er konstituiert den Raum der Reflexion, der Deutung. Der Stein erzählt keine Geschichten, sondern er verweist durch seine Lokalisierung auf Geschichte.

Worauf zielt die Frage nach dem Konzept des Werks? Auf das Erkennen und Identifizieren der Inhalte, der Bedeutungen, des Sinns, den das Werk übermittelt.

In der Konzeptdimension geraten der in Form gefaßte Inhalt, die den Inhalt strukturierende Form des Werks in den Blick. Konzepte werden wahrgenommen und gebildet. Sie sind historisch vermittelt und bedingt. Konzepte gelangen durch Gestaltung in eine ästhetisch wahrnehmbare Form. In Prozessen der Rekonstruktion und der subjektgebundenden Auslegung werden konzeptgebundene Vergegenständlichungen wieder *flüssig*.

Konzept ist kein Synonym für Form, sondern meint gerade die gestaltete Einheit von Inhalt und Form, von Bedeutung und Wirkung (z.T. in Übereinstimmung mit Otto/Otto 1987, S. 82f)[3].

ANMERKUNGEN

1 Auf das unvollendete *Gegendenkmal* von Alfred Hrdlicka wird hier nicht eingegangen. Meine Stellungnahme zum Denkmal der 76er macht jedoch unter der Hand auch klar, wie sinnvoll der Plan eines Gegendenkmals war. Auch Rückriems Monument kann als Gegendenkmal interpretiert werden.

2 In der Abb. nicht erkennbar.

3 Auf die gesonderte Thematisierung der Allocation im Sinne des historischen Standorts von Werk und Rezeption verzichte ich hier, weil Percept und Konzept nicht ohne historische Verortung gedacht werden können.

Für die Herstellung der Fotos danke ich Martin Lenz-Johanns.

LITERATUR

Baxandall, Michael: *Ursachen der Bilder. Über das historische Erklären von Kunst.* Berlin: Reimer 1990 (engl. 1985)

Gombrich, Ernst H.: *Kunst und Illusion.* Stuttgart/Zürich 1978 (engl. 1977/5. Aufl.)

Hedinger, B./Jaeger, R./Meissner, B./Schütz, J./Tittel, L./Walden, H.: *Ein Kriegsdenkmal in Hamburg.* Hamburg: Tutor 1979

Herbart, Johann Friedrich: *Pestalozzis Idee eines ABC der Anschauung.* In: ders. Schriften zur Pädagogik. Werke Bd. XI. Teil 2, S.79–266. Hamburg: Voss 1892

Murch, Gerald/Woodworth, Bail L.: *Wahrnehmung.* Stuttgart: Kohlhammer 1978

Otto, Gunter/Otto, Maria: *Ästhetische Erziehung als Praxis des Auslegens in Bildern.* Bd. I und II. Seelze: Friedrich 1987

Rückriem, Ulrich: *Skulpturen und Zeichnungen.* Münster: Westfälisches Landesmuseum 1985 (Ausstellungskatalog).

o.V.: *Texte über Ulrich Rückriem.* Düsseldorf: Kunstsammlung Nordrhein-Westfalen 1987.

ZUR STRUKTUR DER NEUNTEN DOCUMENTA

Die sowjetische Militärkapelle spielte auf, hunderte von Dias wurden gezeigt. Der Macher und sein Team waren weit gereist und hatten viel inspiziert.
Lange, gründlich und unter den Augen aller Interessierten aus der Fachwelt schien die DOCUMENTA IX ihre Kontur zu gewinnen: In der Goethe-Stadt Weimar wiederholte sich im Frühjahr 1991 was schon ein dreiviertel Jahr zuvor in Gent viele anlockte – ein Kunst-Marathon. Jan Hoet und sein Team zeigten Bilder über Bilder von ihren Atelierbesuchen. Zuerst, in Gent, schien Bruce Nauman das *Haupt* der Ausstellung zu werden. Schließlich sprach Hoet damals von einer Ausstellung, die wie ein menschlicher Körper sein sollte: mit Kopf, Herz und Gliedern als Metaphern für verschiedene Kategorien der Kunst, und jedem Teil sollte ein herausragender Künstler zugewiesen werden, um den sich dann wieder andere gruppieren sollten. Eine Struktur mit deutlichen Hierarchien wurde sichtbar – zwei Jahre vor der Eröffnung. Der Weimarer Marathon kam schon ohne Nauman als den Superstar aus; Mario Merz hatte durch eine zwischenzeitliche Retrospektive besondere Aufmerksamkeit auf sich gezogen. Als Fazit blieb ein irritiertes Publikum, das ohne Vorstellung von der kommenden documenta ratlos nach Hause zog.
Im Januar dieses Jahres stellte Jan Hoet, seine Mitstreiter waren arg in den Hintergrund gedrängt, dann die DOCUMENTA IX vor. Auch ohne die Ankündigung durch die Knallerei mit Platzpatronen wäre ihm die Aufmerksamkeit der versammelten Kunstkritiker sicher gewesen. Die schreibende Zunft wollte endlich Antwort auf die brennende Frage: Wie sieht die DOCUMENTA IX aus?
Hoet präsentierte eine Liste mit 186 Namen, mit »einigen durch frühere documenta-Ausstellungen sehr bekannten Künstlern und auffallend vielen Belgiern« wie in nicht wenigen Berichten bissig vermerkt wurde.
Ein Konzept war den Ausführungen Hoets und auch der Pressemappe nicht zu entnehmen. Hoet wirkte überzeugend, wenn er euphorisch von der Kunst sprach und seine Sensibilität und Intuition als sicheres Instrument der Auswahl nannte. Das Kunstforum (Nr. 117, S. 411) lobte die menschlichen Werte, die Hoet in Zeiten eines ansonsten eiskalten Kunstbusiness vertrat und sah ihn »zu der Ausstellung getrieben von etwas, was manchmal so aussieht wie eine Mischung aus Betroffenheit und Größenwahn oder aus Chaos und Vernunft.«
Ein komplexes Motto stellte Hoet der documenta voran: »Von Einem zum Einen zum Anderen – oder: vom Körper zum Körper zu Körper – oder: vom Kunstwerk zum Betrachter zur Kunst.« Der Betrachter wird gefordert bei dieser documenta, er soll die Kunst wieder als eigenständige, andersartige fremde Kraft entdecken. Kunst auch als Schock und Irritation gegen die lethargische Indifferenz.
Wenige Begriffe, die etwas von einem Konzept andeuteten, wurden zum Raster der Ausstellung: Das Drama, das Epos und die Stille wurden als Kategorien mit den wichtigsten Ausstellungsorten verbunden. Der Artikel von Roland Nachtigäller, einem Insider der documenta, geht genauer auf den Zusammenhang ein.
Erst die eigene Überprüfung der Vorgaben kann die angedeuteten Absichten bestätigen oder widerlegen und damit auch Antwort auf die Frage geben, ob in der Not des gewollt theoriearmen Konzeptes nicht Begriffe als Leerformeln, die der Betrachter selbst füllen soll, vorgestellt wurden.
Mit dem Begriff des *displacement* beschrieb Jan Hoet eine wesentliche Strategie der gegenwärtigen Kunst und sieht darin zugleich eine Methode, den Rezipienten mental und psychisch zu erreichen. Es mag der Rückgriff auf die Position der Romantik sein, die mit Novalis dem Gemeinen einen hohen Sinn, dem Gewöhnlichen ein geheimnisvolles Ansehen, dem Bekannten die Würde des Unbekannten und dem Endlichen einen unendlichen Schein geben wollte.

»DIE BESTEN KÜNSTLER VERWEIGERN JETZT EINEN STIL«

Ein Gespräch mit Jan Hoet über die DOCUMENTA IX

Frage: Herr Hoet, die Kunstszene zeigt sich heute sehr unübersichtlich. Wie kommt ein Ausstellungsmacher zu seinem Konzept?

Hoet: Erstens muß ich so gut wie möglich versuchen, alles zu vergessen, was ich vorher als Museumsdirektor in Gent gemacht habe: die Ausstellungen dort, die Ankäufe und die gesamte Ankaufspolitik. Zweitens sollte ich davon ausgehen, nicht zu wissen was Kunst ist und trotzdem die Neugier zu haben, es wissen zu wollen. Und dann muß ich auf die Suche gehen, Inspektionsreisen machen, Debatten und Diskussionen führen. Man muß sich wirklich in den Boxring begeben. Man muß die Auswahl als Herausforderung begreifen, sonst ist man total verloren.

Frage: Aber trotzdem muß man sich ja wohl entscheiden?

Hoet: Wenn man von Null anfängt, wenn man den Entscheidungsprozeß in der Diskussion und durch den Dialog aufbaut, dann wächst das. Es ist genau, wie wenn das Gras abgerissen wird, um neu darauf zu säen. Es ist wie eine unbegraste Erde. Plötzlich stellt man fest, diesen Künstler, diese Künstlerin muß ich in der Ausstellung haben. Intuitiv, spontan ist die Entscheidung. Und je mehr Künstler man hat, versucht man zu verantworten, warum man das Eine hat und das Andere braucht. Und dann ist man mit der Forderung konfrontiert, daß auch das Neue zu sehen ist. Dann muß plötzlich auch ein junger Künstler im Auswahlverfahren, in der Diskussion bestehen. Mit einem Vergleich läßt es sich so formulieren: Ist dieser Stein stark genug, um so hoch zu fliegen?

Frage: Es ist Ihnen – um in Ihrem Bild zu bleiben – wichtig, Künstler zu wählen, die einen Bezug zur Geschichte haben, die darauf das Gras neu wachsen lassen.

Hoet: Ja, so ist es.

Frage: Vor zwei Jahren hat Sie Dirk Schwarze von der Hessisch-Niedersächsischen-Allgemeinen Zeitung gefragt, ob es eine Hierarchie der Künstler gibt. Sie haben das damals bejaht. Wie sehen Sie heute die Hierarchie?

Hoet: Die Hierarchie muß jeder für sich selber bestimmen. Jeder von uns hat die Neigung, eine Hierarchie zu suchen. Der Besucher bildet die Hierarchie. Die Hierarchie entsteht nicht durch meinen Ausstellungsaufbau. Jeder muß sich seinen eigenen Körper bilden mit Haupt, Leib und Gliedern. Jeder Betrachter muß seine eigene Beziehung zur Kunst entdecken.

Frage: Zeigt das Museum Fridericianum als inoffizielles Zentrum die besten Künstler?

Hoet: Selbstverständlich ist es so, daß das Fridericianum durch die Tradition noch immer das Attraktive an sich hat. Mit der neuen documenta-Halle haben wir aber schon eine zweite Attraktion, und eine dritte attraktive Sache sind die temporären Bauten. Da muß der Besucher natürlich entscheiden, was er aussucht. Ich glaube, die Neue Galerie ist der schwierigste Ort, weil dort die Sprache der Kunst das Thema ist. Mit Künstlern wie Kosuth wird eine intellektuelle Auseinandersetzung angestrebt.

Jan Hoet: »Die Hierarchie muß jeder für sich selber bestimmen«.

Frage: Keine Auseinandersetzung mit Kunst ohne Interpretation, muß man als Besucher schon »alphabetisiert« sein?

Hoet: Es hat weniger mit Intuition zu tun, was in der Neuen Galerie entsteht, obwohl es dann durch die angestammten Kunstwerke der Neuen Galerie eine Kompensierung gibt. Und so gibt es dort automatisch einen Widerklang, weil man es auch mit Vertrautem zu tun hat. Es ist keine konträre Situation. Ich bin sicher, daß das Intellektuelle, das dort zur Sprache kommt, verstanden wird. Es wird in einzelnen Fällen schwierig sein zu unterscheiden, was Teil des Museums und was Teil der documenta ist, weil das wirklich zu einer Harmonie führt. Es ist wie zwei Hände, die sich plötzlich verschränken.

Frage: Auf der documenta werden bevorzugt Installationen zu sehen sein…

Hoet: …Installationen, teilweise auch kombinierte Installationen, auch Arbeiten, die im Studio entstanden sind und die sich in einem Gesamtkunstwerk zusammenfassen. Ich bezeichne mit Installationen nicht die Arbeit selbst, sondern die Tatsache, daß jeder Künstler seine Arbeit auf den Ausstellungsort bezieht. Wenn eine Arbeit z.B. genau mit einem Ort, mit einem Raum, mit einer Wand und mit dem Licht korrespondiert, dann bezeichne ich es als Installation. Installation ist also nicht im engen Sinne des Begriffes gemeint und auch nicht im Sinne von Plastik.

Frage: Kann man denn sagen, daß Ihr Ausstellungskonzept mit der Choreographie eines Ballettmeisters vergleichbar ist?

Hoet: Nur bedingt, denn ich mache keine Inszenierungen, weil Inszenierungen immer etwas Geplantes haben. Die Installation entsteht erst durch die Diskussion mit dem Künstler, während der Choreograph unabhängig von seinen Ballettänzern arbeitet. Das ist der Unterschied.

Frage: Es gibt ja heute die provokante These, daß der Ausstellungsmacher und die Inszenierung oft wichtiger sind als die Kunst selbst.

Hoet: Das ist totaler Blödsinn. Ich kann kein schlechtes Kunstwerk ausstellen. Ich weiß nicht, was ich damit anfangen sollte, ich könnte ihm den besten Raum geben, trotzdem hätte es keine Bedeutung. Die Leute würden aus dem Raum herauslaufen. Es ist wie in der Architektur: Wenn ein Architekt verschiedene Ansichten gesammelt hat und nun gestaltet, entsteht etwas Richtiges. Und dann kann es hier nicht anders sein, als daß das Kunstwerk, das in die Ausstellung kommt, gut sein muß. Sonst verträgt dieser Bau das nicht.

Frage: Legen Sie Wert darauf, daß die Kunst historische Substanz mitbringt und daß andererseits die Kunst die Gegenwart und Zukunft reflektiert?

Hoet: Die Kunst muß dies als Perspektive haben.

Frage: Herr Hoet, hat die zeitgenössische Kunst für Sie noch innovative Elemente?

Hoet: Die besten Künstler verweigern meiner Meinung nach zur Zeit so etwas wie einen Stil...

Frage: ...Das ist das Stichwort. Nehmen wir mal Penck, Rückriem, Richter – sind das nicht Künstler, die das Gleiche machen, was sie immer gemacht haben?

Hoet: Nein, sie haben sich in einer bestimmten Weise entwickelt, wenngleich sie auch einem, sagen wir mal Produktionsdrift folgten und dadurch haben sich natürlich viele Arbeiten wiederholt. Bei ihnen ist ein bestimmtes System, eine Methode entstanden. Aber allgemein sieht man noch immer neue Impulse. Penck und Richter stellen sich in dieser Rezessionsperiode der Kunst Fragen, welche Funktion die Kunst heute haben muß. Und deswegen geben sie auch neue Impulse.

Frage: Das heißt aber zugleich, daß es gute Künstler gibt, die nicht auf der documenta sind?

Hoet: Absolut. Hundertachtzig gute Künstler sind zu wenig, sie vertreten nicht repräsentativ alles, was es an guter Kunst gibt.

Frage: Man kann auf der anderen Seite auch fragen, ob man als Ausstellungsmacher an bestimmten Künstlern nicht vorbeikommt?

Hoet: Das ist kein Kriterium, das ist eine völlig persönliche Entscheidung und trotzdem habe ich den Eindruck, daß der Künstler sich heute auch sehr stark von einer verantwortlichen Position geprägt sieht, und dies viel stärker als vor fünf Jahren.

Frage: Damit unterscheidet sich die documenta 9 stark von der letzten.

Hoet: Durchaus.

Frage: Herr Hoet, wir dürfen Sie mal direkt und provozierend fragen, wie Sie zum Beispiel zu der Arbeit von Ange Leccia auf der letzten documenta stehen.

Hoet: Das war eine stupide Tautologie – von der documenta mit einem Sponsor, Mercedes, getragen.

Frage: Obwohl die Kunstkritik – vorsichtig gesagt – darin so etwas wie eine Geste oder eine künstlerische Intention gesehen hat.

Hoet: Ich aber nicht. Der Künstler ist in die Falle der Show gelaufen und das Kunstwerk verträgt keine Show.

Frage: In Ihren Überlegungen spielt der Begriff des »displacements« eine wichtige Rolle. Können Sie uns diesen Begriff im Zusammenhang der zeitgenössischen Kunst ganz kurz erklären?

Hoet: Ganz kurz, verlangen Sie! Es ist genau ein Begriff, der nicht kurz zu erklären ist. Deswegen haben wir auch bewußt den Begriff »displacement« gewählt. Es kennzeichnet eine Verschiebung und keine Versetzung, d.h. eine Bewegung von hier nach dort. Das »dort« ist nicht so weit, daß man es nicht mehr sehen könnte. In der Mathematik mag dies durchaus der Fall sein, in der Kunst nicht. Der Künstler, der plötzlich den äußeren Rahmen der Kunst behält und dann alles entleert, um den Rahmen mit neuen Elementen wieder auszufüllen. Der Künstler hat keine ästhetischen Begriffe, er kombiniert den Kunstbegriff mit nicht-ästhetischen Begriffen, mit persönlichem Tiefgang und Erfahrung. Und das ist die Verschiebung – von der Kunst geht es plötzlich zum Künstler.

Frage: Kann man folgernd sagen, daß nur die Kunstwerke authentisch sind, die der Künstler mit seiner Erfahrung »erfüllt«?

Hoet: So ist es. Der Künstler muß alle Impulse verwirklicht haben. Er braucht nicht ein Environment voller Ideen, sondern ein Environment, um Ideen zu sammeln und diese zu verarbeiten. Wichtig ist, daß die Dinge sichtbar werden, die bleiben sollen, die konsistent sind. Diese Verschiebung gibt es auch in der Geschichte. Der Künstler hat kein lineares Denken, er provoziert mit seiner Arbeit und mit seiner Methode eine Verschiebung während des

Beobachtens. Ich suche nicht die lineare Beobachtung eines Rothko oder eines Donald Judd. Denken Sie an ein Bild von Picasso oder von Wols. Bei Picasso finden wir eine schöne Tektonik. Ebenso bei Wols. Bei beiden Künstlern ist doch der zentrale Punkt, daß das Publikum sozusagen wirklich »mitspazieren« muß – und es muß eine Verschiebung im Sinne von »displacement« während der Zuschauens leisten.

Frage: Kann man das auch so sehen, daß sich im Besucher, während er die Werke ansieht, etwas verändert?

Hoet: Ja, sowohl mental als auch psychisch.

Frage: Sie haben bei einem Vortrag die Arbeit von Max Neuhaus im AOK-Gebäude, dem axialen Schnittpunkt der Ausstellung, sehr anschaulich so erklärt, daß man die Klanginstallation von Max Neuhaus im Gebäude nur dann hören kann, wenn man ganz still ist und sich nur auf diese Arbeit konzentriert. Wenn man das nicht tut, dann hört man nur den Straßenlärm.

Hoet: Neuhaus arbeitet ganz unmittelbar mit einer Verschiebung. Von Stockwerk zu Stockwerk. Früher hätte er vielleicht im ganzen Haus den gleichen Ton programmiert, aber jetzt macht er verschiedene Töne in Nuancen. Eine Verschiebung hat so viele Ebenen. Die Arbeit von Mucha im Kunstverein von Stuttgart zum Beispiel mit diesem Karussell ist eine örtliche Verschiebung, weil er alle Objekte im Museum gesammelt hat und damit ein Karussell gebaut hat. Er hat die Objekte einfach verschoben.

Frage: Hat die documenta eine Zielgruppe? Für wen wird sie eigentlich konzipiert?

Hoet: Für Leute, die zur Beobachtung offen sind und für Leute, die auf der Suche sind nach neuen Werken. Und diese Werke sind aus der konkreten Welt und nicht aus der virtuellen Welt.

Frage: Aber trotzdem werden viele Menschen so etwas wie Vermittlung suchen. Viele Leute bringen ja nicht die Voraussetzung und Informationen mit, um gleich verstehen zu können.

Hoet: Das kann man auch nicht. Die Ausstellung ist zu groß, aber sie ist auch deswegen so groß, weil man so zu einer Vertiefung gelangt. Wenn man sich als verloren betrachtet, kann man die größten Entdekkungen machen. Wenn man sich wirklich vollständig im Chaos befindet, dann ist man so getrieben, sich trotzdem mit etwas zu identifizieren. Und dazu ist eine solch große Ausstellung wichtig.

Frage: Für uns als Vermittler spielt die Frage nach guter oder schwächerer Kunst immer eine große Rolle . Was ist für Sie gute Kunst?

Hoet: Das, was mich überrascht. Es gibt ältere Arbeiten, die mich noch immer überraschen.

Frage: Sie hatten aber vorhin im Zusammenhang der Hierarchisierung gesagt, daß es keine verbindliche Definition von guter oder weniger guter Kunst gibt...

Hoet: ... Es gibt bestimmte Dinge, z.B. diesen Tisch hier vor uns, der normal aussieht. Es gibt auf ihm nichts, was nicht dazugehört. So einfach ist das. Und wenn man genau dies in einer Kunstausstellung wie der documenta erfährt, daß alles dort organisch an seinem Ort ist und das Kommunikationsverhältnis funktioniert, dann ist es in Ordnung. Wenn ich aber plötzlich diesen Stuhl auf diesen Tisch setze, dann ist etwas versetzt, nicht verschoben.

(Das Gespräch führten Klaus Baum und Werner Stehr).

»CHAMBRES D'AMIS« – MODELL EINES INNOVATIVEN VERMITTLUNGSKONZEPTES?

Martina Wüstmann

Mit einem Gefühl von Unbehagen erinnere ich mich zurück an die Retrospektive van Goghs 1990 anläßlich seines hundertsten Todesjahres. Weltweit beförderten Touristikunternehmen die Massen nach Amsterdam. Man trieb sie durch die Ausstellung, um den enormen Andrang überhaupt bewältigen zu können. In der kurzen Zeit, die dem Besucher nach Voranmeldung gewährt wurde, konnte er zwischen den Köpfen hindurch rasch ein paar Impressionen der doch so wunderbaren Werke van Goghs einfangen. An eine intime Auseinandersetzung mit seiner Kunst war nicht zu denken. Die Werbetrommel wurde gerührt.

Versprochen, zwecks kommerzieller Ausschlachtung, werden kostengünstige Kurztrips. Geboten wird flüchtige Konsumation der Kunst.

Es drängt sich die Frage auf, ob das Museum seine Funktion bzw. die Erwartungen, die der Besucher stellt, auch wirklich erfüllt.

Das Museum ist ein Kind der Aufklärung und des aufstrebenden Bürgertums, das kulturpolitisch die Funktionen des entmachteten Adels übernahm.

Der erste Grundstein zu Museumsgründungen wurde in England zunächst durch Privatsammler gelegt. Aus nationalen Repräsentationsgründen nahm sich schon bald der Staat der Idee des Museums an. 1753 führte dies zur Gründung des British Museum, das aus Ankäufen kompletter Privatsammlungen bestand. Von 1769–1776 ließ Landgraf Friedrich II. den Hofarchitekten Simon Louis de Ry das Museum Fridericianum in Kassel für die Kunstsammlungen und die Bibliothek erbauen. Der erste kontinentaleuropäische Museumsbau wurde errichtet. Wenige Jahre nach Ausbruch der Französischen Revolution öffnete 1793 in Frankreich im Louvre das Muséum central des Arts unentgeltlich seine Pforten den Besuchern.

Diese Gründungen inspirierten auch andere europäische Staaten zu Museumsbildungen, die aufklärerisches Gedankengut zu verwirklichen vorgaben, jedoch auch der Repräsentation staatlicher Macht im Gewand der Wissenschafts- und Kulturförderung dienten. Zugleich spiegelten diese neuen Einrichtungen das erstarkende Nationalgefühl.

Büßt das Museum vor diesem Hintergrund gesehen nicht an seiner Aussagekraft und Glaubwürdigkeit ein, zumal es auch heute noch in Händen des Staates durch finanzielle Abhängigkeit keine wahre Autonomie entwickeln kann?

Wen wundert es dann noch, daß die Institution Museum zu einem Konservatorium der Kunst geworden ist, das wenig Bereitschaft zeigt, sich Neuerungen in der Präsentation zu öffnen! In der heutigen Form gleicht es oft einem überfüllten Warenhaus, dessen zahlreiche Angebote den Besucher überfordern und zu einer flüchtigen Konsumation der Werke verleiten. Trotz diesen Tatsachen liegt ein beschützender Baldachin des Elitären über den Musentempeln. Gewollter Selbstbetrug?

Es liegt auf der Hand, daß heute weder das Museum noch werbeträchtige Großausstellungen der ursprünglichen Aufgabe gerecht werden können, Kunst möglichst authentisch zu vermitteln.

Gehen wir zurück in das Geburtszeitalter des Museums:

Im Mittelalter hatte die Kunst noch die dem Religiösen dienende Funktion, die aber seit dem *Age de Lumière* bis zu dem heutige Tage erloschen ist. Gerade deshalb sollten, heute wo die Kirchen leer bleiben, Orte der Kunst geschaffen werden, die den Menschen wieder dazu befähigen, Kontemplation und Reflexion in sich aufleben zu lassen. Das Museum als Kind der Aufklärung verzichtete, ein Ort der freien, nicht determinierten Inspiration zu werden.

Selbstverständlich kann die Kunst nicht die Rolle einer Ersatzreligion einnehmen, gleichwohl sehen sich viele Künstler in der Funktion des aufklärenden, mahnenden Missionars, der auf soziale Mißstände aufmerksam macht und in der notwendigen Illusion lebt, Bewußtsein und Handlung zum Guten hin zu wenden.

Kann die Kunst wirklich etwas bewegen, oder lockt sie doch nur, wie Nietzsche so schön schreibt, »die armen Erschöpften und Kranken von der großen Leidensstraße der Menschheit beiseite, und bietet ihnen einen kleinen Rausch und Wahnsinn an«?

Daß immer mehr Ausstellungen in einem Umfeld stattfinden, in denen ehemals und oft heute noch das Leben pulsiert wie zum Beispiel in Fabrikanlagen, Parks oder gar in Kirchen, beweist die Unzufriedenheit der Ausstellungsmacher mit dem Museum als Ausstellungsort und läßt Tendenzen erkennen, die Kunst aus dem konservierenden Museumsmuff zu befreien, um sie in einen öffentlichen, der gesellschaftlichen Realität verpflichteten Rahmen einzubetten.

Chambres d'Amis, 1986

Einer, der dieses Konzept progressiver Ausstellungsformen vehement vertritt, ist Jan Hoet, der Leiter der DOCUMENTA IX.
1986 initiierte der Flame, damals noch Leiter des Museums Van Hedendaagse Kunst in Gent, eine Ausstellung ganz besonderer Art unter dem Namen *Chambres d'Amis*. Einundfünfzig Genter Bürger öffneten ihre Häuser international renommierten Künstlern, die dort in einem Raum ihrer Wahl ihr Werk installieren konnten. Die Konfrontation mit den *Chambres d'Amis* war nicht nur eine Herausforderung für den Besucher, sondern auch eine für den Künstler selbst.
Ihm bot sich die Möglichkeit, seine Arbeit an Ort und Stelle zu verwirklichen, er konnte Bezug nehmen auf die lokalen Bedingungen – Werk und Kontext bildeten für den Rezipienten eine Einheit. So arbeitete der Künstler nicht in der Isoliertheit seines Ateliers, sondern in einer von Realität durchdrungenen Umgebung, die den Schaffensvorgang individuell beeinflußte. Der Besucher eines *Chambre d'Amis* wurde somit nur mit einem räumlich in sich geschlossenen Werk konfrontiert, und nicht, wie das üblicherweise in Ausstellungen der Fall ist, mit einer großen Anzahl dicht aufeinander folgenden Werke. Die im Museum fehlende räumliche Trennung des Dargebotenen läßt dem Betrachter keine Zeit, seine Impressionen intellektuell und emotional zu verarbeiten, denn schon werden seine Blicke wieder vom Nächsten abgelenkt. Die Dichte und Komplexität verführt zur Oberflächlichkeit in der Wahrnehmung oder zur völligen Ignoranz. Die Fähigkeit zur Auseinandersetzung mit der Kunst schwindet. Die Bereitschaft, sich von der Kunst gefangennehmen zu lassen, wird geschmälert, denn: zuviel Kunst auf engem Raum wirkt ermüdend und das einzelne Werk verliert an Bedeutung. Das Museums-Ambiente, die weiße Zelle oder die flüchtende Bildergruft, wird dem weitgereisten Kulturtouristen zu gewöhnlich. Die Kunst ist ja dort, wo man sie erwartet – im Museum. Wo bleibt die angenehme Überraschung, die das Leben so selten bereit hält und die die Kunst eigentlich bieten sollte?
Kunst überrascht und öffnet die Augen dort, wo man sie am wenigsten erwartet und wo man sie leider zu oft noch aussperrt – in der Wirklichkeit. Mit den *Chambres d'Amis* wurde die Kunst aus ihrer Verbannung befreit und zu ihrem Schöpfer, der Realität zurückgebracht. Hier wurde endlich die räumliche Trennung des symbiotischen Verhältnisses zwischen Kunst und Realität aufgehoben. Damit ändern sich auch die Anforderungen an den Besucher.
Seine Sensibilität wird gefordert, indem er die Kunst innerhalb des Hauses aufspüren und gleichzeitig erkennen muß, wo sie anfängt und endet. Durch dieses eigene Erkennen definiert er für sich selbst in diesem Augenblick die Kunst, und er stellt sich der Reflexion, was diesen Raum, den er als Kunstwerk zu erkennen glaubt, auch als solches auszeichnet.
Der Besucher war in jedem *Chambre d'Amis* nur einem einzigen Werk gegenübergestellt, das sich durch seine Einsamkeit in seiner Einmaligkeit frei entfalten konnte. Diese Zweisamkeit fördert die Annäherung des Betrachters an das Kunstwerk. Der Besucher wird sich mit dem Werk länger auseinandersetzen, nicht zuletzt aus dem banalen Grund, nicht umsonst den Ort mühsam aufgesucht zu haben. Die Weiträumigkeit dieses Ausstellungskonzeptes innerhalb einer Stadt ermöglicht die freie Entfaltung für die Kunstwerke und bietet dem Betrachter einen zeitlichen und damit geistigen Freiraum, da ein schnelles Konsumieren durch große Distanzen unterbunden wird.

Chambres d'Amis, Joseph Kosuth, 1986

Mit den Prinzipien und Gesetzen der Räumlichkeit setzte sich auch der Raumkünstler Wolfgang Robbe auseinander, der somit prädestiniert war für die Teilnahme an *Chambres d'Amis*. Mit seiner Raumkunst richtet er sich gegen die schnelle Bild-Malerei, die für ihn in das heute weit verbreitete Konsumdenken, auch im Kunstmarkt, paßt. Er versucht immer wieder seine Installationen auf die vorgegebene Lokalität auszurichten. Öffentlich nutzlos gewordene Architektur, die ihm seine Sehnsucht nach größeren Schaffensfreiräumen erfüllt, möchte er wiedererwecken, verwandeln und spiritualisieren. Mit diesen in der Kunst sehr zeitgemäßen Intentionen zielt er auf einen Bewußtseinswandel des Individuums.
Spüren was dahinter steckt und nicht an der Oberfläche haften bleiben, waren Forderungen, die Robbe an den Besucher seines *Chambre d'Amis* stellte.
Nur die Leiste eines Gemäldes schaute zwischen zwei Wänden hervor, die den Raum aufteilten. An anderer Stelle hing ein Wandkästchen mit der Postkarte eines eigenen Werkes darin. Eine direkte Anspielung darauf, wie leicht Kunst zum Konsumgut gemacht werden kann, das darüber hinaus noch von einem Museumswärter bewacht wurde. Mehr gab es in seinem Minimuseum nicht zu sehen.
Im Gegensatz zu Robbe, der sich eines Minimums an

angedeuteten Eindrücken bediente, führte Reiner Ruthenbeck optische und akustische Elemente zusammen. Das auditive Element seiner Rauminstallation kam vom Tonband, der Lärm der Pause einer Grundschule wechselte mit Stille. Auf das Signal der Schulglocke hin entludt sich die gestaute menschliche Vitalität im Gejohle der Kinder. Der Lärm wurde unerträglich, da er getrennt von dem visuellen Reiz spielender Kinder wahrgenommen wurde. Nach einer genau dosierten Zeit strömte der Lärm, der Ausdruck für Aktivität und Bewegung ist, zurück in die Stille. Diese auditive Trennung tritt in den sonst leeren Räumen in Kontakt mit der visuellen Realität. Die verdunkelten Räume wurden jeweils mit dem roten und blauen Licht einer Glühlampe erfüllt. Beobachtungen belegten, daß der Zuschauer zuerst von dem roten, dann von dem blauen Licht angezogen wurde.

In der Psychologie werden der Farbe rot Begriffe wie Lärm, Härte, Fülle und Bewegung zugeordnet, was dadurch erklärt wird, daß rot auf die menschliche Psyche aktivierend wirkt im Gegensatz zu blau, das eine beruhigende Wirkung auf die Psyche ausübt und Ruhe in den Menschen einkehren läßt.

Der Künstler setzte in diesem Werk Gegensatzpaare nebeneinander, die räumlichen und zeitlichen Ebenen waren deutlich miteinander verschränkt. Die optischen Elemente rot und blau waren räumlich getrennt, die akustischen Ruhe und Lärm zeitlich.

Ruthenbeck ließ hier den Betrachter die in allem enthaltene Dualität am Beispiel des Auditiven und Visuellen selbst erleben.

Robbe und Ruthenbeck als zwei Beispiele der *Chambres d'Amis* die zeigen, wie die Kunst mit der Realität verbunden ist.

Daran knüpfte auch Joseph Kosuth an. Er wählte das Haus eines Psychiaters, dessen Innenwände er mit Sätzen des Psychotherapeuthen Sigmund Freud beschrieb, die mit er mit einem Zensurbalken halb übermalte.

Seit Beginn des 20. Jahrhunderts gab es immer wieder künstlerische Bewegungen, die der Beschränkung der Kunst auf eine museale Ebene entgegenwirkten. Die zeitgenössische Kunst reicht von aufwendigen technischen Installationen bis hin zu Performances, denen der menschliche Körper als Medium genügt. Das Bild selbst ist geblieben, nur nicht in der klassischen Form von Öl auf Leinwand, da im Zuge der technischen Entwicklung sich dem Künstler Möglichkeiten öffneten, in weitere Bildwelten einzudringen. Das Museum muß sich dieser medialen Fortentwicklung anpassen und zu einer sich immer weiterentwickelnden Zeit-Passage werden, wo visuelle und akustische Schaustücke und Schauplätze entstehen.

Nur wenn die Distanz zwischen Kunst und Betrachter überwunden wird, kann die Kunst die Indifferenz aufbrechen, kann sie Kopf und Hand aktivieren. Nur durch gefühlsmäßiges Erleben und Eingebundensein ist es möglich, daß die Botschaft der Kunst die Köpfe und Seelen erreicht. Nur so ist das Museum der Kunst dienlich und besteht nicht zum Selbstzweck, in einer Welt, in der die Menschen tagtäglich manipulierenden Bilderreizen ausgesetzt sind.

Zu einem Schauplatz des intensiven Erlebens versucht auch Jan Hoet die DOCUMENTA IX zu gestalten.

An ingesamt acht Schauplätzen wird der Besucher in ein jeweils unterschiedliches Ambiente versetzt.

Da ist einmal die Neue Galerie, außerhalb der documenta ein Kunsthaus der klassischen Kabinette, das durch den Eingriff der documenta-Künstler seine Funktion ändert und reaktiviert wird. Es ist bezeichnend und zugleich ein Plädoyer für das Konzept von Jan Hoet, daß bei Redaktionsschluß die Zustimmung durch die Leitung der Neuen Galerie zur Nutzung durch die documenta noch nicht gesichert war. Da ist das ehemalige Barocktheater und heutige Naturkundemuseum Ottoneum, in dem es etwas besinnlicher zugeht, ein Ort der Stille im Konzept von Hoet.

Und dann wurde noch ein ehemaliges leerstehendes Pelzgeschäft gegenüber dem Fridericianum angemietet, wo sich ein Grundgedanke der documenta manifestiert: »Hier das Menschliche, dort die Demonstration der Macht.«

Den visuellen Schnittpunkt der gesamten Ausstellung bildet das Treppenhaus eines unter Denkmalschutz stehenden AOK-Gebäudes der 50er Jahre. Hier baut der documenta-Veteran Max Neuhaus eine Klang-Installation auf, die die Geräusche der Stadt mit dem ruhigen Inneren, das Draußen mit Drinnen verknüpft. Einzig der Blick von hier zu den Ausstellungsorten, die barocke Kunstlandschaft der Karlsaue und das Kasseler Hinterland stiften das Visuelle. Das documenta-Konzept belegt, daß Jan Hoet der Verwirklichung seiner Ideen und Träume, die er schon mit den *Chambres d'Amis* umsetzte, treu bleibt. Mit Überzeugung und Selbstbewußtsein stellt er sich dabei der Kritik seiner zahlreichen Gegner.

Seinem Ziel, die Kunst wieder zum wahren Erlebnis werden zu lassen und sie aus der Realität erwachsen zu lassen, geht er entgegen. Schon 1921 formulierte Warwara Stepanowa, Mitstreiterin der russischen Avantgarde: »Aus der Trennung von Kunst und Leben folgt das Unverständnis der Massen für die Kunst!«

Und wer kann das schon wollen?

VON SCHWÄNEN, DISPLACEMENT UND DER AKROPOLIS

Die Genese einer Ausstellung

Roland Nachtigäller

Wie entsteht eine Ausstellung? Für die meisten Besucher bleibt diese Frage in der Regel unbeantwortet, das Kunst-Ereignis ist zumeist nur in seiner endgültigen Form erlebbar. Damit geht vielen Ausstellungen ein Teil ihrer Geschichte verloren, wird etwas zu einem rein technischen Organisationsprozeß erklärt, was doch maßgeblich das Gesicht einer Präsentation mitgeprägt hat. Und wie entwickelt sich eine documenta, die auf der einen Seite durch ihre Größe und ihre nach wie vor unübersehbare nationale und internationale Bedeutung gekennzeichnet ist, auf der anderen Seite aber eben kein singuläres und in sich abgeschlossenes Ereignis darstellt. Jede documenta ist immer auch die zeitbedingte Manifestation einer bereits vorgegebenen Idee gewesen, eine weitere Station innerhalb der inzwischen mehr als dreißigjährigen Tradition. Doch im Augenblick ihrer Entstehung ist sie immer die einzig wichtige und natürlich die beste...

Wohl keine andere documenta zuvor hat diese Frage und vor allem auch den dafür notwendigen Weg mit all seinen Windungen, Sackgassen und Abschüssigkeiten so offen beschritten. Im Spannungsfeld zwischen lastendem, verpflichtendem Traditionsvermächtnis und dem Glauben an die Einmaligkeit und Einzigartigkeit des Augenblicks, versuchte Jan Hoet mit seiner DOCUMENTA IX eine adäquate Antwort auf die Fragen der Zeit zu finden. Eine frühe Plakatidee, später verworfen, verdeutlicht sehr anschaulich dieses Spannungsfeld:

documenta 1 unforgettable
documenta 2 unforgettable
documenta 3 unforgettable
documenta 4 unforgettable
documenta 5 unforgettable
documenta 6 unforgettable
documenta 7 unforgettable
documenta 8 unforgettable
DOCUMENTA IX unbelievable

Will man eine Ausstellung mit solch komplexen Anliegen realisieren, so braucht deren gedanklicher Hintergrund Zeit zum Wachsen. Die »Marathon-Gespräche« in Gent (Februar 1990) und Weimar (April 1991) dokumentierten dieses Bedürfnis nach öffentlicher Auseinandersetzung, nach auch körperlich erschöpfenden Diskussionen für »das langsame Verfestigen der Gedanken beim Reden« (um es in Abänderung Kleists zu sagen). Für viele waren die Ergebnisse solcher endloser Reiseberichte aus allen Teilen der Welt, die Essenz langer Gespräche und Vorträge nicht erkennbar, man sprach von Betrug, des Kaisers neuen Kleidern, von aufgeblasener Egozentrik und geistlosen Torturen. Spätestens jedoch im Rückblick fügen sich diese Ereignisse zu einem organischen Entstehungsprozeß, dessen Höhepunkt eine Ausstellung markiert, die sich nun selbstbewußt und dicht gefügt gibt.

Wenn auch die eigentlichen Prozesse der Entscheidungsfindung und der Bestimmung präziser Standpunkte nicht wirklich nachvollziehbar sind, so gab es doch immer wieder Kristallisationspunkte einer Idee, die vor allem in Metaphern und Bildern ihren eigentlichen Kern zu umreißen suchte.

So entstand der Schwan, der sich mit seinem antagonistischen Spiegelbild zum Signet dieser documenta verbindet, geheimnisvoll und rätselhaft auf den ersten Blick und doch als poetisches Bild für die gegenwärtige Situation der Kunst einleuchtend und genau. Bereits in dem Staunen über die Verschlossenheit dieses Bildes für eine Ausstellung spiegelt sich der Blick auf die Vielfältigkeit gegenwärtiger künstlerischer Erscheinungen. Jan Hoet hat sich immer wieder darauf bezogen, daß Kunst ihre eigene Sprache besitzt, fremd ist und auch in der Annäherung die Distanz wahrt, daß sie aus den Bedingungen und Problemen der Gesellschaft heraus entsteht und doch Auswege und Antworten anzubieten vermag. Im Fremdwerden des Alltäglichen, in der Andersartigkeit des künstlerischen Ausdrucks liegt die Möglichkeit einer neuen Orientierung.

All dies läßt sich plötzlich auch in den Schwänen lesen. In Verbindung mit dem documenta-Schriftzug und damit im Zusammenhang der Ausstellungsidee, die in den Köpfen noch immer mit dem Geist der Abstraktion, der rationalen Bauhauslinie und dem Konzeptualismus verknüpft ist, werden die Schwäne fremd. Dieses banale, fast völlig domenstizierte Stadtparkwesen erhält plötzlich ein Stück seines Geheimnisses zurück und verweist damit gleichzeitig auf seine eigentliche Natur. Durch alle Kulturen hindurch, im keltischen Volksglauben und im antiken Griechenland bis hin zu den uralten Geschichten Sibiriens lebt das Bild des Schwans als Symbol des Lichts. Doch nie läßt sich sein Erscheinen eindeutig fassen, immer vereinigt er die Gegensätze, ist mal männlich, mal weiblich, mal der stolze Schwan vor Lohengriens Kahn, mal Wollust und Aggression mit der Seele des Zeus.

Für Jan Hoet stand am Anfang der Zorn, die Konfrontation, die Offensive, während gleichzeitig die Suche nach der Reinheit der Idee, nach Klarheit und Ruhe begann. So mußte nach außen hin mit der Tradition gebrochen werden, mußte das Wort »documenta« zum ersten Mal in Versalien erscheinen und trug sowohl Bruch wie Gebrochenheit bereits wieder in sich selbst. Der Schriftzug in einer erhabenen Bodoni, aber als Outline, die Buchstaben selbstbewußt, aber mit Durchblicken, licht und doch mit schwerem Schattenschlag. So wurde der offizielle

Schriftzug der DOCUMENTA IX zur Momentaufnahme einer spannungsgeladenen Ausgangssituation zwischen Ambivalenz und Dialektik: die Wirklichkeit reflektiert das Ideal, das Konkrete das Abbild, der Bruch die Tradition.

In einer Situation globaler Verunsicherung und Bedrohung, zu einer Zeit des »everything goes«, des Pluralismus und der anhaltender Grabgesänge auf den Geist der Moderne stand für Jan Hoet eine Maxime seiner großen Suche von Anfang an fest: Im Mittelpunkt allen Tuns und als Ausgangspunkt jeder Idee stand der Künstler selbst. Seine Individualität, seine Persönlichkeit und die Begegnung mit ihm in seinen Arbeiten sollte immer als Leitfaden für die Evolution dieser Ausstellung dienen. Nur aus der direkten Auseinandersetzung mit Künstler und Werk ist für Hoet eine sinnvolle und in sich schlüssige Auswahl und Zusammenstellung denkbar. Ganz in diesem Zeichen stand im Februar 1991 dann auch ein kleines Symposion mit den ersten neun benannten documenta-Künstlern: Pedro Cabrita Reis, Marlene Dumas, David Hammons, Ilya Kabakov, Per Kirkeby, Mario Merz, Gerhard Richter, Thomas Schütte und Franz West. Drei Tage lang stellte sich Jan Hoet der Diskussion, unterwarf seine bisherigen Ergebnisse und Vorstellungen der Kritik der Künstler und lud weitere Gäste zu »Interventionen« und Beiträgen hinzu. Vor allem eine Idee hielt dieser Auseinandersetzung nicht stand: Die Künstler selbst zum Zentrum der Ausstellung zu machen, konnte nicht bedeuten, die weitere Auswahl in einer Art Schneeballsystem gemeinsam mit den Künstlern zu vollziehen. Auch wenn Galerieverstrickungen und Kollegenempfehlungen so weit wie möglich umschifft werden sollten, müssen die Ideenfäden letztlich immer wieder in einer Person zusammenfinden. Eine Ausstellung als sich selbst multiplizierender Organismus, als Kettenreaktion aus einer einzigen, zentralen Kernenergie heraus konnte nur als Utopie funktionieren, die zum Leitbild für die Manifestation einer individuellen Positionsbestimmung werden sollte. In einem solchen Zusammenhang waren die Diskussionsrunden, die öffentlichen wie die privaten, die organisierten wie die zufälligen wie ein Zurücktreten, eine Betrachtung von außen und damit eine Überlegensstrategie innerhalb einer hohen Verantwortlichkeit.

Ebenso wie die Schwäne zu einem bestimmten Zeitpunkt zu einer Verdichtung der Ausgangssituation wurden, so sah Jan Hoet in dem Wort »displacement« die Essenz dieser Überlegungen und Reflexionen zu einer Arbeitsweise kristallisiert. Displacement und die um diesen Begriff kreisenden Auseinandersetzungen um eine Haltung gegenüber der Kunst waren wiederum für einen bestimmten Abschnitt des Weges enge Begleiter.

Der ergänzenden Illustration zur Intervention von Dietmar Guderian (»displacement in den Naturwissenschaften«) entstammt eine mathematische Skizze, die ein wesentliches Gestaltungselement des ersten Plakats zur DOCUMENTA IX wurde: »Leibnitz, Newton und displacement«. Eine grob skizzierte Parabel innerhalb eines Koordinatenkreuzes, eine mathematische Formel, (displacement) und zwei Schwäne im Schriftzug, das alles auf dunkelgrünem Hintergrund mit rotem Kästchen-Muster: Ein Plakat wie die blasse Erinnerung an eine Schulstunde… Die Zusammenhänge muten ein wenig rätselhaft an, etwas unbeholfen sucht der Nicht-Mathematiker im schwer greifbaren Fundus seines Schulwissens nach der Verbindung zwischen »Kurvendiskussion« und einem Kunstereignis wie der documenta.

Das von Guderian umrissene Problem ist leichter beschrieben, als es zunächst scheint: Bereits in der im wesentlichen von Newton und Leibnitz entwickelten Infinitesimalrechnung, die zur Basis der neuzeitlichen Mathematik wurde, läßt sich der Begriff des displacement anschaulich beschreiben, auch wenn er explizit heute vor allem in der Variationsrechnung und der Katastrophentheorie Verwendung findet. Betrachtet man die Parabel, die zur Funktion $x=y^2$ gehört, so ist es mathematisch nicht möglich, an einem beliebig angenommenen Punkt (x, y) auf der Kurve deren Steigung oder gar Krümmung in diesem Punkt zu bestimmen. Erst wenn man sich auf dieser Kurve ein kleines Stück weiterbewegt und sich von diesem neuen Ort aus wieder an den Ausgangspunkt annähert, erhält man die gewünschten Informationen. Diese Bewegung ist innerhalb der Skizze festgehalten, mittels einer Limes-Berechnung wird mathematisch diese Annäherung vom Punkt mit den Koordinaten $(x+\triangle x)$ und $y = (x+\triangle x)^2$ aus erfaßt. So ergibt sich für die Verbindungsgerade der beiden Punkte, berechnet für den Fall, daß man sich nur geringfügig vom Ursprungspunkt entfernt und nun fast in ihn zurückkehrt, die Steigung der die beiden Kurvenpunkte verbindenden Geraden. Diese ist zugleich auch in beliebig guter Annäherung die Steigung der Tangenten im Ausgangspunkt (x, y). Auf diese Weise gewinnt man nach einer geringfügigen Distanzierung vom ursprünglichen Punkt auf der Kurve in der anschließenden Näherung wesentliche neue Erkenntnisse.

Und hier berühren sich plötzlich Mathematik und Kunst, im gemeinsamen Zurücktreten eröffnen sich neue Perspektiven und Möglichkeiten, in der Verschiebung der Dinge aus ihren alltäglichen Zusammenhängen ergeben sich unerwartet neue Bezüge. Der Blick wird befreit von seiner situativen Gebundenheit und es öffnen sich die Korridore zu neuen geistigen Erkundungen. In den Arbeiten vieler Künstler wird eine solche Sichtweise anschaulich. So hängte David Hammons 1990 in Temse/Belgien mehrere Pissoirs an die Baumstämme des nahegelegenen

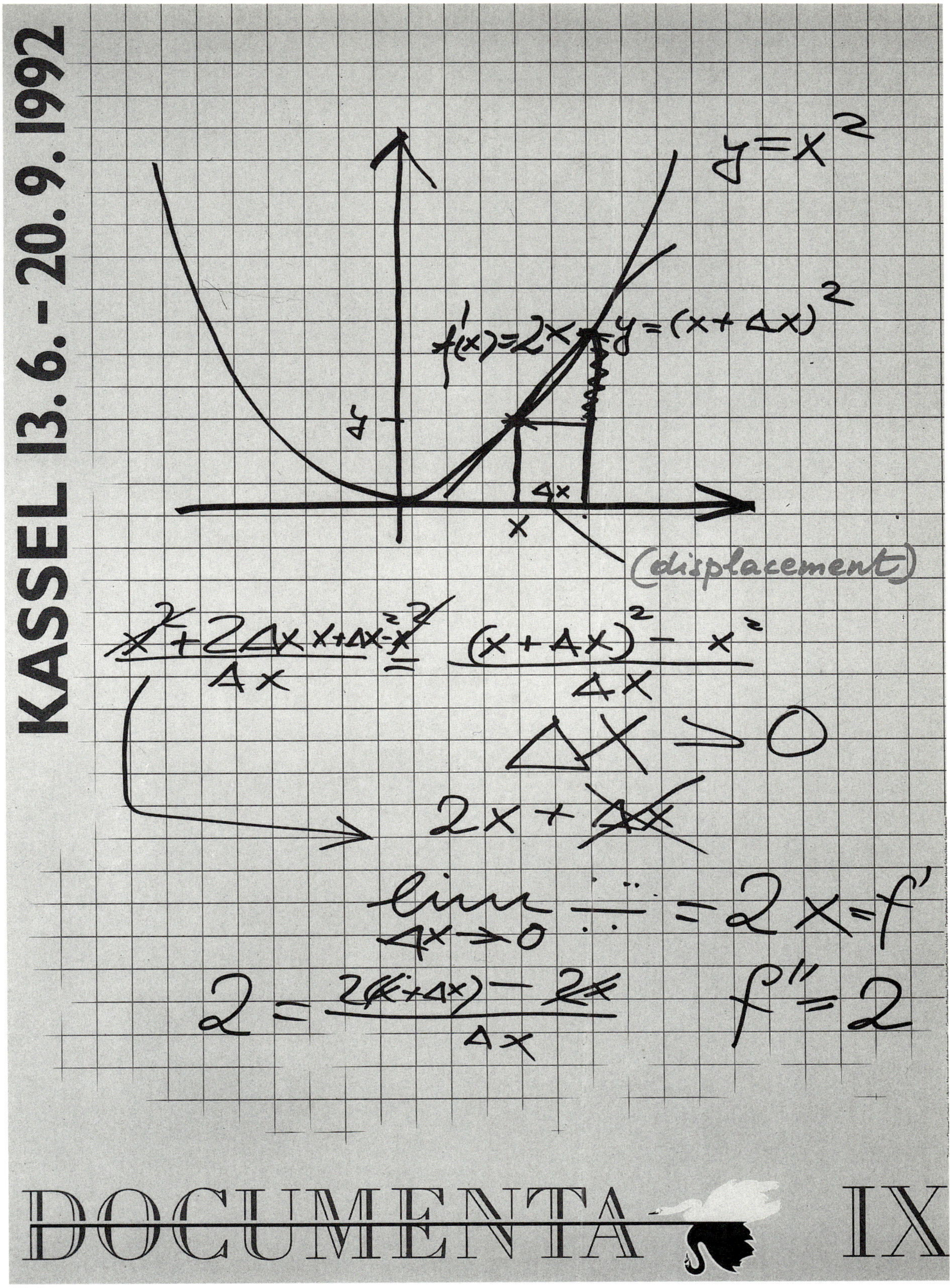

Ankündigungsplakat der DOCUMENTA IX

Waldes. Mit dieser einfachen Geste führte er sowohl den banalen Gegenstand unseres Alltags als auch das historisch hochbelastete Kunstobjekt Marcel Duchamps in ein gemeinsames Spannungsfeld neuer Beziehungen. Solche Energieräume zwischen den Polen, die Spannungen in offenen Beziehungen deutete auch das Plakat an. Der präzise Gedankengang der Mathematik präsentiert sich in der Ungenauigkeit der Zeichnung, der abstrakte thematische Gegenstand manifestiert sich in einer konkreten, ausdruckstarken und etwas chaotischen Handschrift. Die moderne wissenschaftliche Methode, deren Hauptsieg es ist, sich rational mit stetigen Vorgängen auseinanderzusetzen, trifft auf alltägliche, natürliche Erscheinungen und ist konfrontiert mit dem geheimnisvollen Gefühl des »Werdens«, dem Unbestimmten um »die Erscheinung der Dinge«. Bewegung im Raum, »action in space« manifestiert sich im dynamischen Schwung der Parabel. Ein solches Zusammentreffen von wissenschaftlicher Untersuchungsmethodik und dem künstlerischen Blick auf die Welt behält einen Rest an Unbestimmtheit. Doch Rätsel sind – wenn wir ihnen offen begegnen – weniger Instrumente der Verschleierung als daß sie der Schlüssel sein können zur Öffnung neuer gedanklicher Räume.

Lange wurde nach einem deutschsprachigen Äquivalent für displacement gesucht. »Verschiebung«, »Ver-rückung«, »das richtige Neben«, all das waren Annäherungen, Umkreisungen und Konstruktionen eines Gedankengebäudes, das im Augenblick seiner Vervollkommnung auch schon wieder in den Nebeln des Verwandten und Vergangenen verschwand. Je konkreter die einzelnen Projekte und Beiträge zur DOCUMENTA IX wurden, um so unwichtiger wurde jene Begrifflichkeit. Aus der Beschreibung einer Ausgangssituation erwuchs die Bestimmung einer Arbeitshaltung, die nun von den Erfordernissen einer »Organisation der Bilder« abgelöst wurde. Geleitet von Landschaft und Gebäuden, von den Örtlichkeiten innerhalb der Stadt, entstand die Topographie einer Ausstellung. So wuchs diese documenta, ausgehend von der Bestimmung einer Ausgangssituation und der Auseinandersetzung mit dem einzelnen Künstler, im direkten Bezug auf eine vorgefundene topographische Ordnung. »The body, the house«, die Konfrontation von Individuum und gesellschaftlicher Repräsentation, Körper und Raum, Organismus und versteinerte Geschichte – wieder sind es Dialog und Widerspruch, die das Leitthema einer abschließenden Strukturierung bilden.

Im Bild der Akropolis, Zufluchtsplatz, Tempelbezirk und Festung für eine lebendige, starke Kunst verdichtete sich ein Beziehungsgeflecht, das die einzelnen Ausstellungsorte in ein gleichberechtigtes Nebeneinander einbindet. Fast wie von selbst entstanden aus der Atmosphäre der einzelnen Gebäude

Ponton Temse, David Hammons, 1990

metaphernähnliche Themen, die die Ausstellung zu einer Reise durch neun Gebäude werden lassen: Das Museum Fridericianum als Ort der Geschichte, der Aufklärung und der kulturellen Potenz verkörpert die Konstruktion des Dramas, das ehemalige Barocktheater und jetztige Naturkundemuseum Ottoneum dagegen stellt sich als Ort der Stille, der Ruhe, aber auch der verborgenen Verführung dar. Während die neu erbaute documenta-Halle mit hohen, lichtgetränkten und fast sakralen Räumen eher das Romanhafte, das Epische birgt, regiert in den temporären Aue-Pavillons vollständig eine dionysische Leichtigkeit aus Licht, Glas und Natur. Die Neue Galerie als institutionalisiertes Museum dagegen fordert die Künstler heraus zu einer Stellungnahme und in einem kleinen Ladengeschäft behauptet sich das Individuelle, das Menschliche gegenüber den Demonstrationen staatlicher Macht, flankiert von einer ehemaligen Schule als Ort der Begegnung und Auseinandersetzung. Diese Reise aber erhält erst ihren Rückhalt durch ein »kollektives Gedächtnis« im Zwehrenturm (am Fridericianum) und findet zusammen in einem Orientierung bietenden Aussichtspunkt im gläsernen Treppenhaus eines Versicherungsgebäudes. Die Kunst zieht sich hier ganz aus dem sichtbaren Bereich zurück und ist doch immer und überall anwesend.

Dazwischen liegt der freie Raum, frei für verbindende Wege und erholsame Rast, frei für gedankliche Ausflüge und abschweifende Träumereien. Frei aber auch für eine völlig andere Sicht der Ausstellung, die selbst als Wirklichkeit gewordene Idee ihr Gesicht noch in jedem Augenblick wieder ändert.

DIE HÜLLE ALS EREIGNIS?
oder: Welche Rolle spielt das Kunstwerk in einer Ausstellung und deren Ort?[1]

Ulrike Lehmann

In den letzten zehn, insbesondere in den letzten zwei Jahren ist eine wachsende Anzahl von Ausstellungen zu verzeichnen. Kunst ist inflationär geworden, der Bilderberg wächst im *Anything-goes*. Einzel-, Gruppen- und Themenausstellungen werden nicht mehr nur in Museen und Kunstvereinen gezeigt, sondern auch in Hotels, Wirtschaftszentren, Banken, Kaufhäusern, Fabrikhallen, im öffentlichen Stadtbild und nicht zuletzt in vielen Galerien.
Die Entwurzelung eines Kunstwerkes aus einem bestimmten Kontext hat es im Verlauf der Geschichte ortlos, mobil und also öffentlich gemacht. Es ist dadurch total verfügbar geworden. Die Kunst hat sich dort von ihrem einstigen Musentempel befreit und andere Orte ausfindig gemacht, die scheinbar alltäglich sind. (So zum Beispiel das AOK-Gebäude zur Zeit der documenta wie auch das ehemalige Pelzgeschäft am Friedrichsplatz 9). In den meisten Fällen jedoch greifen Künstler wie Ausstellungsmacher auf das museale Vorbild zurück. Dergestalt ist die räumliche Hülle austauschbar geworden, das Kunstwerk kann in immer wieder anderen Kontexten präsentiert werden und der Kunstrummel findet überall statt. Den Kunstwerken werden Tür und Tor geöffnet, wo immer auch Wände sind und Menschen, die sie betrachten wollen.
In der somit evozierten Austauschbarkeit der Kunstobjekte an ihren Ausstellungsorten hat das Kunstwerk seinen eindeutigen, unverwechselbaren Ort verloren und damit seine genaue Bestimmung und Rollenzuweisung im Ausstellungsgefüge verunklärt. Der Verlust von einer stillen und »inneren Notwendigkeit«, wie Kandinsky einmal formulierte, wird schmerzlich spürbar. Das ästhetische Begreifen und Erkennen des *Geistigen in der Kunst* ist ins Hintertreffen geraten, wo die äußere umgebende Hülle wichtiger wird als das innere Ereignis. Jiri Svestka hat im *Kunstforum* auf die Gefahren hingewiesen und hofft, »daß der Stellenwert der *klassischen* Präsentationsorte wie der Museen, Kunstvereine und ähnlicher Institute steigen wird, denn ein noch weiteres Sinken würde zwangsläufig zur Auflösung dieser Institute als wertvermittelnder und wertschaffender Subjekte in der Kultur führen.«[2]
Die potentielle Angleichung der Präsentationsorte und der damit einhergehenden Austauschbarkeit der Kunstwerke an ihren Ausstellungsorten sowie das defilierende Verhalten der Besucher an den Kunstwerken hat mich zu der Frage veranlaßt, welche Rolle das Kunstwerk in Ausstellungen überhaupt noch spielt. Die Bestimmung eines Kunstwerkes liegt zunächst in seinen Außenbeziehungen. Der Ausstellungsort bietet dafür den Bezugsrahmen, für Kunstwerke und Betrachter. In Anlehnung an den Begriff der Rolle aus dem Bereich des Theaters und der Soziologie möchte ich jenes Beziehungsgefüge zwischen dem Kunstwerk, dem Ausstellungsort und Besucher untersuchen, da es über bestimmte Rollencharaktere definiert werden kann, die gleichzeitig einem Wandel unterliegen.
Mit unterschiedlichen Rollendispositionen können verschiedene Ansprüche und Erwartungen der Gesellschaft hinsichtlich der Verhaltensweisen und Charaktere sichtbar gemacht werden.
In seiner Anwendung auf das Kunstwerk kann mit der Rollenmetaphorik ebenso der Anspruch des Ausstellungsmachers als auch den Erwartungen des Publikums nachgegangen werden. WIR ALLE SPIELEN THEATER: Der Ausstellungsmacher bespielt temporär bestimmte Räumlichkeiten. Er inszeniert und choreographiert das Kunstwerk. Vor den Augen des Betrachters tritt das Kunstwerk auf und wieder ab. Aber es hat nicht nur einen einzigen Auftritt, denn es erscheint mehrfach und immer in verschiedenen Masken... Das Kunstwerk kommt auf die Bühne, um seine Rollen zu erfüllen wie eben der Schauspieler am Theater. Als Sanktionen können auch ihn in positiver Art Beifall, Gage oder ein weiteres Engagement ebenso erwarten wie in negativer Art kein Beifall oder gar Anpfiff. Einsetzbar in verschiedenen Stücken, d.h. hier: Ausstellungskontexten spielt es jeweils eine andere Rolle.
Walter Grasskamp umschrieb den Umgang des Ausstellungsmachers mit den Kunstwerken folgendermaßen: »Nicht als didaktisch operierender Anwalt des Betrachters, sondern als Regisseur suggeriert oder pointiert der Ausstellungsmacher durch Konfrontation, Abfolge und Zuordnung der Werke eine über deren singuläre Gestalt hinausgehende Bedeutung.«[3]
In jedem neuen Bezugsfeld, das als *Zwischenlösung* für das Kunstwerk gilt, kann es eine andere Bedeutung erhalten und neue Funktionen erfüllen. Es erhält im temporär angelegten Ausstellungsgefüge einen neuen Platz auf Zeit.
Zum einen kann das Kunstwerk als Namensschild hängen für einen berühmten Künstler, den jeder kennt und daher in die Ausstellung geht. Die Beschriftung wird dann bedeutsamer als das Kunstwerk, weil nur an diesem Schild individuelles Wissen kollektiv überprüft werden kann.
Das Kunstwerk kann auch Belegexemplar für verschiedene Schaffensperioden eines Künstlers oder gar stellvertretend für eine ganze Künstlergeneration sein. Zum anderen kann es aber auch stummer Diener eines Ausstellungsthemas oder Vertreter für eine nicht erhaltene Leihgabe sein. In vielen Fällen kann das Exponat daher schnell in eine Nebenrolle gedrängt werden. Je nach Placierung des Werkes

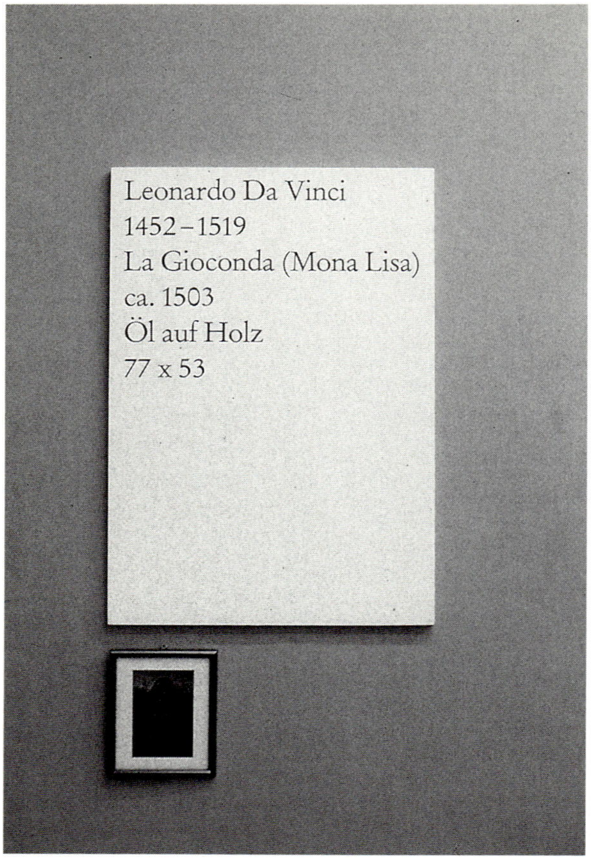

Hans Hollein, Beitrag zur documenta 8, 1987 (Foto: Stehr)

kann es aber auch eine Leitfunktion übernehmen.
Es kann als Wegweiser dienen oder als Blickfang im räumlichen Gefüge präsentiert werden. Die Präsentation von Kunstwerken und deren Wirkung auf die Betrachter ist immer auch abhängig von der räumlichen Struktur der Ausstellungsorte.
Gerade Großprojekte werden daher dem Kunstwerk in seiner eigenen Bestimmung nur selten gerecht. Rollenzuweisungen machen die Bedeutung eines Kunstwerkes in und für eine Ausstellung nicht unbedingt ersichtlich. Dazu einige Beispiele.
Bei Großprojekten wie *Bilderstreit* in Köln oder *van Gogh und die Moderne* in Essen wurden viele Besucher erwartet und Kunstwerke hohen Ranges gezeigt. Deren Bedeutung und Existenzberechtigung im Ausstellungsganzen wurde jedoch nicht deutlich, zumal die Ausstellungsarchitektur keine wegweisenden Vorgaben machte oder Ruhezonen anbot. In beiden Fällen war nach Aussage der Ausstellungsmacher eine Ordnung vorhanden, für den Besucher aber nicht nachvollziehbar.
Die *van Gogh und die Moderne* – Ausstellung war nach Ländern gegliedert, visuell jedoch nicht erfaßbar. Viele ausgewählte Bilder konnten einen Vergleich mit van Gogh nicht zum Ausdruck bringen. Nachbarschaften zu Bildern waren zumeist allein bestimmt durch Motivähnlichkeiten, Farbanalogien oder Formatgrößen. Auch hier war der Besucher am Ende ratlos im Durcheinander derartig vieler Perlen, die in den Räumen nicht entsprechend gegliedert wurden.
Die Inszenierung der *Bilderstreit* – Ausstellung in der Kölner Messehalle brachte schon durch die groß angelegten Räumlichkeiten eine Gefahr der Unübersichtlichkeit mit sich. Walter Nikkels, der Ausstellungsarchitekt, verwendete tatsächlich den Begriff *Maßlosigkeit*. In dieser Ausstellung war die Rolle des einzelnen Kunstwerks unter 1000 noch unklarer.
Wie es von Seiten der Aussstellungsmacher hieß, wurden die Kunstwerke nach »Maßgabe unserer Erfahrungen gezeigt, so daß die Werke und Ideen der Künstler im Vordergrund stehen und nicht ein Konzept, das sozusagen mit Belegen versehen werden soll.«[4] Ihr Wunsch war es, daß künstlerische Kraftfelder durch ungewöhnliche Begegnungen zu einem wirklichen Hinsehen und neuen Nachdenken inspirieren.
Der Architekt Walter Nikkels wollte der Ausstellungskonzeption eines literarischen Essays folgen und sie umsetzen in eine Abfolge von Räumen auf der Basis einer gleicharmigen Kreuzform.
»Durch die einfachen prinzipiellen Formen werden die Besucher hier auf den Raum verwiesen und allein gelassen mit dem jeweiligen Kunstwerk, dessen Anwesenheit diesen Räumen Sinn gibt. Das Bild gibt im Raum die Richtung der Wahrnehmung an.«[5]
Gohrs, Gachnangs und Nikkels wohlmeinende Theorien fanden in der Praxis keine Umsetzung. Die Ausstellung erschien labyrinthisch, unübersichtlich und nicht differenziert genug. Dem Besucher fehlte es an räumlichen wie inhaltlichen Orientierungspunkten. Irritiert von der unübersichtlichen Fülle der Bilder und ermüdet von langen Gängen durch die Messehallen verließ er erleichtert den hinter sich gelassenen Parcours.
An den gerade vorgeführten Beispielen kann ein Symptom festgestellt werden, daß ich mit *postmodernen Strukturen im Ausstellungswesen* bezeichnen möchte.
Mit der Größe der Ausstellung verliert sich das einzelne dargebotene Kunstwerk in der Totalität des Ausstellungsganzen. Als ein Teil von 600 oder 1000 Exponaten kann es nicht mehr zwingend den Sinnzusammenhang vorführen. Der Betrug am Original deckt sich schnell auf. Als Massenartikel an der Wand erfährt es seine Degradierung. Als originäres Einzelwerk überflüssig, ist es Füllsel in einem Gefüge, das sich Ausstellung nennt, aber keine sinnvolle Ordnungsstruktur vorweisen kann. Ist hier nicht nur das Kunstwerk, sondern auch der Ausstellungsbesucher geplagt? Diese Art der Neuen Unübersichtlichkeit, welche sich im Ausstellungsbetrieb der Superlative spiegelt, ist eines *postmodernen Geistes* und seinen *Verwaschungen* verdächtig. »Vom pluralistischen,

sich nicht berührenden Nebeneinanderherspielen unendlicher Mengen von Sprachspielen führt ein direkter Weg zum unendlichen Labyrinth aus sich wendenden Häuten«[6], so heißt es bei Burghart Schmidt über Lyotard. Was Lyotard theoretisch formulierte, hat sich bei vielen Ausstellungsmachern praktisch durchgesetzt: Die postmoderne Absage an die Totalität das Ganzen.

Mit Übereifer werden nun unter einem Leitthema Ausstellungsstücke zusammengetragen, die häufig ein Konzept nicht in seiner Logik vorführen, sondern nachgerade verschleiern. In einem *Pluralismus von Sprachspielen* wird das einzelne Werk zur Schau getragen. Abgekoppelt vom Ausstellungsganzen ist es entfunktionalisiert und verfällt damit der Beliebigkeit. Diese postmoderne Struktur von Ausstellungen findet ihre rezeptive Entsprechung, denn sie kommt dem Besucher derzeit sehr entgegen. Wenn er auf Schwierigkeiten stößt, wechselt er das Medium und läßt sich dabei von Reizen leiten. Das Angebot ist reichhaltig. Dieter Voss schrieb über den postmodernen Menschen, was sich auf den Ausstellungsbesucher übertragen läßt: »Er wartet weder, noch erwartet er: Er schaltet vielmehr um. Das Aufbauen von Beziehungen gerät zunehmend außer Kurs.«[7] Karl Valentins Ausspruch: »Kunst ist schön, macht aber viel Arbeit« reduziert sich nunmehr auf den ersten Teil dieses Satzes.

In unserem hochtechnisierten Zeitalter mit komplex ausgebauten Informationssystemen wird das Exponat gar nicht mehr in der Rolle des Gesprächspartners gesucht, dem man Informationen entlocken kann. Die Existenz des Kunstwerks in einer Ausstellung erhält seine Berechtigung nunmehr als rein ästhetisches Gebilde. Das ausgestellte Kunstwerk täuscht im postmodern-inszenierten Rollenspiel vor, was es dem Anschein nach ist. In dem Maße, wie eine Ausstellungsinszenierung den *Bildungsgehalt* eines Exponats verschleiert durch ästhetische Überhöhung, erfährt es eine simulierte Remythologisierung. Das Kunstwerk wird einmal mehr in die Rolle einer Wanderreliquie gedrängt.

Werner Hofmann widerlegt in seinem Artikel »Die Allgegenwart des Kunstwerks« die Benjaminsche These von der Abdankung des Kultwertes zugunsten des Ausstellungswertes. In seinen Äußerungen stellt Hofmann fest, der Kultwert habe den Ausstellungswert unterwandert und usurpiert: »Der Kultwert eines Kunstwerkes erschließt sich – Ausnahmen bestätigen die Regel – in der kollektiven Rezeption. Dafür liefert unser heutiger Ausstellungsbetrieb immer dann Belege, wenn seine Veranstaltungen zu Pilgerstätten werden. Von der Menge der Besucher geht dann eine Ausstrahlung aus, die sich auf die Werke überträgt... Die massenhafte Rezeption hat bestimmte Ausstellungsereignisse auratisiert... Kult- und Ausstellungswert bedingen einander heute mehr denn je. Das Kunstwerk ist für beide offen, es ist total verfügbar.«[8]

Das Kunstwerk ist nun nicht mehr – wie noch in den 60er und 70er Jahren – Gegenstand der Didaktisierung der Massen. Von diesem aufklärerischen Gedankengut muß der Ausstellungsmacher sich ein Stück weit befreien, ohne es dergestalt aufzugeben, daß er als ständiger Lieferant immer neue Bilder bereithält und damit Kunst als Opium fürs Volk liefert.

Die Ubiquität und totale Verfügbarkeit ist das Schicksal des geplagten Kunstwerks, aber auch seine Chance. Der Ausstellungsmacher kann die Chance, daß Kunstwerke in Ausstellungen an Beliebtheit zugenommen haben, nutzen. Ohne den Freizeitwert zu negieren, den Kunstwerke für Betrachter haben können, kann er mit der Ernsthaftigkeit des inszenatorischen Spiels dem Kunstwerk seinen Platz im Hinblick auf das Ausstellungsganze zuweisen. Gleichzeitig kann er in immer neuen Zusammenstellungen Forschung anregen und aktualisieren.

Ziel eines jeden Ausstellungsmachers sollte sein, das einzelne Kunstwerk in seiner Bedeutung ernst zu nehmen und ihm in seiner Bestimmung im Ausstellungsgefüge gerecht zu werden. Wie Jan Hoet zutreffend bemerkte, erfordert diese Aufgabe »viel Zurückhaltung und Bescheidung. (...) Selbst das städtische Ambiente und die konkrete Beschaffenheit der Standorte dürfen nur eingesetzt werden, wenn dies dem vorrangigen Ziel dient, dem Kunstwerk zu gestatten, es selbst zu sein.«[9]

Keinem Exponat sollte eine Rolle aufgezwungen werden, sondern in seinem So-Sein präsentiert werden, daß eine kontemplative Betrachtung und ein Nachdenken möglich wird. In der Zusammenarbeit mit Künstlern müssen Austellungsmacher dem mobi-

Norbert Schwontkowski, »Laboratory of Space & Time 1336...« Installation an der Eingangstür der Kunsthalle Bremen während der Ausstellung »Interferenzen« vom 27.1. – 10.3.1991 (Foto: Lohrisch)

len Exponat einen festen Ort auf Zeit geben, der unverwechselbar das Kunstwerk in Erscheinung bringt. Dabei erscheint es mir bedeutsam, dem Kunstwerk Platz zu lassen, in dem die ihn umgebende Leere des Raumes ebenso wichtig wird. Erinnert sei hier an die fernöstliche Philosophie, wo die Leere den Anfang jeder schöpferischen Kraft bedeutet.
Kunst und Architektur sind zwei ästhetische Bereiche. Doch in Ausstellungen geht es primär um die Kunst. Wenn Bilder und Skulpturen vorgestellt werden, treten Wand und Boden dienend zurück. Eine Ausstellungsarchitektur, die sich jedoch vor die Objekte schiebt, läßt sie zum Ornament ausschweifender Bühnenbilder werden. Anders verhält es sich jedoch in Rauminstallationen, wo der Künstler direkt Bezug nimmt auf das räumliche Ambiente, darauf antwortet und bewußt mit oder gegen den Raum arbeitet. Der Raum selbst wird dann in das Kunstwerk integriert, er wird zum Kunstwerk (auf Zeit) erhoben. Auf der DOCUMENTA IX werden, wie Jan Hoet versprach, viele raumbezogene Arbeiten zu sehen sein. Wenn das Kunstwerk den Raum bestimmt und nicht der Raum das Kunstwerk, muß das Kunstwerk nicht mehr irgendeine Rolle spielen.
Hoch gestylte, designte und üppig inszenierte Ausstellungsarchitektur – in geliehenen Orten wie Messegelände oder in festinstallierte Ausstellungskomplexen mit Hochglanzböden und perfektionierter Einrichtung – degradiert Kunst hingegen zum Dekor und verhindert die intensive Betrachtung eines ernstzunehmenden Gegenübers, welche, wie Johannes Cladders formulierte, »die Intimität eines Geschlechtsaktes« benötigt.
Die äußere Hülle, so laut und repräsentativ sie sich nach außen zeigen will, muß in ihrem Inneren zu einem unverwechselbaren Ort der Kunstwerke werden, der dem Betrachter eine Entdeckungsreise ermöglicht und die Ausstellung wieder zu einem bedeutenden Ereignis macht. Nicht zuletzt können Museen und Kunstvereine den Ausstellungsboom an anderen Orten auch als Herausforderung annehmen, um zu neuen Präsentationsformen zu gelangen, die die Institutionen gegenüber anderen heraushebt, in dem sie neue Zeichen im Ausstellungswesen setzt und als Bildungsinstitution ihre Aufgabe, Kunst auszustellen, neu definiert.

ANMERKUNGEN

1 Der folgende Text ist eine überarbeitete und aktualisierte Fassung des Vortrags: *»Der Ort für das Kunstwerk ist die Ausstellung«*, erschienen in: Kunst und Lüge, hrsg. von Olaf Schwencke, Loccumer Protokolle 6/1989, Loccum 1990, S. 37–45; erstmals vorgestellt auf dem 21. Deutschen Kunsthistoriker Tag in Frankfurt/Main am 1. 10. 1988.
2 Svestka, Jiri, in: Zeitschrift Kunstforum international, Bd. 110, Nov./Dez. 1990, S. 157
3 Grasskamp, Walter: *Bilderstreit.* In: Jahresring. Jahrbuch für moderne Kunst 36, München 1989, S. 217
4 Gohr, Siegfried, Gachnang, Johannes: *Zur Ausstellung,* in: Ausstellungskatalog Bilderstreit, Köln 1989, S. 9
5 Nikkels, Walter: *Räume statt Architektur – oder die Kunst in einer Ziehharmonika.* In: Ausstellungskatalog Bilderstreit, Köln 1989, S. 456
6 Schmidt, Burghart: *Postmoderne Strategien des Vergessens.* Darmstadt und Neuwied, 1987 (3), S. 12
7 Voss, Dieter: *Metamorphosen des Imaginären.* In: Huyssen, A. u. Scherpe, K. R.: *Postmoderne.* Hamburg 1986, S. 235
8 Hofmann, Werner: *Die Allgegenwart des Kunstwerkes.* In: FAZ vom 7. 5. 1988
9 Hoet, Jan, in: Zeitschrift Kunstforum international, Bd. 110, Nov./Dez. 1990, S. 206.

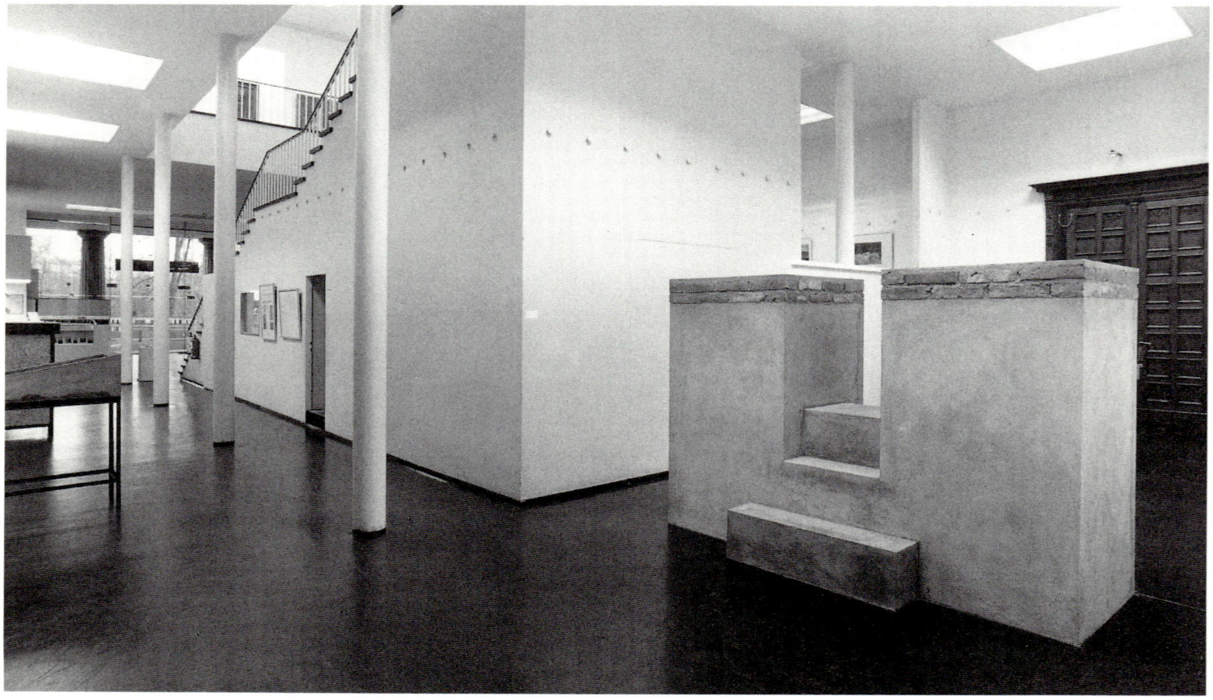

Achim Manz, ›ohne Titel‹, 1991 (Foto: Lars Lohrisch)

PPARODIE UND DRAMA?

Tendenzen der Gegenwartskunst in theoretischer Perspektive

Michael Grauer

Im Jahre 1944 schreibt Gottfried Benn ein Gedicht über den Komponisten Chopin: Ansichten waren nicht seine Stärke, heißt es dort, Ansichten reden drum herum, wenn Delacroix Theorien entwickelte, wurde er unruhig, er seinerseits konnte die Nocturnes nicht begründen. Zur Diskussion steht, ob die Kraft des schöpferischen Individuums und das Werk nicht unmittelbar für sich selbst sprechen. Bedarf die Kunst überhaupt einer Begleitung in Form philosophischer Anstrengungen? Im Unterschied zur dichterischen Exposition des Problems macht sich heute eine Situation bemerkbar, wo der Verlust aller Gewißheiten nach genauerer Selbstverständigung verlangt. Es geht um den Bestand der Kunst in einer Welt von Entfremdung, Verdinglichung und gesteigerter Naturbeherrschung. Die wahrzunehmenden Chancen müssen beleuchtet werden. So erklärt Jan Hoet zum Begriff ›displacement‹, daß die künstlerische Verschiebung der Dinge aus ihrem alltäglichen Zusammenhang neue Einsichten eröffne. Dem Autonomiepostulat resultiert freilich die oft beschriebene Schwierigkeit der modernen Kunst: wenn die Kraft der Werke aus der Differenz zum lebensweltlichen Verstandeskalkül herkommt, gerät der ästhetische Ausdruck interpretationsbedürftig. Materialien, Farben, Formen, Töne und Räume verdichten etwas, das anders nicht besser gesagt werden könnte, und bedürfen doch der Hilfe theoretischer Anstrengung. Nach Arnold Gehlen gehört der Kommentar zum wesentlichen Bestandteil der modernen Kunst. In Ergänzung zum Vorgetragenen macht seine Formulierung eine parallele Beobachtung möglich. Die künstlerische Produktion unterliegt keiner Vereinnahmung, sondern gerät in ihrer Entwicklung selber zunehmend philosophisch. Seit der historischen Avantgarde verwickelt sich Kunst ausdrücklich in Reflexionsprozesse und macht sie in den Prinzipien der permanenten Abweichung und des radikalen Traditionsbruchs verbindlich. Die experimentelle Erweiterung des Werkbegriffs läßt dabei schon in der ersten Hälfte des Jahrhunderts ein Nebeneinander unterschiedlichster künstlerischer Positionen entstehen. Die kunstimmanenten Sachverhalte multiplizieren sich zum heutigen Tage mit einer Pluralität von Weltanschauungsweisen, so daß Vielheit endgültig zum Prinzip geworden zu sein scheint.

Die theoretische Perspektive trägt angesichts dieser Lage eine didaktische Funktion in sich. Sie macht den Versuch, Konturen herauszuarbeiten und durch (gelegentlich) provokative Akzentuierungen die Diskussion zu orientieren. Eine Bestimmung von Tendenzen, von atmosphärischen Entwicklungen und von ordnenden Lektürevorschlägen muß sich, im Sinne einer Darlegung nach Gründen, aus der Sache ergeben. Jedes einzelne Werk findet sich trotz seiner Individualität umgeben von einem historischen Raum und nimmt gerade auch mit seinem Anspruch auf Autonomie einen benennbaren Ort ein. Gestaltungsmerkmale und ästhetischer Ausdruck reflektieren den Augenblick der Entstehung eines Objekts. Dadurch stellen sich Verwandtschaften her und lassen sich Beziehungen zwischen einzelnen Arbeiten ausmachen, auch wo diese scheinbar nur auf ihre eigene Materialität verweisen. Die Kunst hat Teil an Geschichte und artikuliert von sich aus Erfahrungen mit unserer Geschichte. So begreift die folgende Darstellung jede künstlerische Erkundung als eine Form der Weltverständigung und macht sich diese Annahme bei der Gliederung zunutze.

Der Kantische Weltbegriff der Philosophie geht immer schon auf die lebenspraktische Bedeutsamkeit der Reflexionsarbeit, die Lehre der Weisheit bemüht sich um das Selbstverständnis der Menschen in der Welt, um die Erhellung von Hoffnungen wie Befürchtungen, um die Problematisierung dessen, was wir im Alltag für normal halten. Philosophie tut dies – genau wie die Kunst – in einem geschichtlich vermittelten Erfahrungshorizont. Das macht beide Praxisfelder vor jeder konkreten Beziehung verwandt, und so überrascht nicht, wenn bestimmte Sichtweisen zeitgleich auf Interesse stoßen und sich dadurch wechselseitig erhellen können. Kunst und Philosophie sind Anstrengungen von eigenem Recht, gleichzeitig vermag ihre Beziehung aber auch eine Antwort zu geben auf die erörterte Interpretationsbedürftigkeit der Werke. Die Absicht der Theorie besteht dabei nicht in der Beseitigung des Rätselhaften in der Kunst, Eindeutigkeit bleibt zum Vorteil der Sache selbst verweigert. Die reflexive Auseinandersetzung mit Kunst will zu genauerem Sehen anleiten und für neue Erfahrungsmöglichkeiten sensibilisieren, denn ein unmittelbares Verhalten zu den Werken ist, wie Adorno scharf bemerkt, nicht dann gegeben, wenn der Betrachter nicht weiß, was er sieht.

Déjà vu. Vom Zitat zur Parodie der Geschichte

Die Readymades von Marcel Duchamp sind anfänglich dazu bestimmt, den Kunstgenießer zu irritieren. Sie untersuchen die fetischistischen Vorstellungen vom originalen Werk und seinem Schöpfer, sie führen den Angriff auf den Status der Kunst in der bürgerlichen Gesellschaft des 19. und beginnenden 20. Jahrhunderts. Die kritisierten Phänomene haben sich verändert, verbunden mit einem Funktionswandel befördert die Kunst den Alltagsgegenstand zum Mittel einer neuen, in ihren faktischen Möglichkeiten auszulotenden, Strategie. **Cady Noland** tritt in den letzten Jahren mit Assemblagen und Installationen

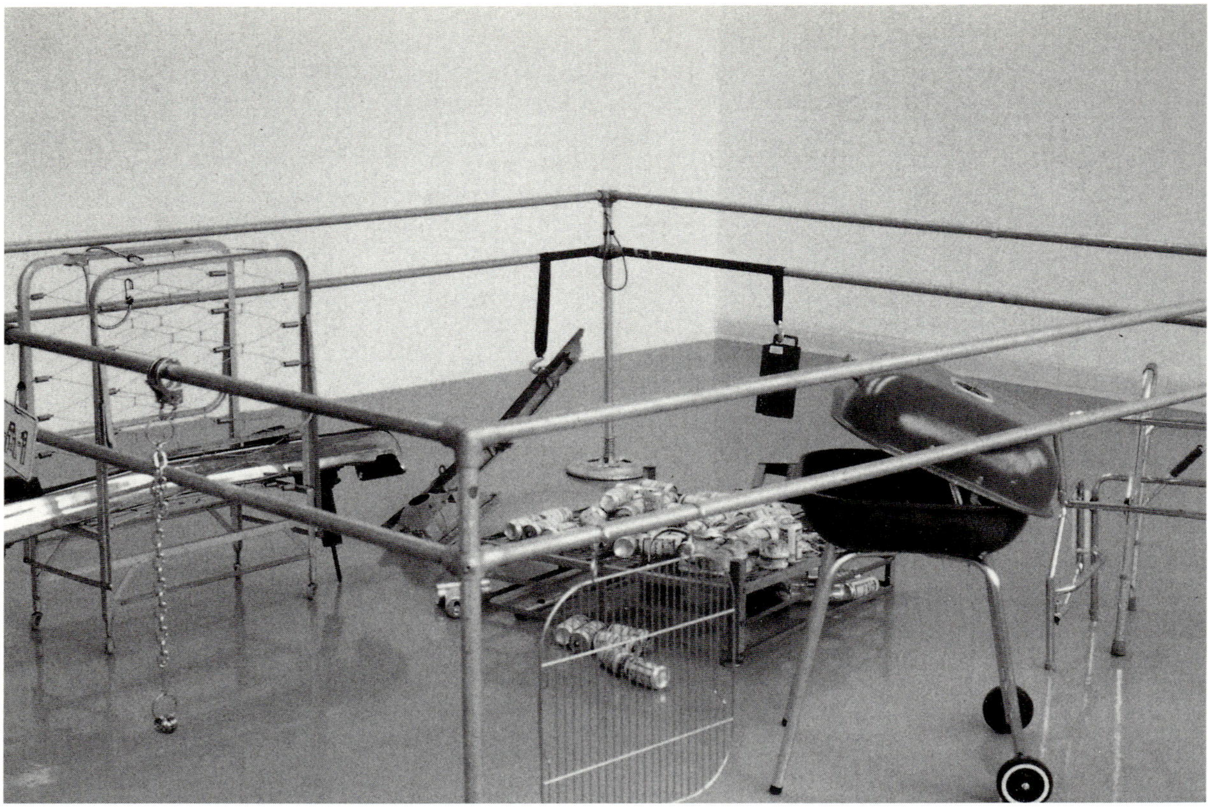

Cady Noland, Our American Cousin, 1989 (Foto: Grauer)

hervor, die auf spröde Weise Wirklichkeit, so wie sie ist, vor dem Betrachter ausbreiten. Partygrill und Bettgestell, Sperrgitter und Stoßstangen, Dosenabfall und andere Dinge präsentieren eine amerikanische Identität. Man könnte im Falle der Objektzitate vielleicht von einer archäologischen Perspektive sprechen. Die Fundstücke behalten allerdings etwas Verlorenes und Indifferentes, provokative Setzungen entstehen durch die Zitate der Geschichte eigentlich nicht.

Einen ganz anderen Eindruck erwecken die Arbeiten von Haim Steinbach. Auf präzisen, minimalistisch geprägten Sockel- oder Regalelementen werden Waren auf eine Weise dargeboten, wie sie in der Konsumgesellschaft dargeboten werden müssen. Auch hier ergibt sich ein Anknüpfungspunkt bei Duchamp, der ja nicht nur das Readymade einführt, sondern – von Schaufensterauslagen fasziniert – das voyeuristische Wahrnehmungsverhalten des Flaneurs in seine Kunst überträgt und reflektiert. Das ursprüngliche Vergnügen des Betrachters besteht in einer Distanz, seine Lust wird über Gestaltungsprozesse jedoch umgebogen und der Blick auf ihn selbst gerichtet. Eine entsprechende Strömung in der jüngeren amerikanischen Kunst bezieht ihr Repertoire aus den aktuellen, mediengesteuerten Mythen der Warenästhetik: vom Hausputz bis zum Sport. Im gelungenen Fall verweisen die Objekte von Steinbach mittels ihrer monumentalisierten Leere auf eine Gesellschaft, in der die Subjekte dem Spiel der Verdinglichung unterworfen sind und reale Bedürfnisbefriedigung illusorisch bleibt. Andererseits partizipieren die entstehenden Werke mit ihren Effekten selbst an diesem Spiel. Die konzeptualistisch beginnende Kritik des schönen Scheins mündet in einen eigenen Fetischismus, der die Spannung zwischen Kunst und Konsum einzieht. Readymades demystifizieren dann nicht, sondern tauschen den Einspruch gegen eine Logik der Verführung aus. Das Phänomen dieser Zwiespältigkeit ist seit der Pop Art bekannt.

Die Frage, ob Objektzitate heute eine kritische Ambivalenz aufrechterhalten können, führt zum Werk eines anderen Künstlers. Jeff Koons hat alle Ausstellungen der letzten Jahre mit Produktionen versorgt, die auch in Disneyland bestehen. Plastikspielzeug wird durch Edelstahlguß nobilitiert, buntglasierte Keramik und triviale Schnitzereien glänzen in heller Einfachheit und schierer Bedeutungslosigkeit. Zuletzt hat sich der Künstler selbst zum Objekt gemacht und seine Heirat mit einer italienischen Pornodarstellerin als werbewirksames Medienereignis zelebriert. Der filmische Nachtrag zur XLIV. Biennale in Venedig ist freigegeben ab 18 Jahren. Natürlich liegt angesichts solcher Spektakel die Vermutung nahe, man habe es lediglich mit einem Extrem von Marketing zu tun. Die These von Jeffrey Deitch lautet ja auch, das zurückliegende Jahrzehnt sei nicht so sehr wegen seiner Werke, sondern wegen seines

Kunstmarkts in Erinnerung. Ein innovativer Industriezweig habe Kunst als Konsumstimulans entdeckt und zu diesem Zweck eine weltumfassende Infrastruktur geschaffen. Jeff Koons würde in dieser Hinsicht bezeugen, in welchen Sog die Konstruktion einer autonomen Kunst samt den ihr eigenen Arbeitsweisen geraten ist.

Gleichwohl muß die These geprüft werden, ob das Durchsetzungsvermögen der erörterten Strömung nicht in einer tieferen Realitätstüchtigkeit des Konzepts verankert ist. Stellen die Objekte von Steinbach und Koons nicht mit obszöner Geste eine bestimmte kulturelle Identität und eine ihr entsprechende historische Situation präzise zur Schau? Der Blick auf die philosophischen Zeitdiagnosen unterstützt die Vermutungen. Jean-François Lyotard beobachtet den Zerfall der sogenannten *großen Erzählungen* von der Dialektik des Geistes, von der Hermeneutik des Sinns, von der Emanzipation des vernünftigen oder des arbeitenden Subjekts. Nach Jean Baudrillard zerstreuen sich alle zukunftsweisenden Eigenschaften, die dem Projekt der Geschichte seit der europäischen Aufklärung zugerechnet worden sind. Er spricht von einem gesellschaftlichen System, das sich aller Widerspruchspotentiale bemächtigt und das einen Punkt der Trägheit erlangt, wo das zielgerichtete Wachstum – begleitet von höchster Systemtechnologie – übergeht in orientierungslose Wucherung. Aus dieser Sicht endet die Modalität des Politischen als Entwurf menschlicher Handlungsmöglichkeiten: nichts ist mehr zu erwarten, alles ist schon dagewesen.

Es gibt also keinen Grund, warum der Kunst die Möglichkeit einer kritischen Transzendenz zugesprochen werden sollte. Sie teilt das Schicksal aller gesellschaftlichen Prozesse. Zum geschichtsphilosophischen Argument kommt eine weitere Überlegung bezüglich der imaginativen Darstellungsmodi hinzu. Eine neue Ordnung des Visuellen irritiert den Bezug von Bild und Realität: Simularen, also durch Medien generierte Kopien, von denen ein Original nie existiert hat, bringen das Wahrnehmen und Erleben der Wirklichkeit durcheinander. Was wollte der Künstler sichtbar machen? Der angezeigte Weg führt paradigmatisch zu einer Haltung, die man heute als postmodern bezeichnet. Diese Einstellung zur Kunst wie zur Gesellschaft akzeptiert das Unausweichliche, sie verzichtet auf Bedeutungs- bzw. Sinnsetzungen und betrachtet das Problem von Schein und Wahrheit für erledigt. Als Ästhetik der Simulation sucht die Kunst ihr Heil nicht in der kritischen Ablehnung oder nostalgischen Rede von Entfremdung, nicht in der Verbesserung, sondern in der frivolen Vollendung der Logik des Bestehenden. Die Kunst kommt im Rausch der Hingabe zur Entfaltung, sie betreibt ein ironisches Spiel, so daß der Welt wenigstens ein stilvoller Untergang beschert ist. Weitblickend

Haim Steinbach: an offering, 1992, Neue Galerie, Kassel (Foto: Dirk Pauwels)

bezeichnete Friedrich Nietzsche die Künstler als Parodisten der Weltgeschichte und als Hanswürste Gottes, nur mit diesem Verhalten könne der Mensch noch original sein in einer substanz- und haltlos gewordenen Welt.

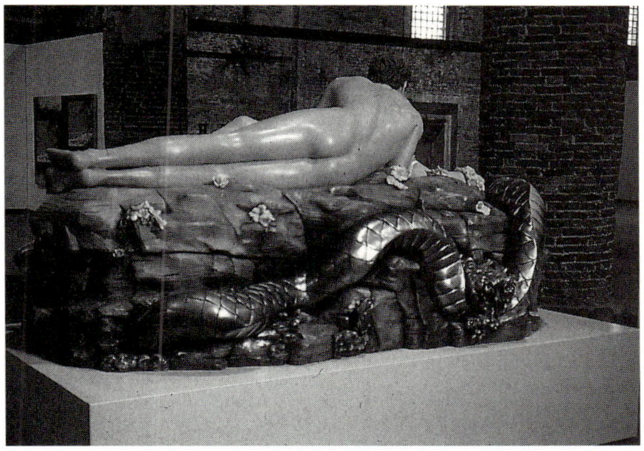

Koons: Jeff & Ilona Aperto, Begleitausstellung zur Biennale Venedig 1990 (Foto: Stehr)

Blickt man auf die besprochenen künstlerischen Inszenierungen zurück, sind die Parallelitäten zweifellos zu erkennen. Die Warenwelt wird mit den ihr eigenen Mitteln gesteigert, die Verführung triumphiert in Überbietung des Lebens. Leere wird nicht beklagt, sondern zelebriert – und verkauft. Ob Künstler wie Haim Steinbach oder Jeff Koons sich des zugrundeliegenden Sachverhalts ihrer gewollten Künstlichkeit im einzelnen bewußt sind, kann als Nuance betrachtet werden. Die philosophische Ästhetik der Simulation beschreibt den Hintergrund der glänzenden Kulissenbauten. Die Europäer philosophieren über das Ende der Dinge, auch das steht bei Baudrillard zu lesen, jenseits des Atlantiks nehmen sie wirklich ein Ende.

Alles ist Kunst. Die unendliche Signifikantenkette

Die Ästhetik der Simulation markiert eine spezifische Reaktionsweise auf die historische Entwicklung. In der Philosophie gibt es auch Diskussionsbeiträge, deren Angriffspunkte und Schlußfolgerungen eher epistemologischer Natur sind. Getragen von einem anticartesischen, gegen das identifizierende Denken gerichteten Impuls unterziehen sie den abendländischen Rationalismus einer Prüfung. Sprachphilosophisch äußert sich die Auflösung des neuzeitlichen Erkenntnisanspruchs in einer Kritik der Repräsentation. Kann das Bewußtsein mit Hilfe von Zeichen überhaupt eine gesicherte Darstellung beliebiger Objekte oder Ereignisse aufbauen? Neben Lyotard widmet sich Jaques Derrida dieser Fragestellung, um seine Zweifel am Universalitätsanspruch des Geistes in der Weiterentwicklung strukturalistischer Semiotik zu fundieren. Im Prinzip geht es darum, wie bei der Entstehung (sprachlicher) Zeichen aus Laut und Vorstellungsmaterial eine Vielzahl von Operationen vollzogen werden, die dem vermeintlich weltkonstituierenden Subjekt gar nicht gegenwärtig sind, ja, die ein bestimmendes Zentrum nicht haben und die Annahme eines durchgängigen Prinzips nicht zulassen. Daraus folgt, daß das System der Sprache grundsätzlich offen ist. Die wiederholbare Einheit des Zeichens und die Identität der Bedeutungen bleiben in der Schwebe.

Im Zuge der Erörterung über die Deutbarkeit von Welt muß nun der Gestus, Bescheid zu wissen, ersetzt werden durch eine irreduzible Pluralität von Realitätskonzepten. Konkret erfahrbar machen möchte Derrida diese Signatur des Denkens auf dem Wege der ›Dekonstruktion‹. Der Autor versteht darunter eine Erkundung von Texten, Bildern und Situationen, die bei jeder Lektüre die Unentscheidbarkeit und Vielfältigkeit des Sinns aufscheinen läßt. Dem entspräche eine Kunstpraxis, wo die formale Disziplin, die das moderne Werk an einen (kunst-)historisch definierten Ort bindet, wissentlich aufgelöst wird. Das ungezwungene, von Authentizitätsansprüchen befreite Verhältnis zur Tradition erlaubt die Zitatkombination, die Ergänzung, die Subversion, die Weiterarbeit, und alles zugleich. Das Kunstwerk inszeniert eine Kette von Signifikanten, die nicht zu ihren bestimmten Signifikaten finden. Die postmodernen Vorzeichen des Spiels mit Mehrfachcodierungen ergeben sich aus der Abwesenheit jeder melancholischen Sehnsucht nach Klarheit.

Sigmar Polke betitelt bereits 1983 eines seiner beispielhaften Werke mit der Verheißung: »So sitzen Sie richtig«. Tatsächlich kann davon angesichts einer virtuosen Montage unterschiedlichster zeichnerischer und malerischer, figurativer und abstrakter Elemente nicht die Rede sein. Als Bildträger fungiert ein bedruckter Dekostoff, darauf schichten sich diffuse Farbflächen und Motivzitate aus mehreren Vorlagen. Eine davon stammt aus Francisco Goyas satirischer Druckgrafik. Der historische Titel *Ya tienen asiento* (Schon sitzen sie) macht sich für seine Aussagezwecke die Doppelbödigkeit von *asiento* (Fleisch, Gesäß, Sitz) und *tener asiento* (etabliert sein) zunutze. Die Irritation, die im Bild weitergesponnen wird, scheint Polke anzuziehen. Eine andere Vorlage entlehnt er bei Max Ernst, der seinerseits Romanillustrationen aus dem 19. Jahrhundert collagiert hat. Alle Bausteine sind mit Aussparungen rätselhaft ineinander verwoben, wobei sich die Bedeutungsschichten vollständig neutralisieren. In einem gelungenen Essay macht G. Roger Denson geltend, daß es in diesen Überlagerungen auch keinen Referenzpunkt in einer Theorie des Unbewußten gibt, wie das in der surrealistischen *Begegnung von Nähmaschine und Regenschirm auf dem Seziertisch* der Fall gewesen war. Polke biete keinen festen Standpunkt und entwerfe anstelle von Wahrheit eine rudimentäre Ansammlung von individuellen Wahrheiten. Bilder haben eine unendliche Geschichte, jedem Bild folgt durch Zitation ein neues Bild, das seinerseits in der Schwebe bleibt. Man erkennt darin einen Skeptizismus, der mit der philosophisch konstatierten Krise der Darstellung in gewisser Weise koinzidiert. Der Künstler untergräbt unbeschwert alle Kategorien der Avantgarde, wobei er vor der eigenen Subjektivität nicht Halt macht. Folgt man den ironischen Bildtiteln, befehlen schon 1969 höhere Wesen, die rechte obere Ecke schwarz zu malen, 1988 bleiben in einer Serie von Materialbildern die kraftspendenden Geister unsichtbar, wärme- und lichtempfindliche Stoffe verändern neuere Werkgruppen von selbst. Das Bedeutungsuniversum der Bilder ist unerschöpflich geworden.

Ästhetik als präzises Vergnügen

Abstraktion, schreibt Wilhelm Worringer in seiner Dissertation von 1907, sei eine Folge der Beunruhigung des Menschen, sei ein Weg, den Ruhepunkt zu finden und den Dingen beglückend Notwendigkeit und Gesetzmäßigkeit entgegenzuhalten. Mit Abwandlungen taucht in der Kunstgeschichte des 20. Jahrhunderts immer wieder der Versuch auf, der Lebensdissonanz durch ein ästhetisches Ideal von Klarheit und Vollkommenheit zu begegnen. Im Konstruktivismus verkörpert die purifizierte Form nicht nur einen Maßstab der Kritik, sondern auch ein positives Organisationsprinzip, das zur Neuordnung der Welt hinführen soll. Über Rückgriffe auf Maler wie Malewitsch, Mondrian und van Doesburg beleben sich nach dem zweiten Weltkrieg solche Gestaltungskonzepte, welche über die methodische Handhabung des Materials zu rational kalkulierten Bildordnungen gelangen wollen. Die Realisationsprozesse der Konkreten Kunst sind von mathematischer Gewißheit geprägt, nicht umsonst hat ein berühmt gewordenes Traktat von Max Bense die Programmierung des Schönen ins Auge gefaßt. Kunst und exakte Wissenschaft treten zu dieser Zeit mit progressiver Absicht in Dialog. Die amerikanische Minimal Art ab Mitte der sechziger Jahre setzt den präzisen Umgang mit Form, Volumen, Farbe und Oberfläche fort. Die Wahrnehmungsübungen und die logischen Strukturuntersuchungen stellen zuvorderst immanente Qualitäten von Kunst unter Beweis. Doch an hermetische Selbstbezüglichkeit ist nicht zu denken; die grundsätzliche Absage an erzählerische Elemente schließt einen, in ästhetischen Kategorien formulierten Begriff von Moralität nicht aus. Donald Judd kommentiert zu seiner Position, das Wichtigste wäre, für sich selbst etwas Neues zu finden: eine Einstellung, die in der heutigen Lebenswirklichkeit verlorengegangen sei.

Läßt sich die vielversprechende Sentenz von Worringer bis in die Gegenwart fortschreiben? Die Werkentwicklung von **Gerhard Merz** scheint wie der Versuch eines Beweises. ›De Ordine Geometrico‹ nennt sich eine Installation von 1990. Sie charakterisiert das Leitmotiv, mit dem sich der Künstler seit zwei Jahrzehnten den vorherrschenden Strömungen widersetzt. Die Arbeiten von Merz beeindrucken durch Präzision und kristalline Klarheit. Das gilt besonders für die seit Mitte der achtziger Jahre einsetzenden Raum und Austellungsinszenierungen, wo keine Entscheidung dem Zufall überlassen bleibt. Die architektonischen Vorgaben werden durch kalkulierte Setzungen ergänzt, den Wandflächen kommen genau bestimmte Farbwerte zu, die Schriftelemente unterliegen der strengen typographischen Ordnung. Die Einzelteile stehen in Wechselbeziehung zueinander und zum Raum: die gerahmten Farbtafeln und die Fotosiebdrucke, die Sockelgebilde, die Objekte und die Skulpturen.

Mit seiner gestalterischen Disziplin stellt sich Gerhard Merz ausdrücklich in eine Traditionslinie, die im Suprematismus und im Konstruktivismus einsetzt und die er selber für die Gegenwart weiterführen will. Aus den Studienzeiten an der Münchner Akademie stammt die Fotografie eines Bücherstapels als Semesterbericht des Jahres 1971, unter der Lektüre befindet sich Max Benses ›Ästhetica‹. Mit einer anderen Quelle von Anregungen wird Merz unverwechselbar. Zdenek Felix hat die klassizistische Formanleihe anläßlich der Ausstellung in Baden-Baden genauer untersucht, um dem Mißverständnis vorzubeugen, Merz knüpfe auch an historisch fragwürdige Staatskunst an. Die zitierte Motivik führt, richtig besehen, nie ins Zentrum der Werke. Die künstlerische Strategie unterscheidet genau zwischen dem Inhalt und den formalen Ausdruckswerten von Raumbildungen. Zu der Installation auf der letzten documenta hat der Künstler einmal im Gespräch vermerkt, der Abstand zwischen den Totenköpfen aus Bronze sei mindestens genauso wichtig wie diese selbst. Es geht nicht um Welterklärungen oder Verkündigungen, sondern um die kleine Technik: den artistischen Einsatz. Die Bedeutung der Kunst konstituiert sich bei Merz aus dem Umgang mit dem Medium, aus ihm erwächst die klärende Kraft für Wahrnehmung, Denken und Leben. Dem Menschen der Zukunft ist eine Grafikmappe des Künstlers gewidmet. Wie eingeschlossen in diesen klaren Tag, schreibt Merz begleitend, erbauen wir ähnlich dem Orpheus Tempel der Weisheit und der Wissenschaft, die allen vernünftigen Wesen genügen mögen.

Kann man der Unerfülltheit der Existenz mit einem

Mario Merz: Installation, 1992, documenta-Halle, Kassel (Foto: Dirk Pauwels)

Ideal entgegentreten – und kann man das in der von Gerhard Merz formulierten Weise tun? An dieser Stelle eröffnet sich ein Terrain, wo abschließende Beurteilungen schwierig sind. Natürlich lassen sich Einwände vorbringen, die – wie von den vorigen Kapiteln nahegelegt – gegen jede Rede von Vernunft polemisieren. Daß ein Gedanke von der Geschichte überholt wird, spricht allerdings noch nicht gegen die Produktivität des Ungleichzeitigen. Komplizierter wird die Diskussionslage, richtet man das Augenmerk auf die Eigentümlichkeit des strengen Formbegriffs. Beim jungen Georg Lukács steht die Form scheinbar ähnlich als Symbol für ein Höchstmaß an Klarheit und Vollkommenheit. Gegenüber der Realität deutet sie auf eine bestimmende und bestimmte

Ordnung – die Utopie der Lebensimmanenz des Sinnes. Die Form ist in den Essayschriften wie in der Dramentheorie von Lukacs jedoch das Resultat einer Durchdringung der Existenz, sie erarbeitet sich aus einer Klärung des Weltverhältnisses der Menschen. Damit kann die Form, entgegen dem Verdacht rationalistischer Einengung, als Objektivierung eines umfassenden Selbst beschrieben werden. Kunst schöpft Ordnung, indem sie die Problematik des wirklichen Lebens vollkommen aufnimmt. Die konstruktive Disziplin, die hier mit dem inneren Erlebnisbereich des leiblichen Menschen verknüpft bleibt, befreit sich in der Geschichte des Konstruktivismus zur reinen Architektur. Aber damit verwandelt sich der Begriff der Form(-strenge) unmerklich in äußerliche Rationalität. Die apriorische Konstruktion schmiegt sich nicht an ihren Gegenstand an, sondern ist Voraussetzung der Unterwerfung des Stoffs. So teilen die entstandenen Strömungen den Fehler neuzeitlicher Naturbeherrschung und haben an technokratischen Simplifizierungen teil. Kategorien wie *Klarheit* und *Reinheit* haben zwei völlig unterschiedliche Bedeutungsebenen. Sie können Ausdruck des identifizierenden Denkens sein – im Kontext der existentiellen Selbstverständigung können sie aber auch eine ästhetisch-moralische Kultur aufscheinen lassen. Ob dieser theoretisch bezeichnete Weg für die Kunst historisch (noch) begehbar bleibt, war sich Lukács keineswegs sicher. Die formzersprengende Art der Realität sollte nicht geleugnet werden. Eine dem ungarischen Philosophen nahestehende Ahnung klingt in den Werken von Gerhard Merz nach, obwohl seine Position schon im Ansatz verschieden ist. Ein melancholischer Ausdruck, der quer zu jeder eindeutigen Konstruktion steht, macht das Geheimnis seiner Kunst aus.

Materialausdruck und Sinnenbewußtsein

Der italienische Kunstkritiker Germano Celant organisierte im September 1967 in Genua eine wegweisende Ausstellung. Der Katalogtitel gilt seitdem als Richtungsbezeichnung für eine Kunst, die sich einfacher, oft vorgefundener Materialien bedient und ein neues Verhältnis zu den Dingen herstellen will. Die Arte Povera entdeckt Körper und Sinne, von einer sprachlichen Vermittlung des Lebens durch Bilder, von belehrenden Informationen hält sie nichts. Der Künstler, so schreibt Celant programmatisch, gebe seine Rolle als Intellektueller auf und lerne zu fühlen, zu atmen, wahrzunehmen, zu begreifen, sich selbst als Mensch zu gebrauchen. Er tritt aus dem Funktionskreis instrumenteller Vernunft heraus. In unterschiedlichen Varianten nähern sich die Werke einer fast magisch erscheinenden, lebendigen Natur; sie stören die tieferen Erfahrungsschichten von Subjektivität auf oder suchen nach der individuellen Erinnerung an Geschichte. Mario Merz gehört mit seinen geheimnisvollen Installationen von Beginn an zur Arte Povera, wie bei Richard Long thematisieren seine Arbeiten das Universum des Natürlichen. Für Ulrich Rückriem und Imi Knoebel tritt die Wahrnehmungsfähigkeit des Betrachters in Vordergrund; Christian Boltanski betreibt Sondierungen in der Zeit.

Kein Konzept innerhalb der Nachkriegskunst ist so aktuell geblieben, wie das der Arte Povera. Die Künstler der ersten Stunde finden nach wie vor ihre unumstrittene Anerkennung. Die programmatischen Formulierungen haben nach über zwanzig Jahren nicht an Überzeugungskraft verloren, sie könnten teilweise erst heute veröffentlicht worden sein. Jan Hoet spricht in seinen Konzeptpapieren zur DOCUMENTA IX von einer Zeit der Sammlung, der Distanz zum Spektakulären. Der Ausstellungsmacher beobachtet die Entdeckung des Körpers und den Dialog mit dem Einzelnen. Tatsächlich gibt es eine zunehmende Besinnung auf den originären Begriff der Aisthesis, der Empfindungs- und Wahrnehmungsfähigkeit, als Zentrum der künstlerischen Bemühung. Durch die Übung der Sinne soll auch heute ein feinfühliges Verhältnis zum eigenen Leib, zu den Materialien und zu den Dingen entworfen werden. Die erzählerischen Impulse treten manches Mal soweit zurück, daß die Bedeutung der Werke auf den Prozeß der Wahrnehmung selber verweist. Genauso finden sich stille Zeichensetzungen, wo man mit Recht von einer Beseelung des Materials sprechen kann.

Rachel Whiteread ist eine junge britische Künstlerin. Mit ihren Skulpturen erkundet sie die visuellen und taktilen Eigenschaften von alltäglichen Objekten. Sie protokolliert ihre Wahrnehmungen durch Gipsabgüsse. An Gegenständen wie Schränken, Tischen oder Türen werden die Ein- und Ausbuchtungen mit viel Geduld abgeformt. Die scheinbar unsichtbaren Umräume und Innenvolumina nehmen materiale Gestalt an. Am Ende ist der eigentliche Gegenstand abwesend, bewahrt sind seine Spuren. Da die Gipsabgüsse häufig in Einzelkomponenten erfolgen, entstehen beim Zusammenfügen labyrinthische Gebilde, die nach außen fast nur die schattierte Oberfläche des Werkstoffs zu erkennen geben. Die Arbeiten von Whiteread fordern die Vorstellungskraft heraus, aber sie belohnen auch die Aufnahmebereitschaft gegenüber dem Besonderen, dem zufälligen Fundstück aus der Vergangenheit, durch eine unhintergehbare Ausstrahlungskraft der Skulpturen.

Anish Kapoor trat auf der letzten Biennale in Venedig mit Arbeiten hervor, die sich allen Besuchern ins Gedächtnis eingeschrieben haben. ›Void Field‹ besteht aus sechzehn roh gebrochenen Sandsteinquadern von geheimnisvoller Ausstrahlung. Bei näherer Untersuchung erweisen sich die großen Kör-

Rachel Whiteread, Fort, 1989 (Foto: Grauer)

per nämlich als gefäßähnliche Skulpturen. Die kleinen Öffnungen an der Oberfläche deuten auf einen Innenraum, der sich mittels seiner kobaltblauen Farbpigmentierung jeder visuellen Bestimmung entzieht. Tasten und Klopfen bleibt ebenso vergeblich wie der eigentümliche Geruch unbeschreiblich. Es scheint, als sei eine Leere von metaphysischer Dimension eingefangen. Die ultramarin pigmentierten Schieferbrocken des Künstlers wirken vom Prinzip gleich. Sie verlangen eine behutsame Erkundung durch das Auge und bieten der sinnlichen Wahrnehmung trotzdem keinen Halt. Spielen die Werke in ihrer Unverfügbarkeit nicht auf eine Spiritualität an, die selber nicht repräsentiert und dementsprechend sprachlich kaum fixierbar wird? Mit Vorsicht hat Kapoor jede eindimensionale Haltung und jede direkte Anspielung auf seine kulturelle Herkunft vermieden.

Die Besinnung steht in wohltuendem Kontrast nicht nur zu den Konjunkturspitzen des Kunstbetriebs, sondern auch zu den vorherrschenden Erfahrungen mit dem letzten Jahrzehnt. Die Spezifik der jüngsten Rationalisierungsprozesse hat Erwähnung gefunden; die elektronischen Technologien und Kommunikationsmedien beschränken gerade durch ihre geschaffene Bilderflut die Erfahrungsmöglichkeiten des Subjekts. Die Einbildungskraft steht auf der Seite des Bestehenden und nicht seiner Kritik. Für die Kunst ergeben sich die schon bezeichneten Schwierigkeiten – wo sie glaubt, der Wirklichkeit habhaft zu werden, sitzt sie womöglich den trügerischen Erscheinungen (den phantasmata im platonischen Sinne) auf. Statt nun die Flucht nach vorne anzutreten, wäre gleichfalls der Versuch eines produktiven Rückzugs aus der gesellschaftlichen Dynamik denkbar. Dietmar Kamper sieht die katastrophalen Folgen einer rücksichtslosen Eroberung der Welt, die Mortifikation der Dinge und die Verdinglichung des Menschen, und plädiert aus diesem Grunde für eine Ästhetik der Blöße. Schonung, schreibt der Philosoph, wäre also der Name für die Rettung des Materiellen vor seiner Vernichtung. Die Kunst müßte – diesem Wunsch entsprechend – ein Weltverhältnis ermöglichen, das sein Gegenüber anerkennt. Sie müßte die Intention des identifizierenden Blicks durch ein Schauen ersetzen, im Prozeß der Gestaltung tastet sich der Künstler dann an eine Form der ganzheitlichen Erfahrung heran. Innerhalb der Kunstpädagogik entsprechen dieser Öffnung jene Entwicklungen, die sich um eine Rehabilitation leibzentrierter Tätigkeiten bemühen. Gert Selles fast therapeutische Perspektive zur Erweiterung der sinnlichen Aufnahmefähigkeit hat hier – nebenbei bemerkt – ihren systematischen Ort.

Eine andere Sicht der Theorie läßt sich ausgehend vom Begriff der Kunst bei Heidegger gewinnen. In seiner Deutung schert das Werk aus der vorstellenden Verfügung über das Seiende aus, als unvordenkliches Ereignis avisiert es etwas, das der Kommunikation unzugänglich ist. Kunst thematisiert bei Heidegger das Dunkel, das sich prinzipiell jeder Repräsentation entzieht: das Sein, das Absolute oder das Andere des Begriffs. Daran knüpft Jean-François Lyotard an, wenn er in gleicher Weise als Aufgabe formuliert, Kunst habe die Anmaßung des Verstandes gegenüber der Zeit zu untergraben. Die Künstler stehen damit vor dem technischen Problem, wie in bestimmter Weise sichtbar zu machen sein soll, daß es etwas gibt, das nicht der Herrschaft des Blicks unterliegt: das Nicht-Darstellbare. Lyotard setzt, nach eigener Ansicht radikaler als die Avantgarde, auf die rücksichtslose Prüfung der Darstellungsmittel. In einer neuen Akzentuierung schält sich die Abrechnung mit der Idee, die Wirklichkeit erfassen zu müssen, als postmodernes Charakteristikum heraus. Das spricht in diesem Fall allerdings nicht gegen substanzhaltige Möglichkeiten von Kunst. Der ästhetische Effekt, auf den Lyotard hofft, steht in der Tradition des Erhabenen seit Kant. Erhabenheit stellt sich ein, wenn der Maßstab der Einbildungskraft oder auch der Gesinnung übertroffen und das Gemüt über alles Niedrige und Kleinliche emporgetragen wird. Den Menschen überwältigen Ideen, deren Darstellung ihm nicht möglich ist. Werke dieser Art ergreifen den Betrachter auf nachhaltigste Weise und entziehen sich in ihrer Ereignishaftigkeit zugleich der bestimmenden Urteilskraft.

Am Beginn des Kapitels stand die Rückerinnerung auf den Begriff der Aisthesis. Die eigentliche Schwierigkeit, die hier zu meistern ist, besteht in der Verknüpfung von Empfindung, Wahrnehmung und geistiger Reflexion (in einer außertheoretischen Bedeutung). Das geschärfte Bewußtsein der Sinne und die Wertigkeit des Materialausdrucks münden nur in den Prozeß der Erfahrungsgewinnung ein, wenn die Kreativität sich nicht im eigenen Zirkel bewegt und beispielsweise der narzistischen Bespiegelung des eigenen Körpers das Wort redet. Gerade im Hinblick auf die (ökonomische) Konjunktur des schönen Scheins wäre es fatal, aus der Krise der Rationalität heraus ein neues Heil im Ästhetischen zu suchen. Das zum Schluß skizzierte Phänomen der Erhabenheit bleibt hingegen von bloßer Sensibilität zu unterscheiden, weil es die Unruhequalität der Werke einschließt. Wirkliche Kunst wie von Whiteread oder Kapoor übersteigt den didaktischen Gebrauch der Sinne.

Mimesis ans Verdinglichte

Wenngleich die Schlußfolgerungen der vorgetragenen Strömungen sehr unterschiedlich ausfallen, rückt mehrheitlich ein gemeinsamer sachlicher Bezugspunkt in den Vordergrund: die Zersplitterung des Lebenssinnes und die Abgründe in einer rationalisierten Welt. Bei diesem Motivkreis läßt sich nun ein Kristallisationspunkt der Philosophie gar nicht übergehen. Mit der 1947 publizierten ›Dialektik der Aufklärung‹ sind die wichtigsten Beobachtungen bleibend formuliert. Die Abhandlung geht von der Überlegung aus, warum die Menschheit keineswegs in menschliche Zustände eintritt, sondern in ihrer Beziehung zu sich selbst und zur Natur stets neuer Barbarei anheimfällt. Diese Diagnose macht Theodor W. Adorno zum Mittelpunkt seiner ›Ästhetischen Theorie‹, in der er innerhalb der Moderne die Möglichkeiten auslotet, wie der Wahrheit die Treue gehalten werden könnte. Dabei erweist sich, daß einzig die Kunst eine Antithesis zur Gesellschaft zu artikulieren vermag. Sie opponiert nach Adorno gegen die Realität, nicht durch liebliche Imagination und nicht durch Einkehr im älteren Unfreien (beispielsweise dem Naturschönen), sondern indem sie die Welt in ihrer Negativität an sich demonstriert und wiederholt. Werke reden nicht länger, aber sie verhelfen dem Leiden zur Stimme: jede positive Zeichnung soll zurückgehalten werden, um dadurch Wahrheit zum Vorschein zu bringen. Die ›Ästhetische Theorie‹ erinnert an die Figuren Becketts und ihrer Darstellung eines geschichtlichen Sachverhalts – der Abdankung des Subjekts. Ausdruck, heißt es unnachahmlich, ist das klagende Gesicht der Werke, welches bekundet: So ist es!

Die Kunst beschreitet demnach einen Weg der Mimesis oder Nachahmung der Realität, sie nimmt das erstarrte Leben in sich auf und bringt es zur Darstellung. Im Unterschied zur Spiegelung schließt das mimetische Verhältnis eine verbindliche Organisierung des Werks nicht aus – die mobilisierten Produktionsverfahren wollen ja dem tatsächlichen gesellschaftlichen Vollzug der Rationalisierung gerade entsprechen. Die willentliche Anpassung ans Verdinglichte begründet indessen kein neues Herrschaftsverhältnis gegenüber einem Anderen. Da die Kunst sich selbst dem Objektiven gleichmacht, der real entstellten Natur, antizipiert sie auf dieser Ebene sogar ein gewaltfreies Außenverhältnis. Schon das Eingedenken des Unterlegenen ist eine Utopie, die sich quer zum Bestehenden stellt und doch über negative Vorzeichen nicht hinausgelangt. Perspektiven müßten hergestellt werden, heißt es in ›Minima Moralia‹, in denen die Welt ähnlich sich versetzt, verfremdet, ihre Risse und Schründe offenbart, wie sie einmal im Lichte der Erlösung daliegen wird. Die Kunst wendet sich in stummer Besinnung auf das geschichtliche Heute. Wenngleich sie keine bessere Zukunft anzeigen kann, wäre Geschichte keinesfalls erschöpft – denn die Werke tragen nach Adorno den Imperativ, daß es anders werden solle.

Die Plastiken von Isa Genzken, die auf der documenta 7 ausgestellt wurden, strahlen eine kühle Eleganz aus. Der mathematischen Kalkulation der langge-

Isa Genzken, ohne Titel, 1989 (Foto: Grauer)

streckten Rotationskörper entspricht die präzise technische Verarbeitung von Holz und Lackoberfläche. Die Ellipsoide zeichnen perspektivisch raffinierte Kurven in den Raum und erwecken durch die punktgenaue Bodenberührung fast den Eindruck von Schwerelosigkeit. Die Teilung der Oberflächen in geometrisch bestimmte Farbsegmente sowie die Öffnung der Volumina durch Schnitte ergeben eine logische Struktur, deren Komplexität nur auf den ersten Blick verwirrt. Im Resultat ergibt sich eine harmonische Verbindung von gefühlsmäßiger und intellektueller Erkundung – Schönheit im Kantischen Sinne der freien Übereinstimmung von sinnlicher Empfänglichkeit und begrifflichem Vermögen. Seit Mitte der achtziger Jahre hat Isa Genzken diesen Weg der künstlerischen Formulierung vollständig aufgegeben. Es entstehen kubische Objekte, die aus selbstgefertigten, rohen Betongußteilen zusammengefügt und gelegentlich sparsam mit Farbe behandelt sind. Die Raumbildungen ihrer neuen Skulpturen vermitteln den Eindruck des Fragmentarischen, des Form Sprengenden, des Bruchstückhaften. Durch ihre Präsentation auf hohen Stahlrohrgestellen nehmen sich die Plastiken wie Architekturmodelle aus, wäre da nicht die Vorstellung von Zerfall, der sich durch die bröckeligen Kanten, durch die Aussprengungen und die Spur der Holzschalungen mitteilt. Die erzielte Wirkung steht im Kontrast zu den üblichen Anmutungsqualitäten des Werkstoffs und seinen Konnotationen in Richtung Funktionalismus der Architektur. Die Skulpturen von Isa Genzken und besonders natürlich die Entwürfe für geplante Setzungen im Stadtraum beschäftigen sich mit der gebauten Umwelt, mit ihrer Beschreibung der vorhandenen Wirklichkeit formulieren sie eine Gegenposition zum Rationalismus der Naturbeherrschung. Daß sich die künstlerische Bearbeitung des Materials dem Paradigma von Zweckorientierung widersetzt, wird allein durch die Rücknahme des gestaltenden Eingriffs im Fragment anschaulich. Durch die Erinnerung des Anderen, des Endlichen, durch die Erfahrung der Grenzen des Subjekts hindurch macht sich der Wunsch nach einer Veränderung des Umgangs mit unserer Welt bemerkbar. Die Ruine wird zur Utopie. Alles wird zunichte gemacht, beschrieb Diderot einmal seine Faszination beim Anblick von Trümmerwerken, alles vergeht – allein die Erde bleibt übrig, allein die Zeit dauert an.

Bruce Nauman äußert sich 1975 in einem Interview zu seiner Arbeit. Was ihn gedanklich beschäftige, sei die Frage, welche Erwartung an die Kunst herangetragen wird und welche Aufgaben zu ihr passen. Bei den frühen Arbeiten des Künstlers handelt es sich um Wahrnehmungsuntersuchungen an präzise kalkulierten Objekten. So entwickelte Nauman beispielsweise für die documenta 5 eine Raumplastik, die sich aus minimalen Krümmungsunterschieden zweier Flächen konstituiert (›Elliptical Space‹, 1972). Die Suche nach der richtigen Form bringt schließlich, ähnlich wie später bei Isa Genzken, ganz neue Dimensionen. Die Kunst wird zu einem Mittel der existentiellen Selbstverständigung in der Welt. Die Betroffenheit von Nauman ist lebendig – anfang der achtziger Jahre findet er zu den Themen, die ihn bis heute nicht loslassen: Gewalt, Gefangenschaft, Folter und menschliche Aggressivität. Aus der Erprobung einer Vielzahl von Medien kristallisieren sich zwei werkbestimmende Vorgehensweisen heraus. Zum einen gibt es die Videoinstallationen, die mittels der Anordnung bzw. der Befestigung der Monitore den Betrachter in beunruhigender Weise ins Geschehen hineinziehen. Zum anderen entstehen die beängstigenden Skulpturen.

Nach eigenem Bekunden stieß Nauman an seinem mexikanischen Wohnort eher zufällig auf branchenübliche Füllformen zur Tierpräparation. Es handelt sich dabei um Attrappen aus Polyurethan, die schon ohne einen künstlerischen Eingriff seltsam nackt und hilflos wirken. Für die Installation ›Carousel‹ wurden diese Körper 1988 in Aluminium gegossen. Fünf verstümmelte Tiere hängen nun mit Schlingen an einem Drehgestell und werden so im Kreis über den Boden geschleift, daß sie bei richtiger Präsentation immer wieder gegen die Wände schlagen. Im weiteren experimentiert Nauman mit der unterschiedlichen Hängung und Ensemblebildung der Tierkörper im Raum. Er zerschneidet die Kunststofformen, verdreht Leiber und Köpfe, und setzt die Extremitäten an den falschen Stellen neu an. Gewalt zeichnet den Umgang mit dem Material aus, an Gewalt erinnert das Resultat. Die Tierskulpturen haben, wie Bruce Nauman selbst feststellt, etwas Allgemeingültiges, sie symbolisieren in gewisser Weise etwas, sie können sowohl für einen bestimmten Mythos wie auch für Menschen stehen, sie können viele Bedeutungen verkörpern und sind doch etwas ganz Individuelles. Sie demonstrieren ihre zugrundeliegenden Erfahrungen am Besonderen. Der Künstler betont, daß sein Werk aus der Enttäuschung entstehe angesichts der Verhaltensweisen in der Gesellschaft. Im Jahre 1990 vervielfältigt Nauman kahle menschliche Köpfe in farbigem Wachs, in ›Ten Heads Circle / Up and Down‹ hängen sie wie abgehackte Körperstücke an Drähten im Raum – entstellt durch hervorquellende Zungen, gezeichnet durch die Spuren der Erstarrung des flüssigen Materials. Dazwischen muß sich der Betrachter der Skulpturen gleichsam als Täter wie als weiteres Opfer hindurchbewegen, um sich in der Konfrontation seines eigenen Orts bewußt zu werden.

Bruce Nauman weiß vom Zustand der Welt, wie er sich im politisch sozialen Verhältnis der Menschen untereinander und im Verhältnis der Menschen zur äußeren Natur zeigt. Die geschichtliche Lage bezeichnet den Angriffspunkt seiner Kunst. Die Werke vergegenwärtigen die Situiertheit der menschlichen Existenz, sie nehmen das Bestehende als Signatur in sich auf und öffnen in diesem Akt die Augen – in Sorge um das Unterlegene. Für Nauman bleibt die schockierende Erfahrung ein möglicher Umschlagspunkt. Wut und Enttäuschung, zu denen der Künstler ausdrücklich steht, machen den entscheidenden Unterschied zur Entdramatisierung des Untergangs, wie Klaus R. Scherpe das postmoderne Bewußtsein allgemein charakterisiert hat. Schlägt Nauman deshalb mit seiner, in literarischen und künstlerischen Traditionen stehenden, Erinnerungsarbeit einen unzeitgemäßen Weg ein? Denkbare Einwände betreffen die Überlegung, ob die mimetischen Formen der Kunst eine wirkliche Referenz haben, oder ob in der Ära des Simulakrums, falls sie existiert, die vorherrschende Verdinglichung einer Entmaterialisierung unterzogen ist. Zur Diskussion steht gleichfalls, inwieweit das gesellschaftliche Universum eine innere Widersprüchlichkeit erkennen läßt, an der die Idee der Rettung festgemacht werden dürfte. Den Ausschlag in der Erörterung hat freilich die Erkenntnis zu geben, daß die Gegenwartserfahrungen keine letztgültige Beurteilung durch Theorie brauchen, sondern der Praxis aufgegeben sind. Hier geht es um die Wahl des Einsatzes, denn jede einzelne Handlung des Menschen wird durch die Wette bestimmt auf die (negativ-utopische) Existenz oder die (positive) Nichtexistenz eines Sinnes. Der Künstler muß in jedem Fall Stellung beziehen. Bruce Naumans Werk unternimmt alle Anstrengungen, um den künstlerischen Ausdruck als Einspruch gegen den Lauf der Dinge zu erhalten. Seine Überzeugungskraft nährt die Hoffnung, daß die zitierte Mutmaßung Nietzsches (samt seiner Epigonen) nicht das letzte Wort ist. Sonst werden sich in Kassel Künstler und natürlich auch Ausstellungsmacher und Kritiker als Hanswürste Gottes treffen.

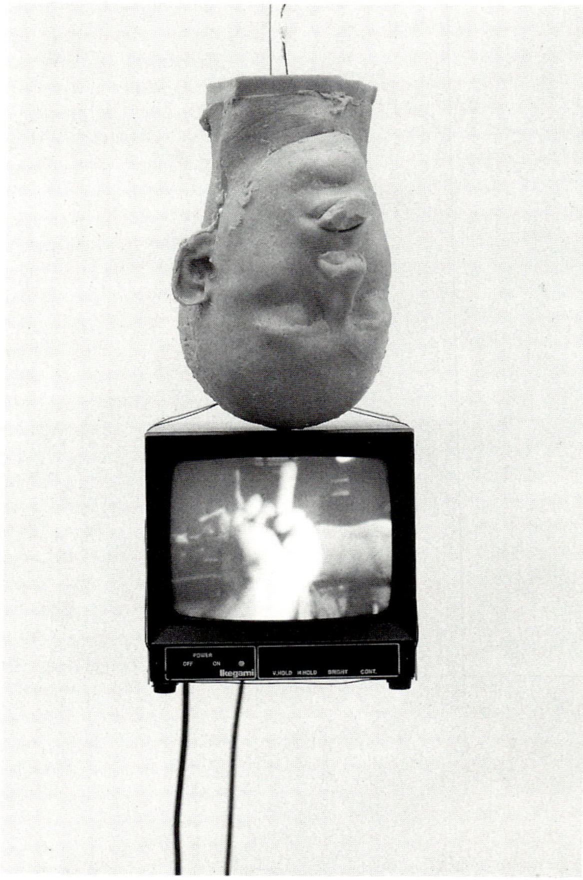

Bruce Nauman: Perfect Balance, 1989 (Foto: Dirk Pauwels)

GEDANKEN ZUR KUNST UNSERER ZEIT

Jean-Christophe Ammann

Zwischen Weihnachten und Neujahr 1991 habe ich mich in ein Buch vertieft, das 30 wichtige Ausstellungen dieses Jahrhunderts beschreibt. Teil dieser Beschreibungen – das stellt sich als das eigentlich Faszinierende heraus – ist das jeweils nähere kulturgeschichtliche Umfeld, die Organisation, der Aufbau sowie die Resonanz einer Ausstellung. Dieses Buch, das bis in die 70er Jahre führt, macht zwei Dinge deutlich:

1. Bis 1925 sind unwiderruflich die Weichen für dieses Jahrhundert gestellt worden. Begriffe wie Fortschritt und künstlerische Avantgarde wurden fest aneinandergekoppelt.

2. Zwei Weltkriege, Faschismus, Stalinismus und Nationalsozialismus haben der Kunst Wunden geschlagen, deren Vernarbung in lang andauernden Regenerierungsphasen deutlich werden. Manchmal fragt man sich, wo in der Kunst dieses Jahrhunderts die 100 Millionen Opfer, die Schrecken von Verfolgung und Krieg sichtbar sind? Ich glaube, daß diese Frage ganz grundsätzlich das Problem nicht trifft. Vielmehr muß sie lauten: Wie lange hat die Kunst gebraucht, um den Schock, die Sprachlosigkeit zu überwinden, um erneut zum eigenen und kollektiven Bewußtsein vordringen zu können?

Bis weit in die 60er Jahre mußten aufgrund der alles auslöschenden Katastrophen die frühen, bestimmenden Entwürfe, also jene bis 1925, gleich einer Partitur immer wieder aufgegriffen, unter veränderten Bedingungen erprobt und transformiert werden; sowohl in Amerika als auch, unvergleichlich stärker, in Europa. Erst die Generation, die nach 1950 geboren wurde, hat den Weg in ein neues, für sie unbelastetes Jahrhundert gefunden. Mit dem Ende der Avantgarden, in den späten 60er Jahren, ist diese Generation innerlich frei geworden, buchstäblich ungebunden, nicht mehr jener Tradition der Moderne verpflichtet, die das Bewußtsein meiner Generation noch weitgehend prägt und geprägt hat.

Und da dem so ist, kann ihr Umgang mit dem reichen Potential der Moderne sehr viel imaginativer und auch spielerischer sein, als dies eben für jene zutrifft, die, wie ich, gut zehn Jahre älter sind.

Wie geht man mit einer solchen Freiheit um, die eine des Denkens ist? Welche Richtung schlägt das schöpferische Denken ein? Ist das vielleicht eine absonderliche Frage? Ich stelle sie deshalb, weil die Richtungslosigkeit – als Befund mit negativen Konnotationen verbunden – die größte Herausforderung an den jüngeren Künstler darstellt. Ich spreche vom Künstler als jener Person, die exemplarisch Dinge tut, die in uns allen angelegt sind, die, rational und emotional als das Ähnliche und Verschiedene unser Sein und Dasein durchwirken. Richtungslosigkeit heißt, in eine Freiheit entlassen zu werden, innerhalb der die einst vorgegebenen Richtungen zwar nicht obsolet, aber auch nicht mehr prioritär erscheinen, somit die Widerstände, an denen sich einst das schöpferische Denken reiben konnte, sich wie eine Chimäre auflösen. Zwei Momente, ein subjektiver und ein objektiver, sind, glaube ich, entscheidend. Subjektiv: Die Selbstfindung muß konsequenterweise intensiviert werden. Damit ist ein Zeitfaktor angesprochen, der, von innen heraus gedacht, eine andere Qualität besitzt, als jener, der sich entlang von Fortschritt und künstlerischer Avantgarde artikulierte. Objektiv: Richtungslosigkeit heißt, daß ich mich neu orientieren, aus meinem Selbstverständnis von Gegenwart ein Wertverständnis schaffen muß. Man sollte daher mit dem vorschnellen Begriff der Beliebigkeit vorsichtiger umgehen. Richtungslosigkeit und Beliebigkeit werden heute korrelativ verwendet. Beliebigkeit steht für eine Streuung, deren Kohärenz nicht mehr auszumachen ist. In einer Zeit, in der vieles auseinanderbricht und sich neu zu formen sucht, ist die scheinbare und manchmal auch faktische Inkohärenz eine notwendige und eine produktive. Neuorientierung heißt dann auch, die Wahrnehmung in dem Maße zu schärfen, daß man Erdung von Ideologie zu unterscheiden weiß.

Ich spreche deshalb darüber, weil es der enormen Anstrengung des einzelnen bedarf, und weil es Anzeichen dafür gibt, daß diese Anstrengung möglicherweise zu groß ist und dadurch eben ausgelaufene Ideologien durch neue ersetzt werden. Zum Beispiel

- sind die Fundamentalismen im Vormarsch: In den USA schlossen sich islamische, christliche und jüdische Gruppen zusammen, um die »Satanischen Verse« von Salman Rushdie gemeinsam zu verdammen. – Unter dem Codewort »politically correct« verbergen sich, ebenfalls in den USA, sprachliche Abgrenzungsmanöver unter ethnischen Gruppen und Rassen, die statt eines respektvollen Umgangs miteinander Barrieren aufbauen.
- können Nationalismen und Rassismus nicht nur kurzfristige Erscheinungen bleiben.
- dienen Katastrophenszenarien, im Sinne von Angst und Bedrohungen jedweder Art, immer wieder dazu, Partikulares ideologisch zu verallgemeinern.

Was hat das mit Kunst zu tun, oder inwiefern spreche ich hier aus der Perspektive der Kunst? Weil Phänomene dieser Art nicht nur neue Feindbilder schaffen, sondern, kraft ihres dogmatischen Moralismus, generell intolerant und menschenfeindlich sind, somit auch körperfeindlich und, mit Selbstzensur verbunden, von sich selbst ablenken.

Bekanntlich verkörpert ein Kunstwerk immer zwei Seiten: Es ist zum einen eine Realität in sich, zum anderen besitzt es Symptomcharakter. Er bindet das Werk in die Zeit, in der es entsteht und verweist auf die Zeit, deren Spuren es trägt. Insofern lassen sich

am Kunstwerk die Regungen der Zeit, das Suchen in der Zeit, als Ausdruck von Gegenwart, sehr wohl ablesen.
Hierzu folgende kurze Beurteilung der Situation: Keine großen Gesten, sondern akribische Forschungsarbeit am eigenen, charismatischen Ich, verbunden mit der Suche nach einer in sich selbst vielfältigen Sprache, die sich in Bruchstücken generiert, Beiläufiges transportiert und transformiert, geprägt durch die Erinnerung des Körpers und den schwer einzulösenden Wunsch, dem Gefühl einen sinnlichen Ausdruck zu verleihen. Wenn ein so mächtiger Unternehmer wie Jean-Louis Servan-Schreiber sagt, daß die Künstler und die Unternehmer das Bild unserer heutigen Gesellschaft prägen, so müßte man sich eigentlich darüber freuen. Jedoch habe ich die Befürchtung, daß die Kunst dabei überfordert wird.
Im Zeitalter der elektronischen Massenkommunikation ist die Freiheit des Denkens besonders stark psychologischen Auswirkungen unterworfen. Diese haben manchmal eine geradezu kathartische Funktion. Es scheint so, als warte man auf ein bestürzendes Ereignis, um verstört und erleichtert zugleich darauf reagieren zu können, oder man redet dieses Ereignis so lange herbei, bis es dann wie eine »katastrophale« Erlösung eintrifft.
Mit anderen Worten: Wir sind noch lange nicht frei im Denken. Wir trauen uns diese Form der Freiheit nicht zu. Wir sind anthropologisch zu sehr durch Kriege als wiederkehrende, regulative, kollektive Energien vorbelastet. Wir leiden an der Herausforderung des einzelnen, in Anbetracht der Verdrängung kollektiver Impulse. (Es kommt nicht von ungefähr, daß sich auf die Frage, »Was ist für Sie das größte Unglück?«, im berühmten Fragebogen von Marcel Proust, wöchentlich abgedruckt im Magazin der FAZ, immer wieder die Antwort »Krieg« findet.) Auch hier leiten mich Erkenntnisse aus der Kunst. In keinem anderen Land wurde das kollektive Gedächtnis derart in Anspruch genommen wie in Deutschland. Sowohl durch Joseph Beuys aus der Sicht von Rudolf Steiner als auch durch Anselm Kiefer, geprägt durch Holocaust und Weltkrieg. Aber auch in keinem anderen Land ist ein derart beißender, moralischer – nicht moralisierender Zynismus in der Kunst entwickelt worden wie in Deutschland, angefangen mit Dada über George Grosz zu Sigmar Polke bis zu Werner Büttner, Albert Oehlen, Georg Herold und Martin Kippenberger. Ein Zynismus, der letztlich das eigene Selbstverständnis auf kollektiver Ebene anvisiert.
Der aus der Richtungslosigkeit von Gegenwart erarbeitete Freiheitsbegriff des Denkens kann nicht linear verlaufen, sondern muß, in konzentrischen und elliptischen Bewegungen sich ausdehnend, ausweitend, immer wieder über das Subjekt als Zentrum zurückführen, wobei dieses Zentrum selbst nicht statisch, sondern in Bewegung ist. Aus der Chaos-Theorie gibt es das schöne Bild vom Flügelschlag eines Schmetterlings, der einen Orkan auszulösen vermag. Wenn ein Bildhauer wie der 1957 geborene Stephan Balkenhol aus einem Vierkantholz Osterglocken in einer Vase schlägt, und dies in einem einzigen, zusammenhängenden Stück tut, so hat er etwas geschaffen, was zwar vorstellbar, aber was niemand bisher getan hat, weil niemand auf die Idee kam, vor allem aber, weil niemand es für notwendig erachtete. Weil ich es jetzt nicht anders formulieren kann, sage ich es mal so: Balkenhol hat nicht das Holz, sondern das Holz hat ihn bearbeitet, indem der Künstler den Wunsch des Holzes, sich in Form von Osterglocken darzustellen, erfüllt hat. Das ist eine Freiheit des Denkens, welche die Tradition nicht verpönt, sondern ihre inhärenten Möglichkeiten neu untersucht. Balkenhol macht kein Prinzip daraus, er stellt sich in die Richtungslosigkeit, um gewissermaßen, dank seiner Erdung, unmittelbar sehen, denken und handeln zu können. Ich erwähne dieses Beispiel, weil mit dem kleinen, unscheinbaren Werk, vor drei Jahren entstanden, im Museum für Moderne Kunst allen zugänglich, eine einzige Idee, gleichsam der Wunsch des Holzes, unabsehbare, imaginative und produktive Folgen für sein bisher schon sehr beachtliches Schaffen hatte.
Manchmal habe ich das Gefühl, daß unser bewegliches, kreatives Denken uns zu wenig bewegt oder zu bewegen vermag. Wenn der Flügelschlag eines Schmetterlings einen Orkan in Bewegung zu setzen weiß, müssen wir schon ganz gehörig strampeln, um die Luftbewegung eines Fächers zu erzeugen. Die Rede ist von einem Ungleichgewicht zwischen Aufwand und Ertrag, einem Zuviel an Energie für ein Zuwenig an Substanz. Am Schluß steht immer die Sinnfrage. Die gefährlichste aller Fragen, weil der Zynismus dankbar für sie einspringt.
Die Freiheit des Denkens meint etwas ganz anderes als Kreativität. Über Kreativität kann man sich fusselig reden, ohne einen einzigen Schritt voranzukommen. Der Begriff ist derart abgenutzt, daß ich, überspitzt, sagen möchte, ein Künstler, im Unterschied zu uns, braucht gar nicht kreativ zu sein. Er braucht eine Vorstellung von sich und dem was er tun will und vor allem die Freiheit des Denkens, welche die Kreativität homöopathisch beinhaltet.
Ich werde sie nicht vergessen, diese Stimme, 23 Jahre ist es her, sie gehörte dem Generaldirektor der Globus AG in Zürich und forderte die Abschluß-Studenten der Handelshochschule St. Gallen eindringlich auf, immer ein Auge auf die aktuelle Kunst zu werfen. Die Entwicklung der Gesellschaft ließe sich vorzüglich an der Kunst ablesen. Als frischgebackener Museumsdirektor horchte ich auf. Das waren immerhin die Worte eines General Managers. Hatte er recht? Ich denke oft darüber nach und möchte beifügen, daß die Kunst der Gegenwart

unsere Gegenwart schlechthin reflektiert, im Sinne eines Verständnisses von Welt.
Die Kunst kann vieles leisten, in dem ihr eigenen Bereich. Sie ist nicht, wie es manchmal den Anschein hat, wirklichkeitsfern oder weltfremd, sie ist oft ganz nahe an dem, was uns täglich beschäftigt. Manchmal wissen wir es nur nicht, weil wir die Zeit hierfür nicht aufwenden. Die Kunst schafft nicht irgendwelche Objekte, sie schafft Modellvorstellungen, die, wie eine Analogie zum Leben, in ihrer komplexen Kohärenz für sich selbst stehen und insofern nicht übertragbar sind. Deshalb ist mir für das Museum für Moderne Kunst in Frankfurt das Konzept der Werkgruppe eines einzelnen Künstlers, die Zusammenarbeit mit ihm so teuer, weil wir auf diesem Weg mehr voneinander erfahren und dies auch dem Besucher mitteilen können. Mitteilen heißt vermitteln. Ein Anliegen, das wir uns im Museum für Moderne Kunst auf die Fahne geschrieben haben, deshalb, weil es nie eine innovative Kunst gegeben hat, die zu der Zeit, in der sie entstanden ist, nicht erklärungsbedürftig war.

DAS DENKEN DER GEGENWART AUS DER SICHT DES KÜNSTLERS

Jean-Christophe Ammann

Die Rede ist vom Künstler, der heute Ende Zwanzig bis Mitte Dreißig ist; von jenem Künstler also, der sich nicht auf langjährige Erfahrungen berufen kann, mittels derer er sein Werk aufgebaut hat, und die sein Schaffen anreichern. Dieser Künstler steht mitten im Prozeß einer Wahrnehmung, die zum einen seine Identitätsbildung bestimmt, zum anderen jedoch in hohem Maße erschwert. Die Rede ist auch von einer Gegenwart, die sich der visuellen Begriffsbildung entzieht. Es geht um den Künstler und es geht um die Gegenwart, oder als Frage formuliert: Wie denkt der bildende Künstler Gegenwart? Ich behaupte jetzt mal, daß der Kubismus von Pablo Picasso und Georges Braque der Relativitätstheorie von Albert Einstein ein bildnerisches Äquivalent entgegenzusetzen vermochte. Sinn und Zweck dieser Behauptung ist, daß Veränderungen des Weltbildes visuell (bildsprachlich) nachvollziehbar waren. Das war auch im Konstruktivismus und im Bauhaus der 20er Jahre – (Motto: integriertes Planen und Bauen als geistige Vision) – der Fall, ebenfalls im Surrealismus, der ab Mitte der 20er und 30er Jahre das Unbewußte in gewaltigen Schüben an die Oberfläche beförderte, nicht zuletzt bedingt durch die Erfahrungen des Ersten Weltkrieges und die sich ankündigenden Diktaturen. Nach dem Zweiten Weltkrieg schuf die amerikanische Malerei raumzeitliche Entgrenzungen von monumentalen Ausmaßen (z.B. Jackson Pollock). Die ebenfalls amerikanische Pop Art, allen voran Andy Warhol, Claes Oldenburg und Roy Lichtenstein, brachte Bilder und Gegenstände an den Tag, welche das vehement aufbrechende Konsum- und Medienzeitalter reflektierten. Ende der 60er Jahre suchte sich die Kunst buchstäblich mit allen Mitteln zu entgrenzen, die täglichen und alltäglichen Strukturen und Prozesse als Formen komplexer Wahrnehmung ins Spiel zu bringen.
Was ich hier, kurz über den Daumen gepeilt, geschildert habe, wurde als Avantgarde bezeichnet. Die Avantgarden, die dieses Jahrhundert so stark bestimmt haben, schlossen gemäß ihrer Natur mehr aus denn ein. Sie waren immer mit der Idee bis hin zur Ideologie des Fortschritts gekoppelt. Fortschritt meinte ebensosehr Freiheit und Demokratie. Diese Avantgarden waren, im bildnerischen Bereich, stets nur die Spitze eines Eisberges, Ausdruck eines breiten energetischen Umfeldes kollektiver Natur.
Es brauchte ein Jahrzehnt, um sich darüber klar zu werden, daß mit der Avantgarde Ende der 60er Jahre eine Art Schlußstrich unter dieses Jahrhundert gezogen wurde. Symptomatischer Auslöser für diese zu verarbeitende Erkenntnis waren in den frühen 70er Jahren sowohl der zweite Bericht des »Club of Rome«

Gegenstände, die das Konsum- und Medienzeitalter reflektieren. (Foto: Rauschert)

als auch die Ölkrise. Als Ende der 70er Jahre eine junge Generation in einer impulsiven und emotionsgeladenen Malerei intime Momente der Befindlichkeit festhielt, war dies nur noch ein letztes Aufbäumen, erneut Ausdruck eines viel breiteren kollektiven Umfeldes: Der Aufstand der Jugendlichen hinterließ überall in Europa sichtbare Spuren. So sah die berühmte Zürcher Bahnhofstraße im Frühjahr 1980 wie nach einem Krieg aus. Nach dem Zweiten Weltkrieg machte jede neue Künstlergeneration am Ende oder zu Beginn eines Jahrzehnts eine tabula rasa, stellte somit eine Behauptung auf, welche die vorausgehende konterkarierte. Signifikanterweise blieb die tabula rasa 1990 aus.

Was war, was ist geschehen? Es gibt viele Faktoren. Ich möchte nur einige hervorheben.

- Die Generation der 80er Jahre, also jene Menschen, die heute um die Dreißig sind, wuchs unter dem Damoklesschwert AIDS auf. Ein emotionaler Spielraum wurde nicht nur dramatisch eingeschränkt, er mußte auch in einem Maße verinnerlicht werden, als hätte es ihn, diesen Spielraum, nie gegeben. Ich glaube, daß die Entsinnlichung, die wir heute allgemein und in der Kunst spezifisch feststellen, oder anders ausgedrückt, die Schwierigkeit, der Sinnlichkeit überhaupt einen Ausdruck zu geben, mit auf die Thematik AIDS zurückgeht.
- Mit den Avantgarden war stets das innovative bildsprachliche Moment verbunden: Eine neue Strömung artikulierte sich durch eine neue Sprache. Seit dem Ende der Avantgarde gibt es weder eine Strömung noch innovative Sprachen. Die Gegenwart ist plötzlich nach allen Seiten hin offen. Da diese Gegenwart der Zeit sichtbar nicht mehr vorauseilen kann, ist sie auch vehement von der Vergangenheit, sprich: Geschichte, eingeholt worden. Plötzlich gibt es nur noch Einzelpositionen, jede auf sich gestellt, tagtäglich die eigene Orientierung ergründend, in sich selbst, mangels einer allgemeinen Orientierung, die motivierend, gewissermaßen telepathisch einen Lichtschimmer am Horizont auszumachen weiß.
- Natürlich bewegt sich unerhört viel in der Gegenwart. Aber die wesentlichen Transformationen, die diese Gegenwart prägen, sind gewissermaßen unter den Boden gerutscht, finden in der Welt der Mikroprozessoren statt, sind weder bild- noch sprachbegrifflich festzumachen, einzig numerisch und statistisch. Wir sind ständig mit Auswirkungen konfrontiert, deren Hergänge wir nicht kennen, geschweige noch observieren können.
- Ein weiterer Faktor, der das Wahrnehmen und Denken der Gegenwart in bezug auf die eigene Haltung erschwert, ist der Umstand, daß ab den 60er Jahren die ökonomischen Werte die geistigen, als deren Antipoden, zunehmend vereinnahmt haben. Die ökonomischen Werte gebaren neue geistige Werte, deren Natur zwangsläufig hybrid sein mußte. Sie funktionieren wie beliebig austauschbare Spiel-

Die Entsinnlichung geht mit dem Thema AIDS zurück – Grafiken von Keith Harring. (Foto: Stehr)

wiesen und Spielbälle, für die sich einzusetzen, dem Gesetz der Opportunität unterliegt. Die Rede vom Verlust der Werte ist eine Folge daraus. Die Antwort darauf sind fundamentalistische Strömungen, beileibe nicht nur in der muslimischen Welt. Jemand sprach kürzlich, auf die USA bezogen, von einem Schulterschluß jüdischer, christlicher und muslimischer Fundamentalismen. Die Konsequenzen sind nicht zu unterschätzen: Ein dogmatischer Moralismus wird ideologisch promoviert, verbunden mit Körperfeindlichkeit und Selbstzensur. Letztere sind für das künstlerische Schaffen denkbar kontraproduktiv.

Ich möchte diese Ausführungen unter keinen Umständen wertend verstanden wissen. Es ist belanglos, den Befund als gut oder schlecht einzustufen bzw. in eine positive oder negative Perspektive zu setzen. Der Befund ist eine unerhört spannende Herausforderung an jeden einzelnen, mit diesen Schwierigkeiten alleine fertig zu werden. So richtet sich mein Augenmerk auf den denkenden Körper, auf sein sinnliches, kommunizierbares Potential. Das chinesische Zeichen für Mensch bezeichnet den Zwischenraum zwischen zwei Menschen. Dieser Zwischenraum ist für mich der Ort des Kunstwerks, nicht im Sinne einer Behauptung, sondern als Begegnung über viele, verschlungene Pfade.

DAS EIGENE *UND* DAS FREMDE

Internationalisiertes Denken im Kunstwerk

Ulrike Lehmann

Das Werden ist geographisch. (Gilles Deleuze)[1]

Perhaps we live now in a changing world, where culture can no longer be viewed as a European phenomenon and we must consider that culture is a global issue, irrespective of origin. (Anish Kapoor)[2]

1.

Zwischen der letzten documenta 1987 und der diesjährigen DOCUMENTA IX ist viel geschehen. Viele Katastrophen haben die Welt berührt und Tausende von Menschen obdachlos werden lassen. Viele Grenzen innerhalb Europas fielen seit 1989 zwischen Ost und West und lassen den Kontinent nun neu bestimmen. Große Flüchtlingswellen aus Krisengebieten haben eine Wanderbewegung, vor allem verfolgter Minderheiten, von Süd nach Nord ausgelöst. Die Welt ist mehr denn je in Bewegung geraten – nicht nur zeitlich durch Beschleunigungen, Technik und Verkehr, sondern auch räumlich-geographisch.

In diesem Jahr, 1992, steht die DOCUMENTA IX im Licht und Schatten von wichtigen politischen Ereignissen. Seit Anfang dieses Jahres existiert die einstige Weltmacht Sowjetunion nicht mehr und auch Jugoslawien löst sich, durch den Krieg, auf in einen serbischen und einen kroatischen Teil.

Die Öffnung und Neubestimmung vieler Grenzen, wie auch die neue politische Umverteilung der Machtverhältnisse, führte einerseits zu einem vereinheitlichenden Prozeß innerhalb Europas, andererseits haben Nationalismus im negativen Sinne, Fremdenhaß, Ausländerfeindlichkeit und Rassismus – in vielen Teilen der Welt – rasant zugenommen. In Deutschland nennt man jenes Phänomen nun *Hoyerswerda*. Der Name einer Ortschaft, in der eines der ersten Asylantenheime im letzten Jahr von Rechtsradikalen verwüstet wurde, nennt – wie *Holocaust* – die Tatsache nur mit einem anderen Namen, der wie ein Fremdwort oder Geheimcode erscheint und die eigentliche Katastrophe dahinter verschleiert. Heftige Debatten über das *Asylanten-Problem* und über die *Fremden* aus vorwiegend außereuropäischen Regionen wurden geführt, ohne weitere Anschläge damit verhindern zu können. Jean-Marie Le Pen, Parteiführer in Frankreich, begründete seinen Wahlerfolg im März 1992 in einem Fernsehinterview sogar mit den Worten: »Wir fürchten um den Verlust der eigenen nationalen und kulturellen Identität. Wir wollen unser Volk reinrassig halten, ohne Ausländer.« Er wie viele andere vergessen oder verdrängen dabei, daß sich die Identität bspw. der Franzosen, Engländer oder Deutschen über Jahrhunderte nicht allein durch *eine* Nationalität gebildet hat, sondern durch viele Einflüsse anderer Kulturen geprägt wurde.

1992 ist schließlich auch das Jahr, in dem die Entdekkung Amerikas durch den Reisenden Christoph Columbus vor genau 500 Jahren gefeiert wird. Columbus, der Fremde und Eindringling in ein neues Land, wurde seinerzeit mit offenen Armen empfangen. In sein Tagebuch vom 21. 12. 1492 schrieb er: »Es kann unmöglich jemals gutherzigere, selbstlosere und dabei so schüchterne Geschöpfe gegeben haben wie jene Eingeborenen, die alles hergaben, entäusserten, um es uns darzubieten und uns, sobald sie unserer ansichtig wurden, entgegengeeilt kamen, die Hände voller Gaben.«[3]

Ihre Bereitwilligkeit zu geben, führte zu jahrhundertelanger Unterdrückung und Vernichtung der Ureinwohner und ihrer Kultur durch Kolonialisten westlicher, *höher entwickelter* Länder. Jene Eingeborenen wurden Fremde im eigenen Land.

Das seinerzeit bestehende Amerika wurde demnach nicht in seiner Eigenheit entdeckt und akzeptiert, sondern nach europäischem Vorbild geschaffen: »Kolumbus sei zu einer Reise aufgebrochen«, erklärte der spanische Humanist Hernán Pérez de Oliva in seiner ›Histoira de la Invención de las Yindias‹, »um die Welt zu einen und diese fremden Länder in die Form unserer Welt zu bringen«.[4]

2.

Das *Reisen* galt bislang immer als Voraussetzung dafür, den und das Andere und Fremde kennenzulernen, das Bewußtsein von Fremdheit zu *erfahren*. In der Fremde erfährt der Reisende seine Eigenheiten im Vergleich zum Anderen. Er wird sich in der Distanz zu seinem eigenen Kulturbereich erst dessen (wieder) bewußt, kann das Eigene in der Erfahrung der Differenz zum Fremden und in der Fremde (neu) definieren. Der eigentliche Verstehensprozeß gelingt jedoch nur in einer Art der Annäherung: »Erfahrung ist schließlich auch ein Akt des Bewußtseins.(...) Wahrnehmung wird Reflexion. In dieser Reflexion hört der Gegenstand auf, ein schlechthin anderer, ein fremder und uns entgegengesetzter zu sein – er ist in das Bewußtsein eingegangen, ohne deswegen seiner Eigentümlichkeit entkleidet zu werden, er wird angeeignet.(...) Fremd ist das nicht-eigene, das, was mir nicht zugehört und nicht vertraut ist.(...) Die Fremde ist das unvertraute Land, das Ausland. Fremd ist das absolut Andere, zunächst gar nicht zugängliche, das nun in einem Prozeß des Erkennens für uns, obschon nicht an sich, verwandelt wird. Die oder das erkannte Fremde hört auf, Fremde oder fremd zu sein.«[5]

In diesem Stadium wird das Reisen auch zu einem Prozeß der Verwandlung, in der man das Fremde im Eigenen erkennt: »*Reisen* meint weder das Verlassen des Heimes noch der Heimatstadt, noch des sogenannten Vaterlandes, sondern vor allem: der Gewohnheit (...) Verwandlung hießen wir das geheime und ungenannte Ziel jedes wirklichen Reisens und nicht: irgendwo ankommen. (...) So außer sich und seinem persönlichen Alltag geraten, in einer Art gezügelter, doch permanenter Ekstase, erfährt der Reisende auch das eigene Ich, da er nach allen Wandlungen und Verwandlungen erneut und immer wieder zu sich selber zurückkehrt. Weil er jedoch bei dieser Rückkehr kaum mehr der ganz gleiche ist wie vordem, findet er sich selber fremd und verfremdet vor, sich selber deutlicher erkennbar, eingebettet im Gelee seiner sozialen und gesellschaftlichen Lage.«[6]

Reisen in dieser Definition kann demnach auch als *inneres Reisen* (Freud sprach vom *inneren Ausland*) verstanden werden, um sich durch diesen Prozeß produktiv zu verwandeln.

3.

Vor dem Hintergrund der sich radikal verändernden Weltsituation wie auch der damit einhergehenden zunehmenden Internationalisierung des Kunstmarktes war es für Jan Hoet und sein Team notwendig zu reisen, um die politischen wie künstlerischen Veränderungen nicht außer Acht zu lassen. In den letzten drei Jahren besuchten sie nahezu alle Teile der Welt, um Kunst zu entdecken und sie an ihren Ursprungsorten aufzusuchen. In Gent und Weimar schilderten sie zwischendurch einem interessierten Publikum ihre Reiseerlebnisse und führten ihre Reisemitbringsel, Souvenire vor: Dias von Kunstwerken, die sie während der Reisen sahen. Das Reisen und die Berichte gehörten für das documenta-Team nicht nur zum Teil der Vorbereitung, sondern ist gleichermaßen Bestandteil ihrer Konzeption.

Viel Kunst und viele Künstler haben sie (neu) entdeckt. An die 200 Künstler aus allen fünf Kontinenten sind nun auf der immer noch wichtigsten internationalen Kunstausstellung in Kassel vertreten.

Dabei ergibt sich folgendes Zahlenverhältnis: 2 Australier, 2 Afrikaner, 7 Asiaten (5 Japaner, 1 Koreaner, 1 Inder), 66 aus Amerika (10 Kanadier, 1 Brasilianer, 1 Argentinier, 1 Chilene, 1 Kubaner, 1 Phillippine, 47 aus den USA) und 112 allein aus Europa (3 aus der GUS, 5 aus Großbritannien, 28 Deutsche, 2 Dänen, 2 Finnen, 1 Schwede, 1 Norweger, 7 Schweizer, 7 Franzosen, 7 Österreicher, 12 Belgier, 1 Tschechoslowake, 3 Polen, 3 Griechen, 14 Italiener, 3 Holländer, 1 Ire, 1 Portugiese, 1 Rumäne, 3 Spanier, 2 Jugoslawen, 1 Ungar, und 6 aus Israel, die ich den Europäern zurechne).

Dieses Zahlen belegen zunächst ein unterschiedliches Verhältnis der Länderbeteiligungen. So ist festzustellen, daß – im Vergleich zu den USA und vor allem Europa –, Afrika, Asien und Australien mit der geringsten Künstlerzahl vertreten sind. Und diese Feststellung ist erneut ein trauriger Beleg dafür, daß internationale Kunst heute immer noch durch eine eurozentristische Sichtweise bewertet und ausgewählt wird. Es mag aber auch scheinbarer Beleg sein dafür, daß sich in den drei A-Kontinenten die zeitgenössische, autonome Kunst und ihre Infrastruktur, wieder im Vergleich zu den USA und Europa, noch nicht hat entsprechend entwickeln können. In der Tat blickt man in Europa und den USA auf eine längere Tradition und eine gewachsenes Selbstverständnis der Avantgarden zurück. Die Kunst der Moderne gilt daher immer noch als »ein exklusives Territorium des Westens«.[7]

Außereuropäische Kunst, vor allem aus Afrika und Asien, wird hierzulande zumeist noch mit der entsprechenden kulturellen Tradition, d.h. der Eingebundenheit der Kunst in religiöse, rituelle und soziale Verhältnisse gesehen, oder als (noch) zu deutlich von kolonialistischen Werten oder diktatorischen Vorgaben bestimmte Kunst denunziert: »Blieben den Kunstobjekten traditionelle Züge erhalten, genossen sie – mit Beiworten ›authentisch‹, ›genuin‹, und ›ursprünglich‹ – zwar eher Sympathie. Gleichzeitig aber tat man sie vorschnell als folkloristisch und imitativ ab. Darüber hinaus zogen Experten stets den Vergleich zwischen der Kunst aus außereuropäischen Ländern und den Entwicklungen und Tendenzen des modernen westlichen Kunstmarktes. Dabei kamen häufig enge, eurozentristische Kriterien zum Tragen.«[8]

Der stete Vergleich zwischen Primitivismus und Rationalismus hat jedoch zu einer Verblendung geführt und darüberhinaus tatsächliche Entwicklungen nicht wahrgenommen. So sind auch bis heute nur selten Exponate historischer wie zeitgenössischer Kunst aus Australien (weder der Aborigines noch der Kolonial-Künstler), Afrika und Südamerika in europäischen Kunstmuseen mit internationalem Anspruch zu sehen. Dies bleibt immer noch allein den Völkerkundemuseen vorbehalten. Eine Ausnahme bildet das Museum auf der Insel Hombroich bei Neuß.

4.

Kunst aus Asien, Afrika, Nord- und Südamerika nimmt andererseits einen wichtigen Stellenwert innerhalb der europäischen Kunst der Moderne ein, deren Einflüsse sich *seit dem Beginn* der Moderne in Europa bis heute geltend machen. Väter der Moderne, wie Claude Monet, Auguste Renoir oder van Gogh wurden in Paris vom – dort in der Mode seit Ende des 19. Jahrhunderts vorherrschenden – Japonismus[9] deutlich beeinflußt. Paul Gauguins Kunst ist nicht ohne seine Reisen nach Tahiti und seine Aufenthalte dort denkbar. Pablo Picasso in Paris und die Expressionisten in Deutschland (vor allem Nolde, Pechstein und Kirchner) ließen sich zu Anfang des

20. Jahrhunderts inspirieren von afrikanischen Skulpturen und Objekten, die sie in Völkerkundemuseen sahen oder selbst sammelten. Nur wenige von ihnen reisten auch in fremde Länder. Paul Klee und August Macke reisten gemeinsam nach Tunesien und lernten die Kunst dort vor Ort kennen.
Die Reihe der Künstler, deren Kunst nachweislich immanente Züge von außereuropäischen Kunstauffassungen tragen – in der Formensprache, der Kompositionsweise oder/und der inhaltlichen Darstellung –, ließe sich fortsetzen...[10] Ihre Werke blieben jedoch im wesentlichen europäisch.

5.

Joseph Beuys hat sich, wie kaum ein anderer Künstler der Nachkriegsgeneration mit außereuropäischen Werten und Traditionen beschäftigt, dem Schamanismus, den religiösen Zeichen und Symbolen als auch ihrer Eingebundenheit in das alltägliche Leben. Unter den Nationalsozialisten, die bekanntlich alles Fremde ausrotten wollten, die Juden, Zigeuner, Farbige und viele *Andersartige* verfolgt und getötet haben, diente Beuys bei der Luftwaffe. Sein Flugzeugabsturz 1943 in Südrussland brachte ihn durch *Zufall* in die Fremde.
Der Aufenthalt als Verletzter dort prägte sein zukünftiges künstlerisches, *eurasisches* Denken maßgeblich. Beuys, der von nomadischen Tataren in Filz und Fett gewickelt und mit Honig ernährt wurde, hat jene lebenswichtigen Werte und deren symbolische Bedeutung zu Materialien einer eigenen Formsprache verwendet, ohne dabei ihren Bedeutungszusammenhang zu negieren. Er hat das Fremde als das Andere in Differenz zum Eigenen selbst erfahren, akzeptiert und thematisiert. Das Wort *eurasisch* soll jenes dualistische Denken aussprechen. Seine Arbeiten zu ›Dschingis Khan‹ zeugen nicht nur von einer intensiven Auseinandersetzung mit der eigenen, europäischen und der fremden, asiatischen Kultur, sondern bilden zugleich den Kern seines Lebenswerks: »Dschingis Khan und seine Begleiter, die Schamanen und Aktricen, sind Protagonisten eines utopischen Reiches zwischen Ost und West, das Beuys mit Zeichnungen, Aktionen und mit plastischen Entwürfen Zeit seines Lebens beschworen hat. (...) Die visionäre Utopie, in deren Mittelpunkt die Figur des Dschingis Khan strahlt, wurde von Joseph Beuys in einer Zeit entwickelt, in der kein realpolitisch denkender Mensch sich einen ost-westlichen Ausgleich auch nur vorstellen durfte.«[11]
Beuys Kunst kann durchaus als grenzüberschreitend, auch im Sinne der Begegnung zweier Kulturen – der europäischen und asiatischen – verstanden werden.
Franz-Joseph van der Grinten, profunder Kenner von Beuys' Leben und Werk, sprach von einer *inneren Geographie* und schrieb über sein eurasisches Denken: »Es ist auch von Südrussland her, daß Beuys' Geographie sich ausbreitete ins Grenzenlose, soweit es bewußt sein kann. (...) Erkennen aus Erleben. (...) Dem Haus in seiner Festigung dort entsprachen hier die bloße Feuerstätte und der aus spontanem Bedürfnis gewählten Lagerplatz; man hat in Wirklichkeit nur das, was man bei sich hat. – Die Tataren, so lebend, nahmen die Grenze, über die hin sie sich bewegten, nicht als eine wirkliche wahr; in ihr begegnete Joseph Beuys, auf europäischem Boden noch, Asien.
Aber auch noch eine andere Grenze tat sich auf und wurde glücklich überschritten: die zwischen einer Welt, die ganz vom Verstand und vom Erfahr- und Erkennbaren her und aus Schlüssen, wie das eine sein muß, wenn das andere so ist, sich organisiert, und einer anderen, in der, was wirkt, sich die Erkenntnis des Verstandes entzieht und die Errungenschaften des real Erfahrbaren und Machbaren allseits hinter sich läßt. (...)
Grenzsituation, eine wirkliche: Grenze wird bewußt nur im Wunsch nach Überschreitung. Der Westmensch, den Beuys später zitierte, gerät an seine Grenze, und vor ihm, ihm gegenüber, erscheint wie in einem Spiegel der, der er, seinem hohen Anspruch entsprechend, eigentlich sein möchte. Als bewußter war der Westmensch, der auf trivialer Ebene mit bloßer Landnahme sich zufriedengab, stets ein auch innerlich grenzüberschreitender. (...) Die Rationalität des Abendlandes verlangt nach Austausch mit der Irrationalität des Orients, des nahen und des fernen; nicht nur stilistisch darf diese Bereicherung sein, nicht nur philologisch das Wissen vom Andersartig-Reizvollen. Zwei Hälften, so verschieden wie gleichgewichtig, und notwendig beide, ergänzen einander wie Yin und Yang, sich umschlingend umeinander kreisend eins.«[12]
Joseph Beuys, der derartig zwischen verschiedenen Kulturen gedacht und gearbeitet hat, der die Kräftefelder der eigenen wie der fremden Kultur zu einer Symbiose vereinigte, kann daher als *Nomade* bezeichnet werden. Als Nomaden werden die Nichtseßhaften bezeichnet, die Wanderer zwischen den Grenzen und Territorien: »*Nomade* meint einen weder im Raum noch in der Zeit definierbaren Menschen, und dies im Gegensatz zum räumlichen und zeitlich definierten seßhaften Dasein.«[13]

6.

Die Expansion der Medien und Kommunikationswege wie auch die beschleunigenden Verkehrswege ließen die Kontinente der Welt zusammenrücken. Die tägliche Bilderflut der Fernseh- und Printmedien wie auch der Massentourismus haben geographische Distanzen aufgehoben und zu einem Verschwinden der Ferne geführt: »Durch die technotronische Ausdehnung der Sinnesorgane, das Verschwinden der Ferne und des Raumes, durch die globale immaterielle Informationsvernetzung ist der Globus geschrumpft«.[14] »Die Welt schrumpft durch unser Wissen«, hat bereits Alfred de Vigny festgestellt.

Das Fremde scheint in unserem Zeitalter durch die Medien und das archivierte Wissen nunmehr vertraut, alles scheint entdeckt zu sein, und die Kulturen der Welt sind, weil für jeden zugänglich, auch für alle verfügbar: »Auch die Gründe für exotische Phantasien hat man vereinnahmt. Wünsche und Sehnsüchte nach Wärme, ursprünglicher, intakter Natur, nach paradiesischen Orten, wo man dem zunehmend anonymer werdenden urbanen Lebensraum der westlichen Industriegesellschaft entfliehen kann, sind längst Grundlage von Werbung und Vermarktung geworden«.[15] Das große und vielfältige Spektrum der Weltkulturen gleicht nunmehr einem Supermarkt, in dem sich jeder selbst bedient.

Vor diesem Hintergrund haben auch europäische und amerikanische Künstler der *Postmoderne* in den 70er und 80er Jahren den kulturellen Pluralismus entdeckt und ausgebeutet. In dem Wissen um das Multilinguale der Sprachen in der Welt entstand ein *Pluralismus der Sprachspiele,* der jedoch eine Absage an die Totalität des Ganzen bedeutete. Die Verwendung und Mixture von Zitaten und Fragmenten anderer wie der eigenen Kulturen erfolgte geschichtslos, d.h. häufig ohne Verweise auf Herkunft und Tradition. Es wurde kein Wert auf harmonische Integration oder Symbiose – wie etwa bei Beuys – gelegt. Vielmehr wurde in den Werken der Kunst und Architektur der Unterschied kultureller Werte – geographisch wie geschichtlich – durch Brüche thematisiert.

Die Postmoderne hat eine Krise heraufbeschworen, deren Gründe in der Übersättigung des Lebens in spätkapitalistischen Ländern der westlichen Welt zu suchen sind. Jene hochentwickelte Zivilisation mit ihrem komplexen Repertoire von Formen und Bedeutungen, ihr Rationalismus und Materialismus verdrängten hier Sensibilität, Spiritualität, Empfindsamkeit, spontane Lebendigkeit sowie Gefühle von Heimat und Geborgenheit.

Andreas Huyssen sieht die Gründe für die Entstehung der Postmoderne in jener Kritik an den Verhältnissen der westlichen Industriegesellschaft: »Ich vermute, daß eine der stärksten Differenzen zwischen Modernität und Postmodernität abhängt von der Veränderung der Beziehungen zwischen den westlichen Gesellschaften und der Dritten Welt. Das Ausmaß, in dem diese Beziehungsveränderung die postmoderne Kunst beeinflußte – und meiner Meinung nach gibt es keinen Zweifel über diese Beeinflussung –, bleibt im Detail zu untersuchen. Sogar die westliche Version der postmodernen Selbstunterscheidung von der modernen Sensibilität schließt, genau durch Tatsachen absicherbar, ein: die Kritik am eurozentristischen Charakter des internationalen Stils. Sie erkennt die Notwendigkeit an, wie Craig Owens jüngst festgestellt hat, ›den Zusammenstoß verschiedener Kulturen anders verlaufen zu lassen als durch den Schock von Herrschaft und Eroberung‹«.[16]

Der *Blick zurück in die Zukunft* ist eine Suche nach neuen, alten Werten und Identitäten. In der Rückbesinnung auf jene Werte wird ein Verlust derselben ausgesprochen, die man nun in fremden Kulturen, der *Ethno-Kunst und Literatur* zu finden gedachte: »Die in der Postmoderne unternommenen Aufbrüche, wie zum Beispiel die Zivilisationsflucht, haben den Charakter einer individuellen Revolte, eines risikoreichen Gegenentwurfs und einer gewagten Utopie verloren und gehen eher konform mit einer gesellschaftlich sanktionierten Stimmung. Aussteigen wird heute von einem entsprechenden öffentlichen Klima und den Medien getragen. (...) Natürlich waren Zivilisationsflucht und Zivilisationsmüdigkeit auch schon immer ein Motiv der Ethnologen, der Reisenden, Abenteurer und Überläufer (in eine andere Kultur), aber ein solcher Impuls mußte von ihnen individuell getragen werden und war meist nur ein Moment einer komplexen Einstellung zur eigenen Kultur und eine Neugierde auf fremde Kulturen. (...) Die Ethnologie hat die Funktion einer Ersatz-Utopie erhalten: Material und Information zu liefern für eine andere, bessere Lebensform – eine paradoxe Funktion angesichts der desillusionierenden ethnologischen Berichte über das Leben in außereuropäischen Gesellschaften. (...) Die gesellschaftliche Entwicklung vor allem der letzten zehn Jahre hat zu einer so weitgehenden Infragestellung der technologischen, ökonomischen und konsumindustriellen Expansion und der politischen Entscheidungen geführt, daß sich die seit Jahrhunderten betriebene Entdeckung und Erforschung fremder Kulturen als verlockendes Opium zur Vorspiegelung einer besseren Welt anbot. (...) Die eigene konflikthafte und vielleicht ausweglose individuelle und allgemeine Situation glaubt man der Bearbeitung entziehen zu können, weil man sich ein geschichtsloses Bild von der außereuropäischen Kultur macht und die verzweigte Geschichte der Begegnung europäischer Kulturen außer acht läßt.«[17]

Auch Jürgen Habermas thematisiert dieses Problem: »Historisch macht der Stilpluralismus geschichtliche Überlieferungen in idealer Gleichzeitigkeit disponibel und ermöglicht einer unsteten, vor sich selbst fliehenden Gegenwart eine Kostümierung in geliehenen Identitäten.«[18]

Die Postmoderne hat also, trotz eines vorhandenen historischen Wissens über die verschiedenen Kulturen der Welt, ihre Entstehungsgeschichte, Traditionen und rituelle Verwendungsformen, jenes Wissen verschleiert und eher zu einer Verunklärung fremder Kulturen beigetragen. Gerade darin liegt ihre Dialektik, ihre Gefahr und ihre Chance: Eine vertiefte, bewußte Auseinandersetzung und damit ein Erkennen und Verstehen ist nicht erreicht worden, zumal dies nicht in der Konsumhaltung der Postmoderne intendiert war. Die Postmoderne verzauberte das Fremde und re-mythologisierte historisch gewachsene nationale Kulturen durch deren simultane Verwertung. Dennoch hat sie zu einer Sensibilisierung und ästhetischen Visualisierung einer Koexistenz eigener und fremder Kulturen beigetragen. Anders als Joseph Beuys können postmoderne Künstler jedoch nicht als Nomaden bezeichnet werden. Ihre Reisetätigkeiten fanden zumeist im Archiv und Fundus des gespeicherten Wissens statt und nicht durch Entdeckungen und Erfahrungen vor Ort. Sie haben Grenzen thematisiert aber nur wenige haben sie selbst wirklich erlebt.

7.

Die Internationalisierung des Kunstmarktes und Ausstellungswesens vor allem nach dem 2. Weltkrieg hat bereits zu weitreichenden Veränderungen des Kunstbetriebes geführt. Kunstwerke wurden in Ausstellungen auf Wanderschaft geschickt und in den verschiedensten Ländern gezeigt.[19] Durch sie wurde ein internationaler Informationsaustausch ermöglicht. Künstler konnten so von neuen Stilrichtungen und individuellen Tendenzen anderer Künstler in anderen Ländern erfahren und sich anregen lassen.
Doch erst die Reisetätigkeiten der Künstler selbst wie auch ihre Zusammenarbeit untereinander haben in einer bisher noch ungeahnten und unerforschten Dimension der zeitgenössischen Kunst zu neuen Strömungen verholfen. Als älteres Beispiel sei hier Max Ernsts Einfluß auf Jackson Pollock genannt, der nur aufgrund der persönlichen Begegnung stattfand oder die internationale Fluxusbewegung, deren Anhänger verschiedenster Nationen im regen Austausch standen.
Internationalisiertes Denken im Kunstwerk, das auf Begegnungen und Erfahrungen basiert und daher biographisch bedingt ist, ist vor allem bei jenen Künstlern zu finden, die sich im eigentlichen Sinne nomadisch bewegen. Kehren wir noch einmal zu der Liste der an der DOCUMENTA IX teilnehmenden Künstler zurück. Bei genauerer Untersuchung muß nun festgestellt werden, daß erstens einige unter ihrer Nationalität des Herkunftslandes aufgeführt sind, sie aber seit längerer Zeit in einem anderen Land leben. So sind unter den fünf gezählten Japanern vier, die seit vielen Jahren in Europa leben (Tadashi Kawamata in Deutschland und Frankreich, Yuji Takeoka und Katsuo Katase in Deutschland, Hidetoshi Nagasawa in Italien), der Afrikaner Mo Edoga lebt in Deutschland. Auch sind Künstler dabei, die unter ihrem Wohnort aufgeführt sind, aber in einem anderen Land geboren und aufgewachsen sind (bspw. lebt der Inder Anish Kapoor in England, die in Afrika geborene Marlene Dumas in Holland, die Französin Luise Bourgeois in den USA, Absalon aus Israel wohnt nun in Frankreich, der gebürtige Grieche Jannis Kounellis lebt in Italien).
Desweiteren ist aus der Liste nicht die Anzahl der Künstler zu ersehen, deren Werke durch die intensive Reisetätigkeit und Auseinandersetzung mit anderen Kulturen geprägt sind (bspw. Michael Buthe und Lothar Baumgarten sowie Rebecca Horn, in deren Biographien bisweilen kein Wohnort mehr angegeben ist, sondern es heißt: »reist«[20]).
Viele der hier erwähnten Künstler haben, aufgrund ihrer Umsiedlung in einen anderen Kontinent oder ein anderes Land, starke Identitätskrisen erfahren. Der Standortwechsel in eine neue und daher noch fremde Kulturlandschaft bedeutete für einige ein *Kulturschock* und ließ sie erst in der Fremde bewußt werden, was ihre eigene, ursprüngliche, nationale und kulturelle Identität ausmacht, welche Wurzeln sie haben. In der allmählichen Auseinandersetzung mit der für sie fremden Kultur fanden und entwickelten einige von ihnen symbiotische Annäherungsformen, d.h. eine Formensprache, die sowohl in der eigenen wie in der fremden Kultur analog existiert, in der das Eigene im Fremden erkannt wurde.
An drei Beispielen soll dies unter Berücksichtigung der Biographien im folgenden kurz erläutert werden. Es wird zu sehen sein, daß sich eine derartige biographische Bedingtheit von dem Vorgehen der Postmoderne abhebt und anderen Intentionen folgt, deren Resultate als die sogenannte *Cross-Culture* zu bezeichnen sind. Dieser Begriff wurde von der amerikanischen Kunstsoziologie geprägt. Damit sind kulturelle Kreuzungen verschiedener Nationalitäten gemeint, die sich überschneiden, Grenzen überschreiten und irgendwo in der Mitte treffen: »Der nationale und kulturelle Stolz der eigenen Rasse wird hierdurch nicht etwa verleugnet, sondern, im Gegenteil, als Ein- und Auswanderung, als Grenzziehung und zugleich Grenzüberschreitung wie auch als Übergang zu und von anderen Kulturen in einen erweiterten Kontext gesetzt, der die Begrenztheit der ursprünglichen Pluralismuskonzeption eindeutig sprengt. (...) Cross Culture meint auch die *radikale Offenheit* (W.M. Faust), die Sprengung festgefügter Einheiten und Vereinheitlichungen (im Denken, Handeln, Leben, in der Kunst), indem – in Abweichung von allgemeingültigen Normen – statt (Selbst-)isolation die Vernetzung, statt des Individuellen das Kollektive, statt Abschottung die Annäherung gesucht wird, kurz: die permanente Verschränkung von Eigenem und Fremden.«[21]

Hidetoshi Nagasawa: EÒNE, 1992, Installation, Museum Fridericianum, Kassel (Foto: Dirk Pauwels)

Hidetoshi Nagasawa, 1940 in der Manschurei geboren, wuchs in Japan auf. 1966 entschloß er sich, mit dem Fahrrad nach Thailand und Indien zu fahren. Doch jedesmal, wenn er eine Grenze erreichte, empfand er die Notwendigkeit, auch die nächste Grenze zu überqueren. So gelangte er 18 Monate später nach Italien. Als ihm in Mailand das Fahrrad gestohlen wurde, entschloß er sich, dort zu bleiben. Im Bezirk Sesto San Giovanni fand er ein Atelier, ganz in der Nähe von Luciano Fabro und Castellani.

Die geographische Nähe wurde zugleich zu einer mentalen: In dem klaren Stil der Kunst seiner italienischen Kollegen fand Nagasawa eine Korrespondenz zu seinen japanischen Wurzeln. Die Annäherung an jene für ihn neue Kunst verglich er mit der Erlernung einer Fremdsprache: »If someone from Japan wants to learn a European language, he must forget Japanese bit by bit; but he will always dwell in a twilight zone – never mastering the European language completely, but no longer speaking perfect Japanese either. (...) As an artist, too, I brought a cultural heritage along with me from Japan, and search for correspondences in the West. Culturally, too, I have landed in a kind of limbo: I am neither a truly Japanese nor a truly western artist, which is of course not always that simple, strategically speaking. My artistic identity is divided between two cultures which are very far apart. Its home, however, is undoubtedly the Italian art of my generation.«[22]

Katsuo Katase wurde 1947 in Japan geboren. Seit 1975 lebt er in Deutschland. Vier Jahre zuvor begann seine Auseinandersetzung mit der Concept- und Minimal art aus Europa und Amerika, die ihrerseits u.a. vom japanischen Zen beeinflußt wurde. Er erfuhr davon in Berichten japanischer Kunstzeitschriften über die Biennale in Tokio 1970, an der Künstler dieser Stilrichtungen teilnahmen. Es entstanden erste Photographien, die bereits von jenem Einfluß gekennzeichnet sind. Mit wenigen, sparsamen Mitteln und einer streng reduzierten Formensprache entwickelte Katase seit 1985 erste Rauminstallationen. Gegenstände wie bspw. eine überdimensional erscheinende Teeschale, Photographien im Umkehrverfahren, eine reflektierende Glasplatte, photographierte Kunstwerke von Millet oder van Gogh und/oder Naturmaterialien werden im Raum durch ein strenges, fremdartiges, zumeist strahlend blaues Licht eingetaucht und so miteinander verbunden. Katases karge Rauminszenierungen wirken still und dennoch präsent. Es existiert eine Atmosphäre, die den Betrachter vereinnahmen und ihm das Gefühl von Erhellung durch Leere und Reinheit, auch im religiösen Sinne, vermitteln können.

Katase schafft hier eine Verbindung seiner japanischen Herkunft mit dem Zen-Buddhismus und der Minimal- und Concept-art Europas und Amerikas, die in seinen Arbeiten zu einer spirituellen Dimension gelangt. Diese Synthese verschiedener Kulturberei-

che spricht *eine* Sprache und verweist auf das Eigene im Fremden – sowohl für den Japaner als auch für den Europäer und Amerikaner. Sie ist wie eine Art dritte Sprache, die die Sprache des Eigenen UND die Sprache des Fremden verbindet.
Katase äußert sich zu seinen Einflüssen selbst: »Japanese art forms tend to be minimalistic. I have a preference in that direction, too. (…) The longer I stay in Germany, the more I became engrossed in European and espacially German culture and literature. I was particularly stuck by the Romantic longing for *Asia* and by Beuys‹ *Eurasia*. At the same time the literature of Daisetz Suzuki got me intensively involved in Zen-Buddhismus. A third preoccupation was Christianity. My involvement with all these things revealed to me many elements which reminded me of my Japanese roots – perhaps, indeed, because of my distance from Japan.«[23]
Anish Kapoor, geboren 1954 in Indien, kam 1973 nach England, um dort Kunst zu studieren. Am Ende seines Studiums verunsicherte ihn eine Identitätskrise: »After leaving art school I found myself in what you might call a crisis of identity. Was I Indian? Was I British? My being also Jewish obviously fitted well within a Western framework. (…) I felt I could only resolve the problem by going back to India and attempting to understand the context out of which I came.«[24] 1979 reiste er dann für kurze Zeit nach Indien. Dort spürte Kapoor, daß seine Künstlergeneration *postkolonial* dachte, und: »there is still that question, in ›high‹ cultural terms, that the thing, that is native to us – Indianness – seems strange, exotic perhaps. Indian artists, even in India, suffer the same crisis.«[25] Es könnte an dieser Stelle auch gefragt werden, was an der indischen Kunst heute noch *typisch* indisch ist.
Auf dieser Reise fand er jedoch das geistige Material, aus dem seine materiellen Skulpturen zukünftig entstehen sollten: hellfarbene rohe Steine, die er durch eine bestimmte Form aushöhlt, Erde, reines Farbpigment, zumeist intensiv strahlendes Blau. Die physische Materie als mentales Material knüpft symbolisch an tradierte indische Werte an. Es hat, wie der Künstler sagt, »something to do with light and more than anything else with earth. In India there is an incredible romanticism about the earth as giver, nurturer, mother, like there is about the rain. The two go together. Culture seems to spring directly from the earth instead of mind. When you talk about colour for instance, it's not an abstract phenomenon, it's a phenomenon of the earth, like a functionary of abundance. Inevitably, light ties into that.«[26]
Kapoors abstrakte Formensprache und deren inhaltliche, symbolische Bedeutung ist die Essenz aus der Auseinandersetzung mit verschiedenen historischen, nationalen und religiösen künstlerischen Aussagen des Judentums, Christentums und des Hinduismus. So wird das reine Farbpigment in Indien zu

Katsuo Katase: Nachtmuseum, 1992, Installation, Neue Galerie, Kassel (Foto: Dirk Pauwels)

rituellen Zwecken verwendet. Dort werden bestimmte Naturelemente wie Steine oder Astgabeln markiert, um die Göttin der Fruchtbarkeit anzurufen und um eine Verbindung mit dem Irdischen und Himmlischen zu schaffen; daher auch Kapoors häufige Setzung vaginaler Formen in Steine oder Wände, die er mit rotem, blauem oder schwarzem Farbpuder versieht. Einige Farben sind in ihrer Symbolik fast universell. Das Blau steht in vielen Kulturen für Himmlisches, Unendliches, für das Absolute, Geistige, Transzendente, welches auch Yves Klein ebenso als reines Farbpigment verwendete und absolut setzte. Das reine Farbpigment wiederum bedeutet für die Hindus wie für Yves Klein oder Anish Kapoor das Immaterielle, Körperlose. Kapoors Rauminstallationen wiederum sind aus einem europäischen, zeitgenössisch-modernen künstlerischen Denken heraus entstanden.
Kapoor verbindet abbildloses, hebräisches Denken, hinduistische rituelle Symbolik und die Tradition der modernen künstlerischen Abstraktion von Malewitsch über Yves Klein und Mark Rothko bis hin zu Ulrich Rückriem. In der Essenz ist seine Kunst daher global und universell, weil ihr Material und ihre Bedeutung interkulturell und damit grenzüberschreitend, kosmogonal sind. Der Unterschied zwischen dem Eigenen und dem Fremden ist zu einer Ganzheit verschmolzen, die verschiedene Wurzeln hat und diese nicht verbirgt. Kapoors Werke zeugen von einem bewußten Umgang ihrer Referenzen, die für jeden Interpretanten in der Auseinandersetzung mit seiner Kunst nachvollziehbar und nachweisbar sind. Thomas Mc Evilley hingegen spricht in Kapoors Katalog zur Biennale in Venedig vom dualistischen Prinzip und bezeichnet seine Kunst noch als postmodern. Ob sie dies tatsächlich ist, sei dahingestellt. Ich würde sie eher, wenn überhaupt, als nach-postmodern bezeichnen, weil sie nicht mehr die für die Postmoderne typischen Brüche und Zusammenstöße der verschiedenartigsten Kulturen im Pluralismus der Sprachspiele aufweist, sondern eine *gemeinsame* Sprache der vielen unterschiedlichen Kulturen findet, in der das Eigene wie das Fremde gleichwertig existieren und sich symbiotisch verhalten, ohne daß Widersprüchliches offen nebeneinander besteht (wie bspw. ein schwebender barocker Engel über einer Pyramide es tun würde).

8.

Kapoor und viele andere außereuropäische Künstler, die in Europa oder den Vereinigten Staaten leben, wie auch europäische Künstler, die intensive außereuropäische Auslandserfahrungen vorweisen können, haben möglicherweise aus der Postmoderne gelernt und deren Wünsche und Ziele, verloren geglaubte menschliche und kulturelle Werte im außereuropäischen Raum wiederzuerlangen, vielleicht eingelöst. Die Künstler-Nomaden jedoch, Künstler, die außerhalb Europas und den USA aufgewachsen sind und hier nun leben, wie auch die reisenden Künstler aus Europa und den USA, die sich für gewisse Zeit in anderen Ländern aufhalten, haben der zeitgenössischen Kunst zu neuen Dimensionen verholfen. Sie haben mit ihren Werken neue Sprachen gefunden, die eurozentristische Denkweise der Kunst damit ins Wanken gebracht und Wurzeln ans Licht gebracht, die seit Jahrzehnten im Verborgenen lagen. Der bei der diesjährigen DOCUMENTA IX mit ins Feld geführte Begriff *displacement* (vgl. hierzu den Beitrag von Roland Nachtigäller) könnte auch in diesem Sinne gedeutet werden.

9.

Es wird in Zukunft auch weiterhin von Bedeutung sein, das Wort *und* groß zu schreiben, wie es Gilles Deleuze/Claire Parnet in ihrem Buch ›Dialoge‹ vorgeschlagen haben. Denn jene Konjunktion soll nicht die Unterschiedlichkeit verschiedener Kulturen verwischen und zu einer Einheit[27] führen, die es de facto nie geben wird, wohl aber zu einer Ganzheit, in der alles enthalten sein kann, »...was die Konjunktion UND darstellt, nämlich weder Zusammenschluß noch Aneinanderreihung, sondern Geburt eines Stotterns, das Ziehen einer gebrochenen, immer wieder *nebendran* ansetzenden Linie, einer Art aktiver, schöpferischer Fluchtlinie UND...UND...UND. (...) Ich versuche zu erklären, daß Dinge und Menschen aus den verschiedensten Linien gebildet sind, und daß sie nicht notwendigerweise wissen, auf welcher ihrer Linien sie sich befinden, noch wo sie die Linie, die sie gerade ziehen, verlaufen lassen sollen. Kurzum: In den Menschen steckt eine ganze Geographie, mit harten und weichen, flexiblen Linien, mit Fluchtlinien etc. (...) Die Wüste, das Experiment unserer selbst, ist unsere einzige Identität, ist unsere einzigartige Chance für alle in uns hinterlegten Kombinationen. (...) Weder die Elemente noch die Mengen definieren die Vielheit. Definiert wird diese vielmehr durch das UND, gleichsam als etwas, das *zwischen* den Elementen oder den Mengen stattfindet. UND, UND, UND: das Stottern. Selbst bei nur zwei Gliedern steht ein UND zwischen beiden, das keins der beiden ist, noch eines, das zum anderen wird. Das ist Vielheit.«[28]
Die Erfahrungen der jahrhundertelangen Kolonialisierung bis hin zur Gegenwart haben gezeigt, daß Vereinheitlichung und Vereinnahmung der falsche Weg war und zur Unterdrückung, Mißachtung des Fremden, Andersartigen führte. Es muß heute gelten, die Unterschiede der Kulturen, ihre Herkunft und Tradition mit Toleranz zu achten wie auch das Gemeinsame dabei hervorzuheben. Denn das Eigene

Anish Kapoor: Untitled, 1990 (Foto: Kirschenmann)

existiert immer auch im Fremden *und* das Fremde im Eigenen. Wer versucht, das Fremde zu zerstören oder zu negieren, zerstört damit auch das Eigene und nicht zuletzt sich selbst.

10.

Wie in diesem Aufsatz vielleicht deutlich werden konnte, versuchte ich zu erläutern, daß nur die Auseinandersetzung und damit die Erfahrung wie das Verstehen notwendig sind in der Begegnung mit dem Anderen und dem Fremden. Erst der Prozeß des Verstehens ermöglicht – in aller Offenheit – die positive Verwandlung im Hinblick auf die beteiligten Subjekte und die Möglichkeit eines »gewaltfreien Diskurses« (Habermas).

Die Hermeneutik spricht – im Dialog mit der Anthropologie – von der Betonung der radikalen Andersheit, die den hermeneutischen Diskurs bildet. Sie räumt ein, daß es eine einigende Sprache nicht gibt, »und ist bemüht, sich die Sprache des anderen anzueignen, statt diese in die eigene Sprache zu übersetzten. Die Hermeneutik ist so etwas wie das Kennenlernen einer Person (...) Hermeneutisch muß man sich verhalten, wo man nicht versteht, was vorgeht, und ehrlich genug ist, dies zuzugeben (...).«[29] In der Hermeneutik geht es also um das Verstehen des Anderen, in der kunstgeschichtlichen Hermeneutik um das Kunstwerk als das Andere in ästhetischer Differenz zum Betrachter. Das Kunstwerk selbst wird daher zunächst als das Fremde angesehen, dem man sich durch den Prozeß des Verstehens annähern will. Der Prozeß des Verstehens wiederum beruht auf Erfahrung der Differenz.

Über das Kunstwerk selbst als das Fremde, radikal andere im Sinne der Hermeneutik hier zu sprechen, würde den Rahmen sprengen. Es sei daher abschließend auf das lesenswerte Buch ›Das Fremde‹ von Hermann Sturm verwiesen, der darin die interessante These verfolgt: »Ästhetische Erfahrung ist die angemessene Form, das Fremde zu erfassen«. »Ästhetische Prozesse, zumal Gestaltungsprozesse, enthalten immer innovatorische Momente, d.h. sie machen Fremdes vertraut oder Vertrautes fremd. Ästhetische Theorie hat sich daher mit dem Erfassen und Bearbeiten von Fremden zu befassen.«[30] In Anlehnung an Adornos Ästhetischer Theorie (in der Adorno im Übrigen auch dem Kunstwerk einen Rätselcharakter zuschreibt, wodurch das Kunstwerk nie vollständig verstanden und interpretiert werden kann, zitiert Sturm Adorno im Hinblick auf die Untersuchung seiner These: »Ästhetische Erfahrung legt zwischen den Betrachtenden und das Objekt zunächst Distanz. Im Gedanken von der interesselosen Betrachtung schwingt das mit. (...) Die Erkenntnis der Kunstwerke folgt eigener erkennender Beschaffenheit: sie sind die Weise von Erkenntnis, welche nicht Erkennen von Objekt ist. Solche Paradoxie ist auch die der künstlerischen Erfahrung. Ihr Medium ist die Selbstverständlichkeit des Unverständlichen (...)« Damit zeichnet sich eine Basis ab, auf der die These – der angemessene Umgang mit dem Fremden ist die ästhetische Erfahrung des Fremden – zumindest Plausibilität gewinnt. Dies insofern auch, als das erscheinende oder begegnende Fremde unversehrt bleibt und eine Dynamik in Gang zu setzten vermag, die den Erfahrenden bewegt, ohne den Fremden zum Krüppel zu machen oder das Fremde zu deformieren.«[31]

ANMERKUNGEN

1 Gilles Deleuze, in: ders. / Claire Parnet: *Dialoge*. Frankfurt/Main 1980, S. 45
2 Anish Kapoor, in: Ausst.kat. *Rhizome*, Haags Gemeentemuseum & The Netherlands Office for Fine Arts. Den Haag 1991, S. 70
3 Christoph Kolumbus, zit.nach: Ausst.kat. *Exotische Welten – Europäische Phantasien*, Gewerbemuseum Basel / Museum für Gestaltung. Basel 1988, S. 16
4 zit. nach Paolo Bianchi, *Kulturkonflikt, Cross Culture und Neue Ethnizität*, in: Zeitschrift Kunstforum International, Bd. 113, Mai/Juni 1991, S. 130
5 Ralph-Rainer Wuthenow: *Erfahrung des Fremden in der Reiseliteratur des 18. Jahrhunderts*. In: Hermann Sturm (Hrsg.), *Das Fremde. Ästhetische Erfahrung beim Graben, Reisen, Messen, Sterben*. Aachen 1985, S. 262 f.
6 Günter Kunert: *Vom Reisen*. In: *Das Urlaubslesebuch*. München 1987, S. 7 ff.
7 Jutta Ströter-Bender: *Zeitgenössische Kunst der ›Dritten Welt‹*. Köln 1991, S. 10
8 ebenda, S. 11
9 vgl. Ausst.Kat. *Le Japonisme*. Galeries nationales du Grand; Palais/Musée national d'art occidental. Tokyo, Paris 1988
10 vgl. William Rubin (Hrsg.): *Primitivismus in der Kunst des 20. Jahrhunderts*. München 1984.
11 Carl Haenlein in: Ausst.kat. *Joseph Beuys. Eine innere Mongolei* (Kestner-Gesellschaft). Hannover 1990, S. 7
12 Franz-Joseph van der Grinten: *Eurasia – Eine Welt der Kräfte*. Im selben Katalog S. 11 ff.
13 Vilem Flusser in: Zeitschrift Kunstforum International, Bd. 112, März/April 1991, S. 98
14 Peter Weibel, in: ders.(Hrsg.): *Vom Verschwinden der Ferne. Telekommunikation und Kunst*. Köln 1990, S. 67
15 Lutz Windelhöfel in: Ausst.kat. *Exotische Welten – Europäische Phantasien*, ebenda, S. 7
16 Andreas Huyssen, zit. aus: Burghard Schmidt: *Postmoderne Strategien des Vergessens*. Darmstadt [3]1987, S. 42
17 Hans-Jürgen Heinrichs: *Das Unbewußte und das Fremde. Die Einflüsse von Psychoanalyse (Lacan) und Ethnologie (Leiris) auf die moderne Philosophie*. In: Peter Kemper (Hrsg.), *Postmoderne oder der Kampf um die Zukunft*. Frankfurt/Main 1988, S. 61
18 Jürgen Habermas, zit. nach: Gérard Raulet: *Zur Dialektik der Postmoderne*, in: A. Huyssen / K. R. Scherpe (Hrsg.): *Postmoderne*. Reinbek bei Hamburg 1986, S. 137
19 Über die Geschichte und Auswirkungen von Wanderausstellungen liegen bisher kaum Untersuchungen vor. Es sei daher verwiesen auf: Walter Grasskamp: *Die Reise der Bilder*. In: Ausst.kat. *Stationen der Moderne*. Berlin [3]1988
20 vgl. Ausst.kat. *Wechselströme*. Bonner Kunstverein. Bonn 1987, S. 60
21 Paolo Bianchi: *Kulturenkonflikt, Cross Culture und Neue Ethnizität*, a.a.O., S. 141
22 Hidetoshi Nagasawa, in: Ausst.kat. *Rhizome*, a.a.O., S. 100
23 Katsuo Katase, in: Ausst.kat. *Rhizome*, ebd., S. 76 ff.
24–26 Anish Kapoor, in: Ausst.kat. *Rhizome*, ebd., S. 68/70
27 vgl. Wolfgang Welsch: »Einheitlichkeit umfaßt kann nur solches werden, was gar nicht wirklich vielheitlich, nicht radikal different ist.« In: *Unsere postmoderne Moderne*. Weinheim [3]1991, S. 265
28 Gilles Deleuze/Claire Parnet, ebenda, S. 17/19/41
29 Gianni Vattimo: *Das Ende der Moderne*. Stuttgart 1990, S. 161f.
30 Hermann Sturm: *Das Fremde*, a.a.O., S. 10
31 ebenda S. 15

I'm Not Baselitz, by Yurii Albert (Foto: Stehr)
›...die Sujets auf dem Kopf zu malen, ist zum Klischee seiner selbst geworden‹.

DER KÜNSTLER ALS LEITFIGUR HAT AUSGESPIELT

Wolfgang Max Faust

Anfang 1991 beleuchtete Wolfgang Max Faust in der Zeitschrift art 1/1991 vor dem Hintergrund des deutsch-deutschen Einigungsjahres und der damals aktuellen Golfkrise den Beitrag der Künstler in der öffentlichen Diskussion. Seine Bilanz, rückgebunden an Erfahrungen aus der künftigen Hauptstadt, war skeptisch und hat viel Wirbel verursacht.

Kunst und Kultur spielten eher Nebenrollen im großen Szenario der Umbrüche, Veränderungen und Krisen: 1990 war ein politisches Jahr. Die deutsch-deutsche Vereinigung, das Zerbröckeln des Ostblocks, die Irak-Krise, der Nahe Osten, aber auch der Fast-Zusammenbruch der amerikanischen Wirtschaft bestimmten die Situation. Auf den ersten Blick wurde die Kunst davon kaum berührt. Alles ging seinen mehr oder minder gewohnten Gang. Und doch reichte die Politik in die Kunst hinein, verstärkte sich die Frage, welche Rolle die Kunst im öffentlichen Leben zu spielen vermag. Vor diesem Hintergrund waren nicht einzelne Ausstellungen die herausragenden Ereignisse. Wichtiger waren die Themen, die sich im Spannungsfeld von Kunst, Politik, Wirtschaft entwickelten.

In Berlin, dem Brennpunkt des nationalen deutschen Geschehens, sollte das ehrgeizige Projekt ›Die Endlichkeit der Freiheit‹ – initiiert von Rebecca Horn, Jannis Kounellis und Heiner Müller – noch vor der Vereinigung der Stadt Kunst und Politik exemplarisch miteinander verbinden. Elf international geachtete Künstler schufen diesseits und jenseits der zerbröckelnden Mauer Werke, mit denen sie die Geschichte des Ortes, die Gegenwart, aber auch die Tradition des Avantgarde-Denkens in der Kunst miteinander in Beziehung zu bringen versuchten: Kunst als Kommentar zur Lage, aber auch – mit Blick auf die damalige Noch-DDR – als diskreter, mit 1,5 Millionen Mark subventionierter Nachhilfeunterricht. Das Projekt war eine Variante der schon bekannten Inszenierungen vom Typus »Künstler reagieren auf den Stadtraum«, mit denen die Kluft zwischen Insider-Publikum und Öffentlichkeit verringert werden soll. Daß es trotz einiger interessanter Arbeiten von Hans Haacke, Jannis Kounellis, Via Lewandowski wenig Effekt machte, hängt mit der komplexen Beziehung von Kunst und Öffentlichkeit zusammen. Wer sich in Berlin auf den Weg machte, der mußte sich an den einzelnen Stationen immer wieder dazu zwingen, der Kunst die Aufmerksamkeit zu schenken, die sie forderte. Denn die Umgebung der Werke wirkte überwältigend. Das Verkehrsgewühl und die Situation einer Stadt im Umbruch waren so dominierend, daß die Kunst es schwer hatte, sich gegenüber dem Leben zu behaupten. Doch noch ein anderer Aspekt kam ins Spiel: Stimmt eigentlich die für das Projekt wie selbstverständlich vorausgesetzte Prämisse, daß Künstler notwendigerweise etwas zu sagen haben, was gleichsam *alle* in der Gesellschaft zur Kenntnis nehmen müssen? Das Projekt ›Die Endlichkeit der Freiheit‹ enthielt dementsprechend eine allgemeine Fragestellung: Welche Rolle spielen Künstler und Intellektuelle im öffentlichen Leben? Für wen und mit wem sprechen sie? In zwei spektakulären Diskussionen in Ost-Berlin zeigte sich das Problem in aller Schärfe. Auf den Podien unter anderen Heiner Müller, Susan Sontag, Hans Jürgen Syberberg. Es ging um die Situation der Künstler und Intellektuellen im Prozeß sozialer Veränderungen. Die Vehemenz der Diskussionen und Publikumsreaktionen offenbarte eine handfeste Krise. Der Künstler als Sprecher für alle, als Vordenker, der dem Volk sagt, wo es langgeht, wurde gründlich in Frage gestellt. So wie die *friedliche Revolution* in der DDR ohne große Theorien und ohne heroische Führerpersönlichkeiten auskam, so scheint sich auch die Öffentlichkeit kaum noch nach Leitfiguren zu sehnen, die mit dem Künstlernimbus ausgestattet sind.

Künstler und Intellektuelle werden im Medienzeitalter zu Talk-Shows-Partnern unter anderen. Dem entspricht, daß sich im siegreichen real existierenden Kapitalismus die Kunst dem Konsum und der Unterhaltung immer mehr angleicht. Das mag man bedauern, und doch ist dies eine logische und vielleicht sogar heilsame Konsequenz. In einer Konsumgesellschaft kann es keinen Bereich geben, der von ihren Gesetzen und Bedingungen ausgespart bleibt. Der Markt ist die große Vereinigungsinstanz, in der sich die verschiedenen gesellschaftlichen Bereiche miteinander verbinden. In den achtziger Jahren nahm die Vermarktung der Kunst zuvor ungekannte Dimensionen an. Extrem hohe Preise wurden zum illusionären Wertmaßstab für die künstlerische Produktion. Da Kunst im Gegensatz etwa zu Werken der Literatur als rare Ware auf dem Markt erscheint, erlangt sie eine spektakuläre Aufmerksamkeit. Ihr entstammt die ritualisierte Überschätzung der bildenden Kunst im Westen, die kaum noch etwas mit ihren realen Wirkungsmöglichkeiten zu tun hat.

Die Benutzung der Kunst als Public-Relation-Effekt für Städte und Konzerne, ihre Vereinnahmung durch Sponsoren, die Strategien des Kunstmarkts parallel zu den Anlage- und Spekulationsformen der Börse zeigen die Dominanz abgeleiteter Interessen, die sich bis in die Produktion von Kunst verlängern.

Naiv wirken deshalb die meisten Diskussionen, die vor dem Hintergrund der deutsch-deutschen Vereinigung über den Unterschied von freier Westkunst und entfremdeter Ost-Kunst geführt werden. Die Ausfälle von Georg Baselitz etwa gegen seine Ostkollegen »Arschlöcher« (ART 6/1990) – sind hierfür ein Beispiel. Baselitz erkennt nicht, daß sich sein vom Markt und von der Kritik so hoch bewertetes Werk aus einer anderen Perspektive als eine Kunstmarktkunst darstellt, an der durchaus Momente einer westlichen Unfreiheit zu erkennen sind. Sein 1969 gefundenes Konzept, die Sujets »auf dem Kopf« zu malen, ist in vielen Werken zum Klischee seiner selbst geworden und zeigt sich als Erfüllung einer auf Markenartikel fixierten Kunstmarkterwartung. Anders als im Osten, wo eine politische Ideologie den Rahmen für das künstlerische Schaffen absteckte, sind die gesellschaftlichen und ökonomischen Vorgaben im Westen amorph und schwer zu fassen.

Wie bestimmend sie jedoch unter dem Gesetz des Marktes mittlerweile geworden sind, zeigt sich heute an den Arbeiten junger Künstler, die den Aspekt der Kunst als Ware und als Phänomen der Unterhaltung offen ausspielen. Der Auftritt von Jeff Koons mit Cicciolina bei der Biennale in Venedig war dafür symptomatisch. Hemmungslos und ohne subtile Kaschierung bot sich Koons in der Rolle des kopulierenden Liebhabers der Öffentlichkeit an. Er radikalisierte einen Aspekt, der immer deutlicher ins Blickfeld rückt: Hatte die Kunstproduktion früher ihr Zentrum in der Individualität des Künstlers, stellte sich das Kunstwerk einst als spezifische, autonome Erfahrung dar, so bezieht sich heute die Kunstproduktion immer deutlicher auf den Erwartungshorizont, in den es sich im Kunstkontext einfügt. Das zeigt sich nicht nur an der Überproduktion zahlreicher Künstler, die etwa ihre einmal gemachten malerischen Entdeckungen in endlosen Varianten für den Markt aufbereiten, das zeigt sich auch an den Werken, die sich den gerade gängigen kunsttheoretischen Themen anbieten.

Marcel Duchamp hat vor Jahrzehnten behauptet: »Es sind immer die Anschauer, die ein Kunstwerk machen«.

Das war eine visionäre Vorausschau und bezeichnet deutlich die Situation in der sich die Kunst entwikkelt. Kunst erfüllt, was der Konsument von ihr erwartet. Indiz hierfür ist die Bedeutung der Kunstmärkte, die ja nicht nur Ware anbieten. Als Mischform von Galeriepräsentation und Großausstellung sind die Kunstmärkte die merkantile Durchsetzungsinstanz.

Gerade dadurch, daß der ökonomische Aspekt der Kunst hier so deutlich im Vordergrund steht, sind die Kunstmärkte unter den Bedingungen der Konsumgesellschaft zur adäquaten Ausstellungsform für Gegenwartskunst geworden. Die vergrößerte »Art Cologne« hat mittlerweile documentaähnliche Dimensionen angenommen. Die edle Ausstattung der Kunstmarkthallen, die Einfügung von »Ruhezonen« akzentuieren den Stellenwert, den Kunst als Markt und Freizeitphänomen angenommen hat.

Die Betonung des ökonomischen Aspekts, der die Kunstentwicklung der achtziger Jahre charakterisierte, verschaffte der bildenden Kunst nicht nur eine breite, auch von den Medien dankbar aufgegriffene Publizität. Sie machte sie auch von den wirtschaftlichen und politischen Entwicklungen abhängig. Vor dem Hintergrund der die Wirtschaft der USA gegenwärtig bestimmenden Rezession ist in New York die Rede vom Zusammenbruch des Marktes für aktuelle Kunst. Waren früher Galerie-Ausstellungen schon vor der Eröffnung ausverkauft, so müssen jetzt die Preise auch für »durchgesetzte« Künstler gesenkt werden, damit Geschäfte noch möglich sind. Kunst als rare Ware, präsentiert und gehandelt mit der Wallstreet-Attitüde, wird von den Käufern nicht mehr als profitable Anlage gesehen.

Viele Kritiker halten dies für einen heilsamen Schock, der den überhitzten Markt wieder auf ein normales Niveau zurückschraubt. Doch die Problematik ist komplizierter. Die Erfahrung des Booms hat sich dem Markt und den Werken eingeprägt. Niedrigere Preise werden die Mentalität, von der die Kunstproduktion geprägt ist, kaum verändern. Andere Aspekte müssen ins Spiel kommen. Kunst muß die Erkenntnis aufgreifen, daß sie sich in der Gegenwart vor allem auf den Erwartungshorizont der Kunstkonsumenten bezieht. Sie muß mithelfen, diesen Horizont zu verändern und zu verbreitern. Sie kann nicht beim Prinzip der raren Ware stehenbleiben, sondern muß die Vernetzungen sichtbar machen, in denen Kunst heute wahrgenommen werden kann. Vom Markt gezeichnet, muß Kunst ihre politischen und ökonomischen Aspekte zum Thema machen. Sie muß die Bezüge entdecken, die sie zu den Massenmedien und zu anderen kulturellen Bereichen aufweist. Mit der Ausstellung »Energien« deutete das Stedelijk Museum in Amsterdam diese Bezüge zur Architektur, zur Mode, zur Fotografie, zum Design an. Ein parallel dazu veranstaltetes Symposium stand unter dem Motto: »Kunst trifft auf Wissenschaft und Spiritualität in einer sich wandelnden Ökonomie.« Diskutiert wird also schon.

Mit freundlicher Genehmigung von Autor und Verlag.

DIE GESCHICHTSPHILOSOPHISCHE DEUTUNG DER KUNST MACHEN WIR MIT LINKS – DAS GENAUE HINSEHEN ÜBEN WIR NOCH

Klaus Baum

»Der Ausdruck der Leute, die sich in Gemäldegalerien bewegen, zeigt eine schlecht verhehlte Enttäuschung darüber, daß dort nur Bilder hängen.« [1]

Eine Gesellschaft zur Förderung des Handels plant den Besuch einer Kunstausstellung. Der Rundgang soll gegen 20 Uhr beendet sein. Anschließend ist man zu einem Essen in einem Großkaufhaus eingeladen. Man überlegt, wie der Zugang zum Restaurant des Kaufhauses zu dieser späten Stunde zu organisieren sei. Da fällt einem der Teilnehmer ein, es sei ja Donnerstag und somit Abendverkauf bis 21 Uhr. Erleichtert atmet man auf, und einer ruft aus: »Wie schön! Da können wir nach der Kunst und vor dem Essen noch in aller Ruhe durch die Waren gehen!«

Als Jan Hoet mich noch nicht kannte, aber schon wußte, daß ich den Führungsdienst leiten werde, rief er mir quer durch die Cafeteria des Fridericianums zu – es war am Tag der Vernissage der letzten Ausstellung vor der DOCUMENTA IX – : »Bloß kein Konzept. Wenn es ein Konzept gibt, dann das des Nicht-Konzepts. Lesen Sie Nietzsche!« Jan Hoet muß wohl in mir einen Philosophen befürchtet haben, der es sich angewöhnt hat, die Dinge dieser Welt in großen Systemen zu ordnen, und dem die Theorie wichtiger ist als die Erfahrung der Kunstwerke, dem das Kunstwerk nur ein Beleg für eine philosophische These ist.

Lew Archer, Detektiv und Ich-Erzähler der Romane Ross Macdonalds, Nachfolger von Philip Marlowe, schwimmt eines Tages irgendwo an der kalifornischen Küste müde von all den Menschen, die in Schuld und Verbrechen verstrickt sind, in den Pazifik hinaus: »I turned on my back and floated, looking up at the sky, nothing around me but cool clear Pacific, nothing in my eyes but long blue space. It was as close as I ever got to cleanliness and freedom, as far as I ever got from all the people.«

Der Lebenszusammenhang der Menschen wird als das Gegenteil von Reinheit und Freiheit empfunden. Archer betrachtet die Menschen nun nicht unter dem Aspekt ihrer Verbrechen wie Mord, Diebstahl, Raub, sondern, und das ist für einen Kriminalroman zunächst überraschend, unter dem Aspekt, was sie als zivilisatorische Wesen der Natur angetan haben: »They had jerrybuilt the beaches from San Diego to the Golden Gate, bulldozed super-highways through the mountains, cut down a thousand year of redwood growth, and built an urban wilderness in the desert. They couldn't touch the ocean. They poured their sewage into it, but it couldn't be tainted.«[2]

Macdonald schrieb den Roman »The Drowning Pool«, aus dem ich hier zitiere, 1950. Zu diesem Zeitpunkt glaubte er an die Unverletzbarkeit des scheinbar unermeßlichen Ozeans. Für eine kleine Weile wird dieser zum Zufluchtsort vor einer Menschheit, die zwar ihre Abfälle in ihn kippt, ihm aber letztlich nichts anhaben kann. Lew Archer erfährt ihn als kühl und rein, und obwohl es nicht ausgesprochen wird, kann man sich vorstellen, daß in der klaren Weite des Meeres sich die unendliche Weite des Himmels spiegelt. Es ist ein Bild räumlicher Monochromie, »long blue space«, es ist das Bild einer als befreiend empfundenen Leere, es ist Aufatmen und zur Ruhe kommen. »(…) auf dem Wasser liegen und friedlich in den Himmel schauen, ›sein, sonst nichts, ohne alle weitere Bestimmung (…)‹«, empfiehlt Adorno 1944 in der ›Minima Moralia‹[3] anstelle des Prozesses der Zivilisation. Faßt man beide Zitate zusammen, so läßt sich eine Beziehung herstellen zwischen der Monochromie (long blue space) und der Bestimmungslosigkeit (sein, sonst nichts), und als derart aufeinander bezogene sind sie Ausdruck einer Erfahrung von und einer Sehnsucht nach Freiheit.

Machen wir einen Sprung zur Malerei, so ließe sich fragen, ob Monochromie Ausdruck einer Hoffnung nach Erlösung aus dem Verstrickungszusammenhang der gegenständlichen Welt ist. Für Malewitsch ist diese Frage eindeutig mit Ja zu beantworten, für Yves Klein auch, aber wie lange können wir uns noch Monochromie »on canvas« als neu ansehen, ohne dabei das Gefühl der Wiederholung des Immergleichen zu haben?

Ross Macdonald jedenfalls hat im Verlaufe der Jahrzehnte seines Schreibens die Erfahrung fortschreitender Naturzerstörung machen müssen, und er hat diese Erfahrung verarbeitet, am stärksten in seinem 1973 erschienenen Buch »Sleeping Beauty«. Auslöser und Hintergrund, besser eigentlich Mittelpunkt der Handlung, ist eine Ölkatastrophe, die deutlich macht, wie verletzbar der Ozean mittlerweile geworden ist.« (…) the oil spill (…) lay on the blue water off

Pacific Point in a freeform slick that seemed miles wide and many miles long.« Das reine Blau ist empfindlich gestört durch die konkrete Expressivität des aus einem Bohrturm auslaufenden Erdöls. Archer empfindet den Bohrturm wie einen riesigen Dolch, der die Erde verwundet hat: »An offshore oil platform stood up out of its windward end like the metal handle of a dagger that had stabbed the world and made it spill black blood.« Schwarzes Blut und die heraufziehende Schwärze der Nacht verdunkeln das Symbol der Freiheit: »From the hill above the harbour, I could see the enormous slick spreading like premature night across the sea.« Und wenn es keine Refugien mehr gibt, kein Aufatmen mehr möglich ist, ist eine Endzeitstimmung konsequent und wohl nicht gänzlich unrealistisch: »I made my way down to the public beach. A few people (...) were standing at the edge of the water, facing out to sea. They looked as if they were waiting for the end of the world, or as if the end had come and they would never move again. (...) The wind had changed, and I began to smell the floating oil. It smelled like something that had died but would never go away.«[4]

Menschen, die erstarren zu einer Skulptur, vielleicht zu einem Bild à la Oelze; der Geruch des Todes, der nicht mehr weicht.

Das, was ich von Ross Macdonald hier zitiert habe, möchte ich zum Anlaß nehmen, über einige Motive bei Künstlern, die auf der DOCUMENTA IX vertreten sein werden, nachzudenken. In folgenden Stichworten ließen diese Motive sich andeuten: die Leere, der Käfig, die Wunde, der Tod.

Die Kunst der Moderne im weitesten Sinne hat darüber nachgedacht, inwieweit Natur – insonderheit als Idylle – überhaupt noch Gegenstand der Darstellung sein könne. In Seurats »Bathers at Asnières« von 1883/84 (National Gallery, London) wird das Blau des Himmels im Hintergrund bereits durch die Abgase eines Fabrikschornsteins getrübt. Die Industrialisierung zieht wie ein Schatten am Horizont der Idyllen auf. Brechts berühmte Verse, daß ein Gespräch über Bäume nicht mehr möglich sei, weil es das Schweigen über das Unrecht einschließt, reflektieren das Problem in politischer Hinsicht. Die Stärke jener Schilderung der Freiheit, die der zitierte Lew Archer für Momente erlebt, als er auf den noch über die Menschen erhabenen Pazifik hinausschwimmt, liegt darin, daß ihm in diesem Moment völlig bewußt ist, wovon er sich frei fühlt. Abstrakt gesprochen: das Negativum ist im Positivum nicht verdrängt.

Der Weg, der Rousseau vor Augen schwebte, ist nicht mehr gangbar; in Büchners Märchen aus dem Woyzeck ist die Sonn ein verwelkt Sonneblum und der Mond ein Stück faul Holz, van Goghs Sonnenblumen wirken eher bedrohlich, und das Erhabene in der Natur ist vor einer gigantischen giftsprühenden Technik auf Schonformat geschrumpft. Da bleibt dann nichts mehr übrig, als die ideelle Idylle, das Ideal, zu konstruieren, ein von jeglichem Rausch befreites künstliches Paradies zu schaffen, von Handwerkern schaffen zu lassen, denen der Künstler, von Gerhard Merz ist hier die Rede, unter Berufung auf Paul Valerys ›Eupalinos‹ Zahlen und Befehle erteilt. Gerhard Merz will das Absolute. Sein klarer, reiner, perfekt gearbeiteter anorganischer Geometrismus dient der Vollendung der Moderne, deren Werken noch das leichte Zittern der Hand anhaftete. Das endlich Absolute ist dem Leben radikal entgegengesetzt. Gerhard Merz zufolge, dessen Vornamen man immer mit nennen muß, um Verwechslungen mit Mario Merz zu vermeiden, soll »Kunst das absolute Ideal und die absolute Reinheit des Denkens repräsentier(en) (...). Dadurch«, so folgert er, »hätte sie überhaupt nichts mehr mit dem Leben zu tun, sondern lieferte den Beweis, daß ein Mensch imstande ist, ideale Figurationen zu denken, ohne daß er etwas davon hat«[5]. Wäre ich Becketts Malone, würde ich antworten: Doch, doch. Es vertreibt die Zeit. It passes the time.

Gerhard Merz‹ schroffe Antithese von Kunst (absolute Reinheit) und Leben (dieses ist, so Woody Allen im ›Stadtneurotiker‹, voller Einsamkeit, Elend, Trübsal und Kummer) gehört einer uralten Tradition an, in der zunächst nicht die Kunst, sondern das Göttliche oder Absolute dem Leben gegenübergestellt wurde. Diese Tradition beginnt mit der Kritik des Xenophanes an den olympischen Göttern, in denen er das Ebenbild der Menschen sah, denn alle Eigenschaften, die er von den Menschen kannte, fand er bei den Göttern wieder. Diese liebten, waren eifersüchtig, betrogen, stahlen, sie waren triebhaft, ungezügelt, herrschsüchtig, intrigant. Wenn es das Göttliche gab, und das bezweifelte Xenophanes nicht, dann durfte es nur noch ein Gott sein, der keine menschengestaltigen (anthropomorphen) Züge mehr hatte. Parmenides, ein Schüler von Xenophanes, treibt die ›Entmenschlichung‹, die Desanthropomorphisierung, noch weiter; statt von Gott spricht er von dem einen unbeweglichen Sein, das er dem Leben der Menschen radikal entgegensetzt[6]

Ebenso alt wie die Entgegensetzung des Absoluten zum Leben ist die Tradition seiner Verbindung, so zum Beispiel: Im Alten Testament ist Gott zwar bilderlos, aber die Menschen sprechen, rechten mit ihm, holen sich Rat, im Neuen Testament wird Gott selber Mensch in der Gestalt Jesu. Und gerade die christliche Religion als eine Religion der Verkörperung des Absoluten kennt die Hinwendung zu den Krüppeln, den Aussätzigen, den Zöllnern und Huren. Dergleichen läßt sich auf die Kunst übertragen. In ihr gibt es den Willen, das Ideal zu gestalten, und in ihr gibt es die Hinwendung zum beschädigten Leben (Schlemmer – Beckmann wären ein solcher Kontrast). Die Kritik am Idealismus und diese Hinwen-

dung ist auch Programm in Büchners ›Lenz‹. Ich zitiere: »Über Tisch war Lenz wieder in guter Stimmung: man sprach von Literatur, er war auf seinem Gebiete. Die idealistische Periode fing damals an; Kaufmann war ein Anhänger davon, Lenz widersprach heftig. Er sagte: Die Dichter, von denen man sage, sie geben die Wirklichkeit, hätten auch keine Ahnung davon; doch seien sie immer noch erträglicher als die, welche die Wirklichkeit verklären wollten. Er sagte: Der liebe Gott hat die Welt wohl gemacht, wie sie sein soll, und wir können wohl nicht was Besseres klecksen; unser einziges Bestreben soll sein, ihm ein wenig nachzuschaffen. Ich verlange in allem – Leben, Möglichkeit des Daseins, und dann ist's gut; wir haben dann nicht zu fragen, ob es schön, ob es häßlich ist. Das Gefühl, daß, was geschaffen sei, Leben habe, stehe über diesen beiden und sei das einzige Kriterium in Kunstsachen. (...) Die Leute können keinen Hundsstall zeichnen. Da wollte man idealistische Gestalten, aber alles, was ich davon gesehen habe, sind Holzpuppen. Dieser Idealismus ist die schmählichste Verachtung der menschlichen Natur. Man versuche es einmal und senke sich in das Leben des Geringsten und gebe es wieder in den Zuckungen, den Andeutungen, dem ganzen feinen, kaum bemerkten Mienenspiel (...). Man muß die Menschheit lieben, um in das eigentümliche Wesen jedes einzudringen; es darf einem keiner zu gering, keiner zu häßlich sein, erst dann kann man sie verstehen; das unbedeutendste Gesicht macht einen tieferen Eindruck als die bloße Empfindung des Schönen (...).
Kaufmann warf ihm vor, daß er in der Wirklichkeit doch keine Typen für einen Apoll von Belvedere oder eine Raffaelische Madonna finden würde.«[7]
Der Streit zwischen Kaufmann und Lenz ist nicht entscheidbar, und er ist – in anderer Form – noch immer aktuell. Wir brauchen, und darin hat Gerhard Merz recht, ein Gegenbild zur Realität, zum *COMMENT C'EST*. Ob aber diese Utopie, metaphorisch gesprochen, der Apoll von Belvedere, heute angemessen durch Geometrie verkörpert wird, ob geometrische Formen ideale oder gar absolute Figurationen sind, ja, ob das Gegenbild zum Leben überhaupt Züge des Absoluten tragen sollte, wird man wohl bezweifeln dürfen. Utopische Entwürfe sind ein Gegenmittel zur Indifferenz, sie geben Orientierung und Kraft dafür, die Verhältnisse, so wie sie sind, nicht hinzunehmen und sich stattdessen zur Wehr zu setzen. Der Doppelcharakter im Idealismus, und das kritisiert Lenz, besteht in der Gefahr, dasjenige geringzuschätzen und zu mißachten, was nicht dem Ideal entspricht. Die Sehnsucht nach unbedingter Reinheit verliert leicht aus dem Blick, was diesen trüben könnte, und solche Verdrängung ist potentiell dem Terror verschwistert, der Intoleranz, dem unvermeidbaren Ingredienz von Säuberungsaktionen.
Die Hinwendung der Kunst zum beschädigten Leben ist nicht minder von Utopie, vom Wunsch, daß es anders sein möge, beseelt, und zwar, vereinfacht gesagt, aus zwei Gründen:
1. als Befreiung von Schönheitsdiktaten, die es einem schwer machen, das nicht dem klischee-isierten Ideal Entsprechende zu akzeptieren; es gibt einen inhumanen Ästhetizismus, der nur schönen Menschen eine Seele zugesteht; die Anstrengung dieser Kunst besteht darin, uns das Nicht-Ideelle so nahezubringen, daß wir, sofern wir es überhaupt wollen, noch im Verkrüppelten, Verletzten, Neurotischen den unendlichen Wert des Lebendigen anerkennen.
2. Die Kunst zeigt die Deformation, gerade weil sie diese nicht hinzunehmen bereit ist; wenn man das Leben, den Status quo, verändern will, genügt es nicht, nur an idealen Figurationen zu arbeiten, sondern man muß das Leben erst einmal in seiner Unzulänglichkeit wahrnehmen und erkennen, man muß sich durch diese Unzulänglichkeit hindurcharbeiten, sie verarbeiten, anstatt über sie hinwegzugehen. Wenn Max Neuhaus‹ Klanginstallation im Treppenhaus der AOK[8] ein Modell dafür ist, daß das Wesen eines Dinges, eines Gegenstandes, eines Lebendigen sich erst der konzentrierten Zuwendung erschließt, dann kann es geschehen, daß mir die Erfahrung dieses Sich-Erschließens im Hören gegenwärtig wird, wenn ich über einen anderen rasche Urteile fälle, bevor ich ihm überhaupt richtig zugehört habe. Das Utopische als Erfahrenes, das für einen kurzen Moment gelebte Ideal konzentrierter Wahrnehmung blitzt im Bewußtsein als korrektive Erinnerung im Augenblick des falschen Verhaltens auf, und eine Sekunde später weiß man, daß man es hätte besser machen können. Konstruktion, die lebendig wird.
Ideale Figurationen denken, darstellen, malen. Eigenartig, daß Gerhard Merz als Künstler vom Denken und nicht vom Darstellen spricht, denn Kunst ist doch mehr als nur der ins Bild umgesetzte, verwandelte Gedanke. Mondrian zum Beispiel glaubte, mit seinen Bildern ideale Gleichgewichtsbeziehungen gemalt und damit Modelle einer schönen neuen Welt geschaffen zu haben. Im Kunstwerk gilt schon als realisiert, was im Zusammenleben der Menschen noch aussteht. Kennzeichnend für die Kunst des 20. Jahrhunderts ist jedoch nicht minder die negativ bestimmte Utopie. Der Ort, der Zustand, der angestrebt wird, bleibt unausgemalt, offen. Kafka hat dafür eine universale Formel gefunden: »Weg von hier, das ist das Ziel!«[9] Kunst, die davon sich bestimmen läßt, lenkt den Blick auf das Leiden, die Wunden, das Grauen.
Marlene Dumas, Malerin, geboren 1953 in Kapstadt (Südafrika), wohnhaft seit 1976 in den Niederlanden, sagt von sich selbst: »Tragiek, liefde, lijden, daarover gaat mijn werk.« (»Tragik, Liebe, Leiden, davon han-

delt mein Werk.«) Sie empfindet eine Kunst, die nur Ausdruck ihrer selbst, die nur selbstreferentiell sein will, als zynisch. Gerhard Merz vertritt eine solche Position der Selbstreferentialität des Kunstwerkes, wenn er sagt: Ich bin »nicht an ikonografischen Problemen und Aussagen zur Welt interessiert«[10]. Marlene Dumas würde darauf antworten: »Ich schon.« Sie verwendet häufig Worte und Satzelemente als Bestandteile ihrer Zeichnungen, um die Bedeutung des Dargestellten zu verdeutlichen oder gar zu intensivieren. Im folgenden Text, den sie 1984 geschrieben hat, verteidigt sie ihre Verwendung von Sprache in Bildern: »I can see why many visual artists dislike words in artworks. They feel that words dirty the clear water that has to reflect the sky. It disturbs the pleasure of the silent image, the freedom from history, the beauty of the nameless forms. I want to name our pains. I want to keep on changing our names. I know that neither images nor words, can escape the drunkenness and longing caused by the turning of the world. Words and images drink the same wine. There is no purity to protect.«[11] Hier ist es wieder: das Bild vom klaren Wasser, das den Himmel, und nichts als den Himmel widerzuspiegeln hat. Im Falle von Marlene Dumas sind es die Worte, die einen Angriff auf die Reinheit darstellen, words dirty the clear water, und die das Vergnügen, man könnte auch sagen, die Selbstgenügsamkeit des stummen, sprachlosen Bildes stören. Betrachten wir ihren Text weniger aus der Perspektive, daß sie die Vermischung von Bild und Wort rechtfertigt, sondern richten wir unseren Blick vielmehr auf das, was sie kritisiert: Kunst, die sich dem Ideal von Reinheit verschreibt und dem Bestreben, sich von Geschichte freizumachen; Formen, die nichts weiter sein wollen als einfach nur schön und namenlos, untitled. Sie wirft dieser Kunst vor, zu glauben, daß man dem Rausch (dem Bacchantischen, dem Gegenteil des Apollinischen bei Nietzsche) sich entziehen (to escape the drunkenness) und dem Verlangen, der Sehnsucht, aus dem Wege gehen könnte. Ihre Begründung für ›drunkenness and longing‹ ist metaphysisch: Taumel und Bedürftigkeit sind verursacht dadurch, daß die Welt sich nun einmal dreht. Wir können wohl kaum, wie Büchner Lenz es sagen läßt, eine bessere Welt klecksen, sondern müssen die Bedingungen des Lebens – vor aller Gesellschaftlichkeit – erst einmal akzeptieren, um sie dann künstlerisch zu verarbeiten, anstatt diese Bedingungen zu leugnen.

Kunst, und damit ist nichts Neues gesagt, kann zu einer Form des Eskapismus werden. Was heute so wissenschaftlich elegant Selbstrefentialität der Kunst heißt, nannte man ein Jahrhundert zuvor schlicht L'art pour l'art. Lew Archer, um die Szene aus ›The Drowning Pool‹ noch einmal in Erinnerung zu rufen, fühlte sich der Freiheit noch nie so nah wie in dem Augenblick, als er sich auf dem Rücken im klaren, kühlen Wasser des Pazifik treiben ließ und in die unendliche Weite des Himmels blickte. Und doch hatte er in diesem Moment in seinem Bewußtsein Geschichte, history, präsent: die naturverschlingende Zivilisation.

Marlene Dumas ist in Südafrika aufgewachsen, und von daher hat ihre Äußerung, »there is no purity to protect«, eine zutiefst politische Bedeutung: Die Weißen haben die monochrome Reinheit ihrer Rasse fanatisch vor Vermischungen mit den Schwarzen geschützt. Diese durften noch nicht einmal gemeinsam mit jenen den gleichen Bus benutzen. Wenn die Künstlerin sagt, »daß jede Wunde rosa ist«[12], dann ist ihr Universalismus nicht im himmlischen Reich der Ideen angesiedelt, sondern im irdischen der Verletzungen. Nicht als Vollkommene sind wir alle gleich, sondern als Verwundete – und als Verwundbare. Wunden schmerzen, und sie sagt dazu: »I want to name our pains.« Unsere Schmerzen. Damit wird eine Allgemeinheit hergestellt, die alle einschließt. Marlene Dumas steht damit in der Tradition einer Kunst, in der die Woyzecks Menschen sind.

Selbstreferentialität der Kunst – eine Kunst, die sich fast ausschließlich nur mit der Kunst beschäftigt. Vergleichbares findet sich im Wissenschaftsbetrieb: Philosophen zum Beispiel. Sie sind Meister im Zitieren von anderen Philosophen. Was sie nicht gelesen haben, darüber können sie nicht sprechen. Aufgrund ihrer unantastbaren Verbeamtung sind sie nicht mehr gezwungen, Geschichte zu erleiden. Allenfalls privates Unglück. Als gesellschaftlich Saturierte können sie die Abspaltung des ›Denkens‹ vom Leben kultivieren; so richten sie sich in der Immanenz ihrer Disziplin ein und beziehen daraus ihre Selbstsicherheit. Sie sind unfähig, mit einem Nicht-Philosophen über ein Lebensproblem zu sprechen, das heißt, von einer einzelnen, konkreten Erfahrung auszugehen. So tauschen sie sich nicht etwa darüber aus, was Formung in ihrem Leben bedeutet, sondern darüber, was Kant, Hegel, Popper, Habermas über Form gesagt haben. Ähnliches gilt für so manchen Kunsthistoriker. Fragt man ihn, ob er einem den universalen Gehalt in einem Mondrian-Bild zeigen könne, weil man ihn selbst nicht sieht, dann lehrt er einem nicht das Sehen dessen, was vielleicht da ist, sondern er zitiert eine Tänzerin, die diesen Gehalt vor zirka 60 Jahren mal körperlich erfahren haben soll. Der Eindruck von Glätte, den so manches Kunstwerk macht, ist möglicherweise der Ausdruck eines im Werk nicht wirklich erfahrenen, erlittenen und mühsam verarbeiteten Stoffes. Glätte wird zur Maske, Perfektion zum Indiz einer leeren Fülle.

Die Selbstreferentialität kann zum Käfig werden. Womit wir bei Bruce Nauman wären. Von ihm gibt es eine aus dem Jahre 1974 stammende Arbeit mit dem Titel ›Double Steel Cage Piece‹[13]. Es handelt sich dabei um einen raumfüllenden Käfig, der einen kleineren Käfig umschließt. Zwischen beiden Käfigen ist so viel Platz, daß man um den inneren herumgehen kann – beide lassen sich durch eine Tür öffnen. Jan Hoet hat bei seinen Diavorträgen diese Arbeit immer wieder gezeigt und dabei betont, sie sei eine Metapher dafür, daß der Mensch ein Gefangener seiner selbst ist. Der Käfig im Käfig ist eine Art Tautologie, die sich selbst ad absurdum führt. Schreibe ich A = A, so wiederhole ich das A, und als A ist das zweite mit dem ersten identisch, aber da jenes größer ist als dieses, ist es mit diesem doch nicht identisch (und selbst wenn sie gleich groß wären, sind sie nicht gleich, da in dem Satz ›A ist A‹ A einmal Subjekt und einmal Objekt ist; es muß sich spalten, muß zweimal auftreten, um sich als Eines zu behaupten). Wenn wir uns auf den Weg machen wollen, auf der Suche nach neuen Formen unseres Daseins, und wenn der kleinste, innerste Käfig unser Ausgangspunkt ist, dann gelangen wir vom kleineren in den größeren, und wenn wir zusätzlich noch in Gedanken ergänzen, was dem Augenschein nach zwar nicht vorhanden, aber dennoch real ist, so kommen wir in einen immer größeren Käfig, aber niemals aus den Käfigen hinaus. Der Künstler gerät an die Grenze der Darstellbarkeit, denn er müßte immer größere Käfige bauen – ein Projekt, ebenso unermeßlich und vermessen wie der Turmbau zu Babel, und doch als Metapher wiederum ganz realitätsgerecht, denn die technische Zivilisation ist dieser Bau selbst. Die Menschheit bewegt sich, durchläuft scheinbar einen Prozeß, glaubt, fortzuschreiten – und tritt auf der Stelle.

Die Menschen sind gefangen in der Immanenz ihrer selbst, in der Immanenz der Sprache, des Denkens und schließlich der des Lebens. Ihnen ist – bei lebendigem Leibe – die Unio mystica mit dem, was jenseits ihrer Individualität läge, versagt. Stanislaw Jerzy Lec, Pole und Aphoristiker, hat dies lakonisch zum Ausdruck gebracht: »Sesam öffne dich, ich möchte hinaus.« Doch der Käfig ist nicht allein Schicksal, unabänderliche Bedingung des Daseins, er ist selbstverschuldet.

Das Gefangensein, das auf der Stelle Zappeln, die Wiederholung des Immergleichen ist Thema einer weiteren Arbeit von Nauman: zwei Monitore stehen sich gegenüber, der Betrachter dazwischen: rechts auf dem Bildschirm ein Clown, links das Gesicht einer Frau, deren Lachen so verzweifelt aufdringlich klingt, daß es schmerzt: und wenn dann auf dem linken Monitor der Clown erscheint, ist das Gesicht der Frau auf dem rechten: so geht es hin und her: der Clown erzählt, dabei auf einem Bein balancierend, schwankend, hampelnd, folgende Geschichte – ich zitiere aus dem Gedächtnis –: »It was a dark and stormy night. Three men sitting around a campfire. One of them asked me: John, tell us a story, and I said, yes, okay, alright, I will tell you a story: It was a dark and stormy night, three men sitting around a campfire. Die Tautologie ist blutarm und ohne Zukunft, so sehr sie sich auch aufbläht. Bruce Nauman zeigt eine Welt voller Gewalt, Brutalität und Zerstörung, eine Welt, die ohne Ausgang ist.

Ich möchte an dieser Stelle den Standort wechseln, Kunst am Beispiel von Bruce Nauman nicht nur aus der Perspektive des Künstlers und des Kunstkritikers reflektieren, sondern einfach nur aus der des interessierten Betrachters, wiewohl die Kunstkritiker nicht minder Betrachter sind – und die Künstler sind untereinander oft die härtesten Kritiker.

Auf dem Weg zur Bruce-Nauman-Ausstellung im Städel[14], noch im Bereich des Hauptbahnhofes Frankfurt, mußte ich zwischen Fixern eine Treppe hinaufsteigen. Einige davon gaben sich gerade eine Spritze in den Unterschenkel. Abgemagerte, hagere Gestalten, die ihre Wunden im Gesicht offen trugen, weggetreten aus dem Leben, das in sich versunkene Elend, autistisch aus Abhängigkeit. Mein erster Impuls war, die Menschen auf der Straße zusammenzurufen, um dieses Elend wegzuzaubern, ungeschehen zu machen. Die später gesehenen Arbeiten von Bruce Nauman kamen in ihrer Stärke gegen meine Bedrückung nicht an, sie verblaßten für mich an diesem Tag in ihrer Wirkung, und ich dachte mir, die Realität ist oft viel grausamer und schockierender als die Darstellung der Gewalt in der Kunst. Wollte man wirklich schockieren, müßte man die Fixer bitten, während der documenta auf der Treppe des Fridericianums herumzuliegen – das Heroin aus dem documenta-Etat finanziert. Statt der Wachsfiguren des Duane Hanson das Leben selber, bleich und ausgemergelt. Wäre der Kunstbetrieb wirklich soweit pervertiert, daß es nur noch um Sensationen ginge, dann wäre ein Drogentod inmitten der kunstinteressierten Massen das Äußerste an Zynismus, und doch bliebe es noch hinter der wirklichen Grausamkeit zurück. In der Kunst geht es also nicht um den Schock der Realität, sondern um den durch die künstlerische Arbeit sublimierten. Da aber die Wirklichkeit härter ist, läßt sich sagen: Wer durch Kunst sich schockieren läßt, hat das Leben noch nicht begriffen.

Als ich im Städel die Videoinstallationen von Bruce Nauman sah, wurde ich an Beckett erinnert. In ›Warten auf Godot‹ beginnt der 2. Akt mit einem Lied, das Wladimir lauthals singt und das ich seit meiner Kindheit kenne: »Ein Hund kam in die Küche und stahl dem Koch ein Ei (…).«[15] Dieses Endlos-Lied: Der Hund, der vom Koch erschlagen und von seinen Mithunden begraben wird, und dessen Grabstein die Inschrift trägt: »Ein Hund kam in die Küche«, und so fort ad infinitum. Ein Kinderlied (europäisches Gemeingut?), das plötzlich durch die Verwendung in der Kunst eine Bedeutungsdimension zeigt, die immer schon in ihm vorhanden war, aber bisher von niemandem wahrgenommen wurde. Die Erzählungen, Romane und Stücke von Beckett, über den ich

für den Deutschunterricht Mitte der sechziger Jahre ein Referat halten mußte, haben mir damals den Boden unter den Füßen weggezogen. Ich habe lange Jahre gebraucht, um die radikale Desillusionierung, die von Beckett ausging, zu verarbeiten. Noch Ende der Siebziger reiste ich für ein Semester nach Reading in England, um an der dortigen Universität im Beckett-Archiv zu studieren. Nach diesem Alterungsprozeß von Beckett in mir wirkten diese zwei Video-Arbeiten von Nauman wie zwei alte Bekannte, die man lange nicht mehr gesehen hat. Die zweite Video-Installation zeigte eine Frau, der eine Stimme Befehle erteilte, die sie auch befolgte: »Stand up, turn round, sit down (...)«. (Zitat aus dem Gedächtnis.)
Die Geschichtsphilosophie, die von dem ästhetischen Diktat ausgeht, in der jeweiligen Gegenwartskunst müsse alles neu und unbekannt sein, hat es bisher versäumt, über die Ungleichzeitigkeit von Motiven in der Literatur, der Philosophie, der Musik und der bildenden Kunst nachzudenken, ohne das, was vielleicht bekannt vorkommt, gleich abzutun. Wie sind solche Ungleichzeitigkeiten zu bewerten? Hinkt die Kunst der Philosophie und der Literatur hinterher, oder ist es umgekehrt? Malt die Philosophie immer noch ihr Grau in Grau, wenn eine Epoche der Kunst bereits alt geworden ist? Ist Mondrian mit seiner Eliminierung des konkret Gegenständlichen aus dem Reich des Schönen nicht ein Neu- Kantianer, ist seine Vergottung des Fortschritts in Gestalt der Maschinen nicht Fortführung Hegelscher Geschichtsphilosophie? Aktualisiert Malewitsch in den Begründungen für seine Malerei nicht Positionen des frühen Schelling, gegen den Hegel einmal mit der Bemerkung polemisierte, bei Nacht seien alle Kühe schwarz? Alle sind zwar da, aber keine ist mehr zu erkennen.
Ist es anmaßend von der Kunst, sich als Avantgarde aufzuspielen, oder ist es anmaßend, der bildenden Kunst Verspätungen vorzuwerfen? Über ihre Wirkung hat sie ohnehin keine Macht und keine Kontrolle. Auch darüber nicht, daß Werke, die nicht ikonographisch sein wollen, doch ikonographisch gelesen werden. In Woody Allens Film »Play it again, Sam« gibt es dafür ein Beispiel. Allen spielt Allen. Auf der Suche nach einer neuen Beziehung spricht er in einem Museum eine Frau an, die gerade ein Bild von Jackson Pollock betrachtet.
Allen: It's quite a lovely Jackson Pollock, isn't it?
Woman: Yes, it is.
Allen: What does ist say to you?
Woman: It restates the negativeness of the universe, the hideous lonely emptiness of existence, nothingness, the predicament of man forced to live in a barren, godless eternity, like a tiny flame flickering in an immense void with nothing but waste, horror and degradation, forming a useless, bleak, straight jacket in a black absurd cosmos.
Allen: What are you doing saturday night?
Woman: Committing suicide.[16]
Das Blau, die erlösende, das Schwarz, die tödliche Monochromie? Das Schwarz der Nacht, des Kosmos und der selbstverschuldeten Erdölkatastrophen, in denen am sichtbarsten die Vögel kläglich verrecken. Was sehen wir – außer uns selbst –, wenn wir in den Spiegel der Kunst blicken? Der künstlerische Leiter der DOCUMENTA IX hat das letzte Wort.
Jan, tell us a story...

ANMERKUNGEN

1 Walter Benjamin, *Einbahnstraße,* Frankfurt/Main 1972, S. 108
2 Ross Macdonald, *The Drowning Pool,* New York 1983[16], S. 20 (»Ich drehte mich auf den Rücken und ließ mich treiben. Über mir der Himmel, um mich herum nur die Kühle und Klarheit des Pazifik. Soweit mein Auge reichte, nichts als unendlich weiter, blauer Raum. Noch nie war ich der Reinheit und Freiheit so nahe und den Menschen so fern wie in diesem Augenblick – und ich bin es danach niemals wieder gewesen.
Sie, die Menschen, hatten die Küste von San Diego bis zum Golden Gate mit ihrer Architektur verunstaltet, hatten riesige Autobahnen durch die Berge gerammt, tausend Jahre Baumwuchs mit einem Schlag gefällt und ein Dickicht, das sie Stadt nannten, in der Wüste errichtet. Der Ozean war unantastbar. Sie schütteten zwar ihre Abfälle hinein, aber konnten ihm nichts anhaben.«)
3 Theodor W. Adorno, *Minima Moralia. Reflexionen aus dem beschädigten Leben,* Frankfurt/Main 1962, S. 208
4 Ross Macdonald, *Sleeping Beauty,* New York 1987[6], S. 1ff.
»(...) das ausgelaufene Öl (...) schwamm vor Pacific Point auf dem blauen Wasser, ein ungestalter Schlick, und wie es schien, viele Meilen breit und viele lang. Eine im Meer befindliche Ölplattform ragte mit ihrer Windseite aus dem Wasser wie der Metallgriff eines Dolches, mit dem man die Erde gerade so schwer verletzt hatte, daß sie schwarzes Blut spuckte.«
»Vom Hügel oberhalb des Hafens konnte ich die unförmige Ölmasse beobachten, die wie eine vorzeitige Nacht über dem Meer heraufzog.«
»Ich ging hinunter zum öffentlichen Strand (...). Eine Handvoll Leute standen am Rande des Wassers und blickten hinaus aufs Meer. Sie sahen aus, als ob sie auf den Untergang der Welt warteten oder als wäre das Ende bereits gekommen, und sie würden sich nie wieder von der Stelle rühren. (...) Der Wind hatte seine Richtung geändert, und plötzlich roch ich das Öl. Es roch nach etwas, das gestorben war, aber niemals gänzlich verwesen sollte.«)
5 Gerhard Merz, in: art Nr. 2, Hamburg 1990, *Wie geht es weiter mit der Kunst?,* art-Diskussion, S. 46f.
6 Diese von mir hier nur angedeutete Tradition wird ausführlich dargestellt in: Klaus Heinrich, *Dahlemer Vorlesungen. anthropomorphe. Zum Problem des Anthropomorphismus in der Religionsphilosophie,* Basel und Frankfurt/Main 1986. Der Wert dieses Buches von Heinrich liegt darin, daß er die Geschichte der Konstruktionsversuche eines reinen, von Verstrikkungen des Lebens unangefochtenen Seins als die Geschichte der Verdrängung von Grundproblemen menschlicher Existenz anschaulich zu machen versteht.
7 Georg Büchner, *Lenz,* in: *Werke und Briefe.* Gesamtausgabe, Wiesbaden 1958, S. 94f.
8 Die Klanginstallation ist wie folgt beschaffen: Lautsprecher sind unsichtbar angebracht, auf jedem Stockwerk ertönt ein anderer Klang. Die einzelnen Klänge werden so ›leise‹ sein, daß man sie nur hört, wenn man sich auf sie konzentriert; anderenfalls werden sie vom Straßenlärm übertönt. Man lese hierzu Kafkas Erzählung ›Der Kreisel‹, in: Franz Kafka, *Sämtliche Erzählungen,* Frankfurt/Main 1976, S. 320
9 Franz Kafka, *Der Aufbruch,* in: *Sämtliche Erzählungen,* a.a.O., S. 321
10 Marlene Dumas, in: Janneke Wesseling, *Marlene Dumas,* NRC – Handelsblad, Rotterdam (NL) 28. 02. 1986

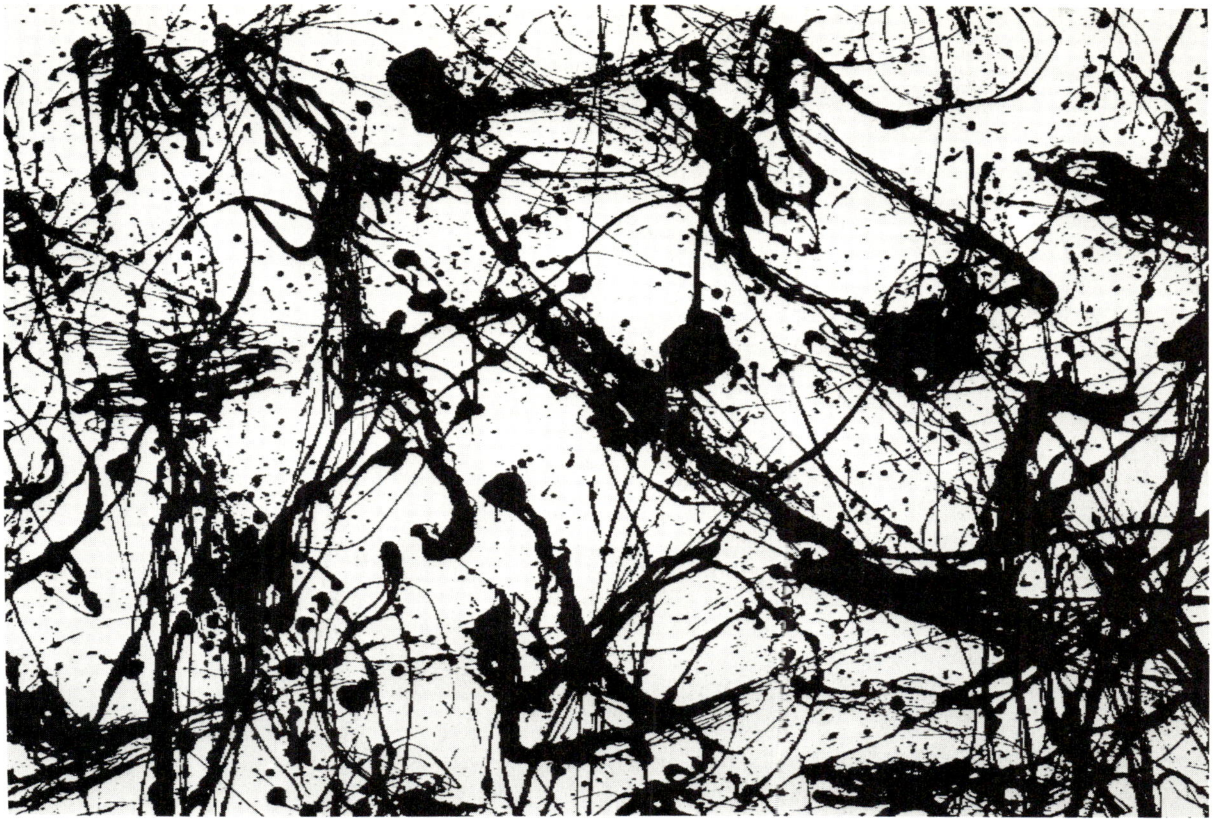

Jackson Pollock: Number 32, 1950, Ausschnitt, Kunstsammlung Nordrhein-Westfalen

11 Marlene Dumas, *The Origin of the Species*, Katalog, Staatsgalerie Moderne Kunst, Bayerische Staatsgemäldesammlungen München, München 1990
(»Ich verstehe, warum viele bildende Künstler die Verwendung von Sprache in Kunstwerken nicht mögen. Sie befürchten, daß Worte das klare Wasser verunreinigen, das zu nichts anderem da ist, als den Himmel zu spiegeln. Worte stören die Freude am stillen Bild, die Freiheit von Geschichte, die Schönheit der namenlosen Formen.
Ich möchte unsere Schmerzen benennen.
Ich möchte unsere Namen wieder ändern können.
Ich weiß, weder die Bilder noch die Worte können sich dem Rausch und dem Verlangen entziehen, denn beide sind bedingt dadurch, daß die Erde sich dreht.
Worte und Bilder trinken denselben Wein.
Es gibt keine Reinheit, die zu beschützen wäre.«)

12 Marlene Dumas, *The Question of Human Pink*, Katalog, Kunsthalle Bern, Bern 1989

13 Siehe hierzu: Bruce Nauman, *Skulpturen und Installationen 1985 – 1990*, hrsg. von Jörg Zutter mit Textbeiträgen von Franz Meyer und Jörg Zutter, Köln 1991, S. 46

14 Das war Ende Juli 1991, als ich gerade einen Monat für die documenta-GmbH gearbeitet hatte. Der unter der Anmerkung 13 erwähnte Katalog ist zu dieser Ausstellung erschienen.

15 Samuel Beckett, *Warten auf Godot*, in: ders., *Dramatische Dichtungen in drei Sprachen*, Frankfurt/Main 1981, S. 117f.

16 Allen: Ist das nicht ein herrlicher Jackson Pollock?
Frau: Ja, stimmt.
Allen: Was sagt er Ihnen?
Frau: Er nimmt die Negativität des Universums wieder auf, die grauenhafte Einsamkeit und Leere der Existenz, unsere Nichtigkeit, das Dilemma des Menschen, der gezwungen ist, in einer kargen, gottlosen Ewigkeit zu leben, wie eine winzige Flamme, die in einer ungeheuren Leere in sich selbst erzittert und in der es nichts gibt außer Müll, Entsetzen und Erniedrigung, welche eine unnütze, trostlose Zwangsjacke in einem schwarzen, sinnlosen Kosmos bilden.
Allen: Was machen Sie Samstag?
Frau: Ich begehe Selbstmord.
(Übersetzung der englischen Zitate: Klaus Baum und Stephan Biermann.)

ZWISCHEN VERFÜHRUNG UND VERWEIGERUNG.
Haim Steinbachs Strategie ästhetischen Handelns
Michael Lingner

Aus dem notorischen Bedürfnis, neue künstlerische Hervorbringungen sogleich kunstgeschichtlich einzuordnen, wurden die Arbeiten von Haim Steinbach und einigen anderen amerikanischen Künstlern wie Allan McCollum und Jeff Koons sogleich nach ihrem Bekanntwerden als *neokonzeptualistisch* klassifiziert. Zugleich sind sie geistesgeschichtlich für den aus der neueren französischen Philosophie stammenden Begriff der *Simulation* vereinnahmt worden. Diese Etikettierungen haben kulturkritische Ideologen aufgegriffen und moralistisch mißverstanden. Von ihnen werden die Arbeiten, in denen sie nichts als eine weitere Kommerzialisierung des *Betriebssystems Kunst* sehen, als Produkte einer bloß spekulativ unternommenen Simulation der conceptual art abgestempelt.
Wenn Kunst unbesehen nur als Werk von Machenschaften verurteilt und jede Etikettierung nur zur Uniformierung der Phänomene benutzt wird, bleiben die Besonderheit und mögliche Bedeutung eines Kunstentwurfes von vornherein verborgen. Vor allem die zum Vorurteil geradezu herausfordernde aktuelle Kunst macht es unerläßlich, sich eingehend mit der künstlerischen Konzeption zu beschäftigen. Dabei soll im Hinblick auf das vorliegende Beispiel versucht werden, den dafür adäquaten und spezifischen Sinn der Begriffe *Neokonzeptualismus* und *Simulation* zu entwickeln. Dazu ist es hilfreich, sich den historischen Kontext zu vergegenwärtigen.

I

Seitdem sich die Kunst am Anfang des 19. Jahrhunderts aus ihren kirchlichen, höfischen und ständischen Funktionszusammenhängen löste, hat sich die künstlerische Selbstbestimmung ständig erweitert. Trotz der Vielfalt unterschiedlicher Strategien der Autonomisierung lassen sich auch durchgängige Tendenzen ausmachen. Eine von ihnen ist aufgrund ihrer Radikalität besonders wichtig geworden. Ihr liegt die Absicht zugrunde, die Autonomisierung so weit zu treiben, bis das Werk schließlich sogar dem Künstler gegenüber selbständig wird. Diese paradox und vielleicht antikünstlerisch erscheinende Bestrebung bleibt zunächst noch latent. Aber sie läßt sich schon in der Frühphase autonomer Kunst finden:
Durch die extreme und gewollt unauflösbare Vieldeutigkeit verlegt etwa P.O. Runge bei seinem romantischen Meisterwerk der ›Vier Zeiten‹ die eigentliche Bildentstehung in die Einbildungskraft des Betrachters. Bei Cézanne findet sich ein weit darüber hinausgehender Schritt, wenn er besonders in den späten Aquarellen oft Unbestimmtheits- und Leerstellen zuläßt, so daß sich den subjektiven Projektionen jede Freiheit bietet. Die Bestrebung, das Werk von künstlerischen Entscheidungen herkömmlicher Art möglichst unabhängig zu machen, wird aber erst im 20. Jahrhundert ganz offensichtlich. Der Surrealismus sucht durch die écriture automatique, das Unbewußte zum entscheidenden Formungsfaktor zu machen. Dadurch wird die Entstehung des Werkes dem Einfluß des Künstlers entzogen und von einem allgemein verfügbaren Konzept abhängig.
Diese hier nur angedeutete Entwicklung findet in der Prozeßkunst der 60er Jahre ihre Fortsetzung. Mit elementaren Handlungen initiieren Künstler Materialprozesse, die sich gleichsam selbsttätig zu einer Werkgestalt ausformen. Doch die Reaktions- und Formungsmöglichkeiten der Materialien sind objektiv begrenzt und bald erschöpft. Das Prinzip der sich selbst organisierenden Materialprozesse wird von einem Konzept abgelöst, das auf die potentiell unerschöpfliche Selbsttätigkeit des Rezipienten setzt. Die Happening- und Fluxusbewegung sowie die Aktionskunst machen ihn zum ästhetisch Handelnden und damit zum Autoren des Werkes. Dieses erlangt dadurch in seiner Entstehung und Erscheinung eine zuvor unerreichte Unabhängigkeit vom Künstler. Trotz höchster Autonomie verliert die als Handlungsfeld konzipierte Kunst ihre frühere Hermetik und öffnet sich dem gesellschaftlichen Leben. Daß sich die wesentlichen künstlerischen Anstrengungen darauf richten, die Rolle des ästhetisch Handelnden an den Rezipienten zu delegieren, gilt dem Versuch, eine Integration von Kunst und Leben zu erreichen.
All diese Bemühungen blieben faktisch mehr oder minder erfolglos, da das Publikum seine traditionell passive Rolle nicht aufgeben wollte. Das Publikum war in der Kunst zum tatsächlichen Handeln nicht zu bewegen, solange dies allein in ästhetischer Absicht erfolgen sollte. Allenfalls dort kam es zur Beteiligung, wo die künstlerischen Aktionen politischen oder therapeutischen Charakter zu haben schienen und etwa als Demonstration oder *sensitivity-training* (miß)-verstanden werden konnten. Doch da es unter solchem Vorzeichen weder zu ästhetischen Erfahrungen kam, noch sich die erhofften persönlichen oder gesellschaftlichen Veränderungen einstellten, blieb nichts als Ernüchterung zurück.

II

Trotz des empirischen Scheiterns ist die Idee des aktionistischen Handlungskonzeptes der 60er Jahre, die reduzierte Kunstbetrachtung durch komplexes ästhetisches Handeln zu ersetzen, offenbar als künstlerische Zielvorstellung virulent geblieben. Jedenfalls bezieht sich Haim Steinbach wieder ausdrücklich auf sie und sucht, ihrer Verwirklichung durch eine neue Strategie näherzukommen. Er entwickelt sie aus dem Grundgedanken, sich auch für die Kunst der in unserer Gesellschaft vorherrschenden Präsentationsform von Objekten als Waren zu bedienen. Wie die conceptual art verzichtet er dabei auf jede morphologische Ähnlichkeit mit solchen überkommenen Kunstformen wie Tafelbild oder Sockelplastik.

Eigens entworfene Regalelemente dienen dazu, zumeist mehr oder weniger nützliche Konsumartikel wie Ausstellungs- oder Dekorationsobjekte darzubieten. Sie sind nach den Regeln der inzwischen von pop- und minimal-art beeinflußten Warenästhetik wirkungsvoll auf ihre *unmittelbare Zugänglichkeit* verführen, so versagen sie ihm die Befriedigung seines Besitztriebes auch wieder. Es entsteht eine Wechselwirkung von Verführung und Verweigerung, die sich nicht grundsätzlich von dem »Spiel zwischen Einbildungskraft und Verstand« unterscheidet, das nach Kant konstitutiv für die Erfahrung des Ästhetischen ist. Daß dieses Wechselspiel entsteht, beruht keinesfalls auf den im Kunstbereich üblichen Konventionen und Verboten, die einer handgreiflichen Aneignung der Objekte entgegenstehen.

Vielmehr wird eben dieses Verlangen vor allem auch

Haim Steinbach: Black Forest wall, 1992, Installation, Neue Galerie, Kassel (Foto: Dirk Pouwels)

hin inszeniert. Es ist beabsichtigt, den Rezipienten als Konsumenten anzusprechen und in ihm »eine Reihe bedingter Reflexe aus(zu)lösen« (Steinbach 1988, S.191). Durch positive Gefühle wird er animiert, die Dinge besitzen zu wollen. Insofern ist dieses »Wohlgefallen« – in der Terminologie Kants ganz und gar nicht »interesselos«, sondern eben gerade mit dem erweckten »Begehrungsvermögen« verknüpft.

Gleichwohl ist deswegen die Möglichkeit ästhetischer Erfahrung, die nach Kant ein »interesseloses Wohlgefallen« voraussetzt, nicht ausgeschlossen. Denn wie die Arbeiten den Betrachter zur Begehrlichkeit dadurch gehemmt, daß sich die Objekte als Elemente in einem hermetisch geschlossenen, selbstbezüglichen System präsentieren. Jeder Eingriff würde nicht nur die – vor allem farblich – diffizil komponierte Mikrostruktur der einzelnen Arbeit zerstören sondern auch ihr Funktionieren in der Makrostruktur des Kunstkontextes. In ihm operiert Haim Steinbach mit der vom tautologischen Prinzip der conceptual art abgeleiteten Strategie, eine Ausstellung ausgestellter Objekte auszustellen. Gebrauchsgegenstände nicht durch die bloße Überführung in den institutionellen Rahmen der Kunst zu Objekten

ästhetischer Erfahrung zu machen, genau darin geht Steinbach mit seinen Arbeiten über Marcel Duchamps *ready-mades* hinaus.
Daß die Arbeiten durch ihren systemischen Charakter den direkten Zugriff auf die präsentierten Objekte letztlich doch verweigern zu wollen scheinen, steigert das Verlangen nach ihnen umso mehr – die begehrtesten Artikel etwa auf Messen sind bekanntermaßen die (noch) nicht käuflichen. Der reflexhaft ausgelöste Handlungsimpuls, die Dinge unbedingt besitzen und über sie tatsächlich verfügen zu wollen, ist so stark, daß er sich trotz der taktischen Unmöglichkeit Bahn bricht. Er kommt gleichsam kanalisiert in einem umso ausgeprägteren imaginären Umgang mit den Objekten zum Ausdruck: Unwillkürlich beginnt der Betrachter, die seiner Hand entzogenen Objekte zumindest in der Vorstellung zu berühren, zu verschieben, zu vertauschen, weg- oder sogar in Gebrauch zu nehmen. Insofern verleiten die Arbeiten von Haim Steinbach zur Simulation von Handlungen, auch wenn sie wie Stilleben aussehen. Für ihn sind die Regalelemente »in gewissem Sinne eine generische Struktur« (Steinbach 1988, S. 193), die er mit einem Spielbrett vergleicht, auf dem die Spielzüge freilich nicht tatsächlich ausgeführt, sondern nur imaginiert werden.

Da das ästhetische Handeln des Rezipienten imaginär bleibt und reflexhaft ausgelöst wird, ist er der willentlichen, d.h. bewußten Entscheidung, ob er aktiv werden soll, enthoben. Zum imaginären Handeln kann es auch ohne ein Motiv kommen. Damit entfällt ein wesentliches Moment für das Scheitern des in den 60er Jahren von der Kunstpraxis unternommenen Versuchs, das Publikum zum tatsächlichen ästhetischen Handeln zu bewegen. Offenbar begreift Steinbach jedenfalls seine Arbeiten als gleichsam pragmatische Lösung dieser Problematik. Denn ausdrücklich erklärt er es zu seiner Absicht, die Objekte dem »Einfluß des Betrachters auszuliefern«, indem seine Werke ihn »zum Spiel einladen« (Steinbach 1988, S. 193). Dessen »Regeln« will er aber »in seiner Sphäre« und Verantwortung angesiedelt sehen. So soll das Spiel »eine Plattform der Gleichberechtigung zwischen dem Künstler, dem Werk und dem Betrachter« definieren können (Steinbach 1988, S.193). »Es bestätigt das Recht des Betrachters, am ›kreativen Akt‹ teilzunehmen. Der Betrachter hat die Möglichkeit, selbst Künstler zu sein.« (Steinbach 1988, S.193).

LITERATUR

Steinbach, H.: Interview mit E. Sussmann im Ausstellungskatalog: The Binational. *Amerikanische Kunst der späten 80er Jahre*. Köln 1988

JONATHAN BOROFSKY, ILYA KABAKOV, KURT KAPPA KOCHERSCHEIDT UND JANIS KOUNELLIS

Lydia Haustein

»Nicht ästhetisches Wollen ist oberstes Gesetz, sondern die Unmittelbarkeit der ästhetischen Enthüllung, die alogische Tendenz der Psyche, der organische Rhythmus der Vision im kreativen Akt. Die unerforschte Realität kann erobert werden durch die bewußte Beschwörung eines Erstaunens, um vom Irrationalen zu einer Welt hinter der Welt fortzuschreiten«.[1]
(Carl Einstein)

Borofsky, Kabakov, Kocherscheidt und Kounellis gemeinsam ist der unnachgiebige Appell an den Betrachter, eine Zwiesprache mit dem Kunstwerk einzugehen. Unabhängig davon, welcher spezifische Sinneseindruck sich beim Anblick der Bilder ergibt – Bewunderung, Entsetzen, Begeisterung, Ablehnung, Neugier – die Kunst erweist sich als Brechung der Wirklichkeit in der von Einstein formulierten Art des Erstaunens.

Die Prinzipien stilistischer Wiedergabe und künstlerischer Poetik weichen voneinander ab, verweisen aber bei all diesen Künstlern auf die Manifestation unsichtbarer Mächte, sei es der Natur, des Staates oder der Historie. Das Drama des Menschen wird in einer transformierten Realität dargeboten: »Gerade weil die Wirklichkeit nicht aufgezeichnet werden kann, ist der Realismus tot. Jedwedes Schreiben, jedwede Komposition ist Konstruktion. Wir ahmen nicht die Welt nach, wir konstruieren Spielarten von ihr. Es gibt keine Mimesis, nur Poiesis. Kein Aufzeichnen nur Konstruieren.«[2]

Die Künstler entschlüsseln analog dieser These die selbstverständlichen Katerien von Sprache und Bild. Sprache wird Bild – Bild wird Sprache. Die Kunstwerke thematisieren nicht die Vision einer imaginierten Realität, sondern sie zeigen die Bedingungen einer essentiellen, geistigen Realität, die Gegenstände nicht länger als Ausdruck einer kulturellen Haltung konserviert. Eine zentrale These postmodernen Denkens besagt, daß in unserer Gesellschaft die Zeichen nicht mehr auf ein Bezeichnetes verweisen, sondern immer nur auf andere Zeichen, daß wir mit unserer Rede so etwas wie Bedeutung gar nicht mehr treffen, sondern uns nur in einer endlosen Signifikantenkette bewegen. Das Zeichen wie es Saussure als Einheit aus Signifikant und Signifikat beschreibt ist folglich nicht mehr existent.[3]

Das selbstverständliche Gefühl der Identität zwischen Ding und Namen, das die Wirklichkeit heute in zerbrochener Form in den Massenmedien verschwinden läßt, wird nur in der Beziehung von Kunstwerk und Betrachter wieder als erlebbares Ereignis möglich, gestaltet sich als aufregendes Abenteuer der Erkenntnis.

Die Künstler vollziehen analog der Entwicklung in den Naturwissenschaften eine Suche nach der Anschauung jenseits der Anschauung, initiieren einen Prozeß der Rekonstruktion, der die synchronen Trennungen innerhalb einer Geschichte der Wahrnehmung und des Sehens verdeutlicht. Klees Satz »Kunst gibt nicht das Sichtbare wieder, sondern macht sichtbar«[4] paraphrasierend, bemerkt Borofsky, »Kunst machen heißt, mit Hilfe veranschaulichender Illustrationen ein persönliches Konzept demonstrieren, wie man das nicht Sichtbare zu sehen hat.«[5]

Durch die Geschichte des Sehens in der Kunst geprägt, kann das Individuum niemals isoliert Kunst produzieren, ohne eine stetige Neubestimmung seines Standortes vorzunehmen. Bedeutend wirken in diesem Entwicklungsprozeß die kunstphilosophischen Schriften Konrad Fiedlers nach, der im Zusammenhang mit dem künstlerischen Produktionsprozeß als einer der Ersten von »der Produktion der Wirklichkeit«[6] sprach. Der historische Blick, wie ihn z. B. Kounellis einnimmt, zeigt deutlich den Standortverlust des Betrachters wie die Auflösungserscheinung der Objektwelt in einem permanenten Verfremdungseffekt. Dieser aus Historie gebildete Ort der Gegenwart zeigt sich in der Stilvielfalt seiner Einzelblätter, die häufig im weitesten Sinne einer Collage kombiniert sind. Seine Originalität bekundet sich nicht im Entwurf eines neuen Weltbildes, sondern in der Kombination und Transformation von bereits vorgegebenen Ideen und Mustern, die in verändertem Zusammenhang zwangsläufig neue Bedeutung gewinnen, Neuschöpfungen sind: »In ihrer krassen Antithetik scheint Kounellis' Kunst den poetischen Spuren der Allegorie zu folgen. Die Einzelwerke werden innerhalb seiner Ausstellung zu Phonemen, die, in den neuen Kontext verbracht, in andere Assoziationsketten münden.«[7]

Kabakov konzentriert sich noch stärker auf die Gegenwart, wenn er die Behauptung aufstellt, daß nur die Distanz noch sehen läßt, daß z. B. sein Material überwiegend aus russischem Gepäck allein im Westen wirklich rezipierbar sei. Nur im Westen, so der Künstler, akzeptiere der Betrachter moderne Kunst so, wie sie ist: autonom und spezialisiert.[8]

Namentlich Kabakovs Gegenüberstellung von disparatem Inventar einer entfremdeten Alltags-Welt erzeugt einen Spiegeleffekt, der deutlich macht, daß die eigentliche Wirklichkeit und Wahrheit erst unter der Oberfläche der Erscheinung sichtbar wird. Er stellt strenge Ordnungssysteme der Dinge her, die die unsichtbaren Bedeutungsstrukturen klarlegen. Er benutzt eine strukturalistisch beeinflußte Methode, um Synthesen aus Malerei, Poesie und Alltäglichkeit herauszustellen.

Damit jongliert der Künstler sowohl mit dem ästhetischen Kardinalsatz eines Aristoteles als auch Horaz', die beide ausdrücklich die apta, Angemessenheit für den Modus der Darstellung zur obersten Regel erhoben hatten. Im neunten Kapitel der Aristotelischen Poetik wird ausgeführt, daß es zwar nicht Aufgabe des Künstlers sei, die Dinge wiederzugeben, wie sie sich wirklich zugetragen hätten, sondern wie sie hätten geschehen können – der Dichter müsse das Mögliche nach den Gesetzen der Wahrscheinlichkeit und der Notwendigkeit gestalten. Dabei spiele auch das Verhältnis von Ort und Zeit eine wichtige Rolle, dessen scheinbare Selbstverständlichkeit die Künstler heute entweder immer mehr in Frage stellen oder in seiner Grundstruktur zum eigentlichen Thema machen. Kabakov spielt mit Formen und Entwürfen konsistenter Wirklichkeitsbildung, indem er eine realistische Fiktionswirklichkeit aus Alltagsfragmenten herstellt, d.h. genormte, eingefahrene Realitätsvorstellungen durch die Vermischung des Imaginären mit der »objektiven« Welt ersetzt.

Bereits 1835 hatte Karl Rosenkranz in seiner berühmten »Ästhetik des Häßlichen« beschrieben, daß die Ästhetisierung des Heterogenen, oder die Poetisierung des Inkongruenten nur durch die Zusammenfügung verschiedener Realitäten möglich sei, die nahtlos ineinander übergingen.[9] Borofskys biographisch inspirierte Ikonographie führt in solche poetischen Traumwelten, die dem Betrachter das fremdartige Gefühl seiner Sucht nach Erkenntnis nehmen sollen: Art is for the Spirit. Dabei spielt sein eigenes Erkenntniskonzept der Erleuchtung eine wichtige Rolle, das im Lauf seiner eigenen Entwicklung mehr durch eine mystische als eine rationale Erfahrung geprägt worden ist: »Durch Wissen gelangt man zur Verklärung«.[10]

Kocherscheidts Malerei ist dagegen ein schöpferischer Bestandteil der Wirklichkeit, lyrische Vergegenwärtigung ohne jedoch Abbild noch Sinnbild der Wirklichkeit in einem verbindlich definierten Sinne zu sein. »Eigentlich komme ich von der Literatur her« bemerkte Kocherscheidt in einem Gespräch.[11] Dieses Bekenntnis erklärt zum Teil seine Bildtitel, die über eine ausgeprägte lyrische Kraft verfügen. An die Stelle einer exakten Nachahmung oder Beschreibung eines Gegenstandes tritt die literarisch-poetische Suggestion, die Umschreibung, die allerdings vom dargestellten Objekt assoziierend sich entwickelt.

Jonathan Borofsky

Borofsky ist es wichtig, ein Publikum zu erreichen, das sich nicht nur aus Eingeweihten der Kunstszene zusammensetzt. Andy Warhol oder Claes Oldenburg sind auch in dieser Hinsicht die bewunderten Vorbilder am Anfang seiner Künstlerlaufbahn.

Wie Warhol liebt er die flüchtige Skizze und die Kommunikation jenseits eines perfekten Bildträgers. Er erhebt den Anspruch, in seinen Zeichnungen das zusammenzufassen, was er bislang in seinem Leben erfahren hat.

Sein Gedankenbuch wird in dem Sinne von ihm selbst als Materialisation eines Gedankenprozesses aufgefaßt, das metaphysische Vorstellungen ermöglicht. Er versucht, seinen Denkprozeß wie ein konkretes Objekt zu behandeln, durch welches er das Phänomen der Selbstwahrnehmung, bzw. Kommunikation der Menschen thematisiert.

Borofsky, zu dessen bekanntesten Kunstwerken der selbstbildnerische *Hammering Man* gehört, hat seine – im Laufe einer intensiven geistigen und künstlerischen Entwicklung – mehrfach veränderte Position zur Kunst auch theoretisch artikuliert.

Aus diesen Äußerungen geht hervor, daß Vorstellungen über das Raum-Zeit-Kontinuum und der Gedanke der Relativität seine Suche nach einem Weltbild gelenkt haben. So sieht er sich persönlich ebensosehr als Maler, wie als Person, die Ideen konzipiert. Als am meisten geeignetes Medium erscheint ihm dafür die Zeichnung, die er immer häufiger mit Schrift und Zahlen durchzieht. Viele seiner bildlichen Darstellungen enthalten sogar als einziges Sujet Inschriften, Zeichen oder Notizen zu Raum und Zeit, sind also als im wahrsten Sinne des Wortes als redende Bilder zu verstehen. Neben Klee, auf den er sich beruft, fühlt man sich erinnert an Klingers wichtigen Traktat ›Malerei und Zeichnung‹ (Leipzig 1891), den er als Auseinandersetzung und Reaktion auf Lessings 1766 publizierte einflußreiche kunsttheoretische Schrift »Laokoon oder Über die Grenzen der Malerei und Poesie« niederlegte. Nicht nur sei die Graphik »das wahre Organ der Phantasie in der bildenden Kunst«,[12] sondern sie vermöge damit, das »Unsichtbare sichtbar« zu machen: »... wie der Dichter kann der Zeichner das Leben und die Form noch da zeigen, wo er sie nicht mehr würde sehen können«.[13]

Die Zeichnung wird von ihm nachdrücklich vom Gemälde unterschieden und als einzige Möglichkeit gesehen, Anschaulichkeit und Poesie eng miteinander zu verbinden. Er verglich die Zeichnung, wie 1766 schon ansatzweise Diderot in seinen »Verstreuten Gedanken über Malerei, Bildhauerei und Poesie«, mit einer Art Partitur, die dem Betrachter den größten Freiraum erteile, seine Phantasie in die Interpretation mit einzubeziehen. Nach seiner Überzeugung bestehe eine Verwandtschaft zwischen Zeichnung und Wort schon dadurch, daß die Zeichnung durch den Duktus am ehesten mit dem Schreiben zu vergleichen sei, also der gleichen geistigen Welt angehöre wie die Schrift.

In der Traum-Zeichnung nähert sich Borofsky diesem von Klinger erstmals vorgestellten bildhaften Äquivalent zur Sprache, das dem Unbewußten unmittelbar nahekommt. Seine Zeichnung als Bestandteil eines Zeichensystems lebt maßgeblich aus dieser Beziehung, wäre ohne sie nicht denkbar:

Jonathan Borofsky: Man walking to the Sky, 1992, Friedrichsplatz, Kassel (Foto: Dirk Bleicker)

die Zeichnung scheint über die erzählerische Attitüde hinaus Ausdruck einer poetischen Suche nach dem Sinn des Daseins: »Freilich, die Idee muß immer mit dem Bild verbunden sein. Es gilt allgemein die Ansicht, ein Künstler müsse zur Freiheit und Befreiung fähig sein. Nummern zeigen aber eher das Gegenteil an, ob es nun die Zahlen auf meinen Bildern sind oder die Zahl im Telephonbuch, die Nummer auf meinem Auto oder Haus oder die Nummer eines Häftlingsinsassen. Zur simplen und klaren Idee des Zählens gehört einfach die Tatsache, daß sich beim Zählen (im Gegensatz zu den Bildern?) die Frage nie stellt, welches die nächste Nummer sein wird.« [14]

In Gestalt großformatiger Wandzeichnungen werden kleine Gedankennotizen ins Monumentale gesteigert. Über die Wandlung des Formats findet eine »Generalisierung der Individualität statt«.[15] Die Einmaligeit der Handzeichnung wird durch technische Verfahren der Reproduktion wiederholbar, ohne daß durch die Monumentalisierung die Flüchtigkeit der Schriftstrukturen zerstört wird oder die sensible Form der geschrieben Sprache verloren geht: »In dem Augenblick, in dem die Sprache als ausgebreitetes Sprechen Gegenstand der Erkenntnis wird, erscheint sie wieder in einer streng entgegengesetzten Modalität: schweigsame, vorsichtige Niederlegung eines Wortes auf das Weiße eines Papiers, wo es weder Laut noch Sprecher geben kann, wo sie nichts anderes mehr zu sagen hat als sich selbst, nichts anderes zu tun hat, als im Glanz ihres Seins zu glitzern.[16]

Bemerkenswert ist, daß viele Zeichnungen Borofskys den Traum zum Thema haben. Sie fixieren verschiedene Traumstadien wie Photographien. Borofsky sieht sich aber weit entfernt vom Automatismus der *écriture* der Surealisten.

Im Gegensatz zu den surrealistischen Künstlern, für die die *écriture automatique* von mindestens ebenso großer Bedeutung war, wie die Manifestation des Trauminhalts selbst, blieb für Borofsky der künstlerische Prozeß ein bewußter, diente der Traum lediglich als Inspirationsquelle. Seine Bildwirklichkeit ist dabei keinesfalls als einheitliches System einer Traumwelt zu bezeichnen, vielmehr handelt es sich um ein Konglomerat heterogenster Formeln, unter Zuhilfenahme von konstruierten *Traumbildern,* d.h. Bildern, die den Betrachter über ihre unmittelbare Wirkung auf das Gefühl einer fremdartigen Erkenntnisebene führen sollen.

Auffallend ist die Simultanität der verschiedenen Welten in Borofskys Traum-Darstellungen, die zum Teil bizarre Zusammenstellung aus Realitätsfragmenten seiner Kindheit und Entwicklung sind. Entsprechend diesem Verfahren gehört die selbstverständliche Beziehung von Erscheinung und Realität zu seinen Hauptgedanken, die vor ihm Blake emphatisch beschrieben hatte: »I see everything I paint in this world, but everybody does not see alike!«[17]

Verschiedene Sehmuster von Moderne und Postmoderne werden in ihrer verfestigten Konvention aufgebrochen, so daß über Monumentalisierung oder Verkleinerung dieser Muster neue Seherfahrungen ermöglicht werden. Borofsky nutzt diese Mittel kombinierend und experimentierend, setzt sie ein, um die scheinbar traditionelle Einheit der Künste in ihrer Vielfalt zu zeigen.

Kurt Kappa Kocherscheidt

Kocherscheidt gehört zu den wichtigsten Gegenwarts-Künstlern, die ihr Œuvre abseits der breiten Hauptströme der Kunst entwickelt haben. Ungeachtet der Unterschiede zu Borofsky sind Kocherscheidts Zeichnungen ebenso Ausdruck einer besonderen Sensibiltät und Kraft, die aus einem leidenschaftlich geführten Erkenntnisprozeß resultierten. In ihrer formalen Reduzierung auf Linien und sanfte Tonwerte erfahren seine Zeichnungen eine folgenreiche inhaltliche Erweiterung, indem sie die Phantasie und Imagination des Betrachters in hohem Maße miteinbeziehen. Gerade das Nicht-Konkrete, das Fehlen scharfer Umrißlinien und das *handschriftlich-persönliche* seiner Zeichnungen, die mehr andeuten, als daß sie wirklich ausführen, rufen ihre intensive Wirkung hervor. Dadurch, daß einzelne Elemente seiner Zeichnung vielfach nur indirekt skizziert werden, ihre Silhouette annäherungsweise aufgelöst wirkt, wird das Geheimnisvolle erst durch die individuelle Projektion des Betrachters erzeugt, dem die assoziative Vervollständigung des Unkonkreten überlassen bleibt.

Die Selbstreferentialität des Kunstwerkes spielt ebenso wie z.B. für Marlene Dumas, die ebenfalls bei der d9 vertreten ist, bei Kocherscheidt keine Rolle. Viel wichtiger scheint ihm die gestische Bestimmung des Bildes, die den Betrachter in eine kontemplative Stimmung versetzt und dadurch die Spaltung von Ich und Welt aufzuheben versucht. Im Zusammenhang mit dem Bildtitel entstehen ikonographische Reihen, die das Form-Inhaltsproblem nur noch im Rahmen der Analyse aufheben lassen, aber nicht mehr im kreativen Akt des Sehens.

Liest man Kocherscheidts Texte, so fällt auf, daß er sich einer extrem bildhaften Sprache bedient, die auf eine detaillierte Beobachtungsgabe zurückzuführen ist. So beschreibt er in einer Textpassage, daß er im Angesicht eines intensiven Natureinduckes, eines durchdringenden Schauens nicht mehr zum unmittelbaren Zeichnen gelangt: »Ich suchte mein Gepäck zusammen, das in einer kaum benützten Zeichenmappe, in einem wasserdichten Blechbehälter verstaut und aus einem Bündel mit Kleidern bestand und blickte noch einmal zurück auf die drei hohen, noch immer beleuchteten, völlig kahlen Pfeiler aus rotem Granit, die nun schon einen Tag zurücklagen.«[18]

Das Text-Bild Verhältnis Kocherscheidts gleicht dem seit der Frühromantik die Künste beeinflussenden Streben, »in Analogie zu einem Text, textfrei«[19] eine individuelle poetische Weltdeutung zu entwerfen, selbst wenn er sich im Detail – wie die Bildtitel häufig hervorheben – auf fest vorgegebene Konzepte und lyrische Texte bezieht.
Zwischen Betrachter und Bild wird mittels der Bildtitel, zum Teil in einer paradoxen oder lyrischen Sprache, die Assoziation gelenkt oder das im Bild präsente Motiv interpretierend ergänzt.

Jannis Kounellis

Schon in den 60er Jahren grenzte sich Kounellis – ähnlich wie vor ihm Francis Bacon oder Giorgio Morandi – gegen die nichtfigurative Sprache des abstrakten Expressionismus sowie die des action-painting ab, als er seine poetischen Zyklen des Zufälligen initiierte. Am Anfang stehen Buchstabenbilder mit ihrer Betonung der Schrift und der Spontaneität. Wie für Borofsky ist ihm die Zeichnung von entscheidender Wichtigkeit: »Die unaufhörliche Fortschreibung der künstlerischen Sprache wird entworfen, skizziert, begleitet und kommentiert von der Zeichnung, in der sich direkter als in irgendeinem anderen Medium der Kunst die Vorstellung des Künstlers niederschlägt.«[20]
Dauer und Zeit werden in Buchstaben und Zeichenbildern festgehalten, Malaktionen in Fotografien fixiert, abstrakte Zeichen scheinen hingegen das Bildformat zu sprengen. Die Welt, die Kounellis über Jahre festzuhalten versucht, gehört den verschiedensten Erlebnissphären an, reicht von der Schilderung konkreter Alltagserlebnisse bis zur Wiedergabe einer tiefen geistigen Erfahrung. Sein Interesse gilt zeitungebundenen Themen wie der Darstellung der Verschwisterung von Geschichte und Mythos, Tod, Krieg, Angst, Liebe – menschlichen Leidenschaften und Schwächen, wobei die Beziehung zur griechischen Antike den *Urstoff* bildet.
Er inszeniert seine *zeitlosen* Themen in zumeist *historisierten* Räumen, die konsequent auch Zeichen des Vergangenen präsentieren können oder durch »ein plötzliches Aufscheinen der Erinnerung«[21] gekennzeichnet werden.
In dem Zusammenhang wird seine Subjektivierung des Zeitbegriffes selbst deutlich, die auf einem irrationalen Konzept der Zeit basiert. Das *Erscheinungsbild* der Welt, so wie es in jeder Periode der Menschheitsgeschichte und der Wissenschaft unter einer ständig neuen Perspektive entdeckt, wiederentdeckt oder betrachtet wird, versucht Kounellis zu synthetischen Strukturen zusammenzufassen.
Er reagiert intensiv und sensibel auf transzendente Phänomene, die seine Weltsicht beeinflussen: »Er erfährt apollinische, also poetische Inspiration durch die Werke der Geschichte und ihre tägliche Bedrohung in einer Gesellschaft, die in der mythischen Ikone allenfalls ein Objekt wissenschaftlicher Begierde erkennen kann.«[22] Unterschiedliche Erscheinungsformen menschlichen Daseins werden als *Fragmente der Erinnerung* gezeigt. Zentral steht das Drama der Zeit, das deutlich macht, daß literarische, historische und praktische Zeit vollständig voneinander geschieden sind. Wie im analytischen Kubismus um 1911 Formen des Raumes tektonisch zerlegt werden, zerlegt Kounellis den Fluß der Geschichte und der Zeit, zerbricht Ereignisse und zeigt statt ihrer Abfolge das Simultane. Die Totalität ist in ihrer Wirkung um so intensiver, je mehr einzelne Geschichtsfragmente oder kulturelle, tief bedeutungsgeladene Metaphern vom Künstler gewählt werden. Der von Carl Einstein im Zusammenhang mit dem analytischen Kubismus gebrauchte Begriff *Simultané* läßt sich bei Kounellis auf die Kombination der historischen Bruchstücke verwenden.[23]
Modifiziert wird die Haltung Kounellis lediglich durch eine feine Ironie, die durch das Vorführen menschlicher Schwächen Distanz bewirkt. Anspielungen an den Dadaismus und sein Lachen im Angesicht einer absurden Welt werden wiederbelebt: »Es ist Bühne und zugleich ›Simultanistisches Gedicht‹, das ganz im Gedankengut von Dada die Kunst des ›Durcheinanderjagens aller Dinge‹ als Reflex auf das moderne Leben begreift.(...) Kounellis Werk besitzt im Unterschied zu den programmatisch kämpferischen Kunstvorstellungen der Dadaisten nach dem ersten Weltkrieg keine Aggressivität, nichts Satirisches, noch erfährt es eine Verfremdung durch Deformation. Es bleibt im Bereich der Poesie und zwar einer hermetischen Poesie.«[24]
Im Angesicht der Übermacht zyklischer Prozesse führen eine räumliche Distanzierung und das vielgestaltige Spektrum der Perspektivbrechungen oder Metamorphosen zu einer Spiegelfunktion seiner Werke: »Die Schädelzeichnungen werden in ihrer disparaten Vereinzelung zu einem Emblem der Fragmentierung selbst, die für Kounellis heute das zentrale Moment der Weltbewegung darstellt und somit auch seine Kunst elementar bestimmt.«[25] Der Welt, und somit auch dem Betrachter, wird ein Zerr-Spiegel vorgehalten und zugleich die Wahrheit über die Welt verkündet, die da lautet: die Welt ist in einem ständigen zyklischen Wandel begriffen, der feste Begriffe nicht zuläßt. Unter Anwendung der verschiedensten künstlerischen Methoden stellt Kounellis seine Themen vor, die sich um zwei Zentren, gebildet aus der Diskrepanz von Realität und Irrealität sowie dem Widerspruch aus *äußerer* Weltoberfläche und *innerer* Wahrheit, gruppieren lassen.
Dem Betrachter wird aber nicht nur die Unmöglichkeit des Wirklichkeit abbildenden Tafelbildes vor

Augen geführt, sondern auch die Schwierigkeit auf der Suche nach einer künstlerischen Sprache der Kunst überhaupt: »Noch haben die Dinge und Gestalten keine klaren Konturen, keine kompakten Farben, keine greifbaren Körper. Sie sind Erscheinung und wie diese immateriell, diaphan flüchtig. Sie scheinen über das Blatt nur hinwegzugleiten, körperlos, zeitlos, ortlos, um im nächsten Augenblick wieder Gedanke zu werden, Metapher, Wort, Begriff, der jetzt im Kopf des Betrachters entsteht, um dort eigene Mythen und Realitäten zu erzeugen.«[26]

Das Prinzip der Gegenüberstellung von Disparatem fällt unter den verschiedensten Gestaltungsmodi am meisten auf. Das Kombinieren von Gegensätzlichem erfolgte allerdings nicht überall mit der gleichen Intensität.

Das Vorführen von Gegensatzpaaren wie etwa »die Zukunft liegt in der Aneignung der Vergangenheit« wird bei Kounellis zum gestalterischen Prinzip erhoben, das sich nicht auf den Antagonismus *Rational* und *Irrational* beschränken läßt, sondern vielfältig ausgeführt wird. Kounellis greift ikonographische Muster und Themen auf – so bezeichnete er sich selbst als einen »Ikonographen des Ikonoklasmus,«[27] belebt sie in einer neuen Kombination und fügt durch seine spezifischen Verfremdungseffekte des Raum-Zeit-Verhältnisses eine neue Dimension der Aussage hinzu.

Die Darstellungen Kounellis' wiederholen in Variationen das Thema der Realitätsvielfalt und der Brüchigkeit der Oberfläche der Wirklichkeit, die durch einen dünnen Firnis der Normalität gebildet wird. Hinter der normalen Welt und hinter der üblichen Ordnung der Dinge liegen weitere Welten und Ordnungen, die man im weitesten Sinne als *nicht faßbar oder begreifbar* bezeichnen kann: »Ich bin ein Partisan des Durchscheinenden«, notiert Kounellis und er bezieht sich dabei auf van Goghs Notiz über das Zeichnen: »Was ist Zeichnen? Wie kommt man ans Ziel? Es ist ein Sich-Durcharbeiten durch eine unsichtbare Wand, die zwischen dem, was man fühlt, und dem, was man kann, zu stehen scheint. Wie kann man durch diese Wand hindurchkommen? Da es nichts nützt, auf die Wand loszuschlagen, muß man sie meiner Meinung nach unterminieren und durchfeilen, langsam und geduldig.«[28]

Ilya Kabakov

Seit 1945 lebt Kabakov in Moskau. 1957 schließt er die Ausbildung als Illustrator am Moskauer W. Surikow-Kunstinstitut ab, indem er Illustrationen zum Roman von Scholom Alejchem ›Wandernde Sterne‹ anfertigt.

Seit 1955 Beginn unabhängiger schöpferischer Arbeit, zunächst Farbstiftzeichnungen, die dem abstrakten Expressionisten nahestehen. 1963–1964 Entwicklung eines metaphysischen Stils, Interesse am Weisen, Höheren, überhaupt Vieldeutigen und gleichzeitig Vulgären. Kabakov ist ein Intellektueller, ein *pictor doctus,* hoch gebildet in Literatur und Philosophie.

Immer wieder wendet er sich der nicht vertrauten *Wirklichkeit* zu, thematisiert seine Angst, sich selbst in der Welt zu verlieren. Kabakov selbst spricht bei der Zusammenstellung seiner Alben von Zyklen, die nur durch ein bestimmtes Thema zusammengehalten werden. Sie gleichen dem Bildrahmen, der eine Syntax der Gesamtkonzeption festlegt. Sein *Fenster* erinnert an den *Tod des Iwan Illitsch,* der die Geschichte eines langsamen Begreifens im Sterben zeigt. Zeitgeschichtliche Ereignisse, auch die langen Jahre, in denen Kabakov sich zwischen Anpassung durch Ironie und zynischen Innenansichten eines Systems bewegte, spiegeln sich in den Grenzen von Banalität, Selbstinszenierung, Fiktion und Authentizität seiner Arbeiten wider.

In seinen neuesten Arbeiten macht er deutlich, daß auch in der Gegenwart ein Bedarf des Menschen nach Fetischen besteht. In dem Zusammenhang hat er sich zum Ziel gesetzt, der Banalität der Existenz einen neuen Sinn zu verleihen und bezeichnet sich selbst als ›Chronist des kleinen Mannes‹.

Es findet eine Form der Aneignung von Wirklichkeit statt, die gleichsam eine Wirklichkeit der Wirklichkeit erst produziert. Kabakov spielt mit dem Rhythmus der Worte, mit den sich gegenseitig flüchtenden Klängen. Er verändert immer wieder seine Position innerhalb festgefügter Kommunikationsstrukturen: Sprache – Bilder – Alltag.

Bildrand und Grenzen des Tafelbildes stimmen häufig nicht überein. Komik und Ironie sind bei ihm das Resultat vielfältiger Verfahrensweisen: Kabakov läßt sie an den Schock- und Bruchstellen einer collagierten Welt entstehen. Die Demontage einer festgelegten Erwartungshaltung, das *Spiel* mit Vorzeigen und Verstecken ist ihm Prinzip: In seinen subtilen Parodien von konventionellen Genres wie etwa des Historien- oder Landschaftsbildes ist die Deformation der Wirklichkeit häufig anzutreffen.

Die Absurdität wird als Drama inszeniert, gleicht der Dumpfheit des Alltags, gegenständlich ohne gegenständlich zu sein ist nicht mehr die Frage: »Doch absurde Texte zeigen, daß sie keinerlei echten Inhalt haben – und das verleiht ihnen einen enormen Inhalt.[29] Kabakov verwendet die Malerei jenseits ihres traditionellen Seins: »Heute wird das Primat des Tafelbildes als eines Fensters in die Welt überall angezweifelt. Das Bild wird heruntergeputzt, mit Konservendosen beklebt, zerschnitten, über Stühle und Bänke gezogen, auf den Boden geworfen, zum Dreieck, zum Halbkreis geformt usw. Natürlich bleibt es als Objekt all dieser Manipulationen im Zentrum der Aufmerksamkeit.«[30] Die strenge Organisation des

ILya Kabakov: Die Toilette, 1992, Museum Fridericianum (Hof), Kassel (Foto: Dirk Bleicker)

Bildaufbaus – fast alle seine Ausstellungen werden durch sorgfältige gezeichnete Konzepte vorbereitet – bildet für ihn die Struktur des Kunstwerkes.

Kabakov, der seine Motive häufig aus der sowjetischen Alltagswelt auswählt, bietet diese in Formen des Trivialen in konzentrierter Aufmerksamkeit dar, die durch die Übertragung westlicher Stile und Techniken beeinflußt wurden. Er macht deutlich, wie das kollektive und individuelle Gedächtnis durch Bildersprache verunsichert werden kann.

In Kabakovs *Installationen* ist eine Parallelität der Struktur der Kompositionen und der Struktur des intendierten Manipulierens festzustellen: institutionalisierte Formen menschlichen Lebens werden mit extremen Phantasievorstellungen oder literarischen Fragmenten so kombiniert, daß sie wie eine einzige Handlungssequenz wirken.

Die z. T. abstoßend häßlichen Figurationen des Alltäglichen werden in Naivität gezeigt, ohne beim Betrachter das Gefühl der Bedrohung auszulösen. Das *Böse und Schreckliche* wird bei Kabakov nicht im Sinne der deutschen Tradition des Phantastischen entschärft, sondern im Sinne der französischen »Romantik des Bösen«[31] gebraucht.

Intellekt und Emotion treten über Sprache und Sprachpartikel in ein enges Spannungsverhältnis zueinander, wobei das Phantastische der Gegenwart als Spielart des Romantischen – Kierkegaard setzte das Romantische und die Ironie gleich –, bei Kabakov häufig zwischen banaler Tragik und Komik einer Alltagsrealität angesiedelt ist: »Man traf ihn immer bei einer merkwürdigen Beschäftigung an: in unserer großen Kommunalwohnung warf er irgendeinen Gegenstand neben seine Tür auf den Fußboden im Flur. Das konnte ein alter Schuh sein, eine dreckige Konservenbüchse, in der Dosenfleisch gewesen war, ein Bund Schlüssel, das nicht mehr gebraucht wurde, oder gar ein Mantel oder eine alte Hose. Dabei stand er in seinem Zimmer direkt hinter der Tür, die er einen Spalt weit geöffnet hatte, hielt Bleistift und Notizbuch in der Hand und wartete gespannt, was im Flur passieren würde. Wer ihn von weitem gesehen hätte, hätte ihn für einen sonderbaren Fischer halten können, der mit der Angel in der Hand dasitzt und sein Glück nicht erwarten kann.«[32]

Die Komik, die in dieser Beschreibung liegt, hat nichts mehr mit Lächerlichkeit zu tun. Sie erinnert vielmehr an die traurige Ironie, die, im Sinne von Jean Paul, der in der »Vorschule der Ästhetik« vom Lachen spricht, »worin noch ein Schmerz ist«, gerade das Gegenteil meint. Im Thema »Der Witzbold« beschreibt Kabakov sorgfältig den Unterschied des Witzes und der Ironie.

Kabakovs Konzentration auf die alltäglichen Sinneswahrnehmung, z. B. des *Scheks* zeigt, daß das allvertraute Auge ein von den Dingen abgekehrtes Auge ist, zugewandt einer unsichtbaren Autorität, dem Unbewußten einer Papierwelt, dem unendlichen Einfluß eines sicher geglaubten Weltbürgertums: »Deshalb ist der Schek mehr als ein toter Haufen von Verfügungen, Regeln, bestimmter Zeremonien und Ritualen. Es ist ein energiegeladenes öffentliches Vollblutwesen, welches das bis anhin so qualvoll getrennte Private und das Allgemeine, des eigene und das fremde, das Alltägliche und das Ewige in sich vereint. Dieser Zustand erlaubt weder Inneres noch Äußeres, Offenes noch Verborgenes, Zurschaugestelltes noch Verschwiegenes. (...) Das Schek-Bewußtsein ist in erster Linie durch die allesdurchdringende Normativität der Vorstellungen, Werte und Verhaltensweisen geprägt. Ein wohldefinierter Block von Vorstellungen wappnet den Schek-Menschen für alle Lebenssituationen.«[33]

Es ist die Funktion dieser Art der Ironie, daß sie die gesicherte Vernunft der Welt ad absurdum führt. Die alltäglich-gewöhnliche Welt der »Kommunalwohnung, des Flures oder des Postkartenverkäufers im Nebenhaus« wird die andere Seite, die alles definierende Totalität des Staates, unmittelbar und unvermittelt aber unsichtbar nebeneinander gestellt.[34]

Bei der Suche nach einem Konzept für sein Gedankengebäude und die entsprechende Formensprache fällt sowohl die auswählende Form der individuellen Motivaneignung (Ablehnung und Aneignung ikonographischer Tradition), die Vorliebe für alltägliche Motive auf, die sich in der Unbestimmtheit eines Textes manifestieren: Kleine nachvollziehbare Gedankenreihen werden durch scharf voneinander zäsurierte Wortblöcke voneinander getrennt, die in keine logische Kontinuität mehr gebracht werden können. Es entsteht ein rätselhaftes Werk durch Verbindung von Gezeigtem und Gemeinten mit vielfältige Brechungen.

1988 zeigte Kabakov im Düsseldorfer Kunstverein monochrome Bilder, die in ihrer radikalen Reduzierung mit Figurentexten kombiniert werden.[35] Diese Kombination erklärt sich zum Teil dadurch, daß in der Sowjetunion ein heftiger Widerstand der Rezipienten gegen die inhaltslose Moderne besteht. Doch charakteristisch für Kabakovs Gestaltungsweise ist der Versuch, durch die Verknüpfung der optisch erfahrbaren Welt mit der Darstellung von Empfindungen oder Stimmungen, die er bei der Wahrnehmung bestimmter Dinge hat, direkt an das Gefühl des Betrachters zu appellieren. Es ist interessant, hier Bergsons Unterscheidung zwischen dem vom Willen gelenkten *mémoire,* das Fakten registriert und dessen Begriff des *souvenir,* das eine entsprechende, willentlich nicht beeinflußbare Stimmung transportiert, heranzuziehen. Die, nach Bergsons Unterscheidung wesentlichen Kategorien des Unbewußten und des Gefühls schieben sich vor die Botschaft des Intellekts und machen so die eigentümliche Stimmung von Kabakovs Arbeiten aus. Ein wesentliches Verfremdungselement ist ihm dabei eine syntaktische Neuordnung traditioneller Bildformeln. Das Auftreten eines geläufigen Repertoires ist indessen für Kabakov kein bloßes Anzeichen der Fortsetzung von künstlerischer Konventionen und damit der künstlerischen Tradition. Vielmehr ist die Kombination konventioneller Stilelemente und Inhalte Ausdruck eines spezifischen Stil- und Kunstempfindens, das die Tradition aufnimmt, um sie zu überwinden. Damit wird eine neue Bedeutungsebene erschlossen, die weder der rein nachahmenden noch der rein abstrakten Kunst zu eigen ist, sondern Ausdruck einer *gedanklichen* Kunst.

Die syntaktische Neuordnung traditioneller Bildelemente hat gleichzeitig eine semantische Veränderung zur Folge. Die damit auch gemeinte fortdauernde Bezugnahme auf eine abbildende, an Bildtraditionen orientierte Kunst, ist bei Kabakov ungebrochen. Er thematisiert die Kommentarbedürftigkeit der Bilder, in dem er zum Teil machtvolle, fiktive Kommentare hinzufügt. Die Verschmelzung von Lesen und Sehen führt dabei zu einem Grad der Abstraktion, die dem scheinbar greifbaren Realismus der Alltagsgegenstände den Stempel des Syllogismus aufdrücken. Es sind Synthesen kultureller Lebensbeziehungen, die auf den Gegensatz von äußerer (des Bildes) und innerer Zeit (des Betrachters) anspielen. Gleichzeitig wird Material der Wirklichkeit gezeigt, beschrieben und als Schauplatz in die Kunst überführt. Der Betrachter zweifelt mitunter, ob wirklich ein Wechsel der Ebenen stattgefunden hat, denn Kabakovs Arbeiten appellieren gleichermaßen an das innere, wie auch das äußere Auge. Die Anordnung der Bilder zeigt Orte und beschwört gleichzeitig andere Orte und Bilder herauf. Marcel Proust hat diesen Prozeß in der Literatur ausführlich praktiziert, indem seine Verfahrensweise gebunden war an ein Wiederfinden einer verlorenen Wirklichkeit der Erinnerung, ausgelöst durch ein zumeist zufälliges Ereignis oder einen belanglosen Gegenstand: »Das Aufsteigen des vergangenen Wirklichen aus dem sich erinnernden Bewußtsein, das längst die Zustände, in denen es jeweils befangen war, als das Wirkliche gegenwärtig geschah, verlassen hat, sieht und ordnet seinen Inhalt auf eine Weise, die ganz verschieden ist vom nur Individuellen und Subjektiven; (...) dabei vereint sich die moderne Vorstellung von der inneren Zeit mit einer neuplatonischen Auffassung, daß das wahre Urbild des Gegenstandes in der Seele des Künstlers liege; eines Künstlers, der, selbst im Gegenstand befindlich, sich als betrachtender vom Gegenstand losgelöst hat und seiner eigenen Vergangenheit gegenübertritt.«[36]

Eindeutige Interpretationen stoßen ins Leere, rufen Paradoxien hervor: Hatte z.B. Barnett Newman noch verkündet, daß der Künstler keine andere Aufgabe habe, als die Wahrheit aus der Leere mit Gewalt herauszuholen, so ist Kabakovs atmosphärische

Momentaufnahme des alltäglichen Nichts die Antwort auf ein von sozialen Erschütterungen bedrohtes Zeitalter, das sich selbst in erstarrten Konventionen und sinnentleerten Ritualen auch und gerade der Kunstausstellungen pompös selbstbespiegelt.
Doch nach dem Betrachten einer Installation Kabakovs sieht man den Alltag niemals mehr wie zuvor.

ANMERKUNGEN

1 Vgl. hier Carl Einstein: *Prophet der Avantagarde*. Berlin 1991, S. 73f.
2 Vgl. R. Scholes: *Structural Fabulation*. An Essay on Fiction of the Future, Notre Dame, London, University of Notre Dame Press, 1975, S. 7.
3 Vgl. hier den Begriff von der »Interpretationsblockade« in: Stephan Schmidt-Wulffen: *Spielregeln*. Köln 1987, S.72.
4 Vgl. Paul Klee: *Schöpferische Konfession*. – Paul Klee, Schriften, Rezensionen und Aufsätze, hrsg. von Christian Geelhar, Köln 1976, S. 118.
5 Interview mit Joan Simon: An interview with Jonathan Borofsky. In: Art in America, Vol.69, No.9, November 1981 S. 163.
6 Konrad Fiedler: Schriften über Kunst. München 1914, Schriften I, S. 180.
7 Carsten Ahrens: *Frammenti di Memoria*. Ausst. Kat. Hannover 1989, S. 13.
8 Ilya Kabakov: *Fliege mit Flügeln*. Kunstverein Hannover 1991; vgl. auch Ilya Kabakov und Iwan Tschuikow: *Das Schiff – Die Kommunalwohnung*. Museum für Gegenwartskunst 14. 2. – 20. 4. 1987.
9 Karl Rosenkranz: *Aesthetik des Häßlichen*. Faksimile-Neudruck der Ausgabe Königsberg 1853, hrsg., von Walter Gose und Walter Sachs, Stuttgart 1986, S. 133.
10 Interview mit Joan Simon a.a.O., S. 163.
11 geführt mit der Verfasserin im November 1991 in Kassel.
12 Klinger: *Briefe*. a.a.O., S. 65.
13 ders.: Malerei und Zeichnung. a.a.O., S. 36.
14 Borofsky zu Jennifer Allen. In: The daily News, New York, 20. Febr. 1981; Vgl. auch Michael Klein, *J. Borofsky*, in: Arts Magazine, Nov. 1979, S. 122–124.
15 Vgl. Dieter Koepplin: *Jonathan Borofsky. Zeichnungen 1960–1983*. Ausst.Kat. Kunstmuseum Basel 1983.
16 Vgl. Michel Foucault: *Die Ordnung der Dinge*. Frankfurt/M. 1974, S.365.
17 William Blake: *The Complete Writings*. New York 1917, Bd. V, S. 60.
18 Kurt Kappa Kocherscheidt: *Zeichnungen 1971 – 1976*. Freiburg 1976, hier Text: Rio Arinos, S. 5–15.
19 Vgl. hier die grundlegende Herleitung *Der Poesiebegriff der deutschen Romantik*, hrsg. von K. K. Polheim, Paderborn 1972, S. 39 f.
20 Jannis Kounellis in *Frammenti di Memoria*, Ausst.Kat. Hannover, S. 11.
21 a.a.O., S. 9.
22 Vgl. Carl Haenlein. In: *Frammenti di Memoria*, a.a.O., S. 7.
23 Vgl. Carl Einstein: *Zwischen den Welten*. In: Documents, Nr. 3, 1929, S.147.
24 Carsten Ahrens in: *Frammenti di Memoria*, a.a.O., S. 17.
25 ebd., S.13.
26 ebd., S.18.
27 ebd., S.9
28 Carsten Ahrens in: *Frammenti di Memoria*, a.a.O., S. 11.
29 Ilya Kabakov, Boris Groys: *Die Kunst des Fliehens. Dialoge über Angst, das heilige Weiß und den sowjetischen Müll*. München, Wien, 1991, S. 30.
30 ders., S. 72.
31 Vgl. Karl-Heinz Bohrer: a.a.O., S. 491.
32 Ilya Kabakov: *Der Mann der die Meinungen anderer sammelt*, Installation *10 Personen*, Galerie Feldmann New York 1987.
33 Vgl. Ilya Kabakov: *Das Schiff – Die Kommunalwohnung, Zwei Installationen*. Kunsthalle Zürich 1989.
34 Vgl. Ingrid Strohschneider-Kohrs: *Die romantische Ironie in Theorie und Gestaltung*. Tübingen 1977. In: Hermaea. Germanistische Forschungen. Neue Folge, hrsg. von Hans Fromm und Hans-Joachim Mähl. Bd. 6, S. 354.
35 Ilya Kabakov: *Am Rande. Gemälde, Alben, Paravents, Zeichnungen, Installationen 1965 – 1985*. Düsseldorf 1988.
36 Erich Auerbach: *Mimesis. Dargestellte Wirklichkeit in der abendländischen Literatur*. Bern 1946 (8. Auflage 1988), S. 504.

LITERATUR

Jonathan Borofsky: *Dreams 1973 – 81*. Ausst.Kat. London und Basel 1981. Ausst.Kat.

ders.: Ausst.Kat. Stockholm 1984.

Ilya Kabakov: *Boris Groys. Die Kunst des Fliehens. Dialoge über Angst, das heilige Weiß und den sowjetischen Müll*. München, Wien, 1991.

Jannis Kounellis: *Fragmente der Erinnerung*. Ausst.Kat. Hannover 1991.

Kurt Kappa Kocherscheidt: *Neue Bilder und Zeichnungen*. Düsseldorf, Wien 1980.

Kurt Kappa Kocherscheidt: *Zeichnungen 1971–1976*. Freiburg 1976.

DIE ANDERE REALITÄT DER KUNST.
Pedro Cabrita Reis, Tadashi Kawamata, Max Neuhaus und Micha Ullman

Christian Bromig

Aus der überwältigenden Vielzahl der dieses Jahr auftretenden Künstler habe ich mehr intuitiv denn zielstrebig vier Namen ausgewählt, um ihr Werk unter gelegentlicher Zuhilfenahme *ästhetischer Theorie* verstehen zu lernen. Diese vier Künstler eint – nicht mehr und nicht weniger –, daß sie ihre Werke in einer anderen als der musealen Realität an exponierten Topoi des Stadtzentrums zur Schau stellen: Tadashi Kawamata in der Karlsaue unterhalb der Schönen Aussicht, Pedro Cabrita Reis auf dem Friedrichsplatz vor dem Museum Fridericianum, Micha Ullman auf der Straße hinter dem Museum und Max Neuhaus im AOK-Verwaltungsgebäude an der Südoststrecke des Friedrichsplatzes, *dem Nabel der Ausstellung*, von dem aus *der Betrachter alle anderen Ausstellungsorte sehen* kann.

I. Unbehaustheit

Der 1953 auf Hokkaido geborene Japaner Tadashi Kawamata reiste 1987 auf seine erste documenta. 1982 besorgte er die Ausgestaltung des japanischen Biennale-Pavillons. Er verbarg ihn hinter einem riesigen, nestartigen Bretterverschlag. Im Jahr darauf folgte das sogenannte ›Tetra House N-3 W-26 Project‹ in seiner Heimatstadt Sapporo. Kawamata mietete ein leerstehendes Haus und verhüllte auch dieses – innen wie außen – mit ausrangierten Brettern und Kanthölzern, um es, wie er selbst sagt, aus dem gesichtslosen Einerlei kubischer, weiß getünchter Baukörper herauszuheben. Seitdem zahlreiche Ausstellungen und weitere Projekte im Stadtraum.

Die diesjährige Ausstellungsleitung rühmt sich, kein Konzept zu haben. Sie »baue nur eine Struktur, die ein Konzept andeutet.«[1] Wohingegen ihre Vorgängerin von 1987 das ständig nach Namen, Zahlen und sonstigen Gewißheiten dürstende Publikum weitaus bereitwilliger mit dem Gewünschten zu versorgen schien. Allerdings mit recht vagen, abgedroschenen Formulierungen. Deutlich erkennbar sei, so hieß es damals, die Tendenz zu einer »neuen anthropologischen Komplexität der Kunst«.[2] Von Manfred Schneckenburger, spiritus rector des Unternehmens, stammt auch der Satz: »Die Kunst gewinnt eine neue historische und soziale Dimension«.[3] So kam es, daß die documenta 8 die vertrauten und freilich auch bequemen Schranken des klassischen Museums durchbrach und sich mit *sozialen* Kunstwerken den vergleichsweise profanen Problemen des gelebten Lebens zuwandte. Tadashi Kawamata schien prädestiniert, dieses Ansinnen in die Tat umzusetzen. Ein geeigneter Schauplatz für seine Verschalungskünste war in dieser mit baulichen Unzulänglichkeiten reich gesegneten Stadt rasch gefunden. Unweit des Königsplatzes befindet sich (noch heute) die Ruine der Garnisonkirche, ein seit fast 50 Jahren dahinsiechendes Gemäuer, zu dessen Abriß bzw. Wiederaufbau sich bisher – trotz vieler ernsthafter Vorschläge – niemand entscheiden konnte. Manch' alteingesessener Bürger der Stadt sah bereits die Kirche in alter Schönheit wiedererstehen. Doch nichts da! Das Gerüst blieb Gerüst und wurde zum Verdruß des anfänglich wohlgesonnenen Publikums mit zahlreichen, wahllos aneinander und übereinander befestigten Holzlatten drapiert. Es glich einem riesenhaften Nestbau, der im Verlauf der Arbeiten immer mehr ins Chaotische wucherte. Das Werk, das augenscheinlich zur Stadterneuerung, zur Rekonstruktion der Kirche angetreten war, wurde hermetisch, zog sich sozusagen aufs Kunstpodest zurück. Es verschließt sich den subjektiven Projektionen des Betrachters, der es nach bewährtem Prinzip zum Ding unter Dingen entqualifiziert. Für ihn gilt Kunst nur so viel, als sie zur Steigerung seines materiellen und seelischen Wohlbefindens nützlich ist. Er befindet sich diesseits der Kunst, Kawamatas Werk, als das Andere der Realität, erhebt wie selbstverständlich den Anspruch auf Kunst.

Es verweigert sich dem Reglement eines Ordnungsbewußtseins, das – allen anderslautenden Vorsätzen zum Trotz – die menschenfeindliche Atomisierung von Stadt und Land herbeigeführt hat. Es beglückt nicht mit fertiger, sorgsam arrangierter Kunst und schon gar nicht mit wirklichkeitstauglicher Architektur. Kawamata schuf ein Provisorium, ein Memento mori, das sichtbar macht und zur Versöhnung mahnt. 1987 der ›Nestbau‹ (›Destroyed Church Project, 1987‹)in der Garnisonkirche und dieses Jahr das Projekt ›People's Garden‹ in der Karlsaue: Kawamata wird zum zweiten Male dabeisein. Skeptiker werden vielleicht fragen, ob und wie ein und derselbe Künstler an zwei derart verschiedenen Unternehmungen wie der unter Manfred Schneckenburgers Ägide durchgeführten *Konzept-documenta* von 1987 und der Hoetschen *documenta-ohne-Konzept* von 1992 mitarbeiten kann. Mitnichten – er kann! Kawamata kommt dabei gewiß zugute, daß er sich jene gleichsam professionelle Immunität ertrotzt hat, ohne die sich kein Künstler gegenüber den Anwürfen des Kunstbetriebs und seiner berufsmäßigen Kommentatoren mit ihren grotesken »Unsinnsfloskeln« (Arnold Gehlen) behaupten kann. Für ›People's Garden‹ hat sich Kawamata rund drei Dutzend primitive Verschläge ausgedacht, die in konzentrischer Anordnung die Ufer der Kleinen Fulda nördlich des Kleingärtnervereins Hofbleiche und die Hangkante an der Frankfurter Straße, südlich der Neuen Galerie, säumen sollen. »Ich werde meine Gebilde«, so der Wortlaut des Exposés, »mit Hilfe ausländischer Arbeiter

Tadashi Kawamata: People's Garden, 1992, Karlsaue, Kassel (Foto: Dirk Bleicker)

aus Abfällen herstellen. Sie sollen wie die Hütten wohnsitzloser Menschen oder eines Ghettos aussehen und einen ironischen Kontrast zu den friedvollen Gartenhäuschen bilden.« Welcher Neugierige möchte da nicht hineinschlupfen, erkunden, wie sein Urahn einmal gelebt haben könnte? Kassels Berber werden die Buden als komfortable Sommerresidenz zu schätzen wissen. Oder die Ausstellungsleitung erwirkt zur Abwendung höherer Gefahr die Umzäunung und nächtliche Schließung des Geländes. – Noli me tangere! Kunst, die das faktische Leben nachahmt, läuft Gefahr, für diese Realität selbst gehalten zu werden, der sie doch ihrem Anspruch nach entrinnen möchte. Aber: Was wäre noch Kunst an der Kunst, die ihren mimetischen Impuls, das »allem dinghaften Wesen unvereinbare Moment« aufgäbe?[4] »Die Elemente jenes Anderen«, sagt Adorno, »sind in der Realität versammelt, sie müßten nur, um ein Geringes versetzt, in neue Konstellation treten, um ihre rechte Stelle zu finden. Weniger als daß sie imitierten, machen die Kunstwerke der Realität diese Versetzung vor.«[5]

Die empirische Welt scheint weit entfernt, die rechte Stelle, den ihr zubestimmten Ort zu finden. Die Kunst weiß um diese Aporie. Seit ihren Anfängen hat sie sich der Idee »von der Wiederherstellung unterdrückter und in die geschichtliche Dynamik verflochtener Natur« verpflichtet, deretwegen sie die verstellte, entstellte Wirklichkeit zumindestens in effigie zurechtrücken möchte.[6] »Die Natur, deren imago Kunst nachhängt, ist noch gar nicht; wahr an der Kunst ein Nichtseiendes (...) Alles Machen der Kunst ist eine einzige Anstrengung zu sagen, was nicht das Gemachte selbst wäre und was sie nicht weiß.«[7] Kunst, sofern sie für das Andere, für das jenseits von ihr Befindliche, etwa für die Möglichkeit des real Möglichen einsteht, wird flüchtig und ephemer. Sie vagabundiert, wie Kawamatas ›People's Garden‹ eindrücklich aufweist. Die Bretterbuden und Verschläge könnten genauso gut in Paris, London, Tokio, in New York und in Moskau errichtet werden: ein zufälliges, pilzartig sich ausbreitendes Konglomerat von Behältern aus Holzmüll und weggeworfenen Eternitabdekkungen. Passend zum »Bettler in einer gut organisierten Großstadt«. Der gehört dazu und ist doch ausgeschlossen. »Der Bettler«, so lesen wir in Jan Hoets documenta-Brevier, »signalisiert uns den Verfall, flüchtig und doch wesentlich, immer als Teil und Folge einer Gesellschaft, die eine viel deutlichere Ortsbestimmung als er selbst gewählt hat. Denn er, der Bettler, kann überall sein oder nirgends.«[8]

II. Erde

Micha Ullman ist Jude. Seine Eltern konnten 1933 aus Deutschland fliehen, zählten zu den frühen Einwanderern in Palästina, auf dessen Boden 1948 der israelische Staat ausgerufen wurde.

Micha Ullman: Erbaut in den Jahren 1902/04, 1992, Hinter dem Museum, Kassel (Foto: Dirk Bleicker)

Zuerst zeichnete der 1939 in Tel Aviv geborene Ullman Landschaften, horizontlose Felder, die sich aus monotonen, mit nervöser, ruheloser Hand auf das Papier geworfenen Schraffuren zusammensetzten. Wenige Jahre später wechselte er das Metier und gräbt sich in die Erde ein: 1973 hob er im israelischen Kibbuz Metzer und im arabischen Dorf Messer jeweils eine kleine Grube aus. Die israelische Erde schüttete er in das palästinensische Loch und umgekehrt. Eine Geste der Verständigung, jenseits der Ideologien, jenseits der selbstherrlichen, kriegerischen Landnahme des jungen israelischen Staates?

Tel Hai Art Meeting 1980: Micha Ullman baut mit seinen Studenten einige mannshohe Gebilde aus Dreck, Stroh und trockenem Gehölz, die die Unterschlüpfenden wie Kokons umhüllen. Das Spektrum der Assoziationen reicht von Bunker, Unterstand, Angriff, Rückzug und Grenzziehung bis hin zu Schutz, Wärme und Nestbau. »Ein kurzer, starker Moment embryonaler Rückkehr in eine chthonische Geborgenheit«, wie Manfred Schneckenburger meint.

Nochmals Tel Hai 1983: Mit ›Himmel‹ gelang Ullman eine seiner eindrucksvollsten Arbeiten. Aus einer steil abfallenden Kalkfelsenformation schnitt er ein nach oben und nach vorne hin offenes, quaderförmiges Stück heraus, modellierte es zu einem stuhlähnlichen Gebilde und kippte es – schräg – auf die seitlichen Wände. Der ewige Jude streift wie Ahasver ziellos und zielstrebig durch die Welt, ohne festen Boden unter den Füßen. Kein Ort nirgends. Avraham Ofek schreibt über ›Himmel‹: »Um einen Stuhl zu bauen, brauchen wir dieselbe Menge Erde, die Gott benötigte, um den Menschen zu schaffen. (...) Wenn Ullman einen Stuhl formt, dann schafft er einen Menschen.«[9] 1990 entsteht ›Niemand‹, eine hermetische Stahlplastik in Würfelgestalt, die – an einer Seite – das dieses Mal kopfstehende Stuhlmotiv aufgreift. Als besondere Zutat: An der benachbarten Wand befindet sich hinter einem halbrunden, brüstungsartigen Vorbau eine türförmige Einfassung. Der mächtige, aus rohen Stahlplatten zusammengesetzte Korpus wirkt gravitätisch, erinnert an minimalistische Formexerzitien, wäre da nicht der symbolische Surplus in Tür- und Stuhlgestalt.

Micha Ullman, kein Neuling auf der documenta, beeindruckte dort 1987 mit ›Ground‹, einer aus Erde und Stahl gearbeiteten Großplastik, die auf einem Rasenstück der Karlsaue, an der Hangkante unterhalb der Schönen Aussicht plaziert war. Eine nahezu quadratische Grube wurde ausgehoben, die steil abfallenden Wände mit frischer Grasnarbe bepflanzt. Darüber schwebten zwei riesige, rechtwinklig zueinander angeordnete Stahltröge, die sich in der Mitte der Grube trafen, dort beinahe zusammenstießen. Aus der Spitze eines Troges hat Ullman ein Stück herausgeschnitten. Es ähnelte einem kopfstehenden Stuhl.

Wer diese Kunst allzu wörtlich nahm, dachte an ein ausgehobenes Grab für Massenhinrichtungen. Ein Stoß vom Rand genügte, und der Gerichtete fiel hinein. Mehr praktisch veranlagte Menschen interessierten sich für die physikalischen Probleme der in höchst delikater Schwebe ausbalancierten Stahlbalken. Traditionelle Kunstkenner hingegen begeisterten sich für die Kargheit des Materials und dessen zurückhaltende Bearbeitung: Ullman ein Minimalist oder gar ein Nachfahre konstruktivistischer Skulpturenbauer? Eine letzte Gruppe schließlich, Poetiker und sonstige Literaten, mochte in dem kopfstehenden Stuhlgebilde am Ende des Stahltrogs eine Chiffre für zivilisatorische Unbehaustheit geltend machen.

Für die DOCUMENTA IX gräbt Micha Ullman direkt hinter dem Museum ein Stück Straße auf, als wäre es eine ganz alltägliche Baustelle. Der öffentliche Zweck tritt hinter den der Kunst zurück. Und dieser hat wiederum ein sehr privates Motiv. In Erinnerung an seinen Vater und dessen sechs Geschwister versenkt Ullman sieben L-förmige Betonbehälter in das aufgerissene Pflaster, die mit gußeisernen Deckeln verschlossen werden. Kleine Öffnungen in den Deckeln, jede nach einem anderen Symbol geschnitten, lassen den darunter befindlichen Hohlraum erahnen. Ein Epitaph auf eine jüdische Familie, die 1933 aus Deutschland fliehen mußte.

Wer Micha Ullmans Werk Revue passieren läßt, scheint von einem obsessiven Verlangen getrieben, in einen schier grenzenlosen Strom schemenhaft, selten deutlich erinnerter Bilder eintauchen zu müssen. Das Unbewußte irritiert, erschüttert das Bewußtsein. Dieses sucht neuen Halt und geht daran, das formlos Eindringende in feste Begriffe einzubetten. Solche, teils auch im Sinne der C.G. Jungschen Archetypenlehre bedeutsamen Begriffe könnten bei Ullman sein: Erde, »Erdmutter«,[10] Stuhl, Grab, auch Graben, Wände, Haus, Schutz, Flucht, Grenze, Landarbeit und Landnahme. Vorsicht aber, die C. G. Jungsche Traumwelt mit ihren Schätzen der »rezent werdenden Urmenschheit« (Ernst Bloch) wie auch jeder andere »kosmische Jargon« (Arnold Gehlen) stehen diesseits der Kunst. Mit anderen Worten: Die Produktion von Kunst, auch der Ullmanschen, erfolgt nach ganz anderem Prinzip als diejenige des Traums und aus Traum- und Urwelten extrahierter Archetypen.

Jedes Kunstwerk ist ein Gemachtes und als solches bedarf es der »radikal geistig vermittelten Durcharbeitung« (Adorno). Mehr noch: Als Kunstwerk erfährt sich das Geistige auf einer höheren Stufe als das Bewußtsein, das ihm Fremde und Unerforschliche, eben das, was nicht in seine Bezirke hineinpaßt, verstandesmäßig zu ergründen und sich selbst gleichzumachen versucht. Geist und Nicht-Geist gehen im Kunstwerk eine ideale, im Wortsinne vorbildliche Symbiose ein. Darin gründet sein hermetischer, jeglicher vordergründigen Erfassung unzugänglicher Charakter. Kunst läßt sich nicht in Sprache auflösen. Und auch beim Betrachten bleibt ein unerkannter Rest. Die berufsmäßigen Kommentatoren von Kunst spüren diesen Affront und suchen dagegen anzukämpfen. In ihrer Not erfinden sie immer neue, möglichst geistreiche Wortgebilde, eine »große dramatische Existential-Sprache« (Gehlen), um dem »Phänomen Kunst« auf den Grund zu gehen.

Amnon Barzel, Vorwortschreiber zu Micha Ullmans ›Berliner Arbeiten‹, philosophiert: »Der geschlossene Raum im Niemand (gemeint ist die ausgestellte Metallskulptur) ist die Domäne der Selbst-Beschränkung.« Und schickt sogleich die rätselhafte Bemerkung nach: »Der isolierte Raum, wo die Zeit Selbstmord begeht.«[11] Sie entpuppt sich als barer Schwachsinn, den ein Dadaist wie Tristan Tzara oder Hugo Ball kaum besser – allerdings ironisch – rezitiert haben könnte.

»Vor derartigen Gedanken«, schrieb Arnold Gehlen schon 1960 angesichts der »heute uferlosen Kommentarliteratur, ist dringend zu warnen: Jedermann kann zwar irgendwelche subjektiven Meinungen über die Beschaffenheit des Weltinneren hegen, die ihm plausibel vorkommen, aber solche Meinungen in abstrakte Kunst umzusetzen, das bedeutet doch, sich der eigentlichen Schwierigkeit der Aufgabe zu entziehen, denn im Grunde handelt es sich ja dann um einen ›Ersatzgegenstand‹: Man verzichtet darauf, Häuser und Gitarren zu malen, will aber das Gleichgewicht des Weltalls oder die absoluten Urformen darstellen, von denen niemand außer dem Betreffenden etwas weiß.«[12] Solche sich selbst zum Kunstwerk aufspreizende Surrogat-Literatur verstellt den Blick auf die Aufgabe einer *peinture conceptuelle,* einer sich selbst reflektierenden Kunst, »deren Grundsatzüberlegungen ja die Frage ›wozu überhaupt Kunst‹ nicht auslassen dürfen; und sie ist mit ein paar Behauptungen über irgendein Absolutes, die ohnehin sehr im allgemeinen bleiben müssen, nicht zu befriedigen.«[13]

Die Kunst steht sich zuweilen selbst im Weg, auch die Ullmansche. Gebilde mit rätselhaften, vergleichsweise ungegenständlichen Formprinzipien neigen nun einmal dazu, die spekulative Begabung des Betrachters zu stimulieren, um ihn schließlich auf die von *Urbildern* und *Urseelen* gesäumte Fährte des Irrationalen zu lenken.

III. Archäologie

Banale Seherfahrungen oder ein bloßes Bild, das einen lebendigen Fluß optischer wie sprachlicher Assoziationen zu evozieren vermag: daraus entsteht noch keine Kunst, wohl aber aus solchen Gebilden, die »mehr sind als sie sind«.[14] Daß sie mehr als ein bloß Seiendes geworden sind, »ein Erscheinendes«, nicht aber »blinde Erscheinung«, verdanken sie ihrem Geist, der ihnen als unabdingbares Ingredienz einbeschrieben ist. »Was in den Kunstwerken erscheint, nicht abzuheben von der Erscheinung, aber auch nicht mit ihr identisch, das Nichtfaktische an ihrer Faktizität, ist ihr Geist. Er macht die Kunstwerke, Dinge unter Dingen, zu einem Anderen als Dinglichem, während sie doch nur als Dinge dazu zu werden vermögen.«[15]

Wenn Adorno, von dem diese Sätze stammen, des weiteren schreibt: »Der Kunst ist ihr Sinnliches nur vergeistigt, gebrochen«, dann meint er damit nichts anderes als ihre stete Vermittlung und Durcharbeitung durch den Geist.[16] »So wenig ein Geistiges an ihnen zählt, das nicht aus der Konfiguration ihrer sinnlichen Momente entspränge (...), so wenig ist ein Sinnliches an den Werken künstlerisch, das nicht in sich durch Geist vermittelt wäre.«[17]

Selbst der dem absoluten Weltgeist über alle Maßen ergebene Hegel, dem Adornos ›Ästhetische Theorie‹ viel zu verdanken hat, gestand auch der Kunst zu, daß sie *denkt,* weil ohne geistiges Fundament kein sinnliches Produkt auch künstlerisch sich nennen dürfte. Das Kunstwerk habe nicht nur der »sinnlichen Auffassung« zu Diensten zu sein, »als sinnlicher Gegenstand, sondern seine Stellung ist von der Art, daß es als Sinnliches wesentlich für den Geist ist, der Geist davon affiziert werden und irgendeine Befriedigung darin finden soll.«[18]

Pedro Cabrita Reis, einer der vielen Neulinge auf dem

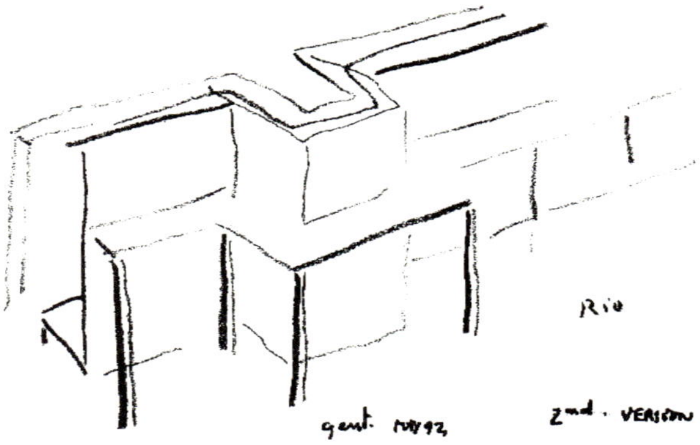

Pedro Cabrita Reis: Skizze zu Rio, 1992

internationalen Kunstparkett, nimmt zum ersten Mal an der documenta teil. Wer über ihn recherchiert, muß sich mit einer mageren Ausbeute begnügen.
Cabrita Reis, 1956 in Lissabon geboren, benutzt ein sehr einfaches Formenvokabular: geometrische Körper wie Würfel, Quader, Zylinder, auch aquäduktartige Kanäle, meist aus Gips verfertigt, stellt er zu größeren Ensembles zusammen oder exponiert sie zwischen vorgefundenen Gegenständen im Raum, verteilt sie wie in ›Alexandria‹ (1990) um den Brunnen eines Klosters im portugiesischen Beja. Die Topographie des jeweiligen Raumes wird der Kunst einverleibt. Konstellationen entstehen, die keinen wirklichen Zweck erfüllen, ausgenommen den der Kunst. Sie tragen rätselhafte Namen wie *Haus der Armut, Haus des Schattens, Haus des Geflüsters* oder *Haus des süßen Geschmacks,* Namen, die eine künstliche Spannung zwischen den sichtbaren Artefakten und den Assoziationen, dem *Fluß* des Bewußtseins erzeugen sollen.
Rio heißt denn auch der Titel des documenta-Beitrags, der sich etwa 25 Meter lang diagonal über den Friedrichsplatz erstreckt: ein schmaler, rund drei Meter tiefer Schacht mit Treppen an den Enden. In zwei zueinander versetzten Ausbuchtungen lagern jeweils eine quadratische und eine zylindrische Hohlform aus portugiesischem Kalkstein. Boden, Wände und Treppen sind mit dem gleichen Gestein verkleidet.
Rio möchte, so die interne Projektbeschreibung, »wie ein kürzlich freigelegter archäologischer Fund erscheinen«, den »Fluß der Gedanken« freisetzen und diese in die »verschüttete« Vergangenheit schweifen lassen. ... Bewußtmachung von Geschichte: Darauf versteht sich der Verstand, nicht aber der Körper. Pedro Cabrita Reis gräbt sich nicht – wie Micha Ullman – mit bloßen Händen in die Erde ein, in den Urgrund und Ursprung allen Lebens; er maßt sich auch nicht den Archäologen an, wie wir ihn Schicht für Schicht abtragend, an Ausgrabungsstätten vorzufinden gewohnt sind. Als Künstler möchte er – freilich auf seine Weise – das »Unsichtbare sichtbar machen« (Paul Klee): mit wortreichen Sinnbildern und Metaphern, wozu es zunächst der Kraft des Verstandes und erst in zweiter Linie einer gewissen physiologischen Anstrengung bedarf.
Cabrita Reis' *Konstruktionen* sind Chiffren. Sie wären es ohne die Beschriftung. Mit ihr sind sie es erst recht. Am wenigsten bedeuten diese Chiffren sich selbst. Ebenso falsch wäre es anzunehmen, das von ihnen Gemeinte sei in den spezifischen Qualitäten von Form und Material zu erfahren. Gips, Holz und Kupferrohr: solche Dinge können in jeder Baustoffhandlung erworben werden; sie eignen sich wohl kaum, das sinnliche Vergnügen des Betrachters zu stimulieren. Kunst, die sich in ihrem Ausdruck so spröde gibt, nimmt sich als Erscheinung zurück. Sie negiert ihre objektive Gestalt, um – als Geist – über sich selbst hinauszuweisen. Aber sie muß wissen, daß der Geist der Werke ohne sinnliches Fundament vergehen würde und diese damit ihren Anspruch auf Kunst verwirkten.
Cabrita Reis' Chiffren erzählen keine belanglosen Geschichten. Sie gehen aufs Ganze. Sie versinnbildlichen, auch im Sinne der C.G.Jungschen Archetypenlehre, die immergültigen, mythischen Werte der Menschheitsgeschichte. Diese Grundtendenz jedenfalls glaubt Alexandre Melo, der kürzlich einen Essay über Cabrita Reis publizierte, in dessen Werk entdeckt zu haben. Er hätte Recht, wenn seine These kritisch wäre. In dem Essay heißt es: »Die metaphorische Dimension ist vielleicht der auffälligste Aspekt in Cabrita Reis' Werk. Seine Absicht ist es, das stoffliche Substrat für Bedeutungen zu schaffen, die die zentralen Fragen von Existenz berühren. Sein Werk handelt von großen soziologischen und metaphysischen Themen, und zwar in einer Weise, daß es darauf bedeutungsvoll anspielt.«[19] Je abstrakter und abweisender die Kunst, umso größer ihr Bedürfnis und das ihrer Interpreten, mit ihren Gebilden – diachronisch wie synchronisch – die gesamte Welt assoziieren zu wollen, von den Anfängen in »mythologischer Urzeit« (Oswald Spengler) bis hinein in die unbekannte Erdzukunft, von der Tätigkeit mikroskopisch kleiner Organe bis hin zu den kaum mehr begreiflichen kosmischen Raumbeziehungen. Gesetzt den Fall, Cabrita Reis erhebt den Anspruch, ewige Werte ins Bild, respektive ins Werk setzen zu wollen, sei es nach Auffassung seines Interpreten Alexandre Melo nur konsequent, diesem Ansinnen auch in formaler Hinsicht Ausdruck zu verleihen. Das erklärt, warum Melo den Gebilden seines Anbefohlenen einen gewissen Hang zu denkmalhaft monumentalischen Dimensionen nachzuweisen sucht. Freilich handele es sich nicht um einen »Monumentalismus« von Gestern, »der sich in exzessiven Formen manifestierte, sondern um einen zeitgenössischen, der strenge und ruhige Formen gebraucht.«[20]

Max Neuhaus: AOK-Treppenhaus, 1992, Kassel (Foto: Dirk Bleicker)

IV. Hören lernen

Für die subtile Klanginstallation des Amerikaners Max Neuhaus scheint Jan Hoet mit dem Treppenhaus des AOK-Verwaltungsgebäudes am Friedrichsplatz, dem nahezu idealen Ausblick und Überblick gewährenden Observationszentrum der Ausstellung, ein passendes Ambiente gefunden zu haben. Ein offenes Werk bespielt einen offenen Raum – ein harmonischer Zweiklang. Nichts fällt aus dem Rahmen, weder das Gebäude noch das mit ihm korrespondierende Kunstwerk. Kunst, das Künstliche und Architektur, das Praktische fusionieren, existieren nebeneinander genauso gut wie miteinander.

›Three to One‹, so der Titel, erregt kein Aufsehen. Genauer gesagt: es ist überhaupt nichts zu sehen. Keine solitäre Skulptur, keine *Kunst am Bau,* die jedem x-beliebigen Platz, Hof oder Parkstück wie eine Briefmarke aufgeklebt werden kann. Der visuelle Rezipient wird vergeblich suchen. Und sein audiophiles Komplement muß schon die Ohren spitzen, um auf seine Kosten zu kommen.

Wo die Kunst auf der Stelle tritt und ihr Marktwert verblaßt, gibt es genügend findige Geister, die die Leerstelle mit wesenshafter Bedeutung und gequält originellen Pathosformeln drapieren.[21] Nichts davon bei Max Neuhaus. Seit 1968 arbeitet er, vormals Schlagzeuger bei Pierre Boulez und Karl-Heinz Stockhausen, an sogenannten ›Ton-Raum-Projekten‹, die er auf öffentlichen Plätzen und in Museumsräumen installiert: 1977 auf dem Times Square in New York, im Jahr darauf im Skulpturengarten des Museum of Modern Art oder 1983 in der Kunsthalle Basel.

Idee, Konstruktion und Wirkung der Projekte unterscheiden sich kaum. Nicht so der Raum, den Neuhaus mit seiner Klangkunst *hörbar macht.* Jede Architektur hat ihren eigenen Charakter, ebenso die Umgebung, mit der sie korrespondiert. Neuhaus reagiert darauf mit präziser, geradezu ingenieursmäßiger Durcharbeitung jedes einzelnen Raumes. Das technische Equipment, das musikalische Material, die Hörerfahrungen des Besuchers ändern sich, die Idee bleibt stets die gleiche. Welcher Art sind nun die Eingriffe, die Neuhaus am »Ausstellungsraum« vornimmt?

Neuhaus verdichtet und differenziert die Klangfarbe des Raumes. Zunächst untersucht er dessen Geräusche und Töne, imitiert sie mittels Synthesizer und speist sie später über elektronische Klangquellen in den Raum ein, so daß sie sich – kaum hörbar – darin ausbreiten und mit dem bereits vorhandenen, etwa dem von außen in den Raum eindringenden Straßenlärm vermischen.

Das Treppenhaus der AOK, Kernstück des von 1955 bis 1957 nach den Plänen des Kasseler Architekten Konrad Proll errichteten Gebäudes, umfaßt drei Etagen, »drei stille Orte«, jeder gefärbt durch seinen eigenen Klang. Im Exposé zu seiner documenta-

Installation schreibt Neuhaus: »Die drei Klangfarben verbinden sich auf verschiedene Weise mit den Geräuschen von außerhalb. Klangbilder von außen durchdringen sie, färben sie um und lassen dann jede wieder auf eigene Art hervortreten. Bewegt man sich im Treppenhaus zum ersten mal nach oben, so sind die Unterschiede der einzelnen Stockwerke fein, aber noch deutlich. Im Hinuntergehen dann verbinden sich die klanglichen Erinnerungen zu einem differenzierten Ganzen.«

Neuhaus' Klanggebilde affizieren das menschliche Gehör, sofern es sich auf sie einläßt, auf subtile Weise. Zuerst nimmt es Geräusche und Klänge wahr, die es ganz selbstverständlich als Bekanntes interpretiert und stellt erst im nachhinein fest, »daß es eine manchmal deutlicher, manchmal weniger deutlich geprägte Verschiebung gibt zwischen dem Wahrgenommenen und dem damit Identifizierten. Diese Verschiebung gleicht einem Zwischenraum, ist das, was als Klang-Raum-Bild im Gedächtnis (in der Erinnerung) haften bleibt.«[22]

Nur so, durch die Erfahrung der Verschiebung und des Verschiedenen optimiert sich das dem Auge gegenüber unterentwickelte Hörvermögen zum aktiven Instrument des Wahrnehmungsapparates. Ein Katalogautor schreibt: »Neuhaus lehrt das Ohr, wach zu bleiben, sich bewußter im Raume zu ergehen, sich weniger bereitwillig in der Trance der Umgebungsgeräusche zu verlieren.«[23] Die Totalität des Lebens erschöpft sich nicht in den Ansichten der empirischen Welt, auch nicht in denen, die unter der Rubrik Kunst firmieren. »Ohr und Auge«, heißt es prophetisch in dem gleichen Essay, »schliessen sich als ebenbürtige Partner zusammen.« Ein unterstützenswertes und dennoch problematisches Unterfangen, da hier nur der erste Schritt auf dem Weg zu einem sinnlich reichen, erfüllten Leben gemeint sein kann, einem Leben, das aus dem blind Gewordenen der Realität heraustreibt und als subjektiv wie objektiv gelungenes sich selbst identisch wird. Karl Marx schuf hierfür einmal die schöne Formel »Naturalisierung des Menschen, Humanisierung der Natur.«

Wer also wirklich hören kann – und will, der wird gebührend belohnt. Der findet – frei nach Jan Hoets vielzitiertem Wahlspruch für die Ausstellung – als der »Eine zum Anderen«, als »Körper zum Körper« – und hoffentlich auch zum Geist.

ANMERKUNGEN

1 Jan Hoet, *Auf dem Weg zur DOCUMENTA XI*, Stuttgart 1991, S. 55.
2 Manfred Schneckenburger, *documenta 8*, o.J., S. 1. (unveröffentl. MS)
3 ebd., S. 4.
4 Theodor W. Adorno, *Ästhetische Theorie*, Frankfurt/M. 1970, S. 33.
5 ebd., S. 199. – Versetzung, Verschiebung, Veränderung etc.: diese prosaisch klingenden Worte hat Jan Hoet offenbar nicht gemocht, als er das von ihnen Gemeinte mit der zugegebenermaßen existentieller tönenden Vokabel »displacement« zu nobilitieren suchte.
6 Adorno, a.a.O., S. 198.
7 ebd., S. 198
8 Jan Hoet, a.a.O., S. 56.
9 Avraham Ofek, *The Parable of Micha Ullman*, In: Micha Ullman. *Works 1981 – 1986*, New York o.J. (o.P.), (Ausstellungskatalog der Bertha Urdang Gallery, New York) – Übertragung aus dem Englischen durch den Verfasser.
10 Erde = (hebräi.) Adama; im Gegensatz dazu: Mensch = (hebräi.) Adam.
11 Siehe Ausstellungskatalog: Micha Ullman, *Berliner Arbeiten*, Düsseldorf 1990, (o.P.)
12 Arnold Gehlen, *Zeit-Bilder. Zur Soziologie und Ästhetik der modernen Malerei*, Frankfurt/M. 1986 (1. Aufl. 1960), S. 166.
13 ebd., S. 166.
14 Th.W. Adorno, a.a.O., S. 134.
15 ebd., S. 134.
16 ebd., S. 135 f.
17 ebd., S. 135.
18 G.W.F. Hegel, *Vorlesungen über die Ästhetik*, Bd. I, Frankfurt/M.: 1970, S. 57.
19 Alexandre Melo, *The House of Passion and Thought*, in: Artscribe, Nr. 87, 1991, S. 44. Übertragung aus dem Englischen durch den Verfasser.
20 ebd., S. 44.
21 siehe dazu: Karl Markus Michel, *Heiliger Lukas! Kritik der Kunstkritik*, in diesem Materialienband oder im Kursbuch 99, März 1990, S. 129f.
22 Jean-Christophe Ammann, *Anmerkungen zum Schaffen von Max Neuhaus*, in: Ausstellungskatalog Max Neuhaus. Sound Installation, Kunsthalle Basel, Basel 1983, S. 12.
23 Carter Ratcliff, *Raum, Zeit und Stille: Die Klanginstallationen von Max Neuhaus*, in: wie Anm. 22, S. 3.

DAS MYSTERIÖSE DER ERSCHEINUNG.
Zu Francis Bacons Bestimmung der Malerei
Matthias Schmitz

I

Über alle Phasen seiner Entwicklung als Künstler hinweg scheint für den englischen Maler Francis Bacon die Vorstellung bestimmend geblieben zu sein, daß ein Bild ein »Äquivalent zur Erscheinung« darzustellen hat, indem es durch Farbe und Form die sichtbare Realität »festhält.«[1] Doch diese auf den ersten Blick sehr einleuchtende Bestimmung birgt eine meist verborgene Problematik, auf die Bacons Werk, das sich ansonsten aller Rubrizierungen entzieht, in all' seinen Facetten reagiert. Denn der genauere Sinn seiner Bestimmung der Malerei ist in der Moderne durch die Entwicklung neuer Aufzeichnungsmedien wie Film und Photographie radikal infragegestellt worden. Indem diese Medien die Problematik der »Abbildung« insgesamt forciert haben, veränderte sich mit ihnen nach Bacon »die ganze Situation der figurativen Malerei.«[2] Vor diesem Hintergrund scheint uns Bacons Keimentschluß für sein gesamtes künstlerisches Schaffen in einem der zahlreichen Interviews mit David Sylvester angedeutet, gegenüber dem er *die* Bemerkung machte, die den folgenden Überlegungen die Richtung weist: »Für mich ist das Mysteriöse an der Malerei heute die Frage, wie man Erscheinungen darstellen kann.«[3]

II

Für den Zusammenhang der angedeuteten Darstellungsproblematik mit den neuen Aufzeichnungsmedien sind es weniger einzelne Photos – von denen eine Unmenge in einer Art von »Bildkompost« Bacon in seinem Atelier umgibt –, als die Existenz der Photographie als solcher, die Anlaß zu weitreichenden Reflexionen über die Gegenwartsmalerei gibt. Bacons Haltung gegenüber der Photographie, auf die wir uns im folgenden beschränken werden, entbehrt jeglicher kulturkritischer Attitüde oder Melancholie ob eines vermeintlich heroischen Zeitalters klassischer Malerei. Im Gegenteil unterstreichen seine Äußerungen zunächst deren befreiend positive Wirkung, den Protokoll- und Aufzeichnungswert des traditionellen Bildes gleichsam zu überbieten, um dadurch für alle Zukunft jegliche Rückkehr zu einem gewissermaßen ›natürlichen Realismus‹ auszuschließen. Die in dieser Entwicklung liegende Möglichkeit, sich wie die formale Malerei von der sichtbaren Realität gänzlich zugunsten der immanenten Gesetzmäßigkeiten und abstrakten Qualitäten der Malerei zu lösen, wird stets ausgeschlossen.[4] In ihr scheint Bacon einen Verlust der Spannung des Bildes zu befürchten, die – wenn überhaupt – einzig »durch die unablässige Beschäftigung mit etwas im Leben, das man veranschaulichen will«, gehalten werden kann. Bacons eigene Vorgabe der Richtung seiner künstlerischen »Berichterstattung,«[5] deren Fehlen er an der abstrakten Malerei moniert, weist jedoch indirekt bereits kritisch auf jenen Problemaspekt hin, der den neuen Medien jenseits ihrer positiven Wirkung selbst innewohnt. Er wird es sein, der nicht nur einen neuen *Stil,* sondern eine neue *Konzeption* künstlerischer Vermittlung der Wirklichkeit einer Erscheinung im Bild unabdingbar werden läßt. Danach hat Photographie den Raum zur radikalen Reduktion und Begrenzung der malerischen Mittel eröffnet, um den künstlerischen Prozeß auf die »Intensität einer raffinierten Einfachheit«[6] auszurichten. Doch leicht könnte man in Bacons emphatisch vorgetragenen Plädoyer überhören, daß seine Richtungsvorgabe der Reduktion nicht nur durch die Tatsache der Photographie *ermöglicht,* sondern in einem bestimmten Sinne zugleich erzwungen ist.

III

Bacons doppelsinnige Bezugnahme auf die Photographie, in ihr den positiv bewerteten Anlaß der Suche nach einer intensiv-reduzierten Form zu sehen, die sie zugleich erzwingt, gilt es zu verstehen. Man wird sie lesen müssen als die konsequente Reaktion darauf, daß »Photographie und Film ständig unsere Vorstellung von der Erscheinung der Dinge (beeinflussen). Das heißt, wenn man etwas anschaut, betrachtet man es nicht nur direkt, sondern auch unter dem Eindruck dessen, was Photographie und Film einem schon vermittelt haben.«[7] Zeigt sich grundsätzlich ein Phänomen unserer Wahrnehmung nur je nach der besonderen Zugangsweise zu ihm, so wird hier zunächst darauf hingewiesen, in welch' hohem Maße unsere Wirklichkeit durch TV, Film und Photographie bereits über Prozesse medialer Wahrnehmungen konstituiert ist, so daß man schon von einer »Agonie des Realen« (J.Baudrillard) meinte sprechen zu können. Wieso jedoch in diesen veränderten Wahrnehmungsbedingungen Konsequenzen für die Neubestimmung gegenständlicher Malerei beschlossen liegen, zeigt sich dem Blick auf jene problematischen Implikationen, die der dokumentarischen Authentizität photographischer 'Abbildung' selbst innewohnen. Dieser früh bemerkte und bewunderte Authentizitätscharakter gründet – verkürzt gesprochen – im wesentlichen in der durch das Photo suggerierten Ineinssetzung seiner visuellen Repräsentation von sichtbaren Gegenständen mit diesen selbst. Dadurch aber droht eine Präformierung und Standardisierung unserer Wahrnehmungen. Denn sie verführt dazu, die direkte und unmittelbare Wahrnehmung je konkreter anschaulicher Präsentationen von Gegenbenheiten in Raum und Zeit zurücktreten zu lassen zugunsten solcher, die sich an jener Erstarrung der stets sich verändernden Erscheinung zur formalen Gegebenheit ihrer äußeren Gestalt orientieren, wie sie das photographische Abbild unvermeidlich mit sich bringt. In solcher Regulierung aber verkümmert darüberhinaus Wahrnehmung zum Konstatieren, weil sich ihr die Erscheinung eines Gegebenen augenblicklich auf deren verstandesmäßige Durchdringung hin verflüchtigt. Diese Durchdringung aber geschieht nach Maßgabe dessen, was man von der konventionellen Verfassung des Gegenstands dank dessen objektivierender Vorstellung zu wissen meint, als deren bloße Anzeige oder formal-sinnliches Zeichen die Erscheinung nur noch fungiert.

IV

Aus diesen Überlegungen, die Bacons verstreute Äußerungen zur Photographie auf den Begriff zu bringen suchen, scheinen uns die direkten Konsequenzen für Bacons Bestimmung der Verfahrensweise und Funktion seiner Malerei verstehbar. Denn mit den angedeuteten Implikationen der Photographie wird zugleich die repräsentative Grundstruktur und eben darin der prekäre Status auch jener Malerei beschrieben, die »nur durch Abbildung etwas mitteilt.«[8]

Abgelehnt wird diese abbildende Kunst, weil das künstlerische Bild hier einzig die Funktion der Abbildung in dem Sinne zugewiesen bekommt, eine vorgängig präsente, mentale Bildvorstellung getreu in ein anderes Medium zu übertragen. Diese Übertragung hat zugleich den Charakter einer Repräsentation und einer Wiederholung. Eine *Repräsentation* ist dieses Bild, weil es sich wie die sinnliche Illustration einer schon außerhalb seiner gedachten, es objektivierenden Vorstellung hinzufügt, die das Bild nur *wiederholt,* ohne ihre Präsenz zu konstituieren. Diese Repräsentation als Wiederholung hat für den formalen Aufbau des Bildes zur Folge, daß dessen Bedeutung nicht an ihm selbst aufgewiesen wird, sondern die Form ihre Bedeutung von anderem her erhält, das sie nicht selbst ist. Die Abbildung in Bacons kritischem Sinne erhält demnach ihre Bedeutung von der Präsenz einer Bildvorstellung her, die sich unabhängig vom Bild anderswo und vor ihm anfänglich zu benennen weiß. Nicht nur de jure könnte diese Präsenz auf ihr sinnliches Double auch verzichten. Darüber hinaus wird strenggenommen nur durch diese Präsenz, in der Evidenz ihrer getreuen Wiederholung, die Wirklichkeit des sie repräsentierenden Bildes sichergestellt und zugleich beherrscht, da ein Spielraum der »Überschreitung« ihrer eindeutigen Gegebenheit ausgeschlossen scheint.

V

Damit aber dürften unsere Überlegungen den Punkt erreicht haben, von dem her ihre grundlegende These plausibel werden mag, daß Bacons gesamtes Werk auf die Durchbrechung dieser allgemeinen Struktur der Repräsentation gerichtet ist. Darauf ist seine grundlegende Orientierung gerichtet, dem Prinzip nach sich jeglicher »illustrativen Form« zu entledigen, »die einem durch den Verstand unmittelbar mitteilt, was ihr Inhalt ist.«[9] Dem dient nicht zuletzt Bacons viel zitierte »Roheit der Technik« im weitesten Sinne, in der er sich von Picasso wesentlich beeinflußt zeigt.[10] Die Wahl nur noch vorgrundierter, rückseitig aufgezogener Leinwände mit ihrer saugfähigen Oberfläche soll dabei seiner Arbeitsweise entgegenkommen, die Farbe über das Gewebe zu schleifen. Nichts wird unversucht gelassen, die Ausdrucksmöglichkeiten der Farbe zu verändern und zu erweitern. So wird Atelierstaub in der noch feuchten Farbe abgewischt, Watte- und Leinwandfaser werden aus der Farbe hervorstehen gelassen oder Sandkörner der noch frischen Farbe beigemischt. Ebenso wird bevorzugt durch Acryl-, gelegentlich auch Dispersionsfarbe der Hintergrund streng von den überwiegend in Öl gemalten Hauptmotiven geschieden, denen nicht selten Pastellfarben Glanzlichter aufsetzen. Der Sinn der vielfältigen Erweiterungen seiner bildnerischen Ausdrucksmittel liegt bei Bacon nach unserer Ansicht in letzter Instanz in der Absicht, eine Körperlichkeit der Farbmaterie zu erreichen, von der abzusehen dem Betrachter unmöglich gemacht wird. Natürlich geht auch Bacon von einer allgemeinen »Absicht aus, was aber wirklich geschieht, entsteht (...) wirklich beim Arbeiten. Und das, was geschieht, bestimmt, wie es weitergeht.«[11] Weder stellt der Malprozeß die Übertragung einer dem Bewußtsein vollständig präsenten Bildidee mit Hilfe rational kalkulierter Zeichen dar noch eine bloß bewahrende Passivität gegenüber der Eigendynamik der künstlerischen Mittel. Er läßt sich eher mit dem Aufstellen einer »Falle« vergleichen, in der der Maler »die fließende Wirklichkeit lebendig einzufangen hofft« – jedoch so, daß während der Arbeit die ursprüngliche Absicht selbst Veränderung von Grund auf erleidet; denn das Bild entsteht durch eine »Transformation (transforming effect), die auf der bewußten Kultivierung des Zufalls in der Malerei beruht.«[12] Der Verzicht auf die Skizze, das Schleudern der direkt aus der Tube entnommenen Farbe oder das Attackieren der Leinwand mit einem beliebigen Werkzeug und der Wurf eines farbgetränkten Lappens sind nur einige Verfahrensweisen der »Kultivierung«. Zu dieser nötigt die »Verzweiflung«, aus »der Formel, jener Art, ein illustratives Bild zu machen, herauszukommen.«[13]

Die vorhersehbare Gestalt der illustrativen Form

kann der »inspirierte Zufall« in einer Zerstörung verwandeln, weil seinem Ereignischarakter eine den Verlauf bestehender Linien und Formen brechende Kraft innewohnt, die »plötzlich die Möglichkeit des Sich-Öffnens in einem ganz und gar anderen Bereich des Fühlens« erschließt. Ihre unkalkulierbaren Wirkungen und Effekte entbehren auf irrationale Weise Formationen der Erscheinung, die das Bestehende auf einem der rationalen Technik der Repräsentation nie erreichbare Intensivität seines Ausdrucks hin zu öffnen in der Lage ist. Diese Intensität bildet denn auch anstelle vorher definierter Kriterien die Instanz »instinktiver Kritik« für die sich anschließende malerische Ausarbeitung der Spuren jener irrationalen Zeichen. Direkt zum eigenen Nervensystem und nicht mehr über den Umweg der detaillierten und illustrativen Beschreibung kann daher das so erfundene Bild die Intensität der »eigenen Empfindungen bei gewissen Situationen fest(zu)halten.«[14] Fast unmerklich hat sich jedoch der Sinn des Malprozesses verschoben. Statt die abbildliche »Wörtlichkeit«[15] zu optimieren, wird er zum Vorgang der Erinnerung an jenes begrifflich nicht faßbare »Empfindungsbild« des eigenen Nervensystems, dem sich anzunähern, einzig die Wirklichkeit des konkreten Bildes ausmacht. Diese Wirklichkeit des eigenen Nervensystems kann niemals bloß die »willentliche Artikulation des Bildes« erreichen. Statt Ausdruck eines sich darstellenden Willens zu sein, ereignet sich eine Umkehrung der natürlichen Willensrichtung, die auf Aneignung und Besitz ausgerichtet ist. Durch den »transforming effect« des sich gänzlich auf der Malfläche abspielenden Prozesses der Formfindung kann nunmehr gerade das »Eigenleben des Bildes« zum Bestimmungsgrund des künstlerischen Willens werden, indem die so entstehende »Intensität ei er raffinierten Einfachheit« seiner Erscheinung sich jeglicher willentlichen Konstruktion, ihrer Dispersion des Sinnes, entzieht. Damit kann es gelingen – und jedes Bild bildet nur für sich selbst den Ausweis seines Gelingens –, »das Mysteriöse an der Erscheinung innerhalb des Mysteriösen der Bildentstehung zu erfassen.«[16]

VI

Das Verstörende der Produkte dieses elliptischen Verfahrens, »den Gegenstand weit über seine alltägliche Erscheinung hinaus zu entstellen, in der Entstellung aber ihn zurückzubringen auf eine Aufzeichnung seiner Erscheinung«, resultiert in ihrer Wirkung nicht zuletzt daher, daß es sich bei ihnen vorwiegend um Porträts handelt. Sie scheinen eine Gewaltsamkeit zu dokumentieren, die sich symbolisch aller Möglichkeiten der »Kränkung« des Porträtierten bedient, dessen Anwesenheit beim Malen daher auch nicht erwünscht scheint.[17] Doch eine solche Sichtweise würde verkennen, daß es sich auch hier um ein Ringen um eine nur dem jeweilig Porträtierten ähnliche Form handelt, die »nicht nur das Äußere einer Gestalt wiedererschafft, sondern eindringt in alle Bereiche des Gefühls, vor denen man sich sogar fürchtet.«[18] Jenseits der Wiedergabe seiner äußeren Erscheinung und kein objektivierender Ausdruck der widerstreitenden Gefühle gegenüber einer Person, über die man verfügt, soll die Präsenz einer »Gewalttätigkeit der Wirklichkeit selbst«[19] allein im Bild, in der Art und Weise des Farbauftrags zustandekommen. Diese »Gewaltsamkeit der Farbmaterie« soll einen »Realismus des Dargestellten« neu »erfinden« helfen, der jenseits der formalen »Verzerrungen« auf die Person zurückverweist, deren Wirklichkeit man einfangen will.[20]

VII

Damit aber wird Bacons Suche nach dem »Anderssein der Form« seiner Porträts erkennbar zunächst als Reaktion und konstruktive Antwort auf die Problematisierung des Porträts in der Moderne. Im Hinblick auf das Verhältnis von Individuum und Bildnis[21] lag dem klassischen Porträt in allen Schritten des Prozesses seiner fortschreitenden Verselbständigung, von der personifizierenden über die idealisierende zur selbständigen Darstellung und Selbstdarstellung der Person, *ein* Formproblem zugrunde: wie durch das Porträt die Verwechslung des Individuums mit den Anderen ausgeschlossen werden konnte, indem es dieses als allein in sich zentriertes und sich nicht mehr als Träger heteronomer Bedeutung begriff. Diese Fragestellung verschiebt sich unter dem Einfluß des photographischen Porträts radikal, das mit dem gemalten Bild die Voraussetzung teilt, daß die Person unabhängig von ihrer visuellen Repräsentation kein Vorkommen hat.

VIII

Bacon knüpft an diese Tradition der Porträtkunst an, jedoch in einer Weise, die sein »Spiel« mit dem kalkulierten Zufall[22] als höchsten Einsatz auf eine unausmeßbare metaphysische Perspektive hin offenbart. Denn wir wagen zu sagen: im Medium seiner Kunst setzen diese Porträts in Szene, »daß das Phänomen, das die Erscheinung des Anderen ausmacht, zugleich Antlitz ist.«[23] Als Phänomen ist der Andere keine Bedeutung an sich selbst, sondern *erhält* diese Bedeutung auf dem Grund eines kulturellen Verweisungszuammenhangs. In diesem Sinne mag man die »direkt lesbaren Enbleme der Modernität« (M.Leiris) – wie bestimmte Interieurs, zeitgenössische Gegenstände u.a. – und die klaren Hintergründe seiner Bilder verstehen: als zeichenhaften Horizont des Miterscheinenden, der den Anderen

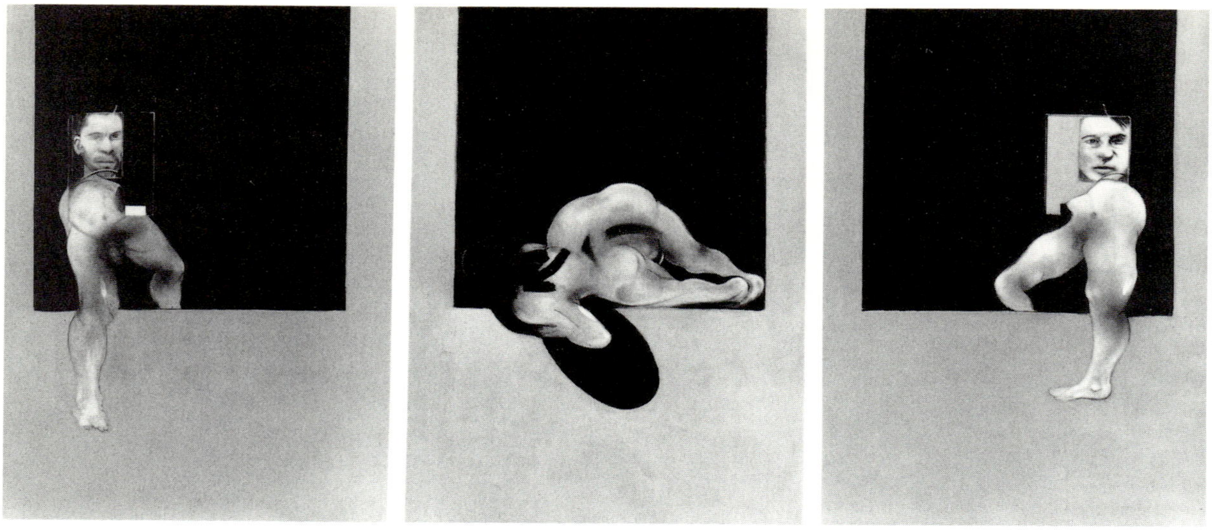

Francis Bacon: Triptych, 1991 (Marlborough Fine Art, London, Foto: PCAL)

durch Verweisung festzulegen trachtet, gleich jener Spritze in einem der Bilder, die einen Nackten an die Wirklichkeit nagelt.

Im Gegenzug dazu scheinen diese Bilder auch immer und vor allem den Augenblick anzuvisieren und inszenieren, wo der Andere aus dieser Dimension sich vorstellenden – vergegenwärtigenden – Bewußtseins seiner optischen Wahrnehmung heraustritt. Heraustritt, indem er gewissermaßen seine »eigene plastische Wesensform« zerbricht, die ihn immer schon verbirgt in dem Maße, wie er sich als Thema aussetzt. Die verstörende Wirkung der Porträts gründet sich unserer Ansicht nach in einem Gelingen, die »Gegenwart des Anderen« einzufangen, »die darin besteht, sich der Form zu entkleiden, von der er doch schon zum Vorschein gebracht wurde«. In dieser abstrakten, weil nicht in die bedeutende Welt integrierten Gegenwart des Anderen aber besteht sein Leben, dessen heteronome Erfahrung Bacons Bilder in letzter Instanz aufzuzeichnen anstreben, ohne sie durch objektivierende Identifikation wollen zu können.

In Richtung dieser alle Sinndimensionen durchbrechenden Gegenwart verstehen wir Bacons »Gewalttätigkeit des Wirklichen«: Sie ist die grausame Unerbittlichkeit im *Sprechen* des *Antlitzes,* indem sich in der Erscheinung des Anderen zugleich die je konkrete Sterblichkeit und Verwundbarkeit des Anderen *mir* in einer Intensität artikuliert, der stets nur ich *allein* antworten kann. Indem seine Porträts aber am menschlichen Antlitz die »Selbstbedeutung par excellence« (Levinas) aufzeichnen, öffnen sie zugleich den Spalt auf einen Raum des *Sprechens* hin, den wir nur in der Kunst zu *sehen* meinen: den Raum, in dem zu uns das Antlitz der Dinge spricht.

ANMERKUNGEN

1 David Sylvester, *Gespräche mit Francis Bacon.* München 1982 (im folgenden G mit Seitenzahl)
2 G 29
3 ebd.
4 G 99ff., s.a. W. Schmied: *Francis Bacon.* Berlin 1985
5 G 61
6 so im TV-Interview 1984
7 G 31
8 G 128ff.
9 G 58
10 zur Technik vgl. Andrew Durham: *Anmerkung über die Technik.* In: Katalog Francis Bacon Staatsgalerie Stuttgart / Nationalgalerie Berlin 1985
11 G 150
12 zitiert nach 10
13 G 162
14 G 45
15 G passim
16 G 107
17 G 39f.
18 G 27
19 so im genannten TV-Interview
20 ebd.
21 zum Porträt vgl. G.Boehm: *Bildnis und Individuum.* München 1985. Das folgende Zitat aus Max Imdahl: *Relationen zwischen Porträt und Individuum.* In: *Poetik und Hermeneutik,* Band XIII, München 1988, S. 587 ff.
22 zum Spiel G 29f.
23 Alle folgenden Zitate aus E. Levinas: *Die Spur des Anderen.* Freiburg, München 1987.

SPALTEN UND FUGEN.
Zu den Steinarbeiten von Ulrich Rückriem
Sophia Vietor

Ulrich Rückriems Steinskulpturen drängen sich nicht auf. Sie stehen neben lauten Autostraßen, zwischen Wohnhäusern und in Grünanlagen. Von greller Werbung, Lärm und Hektik umgeben, haben wir kein Ohr mehr für die stumme Sprache der Steine. Was nicht wie Konsumware überall und jederzeit verfügbar ist, bleibt unbemerkt – erst recht, wenn seine Oberfläche rauh und ohne Glanz ist wie die Steine von Ulrich Rückriem. Doch gerade der Kontrast zu den spiegelnden Glasfassaden moderner Bürohäuser, den gepflegten Gärten und überfüllten Straßen könnte uns daran erinnern, wie schroff und mächtig die Natur war, bevor der Mensch sie bearbeitete. An den Steinblöcken Ulrich Rückriems sind alle technischen Eingriffe ablesbar: Löcher, Risse und Spalten verweisen auf den Arbeitsprozeß, durch den der Stein aus dem Berg gesprengt und zerteilt wurde. Die natürliche Herkunft des Gesteins bleibt ebenso sichtbar, wie die Arbeit des Künstlers.

Es ist Ulrich Rückriems Eigenart, wenige Grundformen vielfältig zu variieren und durch minimale Veränderungen der Maße oder Bearbeitungsmethoden eine große Fülle individueller Steinfiguren zu erfinden. Immer wieder begegnen uns Pfeiler, Denksteine, Tempel, Stufen oder Keile, die den jeweiligen Standorten und unterschiedlichen Steinformen angemessen sind. Allen gemeinsam ist, daß sie sich auf das Maß des Menschen beziehen und aus Teilen wieder zusammengesetzt wurden.

Seit der documenta 7 (1982) steht in Kassel auf einer Wiese neben der Neuen Galerie ein Steinblock, der zunächst als Heinrich-Heine-Denkmal für Hamburg gedacht war.[1] Neben dem klassizistischen Museumsgebäude und dem Rundtempelchen im Hintergrund wirkt der wuchtige Steinquader mit seiner rauhen Oberfläche und den unregelmäßigen Bruchkanten wie ein archaisches Naturdenkmal. Massiv und in sich geschlossen, behauptet er seinen Platz zwischen den Bäumen der Karlsaue auf der einen und den architektonischen Bauwerken auf der anderen Seite. Ulrich Rückriem übernahm den annähernd quaderförmigen Naturblock so, wie er im Steinbruch zu finden war, und bearbeitete ihn, indem er ihn aufspaltete, in Teile zersägte und wieder zur ursprünglichen Form zusammensetzte.

Für Skulpturen im Freien verwendet Ulrich Rückriem hauptsächlich Granit, da dieser härter und wetterbeständiger ist als der leichter zu spaltende Dolomit. Granit setzt sich aus den Gemengeteilen Feldspat, Quarz und Glimmer zusammen und gehört zu den Tiefengesteinen der Erdrinde, die sich beim Erkalten der Gesteinsschmelze verdichteten. Obwohl Granit ein sehr kompaktes Gestein ist, kann man die einzelnen Bestandteile der grobkörnigen Struktur deutlich unterscheiden. Bereits im verwendeten Material deutet sich das künstlerische Prinzip der in sich geteilten Einheit an. Doch wird die neugewonnene Einheit nicht mehr natürlich gebildet, sondern nach gewaltsamer Trennung der Teile vom Künstler zusammengefügt. Aus der Art der Verletzungen des Steins läßt sich die Reihenfolge der Eingriffe rekonstruieren.

Zuerst wird der rohe Steinblock im Steinbruch aus dem Muttergestein herausgesprengt, dadurch erhält er seine äußere Form. In horizontaler Richtung werden dann Löcher gebohrt, in welche man solange Eisenkeile treibt, bis der Stein nachgibt und auseinanderbricht. Der Riß, der den Block blitzschnell durchfährt, verbindet bei der fertigen Skulptur die Bohrlöcher wie der Faden die Einstichstellen einer Naht. Bei der Spaltung geht kein Steinmaterial verloren, die Bruchflächen passen genau ineinander und halten durch ihr unregelmäßiges Gefüge den Block unverrückbar zusammen. Die Teile bleiben unverwechselbar aufeinander bezogen; wieder zusammengesetzt berühren sich ihre Flächen lückenlos.

Im Gegensatz zu den horizontalen Fugen, die dem Block Halt und Stand geben, trennen die vertikalen Sägeschnitte den Stein in Einzelteile, die nur aufgrund der Gesamtform des Steins als zueinandergehörige Stücke erkannt werden können. Fast widerstandslos durchschneidet die Seil- oder Kreissäge den Granit. Ihre exakte Zäsur hinterläßt an den geteilten Blöcken glatte Flächen, deren Zugehörigkeit beliebig austauschbar wird. Da beim Zersägen nicht gewartet wird, bis der Stein von selbst zerspringt, fräst sich das Sägeblatt eine schmale Bahn durch den Stein, das störende Material fliegt als Steinmehl zur Seite. Diese Sägespur bleibt als senkrechter Spalt sichtbar, wenn der Block wieder zusammengesetzt ist. Der gewaltsame, präzise Eingriff der Maschine zeigt sich als Leerstelle, durch die Licht fällt und Wind weht. Nur durch den Fundamentblock und den Deckstein werden die vertikal zersägten Mittelteile in ihrer ursprünglichen Form zusammengehalten.

Einerseits steht vor uns ein solider Steinquader, der nach allen Seiten begrenzt ist, andererseits gehen durch ihn Risse und Fugen hindurch, die sich als Luftlinien ins Unendliche fortsetzen lassen. Diese Richtungsanzeiger verweisen auf die drei Dimensionen der menschlichen Raumerfahrung: Höhe, Breite, Tiefe. Dargestellt im Stein zeigen sie sich als Spalten und Fugen, die nur solange sichtbar sind, wie der Block zusammengefügt ist. Zerlegt man ihn in seine Einzelteile, so verschwinden sie, und man sieht nur noch die Oberflächen kleinerer Körper. Erst die zur ursprünglichen Form zusammengesetzten Teile geben die Richtungen an, durch die sie geteilt wurden. Die geometrische Gliederung des Gesteins durch horizontale Spalten und vertikale Schnitte entspricht seiner tektonischen Struktur; jede willkürliche Schräge oder Rundung wird bewußt vermieden. Doch Anzahl und Anordnung der Schnitte variieren von Stein zu Stein, so daß immer neue Richtungsverhältnisse zur Darstellung kommen.

Bei dem Kasseler Steinblock unterscheiden sich die vier Seitenflächen dadurch, daß nur die horizontalen Fugen von jedem Standpunkt aus zu sehen sind, folglich den mittleren Block durchgehend vom Sokkel- und Deckstein abtrennen, die vertikalen Spalten hingegen auf der Rückseite fehlen, während die Schmalseiten jeweils in der Mitte gespalten sind und die Frontseite durch zwei vertikale Schnitte in drei Teile geteilt wird. Aus dieser Beobachtung läßt sich schließen, daß nach der Abtrennung des oberen und unteren Blocks der Mittelteil zuerst in Längsrichtung zerschnitten und dann die vordere Hälfte durch zwei weitere Schnitte dreigeteilt wurde. Wieder zur ursprünglichen Form zusammengesetzt und bis zur unteren Horizontalfuge eingegraben, erinnert die Frontseite an ein verschlossenes Tor. Dieser Eindruck verstärkt sich durch die Türgröße des mittleren Rechtecks, das direkt über der Rasenfläche beginnend von gleich starken Seitenquadern und einem Sturzblock eingerahmt wird. Das Steintor korrespondiert mit dem Eingang zur Neuen Galerie, der in gleicher Frontlinie in das rote Sandsteingebäude hineinführt. Doch im Gegensatz zu dieser wirklichen Tür bleibt die angedeutete Steintür verschlossen. Selbst wenn man den Mittelblock entfernen würde, könnte man nicht durch den Stein hindurchgehen, sondern stieße nur auf die Innenfläche des rückseitigen Blockes.

Bei dem Heinrich-Heine-Denkmal in Bonn, das genauso aufgeteilt ist wie der Kasseler Steinblock, fehlt der sogenannte Türquader, und die sichtbar gewordene Innenfläche wurde geschliffen, poliert und mit dem Namenszug ›Heinrich Heine‹ versehen – der Stein also eindeutig zum Denkmal bestimmt.[2] Die polierte Oberfläche des sonst silbergrauen französischen Granits vertieft sich ins Schwarze und beginnt zu spiegeln. Beim Einblick in die geöffnete Steinpforte sieht der Betrachter sein eigenes Spiegelbild und den Namen des verstorbenen Dichters.

In Kassel bleiben die Assoziationen an eine verschlossene Grabespforte unbestimmt. Ebensogut könnte man den mittleren Pfeiler mit dem oberen Querblock zusammensehen und an eine Säule mit Kapitell oder ein T-Kreuz denken. Auch ist es möglich, sich einen großen Tisch oder einen Hocker vorzustellen; die Anordnung der Frontblöcke erinnert an Dolmen, Hünengräber oder ägyptische Tempelpforten. Doch werden diese Vorstellungen durch die Geschlossenheit des Steinquaders und die fehlenden Vertikalschnitte beim hinteren Block sogleich wieder in Frage gestellt. Die Rückseite wirkt sehr kompakt, da auch die Bohrlöcher fehlen, die auf den anderen Seiten den feinen Haarriß, der den oberen Querblock vom Mittelteil abtrennt, markieren. Die lastende Schwere des Steins wird an der Rückseite besonders deutlich, da sie durch keinerlei vertikale Linien ins Aufrechte und Leichte gehoben wird.

Im Gegensatz zu dem Kasseler Steinblock und dem Bonner Denkmal ist der Mittelteil des Mahnmals für die deportierten Juden, das 1984 in Hamburg errichtet wurde, nicht längsgeteilt.[3] Seine vertikalen Risse gehen durch den gesamten Mittelblock und verstärken den Eindruck eines gewaltsam geöffneten und wieder verschlossenen Tores. Die Bohrlöcher, die sowohl die Außenkanten als auch die horizontalen und vertikalen Fugen markieren, wirken wie tiefe Einschußlöcher, die den Stein verletzen. Die Gewalt, die in den Stein eindrang und seine natürliche Form zersprengte, bleibt im zusammengefügten Mahnmal präsent.

Bei einigen Skulpturen entfernte Ulrich Rückriem einzelne Teilblöcke, so daß sich die Steine entweder wie griechische Tempel nach außen öffnen oder wie ägyptische Grabkammern einen unsichtbaren Hohlraum umschließen.[4] Diese Skulpturen nehmen nicht nur einen bestimmten Platz im Raum ein, den sie als Körper ausfüllen, sondern geben Raum, indem sie sich nach außen oder innen öffnen. Der Steinblock wird als Körper erfahrbar, der den unendlichen Raum begrenzt und einteilt.

ANMERKUNGEN

1 Im Katalog zur documenta 7 (1982), Bd. 2, S. 286 f. finden sich folgende Angaben Ulrich Rückriems zu diesem Stein: »Ein Granitblock (330x180x100 cm) in drei Teile gespalten. Der mittlere Teil in 4 Teile geschnitten. Alle Teile zur ursprünglichen Blockform zusammengefügt. Der untere Teil als Fundament in die Erde eingelassen. – Die sechsteilige Granitskulptur sollte einmal nach meinen Vorstellungen das Heinrich-Heine-Denkmal für Hamburg werden. Die Skulptur könnte immer noch ein Denkmal werden, indem ich den mittleren Pfeiler herausnehme, die dadurch freiwerdende Rückwand poliere und einen Namen einmeißele. So wie die Skulptur jetzt dasteht, reiht sie sich ein unter meine anderen Skulpturen, die auch Denkmäler sind, – wenn die Menschen wollen.«

2 Heinrich-Heine-Denkmal in Bonn (1982). Granitblock (300x200x100 cm) in 3 Teile gespalten, der mittlere Block in 4 Teile geschnitten, der Mittelpfeiler entfernt, 5 Teile wieder zusammengesetzt. Die innere Rückwand geschliffen, poliert und mit Namenszug versehen.

3 Mahnmal für die deportierten Juden. Moorweide/Edmund-Siemers-Allee in Hamburg (1983), Granit (300 x 210 x 70 cm), in 5 Teile gespalten und zur ursprünglichen Form zusammengefügt.

4 Für den Typus des offenen Tempels sei besonders auf die 1984 in Köln-Holweide errichtete Skulptur verwiesen; ein gutes Beispiel für die geschlossene Tempel-Form befindet sich seit 1984 vor der Nicolaikirche in Hamburg. Abbildungen und genaue Beschreibungen in J. Hohmeyer (1988), S. 7–11, S. 79 und S. 84f.

LITERATUR

Hohmeyer, Jürgen: *Ulrich Rückriem*, München 1988

Meschede, Friedrich: *»Der Stein drängt nach draußen«*. Untersuchungen zur Skulptur von Ulrich Rückriem und ihre Entwicklung als Kunst im öffentlichen Raum. Phil. Diss. Münster 1987

Ulrich Rückriem: *Skulpturen 1968–1973*. Mit einem Text von Günter Ulbricht. Köln 1973

Ulrich Rückriem: Installation Bauhütte Zeche Zollverein, Halle 5, Essen, 1992 (Foto: Joachim Brom)

GUILLAUME BIJL

Karin Schulze

So mancher Kunstkenner gerät vor Guillaume Bijls Installationen ins Schwärmen. »Die ›Behandlung‹ in Bijls ›Situation‹« habe auf ihn »wie wundervoller Balsam« gewirkt, freute sich Leo van Damme, als ihm nach der x-ten Koje im Pariser Musée d'Art Moderne der ›Frisier-Salon‹ des belgischen Künstlers wie ein »Stück Welt in einem Aquarium« erschien.[1]

Bijl, geboren 1946, lebt in Antwerpen und ist Professor an der Jan van Eyck Akademie in Maastrich. Seit 1979 baut er Kunsträume (Museen, Galerien, Kunstmarkt-Kojen) zu verblüffenden Alltags-Interieurs um. In Lüttich installierte er 1985 einen Atomschutzraum (›Nuclear Fallout Shelter‹), dem Kölner Kunstverein verpaßte er das Ambiente einer Herren-Boutique (1986), und den Kasseler Kunstverein verwandelte er in den Ort einer Wahlversammlung (›Eine Neue Hoffnung‹, 1988). In Antwerpen ließ er in der Zeno X Galerie ein ›Chalet‹ (1987) errichten, und auf der Forum-Kunstmesse in Hamburg (1988) sah sich der Besucher in ein Miss-Wahl-Ambiente versetzt.

Bijl imitierte mit einem aufgeschlagenem *Adler-Zelt* nebst Lagerfeuer und Puppe in tarnfarbener Allwetterkleidung die Warenpräsentation von Sportartikel-Geschäften, und ebenfalls 1988 ließ er den drögen Charme einer Wechselstube mit verglastem Schalter und obligater Grünpflanze erstehen. Sein ›Stuttgart Souvenir Shop‹ (1990) schöpfte aus dem reichen Fundus der Maßkrüge, Sofakissen mit Fernsehturmmotiven und Schwarzwaldpuppen. Eines seiner neuesten Arrangements, ›Johannes Vogls Sterbezimmer‹ (Galerie Hubert Winter, Wien 1991), evozierte mit aufgeklapptem Flügel, Perserteppich und pingelig arrangiertem Bildungsbürger-Schnickschnack die Lebenswelt eines fiktiven Komponisten. Weniger raumgreifende Arbeiten nennt Bijl ›Composition trouvée‹: zum Beispiel Langlaufschier neben gestapelten Cola- und Pepsi-Kisten, darüber ein ausgestopfter Gemsenkopf (1986). Eine Freiluftinstallation (1987) – vier Straßenlampen auf quadratischer Steinplattenfläche, deren Mitte ein ebenfalls quadratischer Blumentrog markiert – firmiert als ›Sculpture trouvée‹. Für ›Sorry‹ müßte man den Begriff »skulpturaler Sketch« einführen: Ein einladend gefertigtes Vogelnest düpiert mit Eiern in Gestalt von drei Billardkugeln.

Bijls eigene Äußerungen sind wie seine Arbeiten voller Lakonie: »Ich erschaffe, ich zeige: eine Fahrschule, ich zeige eine Nervenheilanstalt, ich zeige: ein Casino... Ich zeige meine gegenwärtige Welt. Ich arbeite an einer Serie, einer großen Erzählung. Für eine Straße zum Beispiel würde ich meine unterschiedlichen Installationen mit den gleichen Materialien rekonstruieren: ich würde eine Großstadtstraße im Jahre 1987, der zweiten Hälfte des 20. Jahrhunderts, visualisieren. An meiner Arbeit ist auf jeden Fall bemerkenswert: als ungebildete Person aus einer Arbeiterfamilie in nur wenigen Jahren die ganze Gesellschaft rekonstruiert und visualisiert zu haben. Daß ich die Kraft habe zu sagen: Ich werde ein Krankenhaus zeigen, einen Fitness Center, ich werde ein Arbeitsamt machen, ich werde einen Teppichladen zeigen... kurz den ganzen Charme dieser Gesellschaft, dieser Gesellschaft von Verbrauchern, dieser gut institutionalisierten Gesellschaft... Das ist meine Art der Relativierung: daß ich alle diese Institutionen, Läden und so weiter gleichzeitig imitiere... Weil diese Dinge alle so rekonstruierbar sind. Und da sie so rekonstruierbar sind, sind sie durchsichtig, und deshalb relativiere ich sie in solch einem Ausmaß.«[2]

Die Installationen oder *Situationen,* die der Künstler auch »spöttische Bestandsaufnahmen unserer Zivilisation« nennt, sind keine direkten Kopien real existierender In-bilder des Kapitalismus, sondern kühl komponierte, typisierende, fiktionale Räume. Was auf den ersten Blick beliebig erscheinen mag – nach dem Motto: heute Bäckerei, morgen Brauerei –, ist nicht nur kalkulierter Bestandteil einer umfassenden, aktuellen Sozialgeschichtsschreibung, sondern auch durch den genauen Bezug auf die institutionellen, politisch-sozialen und architektonischen Bedingungen des jeweiligen Ortes bestimmt. »Zeit und Ort müssen optimal sein, bevor ich die Installation verwirkliche«,[3] meint Bijl. Als er zum Beispiel dem Internationaal Culturel Center (ICC) in Antwerpen den Schuhladen Icécé implantierte, spielte der Künstler mit der Mentalität der Antwerpener Geschäftsleute, denen distinguierte Lederwaren mehr Vertrauen einflößen als die undurchsichtigen Implikationen der Ware Kunst.[4]

Bijl betreibt eine Archäologie der Gegenwart inmitten dieser Gegenwart. Seine Riesen-Ready-Mades – ›Duchamp für großes Orchester‹, wie ein Kritiker meinte – sind 1:1-Modelle des Bestehenden. Die der Kunstsphäre eingepflanzten Warenwelten führen die Erwartung ad absurdum, daß Kunstvermittlungsinstitutionen nach anderen als nach Marktgesetzen funktionieren könnten. Inmitten der Welt der Warenzirkulation gibt es auch für den Künstler und seine Produkte keinen jenseitigen Ort, aber die Möglichkeit der Bewußtmachung, der Steigerung des Banalen.

Die totale Aneignung sowohl der abgebildeten Sphäre (das heißt: der reproduzierten Konsumtempel und bürokratischen Institutionen) als auch der zum Reisebüro oder zur Fahrschule mutierenden Kunst-Sphäre ist eine interessante Dimension von Bijls Strategie. Durch sie kreuzt er gewissermaßen die Objekte der einen Sphäre mit der Funktion der anderen. Er zitiert die Regeln der Distributions- und Konsumtionssphäre zwar herbei, setzt sie aber außer Kraft und macht die *Situation* zu einem Teil der ästhetischen Verständigung über die Welt.

Guillaume Bijl: Seagull Installation, For real now, Hoorn, 1990 (Foto: Jan van Veen)

Bijls *Kunstauflösungen*[5] stellen den Differenzcharakter der Kunst zwar infrage, negieren ihn aber nicht. Dieser ist vielmehr die Voraussetzung dafür, daß seine Realitätskünste[6] ihre Wirkung entfalten können. Auch wenn der Kunstkontext zum Beispiel bei der ›Gebrauchtwagenhandlung‹ (Rotterdam 1984) fast ganz aus dem »Centrum Beeldende Kunst« hinausgedrängt wurde, weil Bijl seine Situation den architektonischen Gegebenheiten des Ausstellungsraumes perfekt einpaßte und nur noch das Schild auf das Kunstzentrum verwies – der Veranstaltungsort signalisierte weiterhin »Kunst«. Außerdem bleibt trotz perfekter Ausstattung der merkantile Zweck der imitierten Institution zumeist außen vor: Die ›Frittenbude‹ (1983) belieferte den Kunstfreund zwar mit veritablen ›Pommes‹, und im ›Casino‹ (Gent 1984) setzten die Vernissagebesucher nicht nur ihr Geld bei Blackjack und Roulette wirklich aufs Spiel, sondern Tage später erschien auch – gänzlich uninszeniert – der Fiskus und verlangte seinen Obulus.[7]
Die Arbeiten aber entfalten ihre Wirkung auch und gerade dann, wenn die Kulissen und Requisiten nicht durch solche »Son et lumière«-Spektakel belebt werden, wenn der Besucher nicht unfreiwillig zum Statisten gerät, sondern durch die Räume, die ihm im Alltag kaum anders begegnen, wandern kann wie durch eine Traumwelt, in der alles vertraut und zugleich seltsam entrückt ist.
Wenn die Reproduktionen Bijls, seine Doubles, die »Fake«-Interieure oder »Stunt«-rooms nach des Künstlers eigenen Worten auf Rekonstruierbarkeit ihrer Vorbilder und damit auf die in diesen angelegte Reproduzierbarkeit verweisen, verweisen sie auch auf eine Welt, in der es längst mehr Kopien als Originale gibt. Einsichtig ist das nicht nur dem, der Baudrillards Simulationstheorie verinnerlicht hat. Jeder kennt die zwischen Reykjavik und Yokohama identischen Burger-Buden, Sushi-Bars oder Jeans-Boutiquen, die weltweit eine dem Produkt ursprüngliche Aura simulieren und allesamt Kopien eines Originals sind, nach dem längst keiner mehr fragt. Damit wird aber nicht die Klage um den Verlust einer ehemals wirklicheren Wirklichkeit belebt. Bijl reaktiviert nicht die kulturpessimistische Rede vom Verschwinden der Dinge. Er verweist lediglich darauf, daß die meisten Dinge uns heute als reproduzierte gegeben sind. Die Inszenierungen Bijls betreiben Spurensicherung nicht durch Bewahrung eines Verschwindenden, sondern durch eine Zurschaustellung der ohnehin schon aufdringlichen Warenwelt. Dabei geht es weniger um die Monstrosität der Objekte, als vielmehr um die institutionellen Strukturen, über die Waren oder Dienstleistungen an den Mann gelangen. Immer wieder thematisiert Bijl Bereiche des öffentlichen Lebens, an denen es Publikumsverkehr gibt: staatliche und private Unternehmen, in denen sich die Wünsche und Bedürfnisse des Einzelnen an eine ihm fremde Organisationsstruktur vermitteln müssen. Bijl transformiert nicht nur den Bereich der Warenästhetik, der Verführung durch Objekte oder den reinen Tauschwert (›Casino‹), sondern auch die Bastionen, die sich des in der Warenwelt ausgesparten Unheils annehmen: Arbeitsvermittlung, Krankenhaus, Atomschutzbunker. So machen seine Verdopplungen auch ohne vordergründig kritischen Impuls anschaulich, »wie beklemmend das Raster, der Rahmen unseres Lebens konditioniert« ist.[8]
Bijls Arbeiten umkreisen die Zone, in der sich das Glücksverlangen des Subjekts mit der gesellschaftlich organisierten Wunscherfüllungsmaschinerie trifft. Die Thematisierung dieses prekären Bereichs spricht dafür, daß der Künstler nicht nur die delirierende Wiederholung der Bedingungen des Spätkapitalismus, dieser realtiv befriedeten und vergleichsweise befriedigenden Lebensform, propagiert. Es sieht so aus, als markierte er zugleich die Stelle, an der ein solches Leben seiner selbst bewußt werden könnte – und dessen, was es verbirgt: der verwalteten und »hochgerüsteten« Bestandssicherung.

ANMERKUNGEN

1 vgl. van Damme 1986
2 zitiert in: Guillaume Bijl. 43. Biennale die Venezia, S. 74. Deutsch von K.S.
3 zitiert nach Schröer 1991
4 vgl. Lambrecht 1986
5 So hat Bijl seine Arbeiten anfangs genannt.
6 vgl. Kunstforum international Bd. 91
7 vgl. van Damme 1986
8 vgl. van Damme 1986

LITERATUR

Kunstforum international, Bd.91: *Realkunst – Realitätskünste.* Eine Begriffsbestimmung und begleitendes Material.

Frederick Leen: *Guillaume Bijl. Reproduktion, Rekonstruktion, Typus.* In: Kunstforum international, Bd.91.

Jef Lambrecht: *Chaussures Icécé.* In: Katalog *»Bijl, de Keyser, Dujourie, Vercruysse«,* Kunsthalle Bern, 1986.

Carl-Friedrich Schröer: *Guillaume Bijl. Duchamp für großes Orchester.* In: art 7/91.

Pier Luigi Tazzi: *Guillaume Bijl.* In: Artforum International 10/1987.

Leo van Damme: *Anarchist im Lande von Tintin.* In: Katalog: *»Bijl, de Keyser, Dujourie, Vercruysse«* Kunsthalle Bern, 1986.

Wim van Mulders: *People's adaptability before the environment changed by themselves. About Guillaume Bijl.* In: *Guillaume Bijl.* Katalog zur 43. Biennale in Venedig 1988.

Christine Vielhaber: *Kunst-Konsum pur oder der schöne Schein der Dinge.* In: Wolkenkratzer 2/1987.

CHRISTA NÄHER

Gabriele Winter

»Es gehört inzwischen zum guten Ton, vom Ausschluß »der Frauen« im kulturellen und gesellschaftlichen Leben zu reden. Wenn jedoch nicht nach der Qualität, nach den spezifischen Qualitäten dieses Ausschlusses gefragt wird, kann diese Rede sich im Klageton verlieren – ein Part, den in der Regel die Frauen übernehmen. Oder aber diese Rede begründet die Ideologie der Gleichberechtigung: die Frauen stabilisieren in gleicher Weise die Ordnung, die sie unterdrückt.« [1]

In der diesjährigen documenta-Ausstellung sind 188 KünstlerINNEN vertreten, 161 männliche und 27 weibliche (Stand Januar 1992). Dieses augenscheinliche Mißverhältnis kommt einem Ausschluß gleich. Es sei hier aber nicht die Rede von den »spezifischen Qualitäten dieses Ausschlusses«. Das würde der gesetzten Themenstellung nicht entsprechen. Vielmehr soll im folgenden versucht werden, im Werk einer auf der DOCUMENTA IX repräsentierten Künstlerin – der Malerin Christa Näher – nach weiblichen ästhetischen Ansätzen zu suchen.
Die Suche nach weiblichen ästhetischen Ansätzen ist eng verknüpft mit der Suche nach einer »eigenen« weiblichen Identität, das heißt nach einer, die »nicht mehr entfremdet wäre nach dem Bild, das das Männliche vorschlägt (…), sondern das im Gegenteil Formen erfinden wird für die Frau, die unterwegs ist, (…) vorwärts und im Sprung sich suchen gehen wird.«[2]
Die männlichen Konstruktionen von Weiblichkeit müssen dabei dekonstruiert werden, und innerhalb der Ordnung der Kultur müssen Leerstellen gesucht und besetzt werden. Die Frau ist auf der Suche nach sich selbst bereits aufgebrochen, ist bereits unterwegs und schlägt Wege ein, deren Richtungen sie so wenig kennt wie deren Ziele. Sie sucht nach Spuren, die längst verweht sind, oder besser, die andere bewußt oder unbewußt zertreten haben. Dabei weiß sie, daß sie eine lange Geschichte hat, in Worte fassen oder erklären gar kann sie sie nicht…
»Warum«, fragt die Malerin Christa Näher, »soll man diesem Irrtum nachgehen, sich erklären wollen? Ahne ich selber nur einen Bruchteil. Ohne Worte weiß ich alles. Jede Erklärung endet in Rechenschaften. Diese nützen keinem. Außer man begegnet ähnlichen Geistern, dann erklärt man nicht, man erzählt. Meine Geschichte beginnt vor 10 000 Jahren vielleicht.«[3]
Christa Näher, 1947 am Bodensee geboren und dort mit einer »beinahe triebhaften Verbundenheit zur Natur«[4] aufgewachsen, lebt, arbeitet, lehrt heute in Großstädten.
Nachdem sie 14 Jahre lang in Berlin lebte, wohnt sie heute in Köln, lehrt als einzige festangestellte Frau an der Städelschule, der Staatlichen Hochschule für Bildende Künste in Frankfurt und sucht den Bodensee inzwischen wieder regelmäßig auf, ohne sich ihm jedoch noch zugehörig zu fühlen. Zugehörig fühlt sie sich keinem »realen« Ort mehr, seit ihre Mutter, zu welcher sie ihre »innigste menschliche Beziehung hatte«, starb. Sie starb früh, »und so verlor sich das Zuhause.«[5]
Um sich zu Hause zu fühlen, bedarf es eines Ortes, an dem wir uns finden können, an dem wir bei uns sind. Dieser Ort ist als symbolischer Bezugsrahmen, als »Orts- und Zeitrahmen« zu verstehen, »wo unsere Existenz Bedeutung hat, im Vorher und im Nachher, zur Vorbereitung und zur Bestätigung.«[6]
Im Unterschied zu Frauen finden Männer ihren Ort in der symbolischen, von Männern geprägten Ordnung. Sie können in sie eintreten mit der Gewißheit, sich in ihr wiederzufinden und in ihr aufgehoben zu sein. Frauen hingegen haben noch keinen Ort, sie müssen ihn noch finden oder erfinden.
Christa Näher kann sich der weiblichen Ortlosigkeit entziehen, indem sie schöpferisch tätig ist und Bilder, Orte entstehen läßt. Diese Fähigkeit des Entstehenlassens oder Findens führt sie auf das Gedächtnis zurück. »So bin ich nirgendmehr einheimisch, aber ich vermisse nichts. Immer schon hatte ich die Fähigkeit, mich jederzeit entziehen zu können, indem ich Bilder und Visionen zuließ, die mich allem entrückten. Ich denke inzwischen ernsthaft, daß dies, wie auch immer, Formen von Erinnerungsvermögen sind.«[7]
Das Erinnerungsvermögen, das Christa Näher hier anspricht, wird immer schon mit dem »Weiblichen« verbunden. Bei den Griechen ist das Gedächtnis die Göttin Mnemosyne, Mutter der neun Musen. Mnemosyne verkörpert aber neben der Erinnerung auch das Unbewußte und die unbewußte Erinnerungsspur. Marianne Schuller verweist darauf, daß die historische Gedächtnisforschung seit den dreißiger Jahren nicht zufällig »wesentlich von Frauen initiiert und befördert«[8] worden ist. Die Geschichtslosigkeit, mit der Frauen belegt würden, so Schuller weiter, beruhten auf einer Konzeption von Geschichte, deren Gedächtnis schweigt. Dieser gelte es entgegenzutreten, indem das Gedächtnis zum Sprechen gebracht werde.
Die Visionen und Bilder, die in Christa Näher entstehen und die sie zeichnerisch und malerisch zum Sprechen bringt, sind vor allem Räume, Tiere, Menschen, Tiermenschen. Sie malt auf großen Malflächen, verwendet Tempera-, Dispersions- und vor allem Ölfarbe auf Malgründen wie Nessel und bevorzugt Leinwand. Für ihre eigenständigen Zeichnungen nimmt sie Papiere von kleinem Format und benutzt Bleistift, Tusche, Tinte.
Bei der Darstellung von Räumen – von leeren Räumen – scheint sich mehr und mehr der Innenraum durchzusetzen. Mit einem dieser Innenräume hat sich Näher sehr lange auseinandergesetzt, drei Jahre

lang. Es ist dies das Bild ›Der Schacht‹, an dem sie von 1986 bis 1989 arbeitete und zu dem sie auch ein gleichnamiges Buch verfaßte.[9] Es ist in sehr verhaltenen dunklen Farben gemalt – was im übrigen auch der Grund dafür ist, auf eine Reproduktion an dieser Stelle zu verzichten –, und Ulrike Lehmann sieht hierin eine »geheimnisvolle Düsterheit«, die einerseits beklemmend, andererseits schwerelos sei und eine »Metapher des Verlorenseins und der Abgeschiedenheit des Einzelnen von der Gesellschaft, auch von sich selbst: Der Schacht als unergründliche Tiefe der unbewußten Seele.«[10]

Hierauf geht auch Stuart Morgan ein, der eine stetig veränderte Beziehung des Selbst zum Unbewußten in Nähers unterschiedlichen künstlerischen Ansätzen sieht.[11] Auch Christa Näher betrachtet ihre künstlerische Auseinandersetzung als eine Auseinandersetzung mit sich selbst, denn sie sagt, sie habe sich an dem Bild ›Der Schacht‹ regelrecht abgearbeitet.[12]

Das Unbewußte liegt sicherlich jedem schöpferischen Prozeß, jeder Ausdrucksform, jedem geschaffenen Werk zugrunde. Wenn »es« mit herrschenden psychoanalytischen Ansätzen entschlüsselt wird, so wäre der Schacht Symbol für die Vagina,[13] und man könnte entsprechend die »geheimnisvolle Düsterheit«, die Lehmann anspricht, mit dem Begriff »dark continent« assoziieren, mit dem Freud die weibliche Sexualität belegt hat. Diese Form der Interpretation soll nicht verworfen, sondern vielmehr erweitert werden durch andere, »weibliche«, durchaus auch psychoanalytische Ansätze.

Die Ortlosigkeit der Frau spielt auch im gegenwärtigen psychoanalytischen Diskurs eine Rolle. Die französische Psychoanalytikerin Luce Irigaray, die in ihrem Buch »Speculum« eine Theorie zu begründen versucht, in der Frauen nicht der Gegenstand des Denkens, sondern dessen Subjekt sind – betrachtet es für die Konstituierung eines weiblichen Subjektes für notwendig, daß die Frau einen Ort findet, der außerhalb ihrer selbst liegt. »So hat die Frau noch immer keinen Ort gefunden, sie ist noch immer nicht geworden … Die Frau ist immer noch der Ort, das Ganze des Ortes, an dem sie von sich selbst jedoch nicht Besitz ergreifen kann.«[14]

Es scheint in diesem Zusammenhang kein Zufall, daß Christa Nähers Räume leer sind und nichts Eindeutiges wiedergeben.

Gemeinhin sieht man es einem Raum, einem Ort an, ob er vordem besetzt, belebt, betreten, oder ob er noch nicht betreten worden ist.

In den Innenräumen Christa Nähers aber gibt es nichts, was auf das eine oder das andere hinweist, gibt es keine Spuren, die man in diesem Sinne verfolgen könnte.

Es sind abstrakte Räumlichkeiten, die zwar vom Raum ausgehen, aber keinen realen Ort abbilden. Der hier reproduzierte ›Raum I‹ kann als Innen- wie als Außen- oder als Zwischenraum gelesen werden. Der rechteckige Pfeiler, fast mittig im Bild, könnte ein stabiler Betonpfeiler sein, wenn die Leichtigkeit, mit der das Weiß aufgetragen ist, ihn nicht transparent erscheinen ließe. Hierdurch wird Zeit und Zeitlosigkeit ausgedrückt. Überdies ist der Raum nach oben hin durch den Bildrand begrenzt, scheint aber über ihn hinauszuwachsen.

Auch gibt es Licht, obwohl nichts auf eine Lichtquelle schließen läßt. (Hervorgerufen wird dieser Eindruck durch eine Steigerung der Grau – Tonwerte, die bis hin zu einem luftigen Lichtweiß reichen.) Ebenso uneindeutig verhält es sich mit den Türen, die einerseits zwar offen sind und Einblick in das dahinter Liegende gewähren, es aber der Dunkelheit wegen trotzdem verborgen halten. So vermitteln diese geöffneten Türen etwas Einladendes wie Abweisendes zugleich. Ein ortloser Raum, der zum Betreten auffordert und es zugleich verweigert. Es ist ein stiller Ort, hervorgerufen durch das Setzen der Farbe und der Farbzusammensetzung. (Wobei im eigentlichen Sinne keine Farbe verwendet ist, sondern ein Elfenbein- oder Beinschwarz und gestufte Grautöne.) Aber er kann sowohl eine Friedhofsstille wie auch eine »Ruhe vor dem Sturm« ausdrücken, je nachdem in welcher Stimmung sich der Betrachter oder die Betrachterin befindet. Es ist auch hier ein »Ort des Geheimnisses«. Hélène Cixous macht darauf aufmerksam, daß es eine männliche Zuschreibung sei, die Frau selbst als »Ort des Geheimnisses« anzugeben, was gleichzeitig ihre eigene Abwesenheit impliziere und rechtfertige.[15]

Eine weitere männliche Zuschreibung an Frauen ist die Gleichsetzung der Begriffe Frau und Natur. Interessanterweise aber nicht, wie man glauben könnte – Silvia Bovenschen weist dies überzeugend nach –, natura naturata, passive Natur.[16]

Wenn Christa Näher Natur malt, spricht sie eine ganz andere Sprache als die, mit der sie Innenräume ausdrückt. Der Malgestus ist nicht mehr zurückgenommen und verhalten, sondern wirkt bewegt, expressiv. Auch die Farben werden intensiver. In dem hier abgebildeten Werk ist die Körperlichkeit des Pferdes stark, kraftvoll, was durch die Nähe der Darstellung verstärkt wird. Aber es wirkt auch verletzbar. Das mag an der gebremsten Bewegung liegen, die sein Körper ausdrückt. Einerseits scheint es, als sei das Tier gerade zum Stehen gekommen, habe gerade innegehalten, andererseits scheint es, als setze es zum Sprung an. Es ist zwar zum Greifen nah, aber es entzöge sich wohl sofort einer Berührung. So vermittelt es Nähe und Distanz, Stärke und Verletzlichkeit gleichermaßen.

Christa Näher benutzt hier Erdfarben wie Umbra, grüne Erde, Terra di Siena, Ocker, dazu Orange und ein Weiß, mit dem sie Licht setzt. Die Farben der

Christa Näher, ohne Titel, 1985 (Foto: Galerie Grässlin-Ehrhardt)

Landschaft finden sich im Körper des Tieres wieder, wodurch das Einssein des Pferdes mit der es umgebenden Natur hervorgehoben wird.

Wenn Christa Näher von »einer beinahe triebhaften Verbundenheit zur Natur« spricht, kommt das in diesen Bildern zum Ausdruck, genauso wie ihre Verbundenheit zu Tieren und ganz besonders zu Pferden. Da hört die Distanz auf. »Wenn ich Schweine male, male ich Schweine. Wenn ich Hunde male, male ich Hunde. Wenn ich Pferde male, male ich etwas von mir selbst.«[17]

Tiere verfügen im allgemeinen – und selbst domestizierte, sofern sie nicht völlig marktwirtschaftlichen Auswüchsen anheim gefallen sind – über intuitive Fähigkeiten, die beim Menschen verschüttet sind. Das Pferd symbolisiert darüber hinaus Bewegung, Nomadentum, Unterwegssein, Freiheit. Offensichtlich bereitet es manchen Männern Probleme, wenn Frauen, d.h. Künstlerinnen sich dieses Symbols in ihren Darstellungen bemächtigen. Wie anders soll man sonst die hysterische Reaktion der männlichen Prüfungskommission der HfBK Berlin auf die Bilder Nähers begreifen, die die Künstlerin als »Psychopathin« titulierten, die »es womöglich mit Tieren treibe«[18] und dies als Kriterium angaben, sie durchfallen zu lassen (was durch Intervention eines einzigen Kollegen verhindert wurde). Gab es jemals den Vorwurf, Marc treibe es mit Pferden oder Beuys mit Elchen?

Einerseits existiert eine Vorstellung vom Naturwesen Frau, das sie zum »diffusen Symbol aller Sehnsüchte«[19] erhebt, der Sehnsucht vor allem nach der Einheit von Kultur und Natur. Andererseits wird der Körper der Frau zur Projektionsfläche von Zuschreibungen, die aus der Angst vor weiblicher Sexualität resultieren und die dann so seltsame Blüten treibt wie in diesem Fall, in dem man eine Künstlerin der Sodomie bezichtigt, nur weil sie die Einheit von Kultur und Natur auf die ihr eigene Weise umsetzt.

Das hat die Künstlerin nicht daran gehindert, auch weiterhin die Motive Tiere, Menschen, Tiermenschen, Räume auftauchen zu lassen. Die häufige Auseinandersetzung mit diesen Themen spielt sicher eine wichtige Rolle bei dem Versuch, sich auch als Frau zu positionieren. Es ist dies aber keine zwanghafte Wiederholung des immer Gleichen, sondern es geschieht unter sich stets verändernden Vorzeichen in einer fließenden Bewegung.[20]

Christa Nähers Bilder können verhalten sein oder expressiv bis explosiv, sie können laut sein, aber auch leise. Sie sind nie eindeutig – und das macht sie spannend.

Nachsatz: Vor Beendigung dieses Aufsatzes war der Verfasserin noch nicht bekannt, welche Arbeiten Christa Näher auf der DOCUMENTA IX ausstellen wird. Die Künstlerin mußte ihr ursprüngliches Konzept der veränderten Räumlichkeiten wegen ändern und traf ihre Wahl dann kurzfristig.

ANMERKUNGEN

1 Marianne Schuller, *Im Unterschied*, Frankfurt/M. 1990, S. 48
2 Hélène Cixous, *Die unendliche Zirkulation des Begehrens*, Berlin 1977, S. 39 ff.
3 Christa Näher, Ausst.Kat. Westfälischer Kunstverein, Münster 1988, S. 1
4 Christa Näher, *Zeichnungen*, Bielefeld 1986, S. 52
5 Ebda., S. 53
6 Libreria delle donne di Milano, *Wie weibliche Freiheit entsteht*, Berlin 1988
7 Christa Näher, *Zeichnungen*, Bielefeld 1986, S. 56
8 Marianne Schuller, a.a.O., S. 149
9 Christa Näher, *Schacht*. Ausst.Kat. der Galerie der Stadt Stuttgart 1991
10 Ulrike Lehmann, *Gemalte Räume des Lebens*, in: Ausst.Kat. der Kunsthalle Bremen, Bremen 1990
11 Stuart Morgan: Ausst.Kat. der Galerie Grässlin-Ehrhardt, Frankfurt/M. 1987, S. 36 f.
12 vgl. Ulrike Lehmann, a.a.O., S. 8
13 vgl. Sigmund Freud, *Die Traumdeutung*, Studienausgabe, Frankfurt/M. 1972, Bd, II, S. 358 ff.
14 Luce Irigaray, *Speculum – Spiegel des anderen Geschlechts*, Frankfurt/M. 1980, S. 282
15 Hélène Cixous, a.a.O., S. 31
16 Silvia Bovenschen, *Die imaginierte Weiblichkeit*, Frankfurt/M. 1979
17 Christa Näher, *Schacht*, a.a.O., S. 9
18 Christa Näher, in: Ausst.Kat. des Bonner Kunstvereins, Bonn 1983, S. 8
19 Inge Stephan, *Bilder und immer wieder Bilder*, in: Die verborgene Frau. AS 96, S. 19
20 Elisabeth Lenk wirft ironisierend ketzerisch vielen männlichen Künstlern Phantasielosigkeit bei Wiederholung des stets Gleichen vor, ohne veränderte Vorzeichen: »Der Horizont – Oder ist es das Bewußtsein? – der Künstler ist wie vernagelt, was sehr deutlich der Zero-Künstler Günter Uecker demonstriert, indem er zwanghaft die immer gleiche, phantasielose Geste des Nageleinschlagens vollzieht.« (Elisabeth Lenk: *Die sich selbst verdoppelnde Frau*, in: Ästhetik und Kommunikation Nr.25, Berlin 1976, S. 84).

Per Kirkeby: Viel später, 1991/92 (Galerie Michael Werner, Köln, Foto: Lothar Schnepf)

GEDANKEN ZUM MALERISCHEN WERK PER KIRKEBYS

Helga Stübs

Die DOCUMENTA IX hat aus dem umfangreichen künstlerischen Schaffen des Dänen Per Kirkeby, das auch visionäre Ziegelskulpturen und Bronzen sowie Gedichte, Romane, Tagebücher und Bühnenbilder umfaßt, ein Gemälde stattlichen Ausmaßes – 3,00 x 5,00 m – ausgewählt, das beispielhaft das malerische Œuvre des Künstlers belegt.

Kirkeby, zugleich Professor an der Frankfurter Städelschule und promovierter Geologe, hat seinen Schaffensprozeß auch theoretisch begleitet: »Ich kann nicht aus leerem Himmel heraus malen. Ich brauche etwas, wonach ich malen kann. Ich kann damit beginnen, den Himmel zu malen, die Wolken, das Licht, am liebsten mit den langen Barockstrahlen ...« (Kirkeby 1990, S. 3).

Matte Grüntöne – von gelbgrün bis olivgrün – beherrschen die Bilder der Jahre 1983 – 85, bisweilen durch hellere, auch violettgraue Farbstrukturen unterbrochen und in dunklen Bildgründen endend, die vor den Augen des Betrachters zu fast endlosen Passagen in weiten Bildräumen werden. Und von Nahem betrachtet, sind die Farben pastös aufgetragen; Kirkebys Kunst besteht auch darin, Schweres leicht erscheinen zu lassen. Er setzt sich mit der Farbe als kompakter Materie auseinander, deren relativ leichte Gefügigkeit durch exakte malerische und zeichnerische Recherchen überwunden wird. Aus der Dialektik des Konträren, als Farbe und Linie, Form und Antiform, Licht und Gegenlicht, Ruhe und Bewegung, entsteht die kompositorische Gliederung seiner Werke, in die das Zufällige, das sich im Prozeß des Malens ergibt, integriert wird.

Wenngleich mit Asgar Jorn befreundet, den er in einem seiner 15 Filme porträtierte, kann Per Kirkeby nicht vor dem Hintergrund expressionistischen und informellen Subjektivismus oder als Abstrakter und Nachkommen von Pollocks action-painting gewürdigt werden. Seine Bilder sind auch voller Risse, Schlieren und Strukturen, aber sein bewußter schöpferischer Pinselauftrag bleibt überprüfbar.

Der Autorin steht noch immer sein Gemälde »Fram« in der aufsehenerregenden Berliner Zeitgeist-Ausstellung 1982 vor Augen, die 45 Maler und Bildhauer – italienische, deutsche, britische sowie amerikanische Künstler dreier Generationen und eben diesen dänischen Maler unter dem Dach des gerade wieder hergerichteten Martin-Gropius-Hauses vereinte, unweit eines Environments des Schreckens aus deutscher Vergangenheit und Gegenwart. »Fram«, in der Ausstellung auch von Werken des Subjektiven, Visionären, Mythischen umgeben, verwies mit den graubraunen Farbtönen, den matten ausgefransten Farbflecken in Gelborange und zerstörten Architekturfragmenten nicht im Sinne eines Fassadenrealismus auf diese bedrückende Wirklichkeit, sondern war malerischer Kommentar. Statt emblematischer Bezüge innerhalb eines festen Formenkanons finden sich im Œuvre des Malers eruptiv vollzogene Gesten, die zwar Spuren subjektiver Empfindungen und Reaktionen zeigen, jedoch objektivierbar bleiben.

Farbe wird bei Kirkeby zu einer formbaren Materie, in der Erinnern und Vergessen flüchtige Gestalt annehmen; sie wird auch zur Farbbewegung und ist im Prozeß Ausdruck von Annäherung und Trennung zugleich. Siegfried Gohr, ehemals Direktor der Sammlung Ludwig in Köln, schreibt zum malerischen Werk Kirkebys:

»Farbe beeinhaltet nicht optische, physiologische äußere Wirkung, sondern ist ein komplexes, sich überlagerndes Erinnern und Sehen ... Erinnern auch an eine romantische realistische Tradition der Farbe als Ton, ... Grundlage synästhetischer Spekulation ...« (Gohr 1990, S. 12).

Die Kestner-Gesellschaft in Hannover stellte 1991 das malerische Œuvre des Künstlers in einer umfangreichen Retrospektive vor und gewährte auch einen Überblick über typische Kirkeby-Motive und Variationen wie Stilleben, Baum, Torso, Wald, die ihr Direktor Carl Haenlein als »diese besondere Form der Landschaftsmalerei« bezeichnete. »Fra den ny Verden«, 1987 gemalt, kündet nicht nur von der Farbe als Material im Farbauftrag, sondern eher im symbolischen Sinn sowohl in ihren Potenzen des Hell-Dunkel der Flächen wie in den Parallelschwüngen der aktivierten Linien: aus einem leuchtenden Rechteck in Gelborange mit eingeritzten vertikalen Rissen und Schlieren in der unteren Bildmitte brechen gestische Strukturen in dunklen, gezackten Pinselschlägen in einen mehrfach übermalten hellgrau-grünen Bildhintergrund, der allerdings durch einen Vertikalschnitt auf der rechten Bildhälfte noch verdunkelt ist. Am unteren Rand ergießen sich links und rechts farbige Sturzbäche in einen tiefen Bildgrund; die Farbübergänge sind fließend. ›Werden‹ ist auch als Metapher zu verstehen: es bedeutet immer einen Schwebezustand. Sich entwickelnde Farben und Formen – vorläufig – dringen darauf, gestaltet zu werden. ›Werden‹ ist der Widerspruch in sich, richtet sich gegen die Gestalt des Erreichten und dokumentiert die Welt als experimentellen Prozeß.

Daran läßt Kirkeby den Betrachter teilnehmen. ›Rückblick III‹, ebenfalls ein Schlüsselbild und 1987 gemalt, zeigt, wie sehr die malerischen Werke mit der Lebens- und Erfahrungssituation Kirkebys – analog zu Natur und Empfindung – verhaftet sind. Der Maler unternahm 1958 seine erste Grönland-Reise, die er in den späten 70er Jahren mehrfach wiederholte.

›Rückblick III‹ erweckt Assoziationen zu einer Härte und Eiseskälte, wie sie dem Betrachter auch aus dem Hamburger Bild Caspar David Friedrichs ›Das Eis-

meer oder die gescheiterte Hoffnung‹ entgegenschlagen. Auf einer Bildoberfläche von vier Quadratmeter führt uns Kirkeby in einen Landschaftsraum, der von einem Dreiklang aus kaltem Weiß, leuchtendem Orange und hellem Blau beherrscht wird, umgeben von dunkelgrünen und braunen vertikalen Farbfeldern, die sich nach hinten in schmale hohle Rechtecke in gebrochenen Farbtönen verjüngen: rubinrot, beige, hellgrau und weiß. Ein schmaler Streifen in gebrochenen violetten Tönen am oberen Bildrand umfaßt zwei Rechtecke in kräftigem Orange und öffnet das Bild nach allen Seiten. Im Bildgrund steht ein kaltes weiß-beiges Feld; aber der Betrachter wird nicht im Sinne einer Beschwörung romantischer Tradition – als Rückenfigur – in das Bild gezogen.
In der Folge der 1991 entstandenen Werke ›Mysusiter I, II und III‹ – wie die meisten der ausgestellten Gemälde aus dem Besitz der Galerie Michael Werner Köln / New York – bleibt die im Werk der letzten Jahre dominierende und fast den Bildraum teilende Gliederung der Komposition erhalten. In ›Mysusiter III‹ klingen auch die ungemischten Farben der Expressionisten an, aber der Maler ist als Temperament im Dialog involviert. In den hervorstechenden, vielfach wiederkehrenden Strukturen in leuchtendem Orange, die von dunklem Hintergrund wie Pfade zu einem verheißenen Land führen – zu Mysusiter eben, wo immer das für den Betrachter liegen möge – wird die Farbe zu einem Konzentrationspunkt einer Stimmung, die im Bild eingelöst wird und nachvollziehbar ist.
Kirkeby selbst versteht seine Bilder immer auch als Erinnerung an andere Bilder, die einen von Wunsch und Wirklichkeit gleichermaßen besetzten Raum umschreiben. Am Prozeß innerer Schöpfung und an der Einsicht bildnerischen Werdens ist der Betrachter beteiligt, der letzte Klärung allerdings nicht erwartet und auch Unsicherheiten der Wahrnehmung vor einem Gemälde akzeptiert, in dem collageartig und durch die Erprobung unterschiedlicher Techniken und Materialien Variationen bekannter Bildmotive in neuen Kompositionsstrukturen und Bildplänen wiederkehren.
Dieser Maler versteht seine Arbeiten auch als den Ort des Eingreifens, als archäologischen Akt, der auch das räumlich und zeitlich weit voneinander Entfernte zu strukturieren und damit zu ordnen vermag oder auch als Expedition, die er für uns vorbereitet: aus der Vielfalt des Vergangenen, der Erscheinungen und der Visionen konkretisiert er fast dramatisch anmutende Bildkonstellationen, die sowohl optische Parallelen zur Realität der Natur wie auch Resonanzboden für Assoziationen, Klänge und Stimmungen bilden.
Auch wenn die Linien und Flächen in Kirkebys Gemälden zu vibrieren scheinen, entsteht im Betrachter doch eine Stimmung der Ruhe, Nachdenklichkeit und Stille, als Antwort aus der Tiefe von Raum und Zeit der Bilder wie aus ihrer malerischen und grafischen Struktur der auf der Oberfläche liegenden Formen.

LITERATUR

Siegfried Gohr (Hrsg.). *Per Kirkeby.* Ausstellungskatalog. Kestner-Gesellschaft Hannover. Berlin 1991

Per Kirkeby. *Kristallgesicht.* Berlin 1990

A. R. PENCK ODER DIE BÄNDIGUNG DER ZEICHEN

Markus Heller

Der 1939 geborene A. R. Penck lebte bis 1980 in der DDR, vorwiegend in Dresden. Er kann auf ein ausgedehntes und zahlreiches Werk und eine überaus erfolgreiche Aufnahme seiner Bilder durch Museen und Sammler im Westen zurückblicken. In seiner heutigen Malweise, deren Grundzüge er seit den frühen sechziger Jahren kontinuierlich entwickelte, hat er unüberschaubar viele Gemälde und Zeichnungen angefertigt. 1968 wurden seine Bilder erstmals im Westen ausgestellt, zahlreiche Einzel- und Gruppenausstellungen folgten. Dreimal war er bisher auf der documenta vertreten, diesmal ist er im Gegensatz zu anderen Etablierten (z.B. Baselitz oder Kiefer) auch wieder dabei. Die Berliner Nationalgalerie widmete vor vier Jahren dem 49jährigen eine Retrospektive. In den letzten dreißig Jahren hat sich das Minimalprogramm seiner Malerei bis in den letzten Winkel der westlichen Welt verbreitet.

art Nr. 11/1989: »Das Bemühen um Qualität...

Obwohl er mit seinen »Standarts« von Anfang an eine eigene Bildsprache finden wollte, die, quasi als moderne Höhlenmalerei, die allgemeinen und wohl ewigen Konflikte des Menschen (Sexualität, Gewalt, Hierarchie, Arbeit usw.) auf eine einfache Weise darstellen wollte, ist ihm dies nicht durchweg gelungen. »Ein Standart ist nur ein Bild dann, wenn es in seiner Struktur so einfach ist, daß jeder es perzipieren und imitieren kann... Verkehrszeichen, Warenzeichen, Schilder gehören zu Standarts.« Daß auch sein eigenes Interesse an diesem Ziel zeitweise immer wieder nachließ, zeigen seine Ausflüge zu Bildern, in denen es ihm mehr um Malerei oder ornamentale Gestaltung auf einem Bildgrund als um die Erfüllung seiner Postulate ging. Die Zeichen, die eine deutliche Sprache zu sprechen vermochten, schienen sich in seinem Werk immer mehr selbständig zu machen und klagten ihr Recht ein, zahlreich und auch ohne Bedeutung existieren zu dürfen. Penck konnte sein Handwerk nicht dauerhaft an die Kybernetik, mit der er seinen philosophischen Rahmen gefunden glaubte, binden. Ende der siebziger Jahre zumindest erkannte Penck rückblickend seine Bemühungen um die Durchsetzung der »Standarts« als gescheitert, setzte die Arbeit aber trotzdem mit den gleichen formalen Mitteln fort.

Das Problem, das entsteht, wenn ein Künstler die Theorie mitliefert, durch die sein Werk vorgeblich zu verstehen sein soll, illustriert ein Zitat, das der amerikanischen Tänzerin Isadora Duncan zugeschrieben wird: »Könnte ich ihnen sagen, was es bedeutet, dann bestünde kein Anlaß, es zu tanzen.«

Penck hat wohl sein eigenes theoretisches Unvermögen gespürt, denn er besann sich immer wieder darauf, als Maler angefangen zu haben und ein Maler zu sein.

Penck fing früh an zu zeichnen und zu malen, und aus der Zeit vor 1961 sind vor allem Zeichnungen erhalten, die seine intensive Auseinandersetzung mit Rembrandt und Picasso dokumentieren. Mit diesen Vorbildern im künstlerischen Handgepäck und seinem sich langsam ausprägenden eigenen Stil, sowie der Tatsache, daß Penck in den bürgerlichen Diziplinen von Schulbesuch und Ausbildung nicht die gewünschten Resultate vorweisen konnte, blieb ihm der Zugang zum Studium verwehrt.

Die Themen dieser frühen Jahre waren Landschaftsbilder, Familienszenen, weibliche Akte und Porträts. Obwohl der staatliche Kunstbetrieb der DDR an ihm kein Interesse zeigte, und er die Möglichkeiten, sich zu entfalten, nur als gering einschätzen konnte, ist er erst 1980 in den Westen gegangen. Bemerkenswert ist in diesem Zusammenhang, daß ihm zuvor in der DDR von offizieller Seite erklärt wurde, daß sein Mitwirken an westlichen Publikationen oder das Erscheinen darin als »Nachrichtenübermittlung« ausgelegt werden könnte, was möglicherweise unangenehme Konsequenzen nach sich ziehen würde. Die Betonung auf Nachrichtenübermittlung schien auf absurde Weise Pencks Anspruch an seine Kunst doch noch zu bestätigen.

Das 1987 entstandene »Relief für Robotronwerk« mag ein rückblickend gemeinter Verweis sein, mit dem Penck auf die Rolle, die die »Standart«-Kunst im

Sozialismus hätte spielen können, anspielt. Eine Kunst, eine Sprachform, die so einfach handhabbar ist, daß jeder sie verstehen und nachmachen könnte, wollte er entwickeln. Demokratisch und simpel wie Graffiti.

Das Robotron-Relief zeigt Figuren, die sich zwischen den Polen von Arbeit und Liebe bewegen. Die Mittelfigur, die auf nach oben gestreckten Armen zwei Formen, eine technisch-geometrische und eine organische Schmetterlingsform, hält, steht auf einer Wippe. Jederzeit kann ihr Gewicht den Ausschlag bringen, kann die Zusammengehörigkeit der Gegensätze ins Wanken kommen.

DER SPIEGEL NR 44/1970: ...ist oftmals nicht mehr zu erkennen.«

»Die Beatles«, so lautet eine Anekdote aus den sechziger Jahren, »wollen deine Hand halten. Die Rolling Stones aber wollen deine Stadt niederbrennen.« Penck muß ähnliche Empfindungen gehabt haben. Als er die Rolling Stones zum ersten Mal hörte, so heißt es, habe er gewußt, daß das Heil nicht mehr aus dem Osten, sondern aus dem Westen kommt. Eine Neuorientierung begann. Penck, von dem gesagt wird, daß er sich auch als Musiker versteht, war zu der Überzeugung gelangt, daß er den Westen nicht mehr nur für falsch und chromglänzend halten konnte und daß der real existierende Sozialismus, in dem er lebte, ihm nichts mehr zu bieten hatte. Es mußte auch noch etwas anderes hinter der güldenen Fassade des Westens stecken. Vor wenigen Jahren hat Penck dann seine frühere Meinung relativiert: »Wenn sie es im Osten nicht schaffen, Dich fertigzumachen, dann schaffen sie es bestimmt im Westen.«

Mit der Lektüre von Hegel, Kant, Lenin und Stalin hatte Penck schon früh begonnen. Seine künstlerischen Gehversuche waren außer von den bereits erwähnten Künstlern durch Cézanne, Van Gogh und den Expressionisten begleitet. Rückschauend sind auch Anklänge an Klee, Dubuffet und Max Ernst wahrzunehmen. Wer die Unterscheidung zwischen E(rnster) Kultur und U(nterhaltung) noch für wichtig hält, wird, nicht ohne die Nase zu rümpfen, den Paradigmenwechsel wahrnehmen: War das erste Pseudonym des als Ralf Winkler getauften nach dem Geologen Albrecht R. Penck (»Die Alpen im Eiszeitalter«, 1909) angenommen worden, so begab sich Penck später auf das Glatteis der Trivialität: Bruce Lee, die Rolling Stones und der fiktive Mike Hammer werden als Vorbilder erwähnt, letzterer (wie auch das Ypsilon) sogar für kurze Zeit als Künstlername gewählt. Danach blieb es bis heute bei A. R. Penck. Der Name eines Künstlers wurde ein Markenzeichen. Einige Arbeiten Pencks gehören mittlerweile zum Kanon unseres Bildgedächtnisses. Das ›Weltbild‹ von 1961 genauso wie ›Ein mögliches System‹, ›Der Übergang‹, ›Chi Tong‹, ›Quo Vadis Germania‹? oder ›Dis‹, das auf der Zeitgeist-Ausstellung gezeigt wurde, und dem sogar der Stern zwei Farbseiten einräumte. Waren die Bilder bis zur Mitte der sechziger Jahre von der Anzahl der Figuren und deren Deutungsmöglichkeit eingeschränkt und somit weitgehend in Worte zu fassen (vorherrschend sind die Strichmännchen, deren Konstellation ein nachvollziehbares Problem schildert), so nahmen sie später immer mehr Fragmente von Comics, Chiffren, Buchstaben und Wörtern auf, sie wurden zum semantischen Chaos. Doch Penck wandelt sich schnell und paßt sich allen möglichen Situationen an: Klare Kompositionen mit malerischen Qualitäten wechseln sich ab mit Bildern, die in ihrer Zweidimensionalität wie ausgestopft mit Zeichen sind, Ornamentales steht neben Monumentalem, Figuratives neben Abstraktem. Alles verbindend ist die ungeheure und selbstbewußte Energie, mit der die Bilder entstanden sind. Penck behandelt die Leinwand wie das Schlagzeug und das Holz, aus dem er Skulpturen schlägt: die motorische Kraft und Vitalität, mit der eine neue Arbeit angefertigt wird, ist immer zu spüren. Die Bilder, die in verhältnismäßig kurzer Zeit entstehen, sind Kraftakte. Die ungeheure Anzahl der bisher entstandenen Werke, die oft wie nur leicht veränderte Neuauflagen schon bekannter Arbeiten wirken, läßt ein Bemühen um Qualität oftmals nicht mehr erkennen. Die Gesten und die Formate sind immer größer geworden, womit die Bedeutung, die einzelne, herausragende Kompositionen zweifellos haben, oftmals zugedeckt wird.

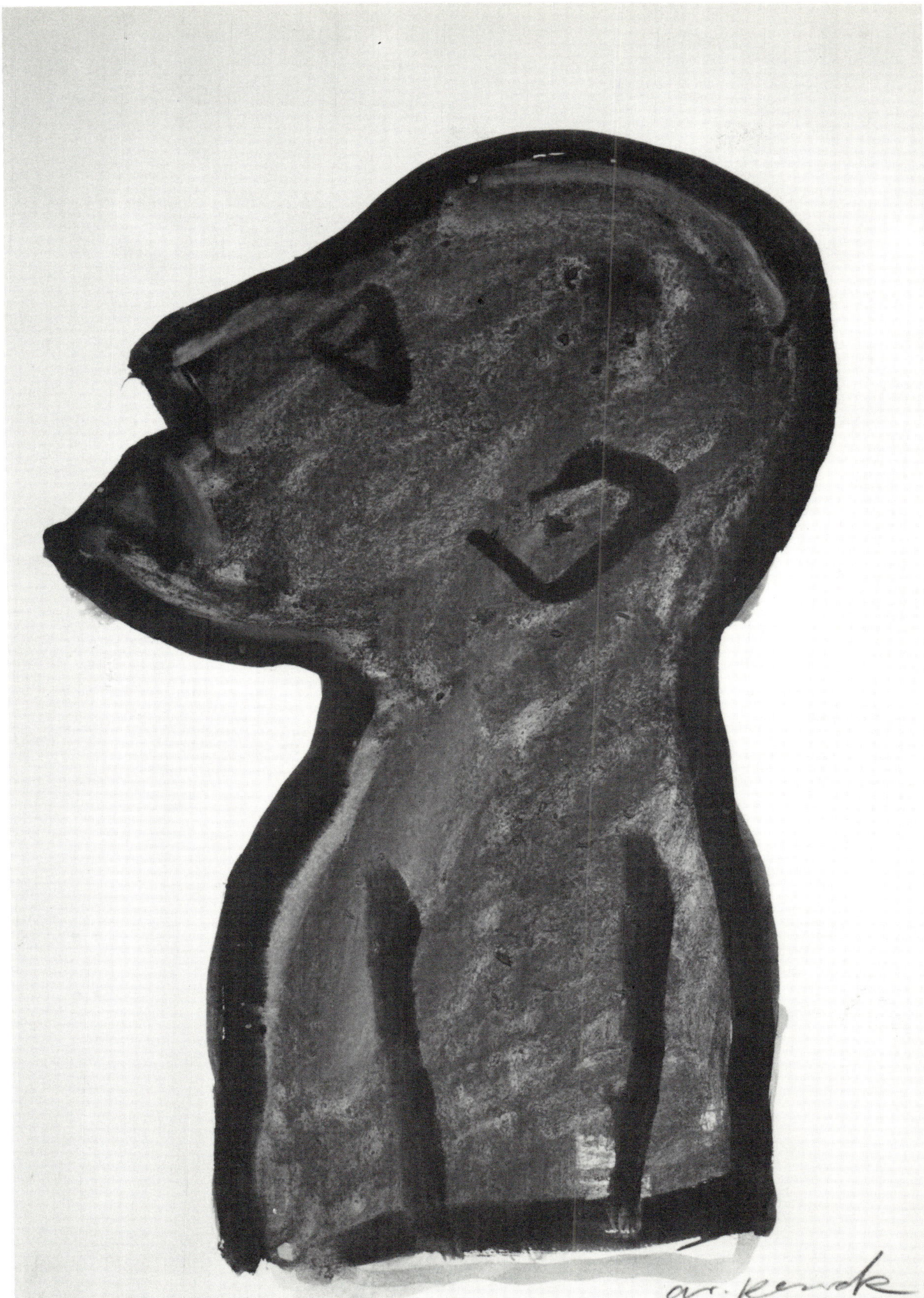

A. R. Penck: Ohne Titel, Selbstbildnis, o.J. (Galerie Michael Werner, Köln)

OBJEKTE AUS DER ZWISCHENWELT – JIMMIE DURHAM

Werner Stehr

»As an authorized savage it is my custom and my job to attack« [1]

Als ich vor einigen Jahren verschiedene Arbeiten Jimmie Durhams in einer New Yorker Galerie zum ersten Mal sah, war ich nachhaltig beeindruckt von der unerklärbaren Wirkung, die von diesen plastischen Strukturen ausging. Sie waren mit einfachsten Mitteln gefertigt, von den Bestandteilen her fremdartig kombiniert und erinnerten mich an Fetische. Ihnen wohnte eine sinnlich spürbare Magie inne, die sich der analytischen Vernunft entzog. Nie zuvor hatte ich Arbeiten in dieser Form gesehen, keine vertrauten ästhetischen Erfahrungen wurden bestätigt. Die Herkunft und die Absichten des Künstlers waren mir zu diesem Zeitpunkt gänzlich unbekannt. Die magische Ausstrahlung dieser Objekte blieb mir

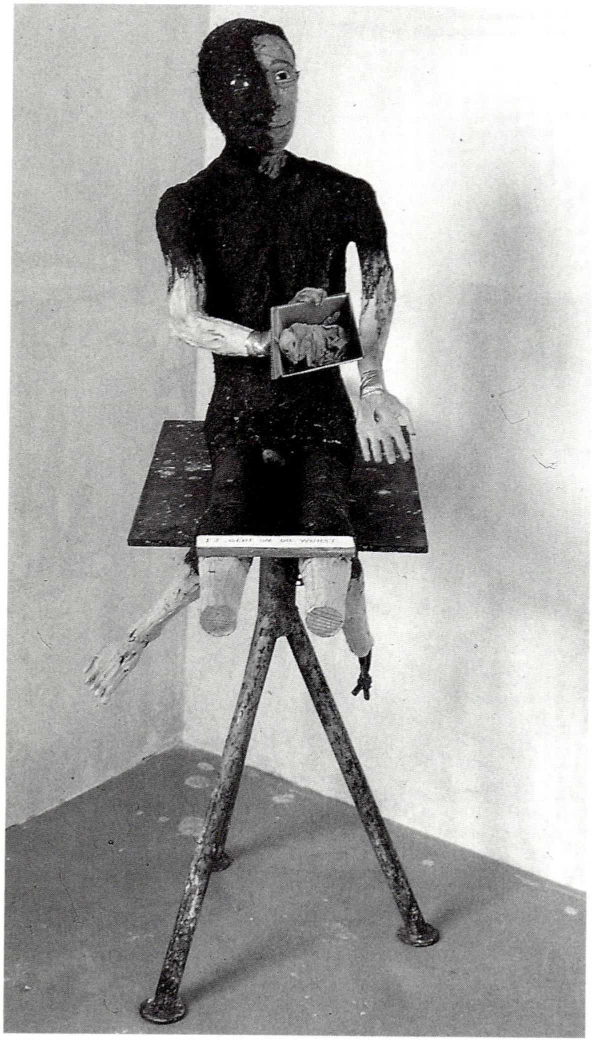

Jimmie Durham: An Approach in Love and Fear, 1992, (Detail)
Museum Fridericianum, Kassel (Foto: Dirk Pouwels)

im Sinn. Ohne Wissen um ihre Bedeutung unterschieden sie sich von anderen künstlerischen Arbeiten vor allem dadurch, daß sie eine Authentizität spüren ließen, die nicht so inszeniert, durchkonstruiert, effektvoll, künstlich arrangiert erschien wie viele mir bekannte Arbeiten der Arte povera oder Conceptual Art.[2] Es geht mir auch weniger um den Aspekt der Differenz zu meinen ästhetischen Vorstellungen und Erwartungen, denn es kann bei der Rezeption schließlich nicht das Ziel sein, »das Moment des Unverständlichen in den zeitgenössischen Kunstwerken wegzuerklären, also das Werk so zu interpretieren, daß, wenn man den Kunstwerken mit Befremden gegenübertritt, dieses Befremden verschwindet. Denn dieses Befremden selbst macht einen guten Teil des Gehalts eben dieser Kunstwerke aus.«[3]
Trotz dieser nicht in Sprache transformierbaren Fremdheit gab es einen Schlüssel in meiner Erinnerung, denn Rudimente der Arbeiten hatte ich schon einmal irgendwo gesehen: Es handelte sich um ein bemerkenswertes Grab in New Mexiko, mit rosa bemalten Holzruten und Fähnchen anstatt eines Kreuzes geschmückt, zwischen all den anderen biederen amerikanischen Gräbern: bunt, fröhlich, konträr, anders. Es war die Grabstätte eines Indianers.
Zu den sorgsam gepflegten Mythen der Vereinigten Staaten gehören sentimentale und dramatische Stories von friedfertigen, aber auch militanten, skalpierenden Indianern ebenso wie die von armen Siedlern, erfolglosen Handwerkern aus der alten Welt, Banditen, Glück suchenden Revolverhelden und endlosen Streitereien und Kämpfen. Nach dieser Ideologie mußten sie sein, Kriege hat es immer gegeben, Ordnung schaffende Auseinandersetzungen um Vorrechte zwischen Rothäuten und Bleichgesichtern. Über- und Unterlegenheit werden dabei als ein Naturgesetz betrachtet. Jedoch kaum etwas von diesen Überlieferungen und Grundannahmen entspricht den Tatsachen, Stories sind noch keine Geschichte. Die Fundamente offizieller amerikanischer Geschichtsschreibung sind erstunken und erlogen: Dies ist die Überzeugung von Jimmie Durham, Künstler, Kritiker, Literat, Poet. Amerikanische Geschichtsverfälschung ist Bestandteil seiner Kunst. Bei der Analyse seines Vorwurfs erschließen und verquicken sich Zusammenhänge zwischen unbestreitbaren historischen Tatsachen, politischen Strukturen und gesellschaftlichen Umgangsformen. Vor allem wirtschaftliche Antriebskräfte und eigenwillig inhumane Sichtweisen vergangener und gegenwärtiger Verhältnisse treten hervor:
Besonderheiten und Verformungen des »amerikanischen Charakters« werden bloßgelegt und sichtbar. Hier insistiert Jimmie Durham als gesellschaftlich denkender und handelnder Künstler. Oft trifft er – gleich ob als streitbarer politischer Aktivist oder als Künstler – *den empfindlichsten Nerv amerikani-*

scher Selbstbehauptung, jenen ihrer anderen aufgezwungenen Existenz auf einem fremden Kontinent. Das Land, das sie bevölkern, gehört ihnen nicht, es wurde anderen unrechtmäßig weggenommen. Spräche man den Kolonisierten, den »anderen«, die »hier ihre Heimat haben« (Durham) ein Vorrecht zu, müßte die Rechtmäßigkeit späterer Staatenbildung eigentlich in Zweifel gezogen werden.
Durham argumentiert, daß die amerikanische Zivilisation überhaupt die erste war, die systematisch zu ihrem eigenen Vorteil das Recht gebeugt und Legenden konstruiert habe, um ihren Herrschaftsapparat zu festigen. »Mehr noch, Amerika muß als eine Art Prototyp gesehen werden; es war die erste »bleibende« Kolonie, die sich *gegen* die Ureinwohner und dadurch etablierte, daß sie diesen die Existenz streitig machte. (...) Letzten Endes ist uns allen bekannt, daß die Gründung der Vereinigten Staaten mit dem Überfall auf andere Völker und deren Ausrottung einherging, Völker, die Millionen von Menschen zählten und die von Staats wegen hingemetzelt wurden.«[4]
Sachverhalte, die im Bewußtsein weitgehend verschüttet und verdrängt sind, die in der Wirklichkeit des American Way of Life kaum zur Notiz genommen werden. Durham bezeichnet diese geschichts- und bewußtlose Sichtweite der Amerikaner als *fundamental* im Sinne der zentralen, etymologischen Bedeutung des Wortes, »daß das gewaltsame Eindringen und das gleichzeitige Ableugnen dieser Tatsache das kulturelle und politische Fundament der Vereinigten Staaten darstellen«.[5]
Die offizielle Geschichtsschreibung der USA verkündet bis auf den heutigen Tag, daß es im Prinzip überhaupt keine Eingeborenen gegeben habe, allenfalls exotische Indianer, eher nomadisch und nicht seßhaft, eben »Wilde«, die des zivilisierten Weißen bedurften. Sie standen ihm angeblich gleichgültig gegenüber und konnten schließlich »befriedet«(!) werden. Das Staatswappen von Massachusetts zeigt noch heute einen Indianer, der sagt: »Come over and help us.« Oder man spricht gern bei der eingeborenen Bevölkerung von *Ureinwohnern,* und verlegt damit die Landrechte in eine graue, unbestimmbare Vorzeit. Es geht Durham, als Angehörigem der Cherokee, nicht darum, aus rückständigen Stammesgefühlen heraus ein Selbstverständnis als »amerikanischer Indianer« zu äußern, sondern um eine ungebrochene, unzerstörte Identität der Menschen, der Navajo, Cheyenne, Cherokee oder Apachen, deren Heimat und Daseinsrecht ausradiert und einem inhumanen Expansionswahn geopfert wurden.
Der deutlichen und kompromißlosen politischen Aussage Jimmie Durhams stehen seine künstlerischen Arbeiten, seine Plastiken, Installationen, Bilder und Environments gegenüber. Eigentlich nicht *gegenüber,* denn bei der Beschäftigung mit ihnen beginnen die Arbeiten in einer Weise zu sprechen, die mit dem Fühlen, Denken und Schreiben des Künst-

Jimmie Durham: An Approach in Love and Fear, 1992, Auepark, Kassel (Foto: Dirk Pouwels)

Der »Rest« vom exotischen Eingeborenen (Foto: Stehr)

lers identisch sind. Ihre mit den Dingen verworbene Bildsprache ist nicht vordergründig wie bei einem rasch lösbaren Rätsel zu dechiffrieren. Der Betrachter muß sich der Einarbeitung und Mühe unterziehen, um in das vermischte Vokabular der Bildchiffren einzudringen im gleichzeitigen Bewußtsein, das verwendete Alphabet aus Symbolen, Gegenständen und Geschriebenem nicht ohne weiteres zu begreifen. Durham kombiniert Versatzstücke der Gegenwart mit Elementen indianischer Tradition, er nennt das »cooperative contradictions«; oft sind es Fundstücke aus der Natur, die mit banalen »Zivilisationsresten« gekoppelt sind. Auch seine Arbeit auf der documenta ist von diesem Gedanken getragen. Wie aus einer Zwischenwelt erscheinen uns die realen und umbedeuteten Objekte, Hinweise, Zeichen und Bezeichnungen, die mit einer magischen Eindringlichkeit zum Nachdenken auffordern.

In einem Gespräch zwischen dem Künstler und Jeanette Ingberman fragte die Journalistin genau an diesem Punkt nach und erkundigte sich nach dem ihr verschlossenen Sinn von verwendeten Bezeichnungen:

»Can you tell me what the words mean.«

Durham: »No. (…) I'll tell you, but I don't want to be answering that question to everyone that asks.«

J. I.: »Obviously a lot of people who come in to see the show won't know the meaning of the Cherokee words.«

Durham: »And I dont't want them to know.«

J. I.: »That doesn't matter to you?«

Durham: »What I want them to know is that they can't know that. That's what I want them to know. (…)«[6]

ANMERKUNGEN

1 Lucy R. Lippard: *Little Red Lies.* In: Jimmie Durham. *The Bishop's Moose and the Pinkerton Men.* New York 1989 (Ausst.-Kat. der Galerie Exit Art), S. 22
2 Es ist *strukturell und qualitativ* etwas völlig anderes, ob sich ein zivilisationsmüder Künstler selbst als »Schamane« bezeichnet, ein anderer als »Zauberer« in Europa verehrt wird oder jemand ein Cherokee, Navajo, Cheyenne oder Apache ist. Vgl. auch Anm. 6
3 Theodor W. Adorno: *Vorlesungen zur Ästhetik,* Wintersemester 1967/68. Raubdruck (Volksausgabe), o. O.
4 Jimmie Durham: *Amerikaner oder der »Andere«.* In: Kunstforum Bd. 113/1991, S. 169; vgl. auch: Jimmie Durham/Jean Fisher: *The Ground Has Been Covered.* In: Artforum, New York, Summer 1988
5 ebd.
6 Conversation between Jimmie Durham and Jeanette Ingberman; in: Ausst.-Kat., vgl. Anm. 1, S. 31/31

MATT MULLICAN.
Die Kosmologie, das Logo und die Stadt

Pierangelo Maset

Von Matt Mullican wird wahrscheinlich niemand jemals sagen, er habe ein sogenanntes »Meisterwerk« geschaffen, und das ist gut so. Seine Bilder wirken auf den ersten Blick unspektakulär, kalkuliert, gestylt, von ihnen springt keine rasch auffaßbare Expression ins Auge des Betrachters, die das Werk mit einem Aufschrei anpreist. Dementsprechend ist das Echo auf seine Arbeiten in Deutschland bislang recht gering. Es ist zu hoffen, daß die DOCUMENTA IX ihn hierzulande bekannter machen wird. Dabei arbeitet Mullican seit einiger Zeit konsequent an seinen Zeichen-Welten: Mitte der siebziger Jahre entwickelte der 1951 geborene Amerikaner Zeichen-Bilder, die er seitdem in immer neuen Arrangements mit wechselnden Materialien variiert hat. Mullicans Eltern sammelten Kunstgegenstände der Ägypter, Griechen, Azteken, Maya und Hopi. Er ist in einer Umgebung aufgewachsen, die mit fremden Zeichen angereichert, aufgeladen war; Zeichen, die er zunächst nicht deuten konnte, die er als reine Formen wahrnahm und zu denen er sich Bezüge vorstellen mußte. Hier zeigt sich nicht nur eine Quelle der Inspiration für Mullicans Arbeiten, sondern auch eine Affinität zur heutigen Wahrnehmungsweise, die in Mullicans Kunst thematisiert wird. Wir sind einer Vielzahl von auf uns eindringenden Zeichen ausgeliefert: Zeichen der Werbung, der Medien, der Verkehrssteuerung, der Organisation städtischen Lebens. Viele dieser Zeichen sind für uns nicht mehr auf eine Bedeutung rückführbar, wir nehmen sie wahr, verstehen sie aber nur bruchstückhaft oder als Signal. Sie führen ein eigenständiges Dasein in unserem visuellen Unbewußten, ohne daß wir in der Lage wären, sie aufzuhalten oder zu entschlüsseln. Sie besetzen und besitzen Teile von uns, wir wissen nicht einmal, wie weit dieser Besitz und diese Besetzung gehen, nur eines ist sicher: sie sind unvermeidlich und von uns gemacht, wir brauchen sie zur Orientierung, zum Informationstransport, ohne sie »geht« nichts mehr. Die Zeichenwelten vervielfachen das visuell Wahrnehmbare und schaffen neue Wahrnehmungsverhältnisse; sie funktionieren als transnationale Sprachen, die aus sich selbst gebildet sind. Unsere Wahrnehmung ist von ihnen dergestalt geprägt, daß sie uns nahezu als natürlich erscheinen; ja in der stetigen Expansion des Zeichencharakters von Wirklichkeit ist die Natur selbst zum Zeichensystem geworden. Mullicans Arbeiten stehen einerseits für die Wiederholung des bildlich-formalen Ausdrucks von Zeichen, andererseits verweisen sie auf eine vom Künstler ersonnene Kosmologie, die den Charakter des Zeichens mit ursprünglich vorhandenen Weltdeutungselementen verbindet.

Zur Kosmologie

Was ist eine Kosmologie? Allgemein erklärt: eine Lehre vom Weltall und seinen Zusammensetzungen. Ursprünglich waren Kosmologien mythologisch und religiös fundiert, auftretende Naturerscheinungen wurden als Zeichen göttlichen Willens erklärt, es besteht damit eine Beziehung zwischen der Erscheinung des Zeichens und seiner Ursache, seinem Auslöser. Entscheidend wird dann die Interpretation der Zeichen: wie sind die einzelnen Erscheinungen auszulegen, welchen Willen drücken sie aus, welcher *Code* wird übermittelt? Die Geschichte der Religionen und der Philosophie liefert eine geschwätzige Menge von Deutungsbeispielen, die mit sehr unterschiedlichen Geltungsansprüchen aufgetreten sind. Hier setzt Mullicans Arbeit an: es gibt keinen universalen Geltungsanspruch einer »Kosmologie«, sondern nur einen individuellen. Der Künstler entwirft eine Zeichenwelt, die durch die Zeichen, die sie zusammensetzen, ausgelegt werden kann. Das System ist klar begrenzt und wird durch sich selbst beschrieben, was zwangsläufig zu Problemen führt, wenn es in Zusammenhängen präsentiert wird, die mit jeweils eigenen Deutungen besetzt sind. Mullican berichtet in einem Interview[1] von einer Ausstellung seiner Werke in Los Angeles, die aus großen roten Bannern bestand, auf denen schwarzweiße, piktogrammähnliche Zeichen zu sehen waren, die an Zielscheiben und Flugplatz- bzw. Bahnshofsinformationen erinnerten. Diese Banner waren außerhalb der Ausstellungshalle nebeneinander aufgereiht. Mullican erklärt dazu, daß die Banner seine Kosmologie repräsentierten, so stand z.B. eines für den Tod, ein anderes für den Himmel etc. Sie alle wurden von Besuchern zerschnitten oder anderweitig beschädigt. Offenbar hatte man sie in einem anderen Kontext wahrgenommen, der Aggressionen auslöste: »Als sie zerschnitten waren, hatte ich überhaupt kein Problem mit dieser Reaktion auf meine Arbeit. Tatsächlich dachte ich, sie sei völlig angemessen.«[2] Die von den Bilderzerstörern augenscheinlich erfahrene Funktion der Banner als Flagge oder Fahne stand in einem völlig anderen Zeichenkontext als in dem von Mullican eingeschriebenen. Wenn solche Kontexte aufeinanderprallen, kommt es zu Konflikten. Das gegenseitige Miß– oder Fehldeuten von Zeichen markiert kulturelle und soziale Differenzen; man kann nie die »Welt« in ihrer Gesamtheit deuten, sondern immer nur Ausschnitte ihrer Zeichenhaftigkeit. Die Grenze des Entschlüsselungsvermögens eines Individuums ist die Grenze seiner Welt. Doch überall lauert die Globalinterpretation mit ihren Täuschungen. Blaise Pascal hat dieses Problem eindrucksvoll dargestellt: »Es ist natürlich, daß man sich für fähiger hält, an den Mittelpunkt der Dinge zu gelangen, als ihren Umfang zu umfassen, denn die sichtbare Ausdehnung der Welt übertrifft uns augenscheinlich; da wir es aber sind, die die winzigen Dinge übertreffen, halten wir uns für fähiger, sie zu besitzen, und doch ist die geforderte Fähigkeit, um das Nichts zu erreichen, um nichts geringer als die, die nötig ist, um bis zum All zu gelangen; in diesem und jenem Fall muß sie unendlich sein, und ich glaube, wer die letzten Gründe der Dinge verstanden hätte, der würde auch dahin gelangen können, das Unendliche zu begreifen…«[3] Dies hat enorme Konsequenzen für die Gleichzeitigkeit von differierenden Kulturen/Zeichensystemen. Mullicans Arbeit führt implizit ins Zentrum dieser Problematik und provoziert mit ihrer eitlen Setzung: »Dies ist eine Kosmologie!« – Wer kann eine solche Setzung schon hinnehmen? Jede Kosmologie ist eine Anmaßung, in der Kunst aber ist die subjektive Kosmologie das Fundament zur Haltbarkeit eines Werkes. Bei Mullican wird nicht das Begreifen des Unendlichen vorgespiegelt, sondern das eines selbst festgelegten, auf eine Kosmologie verweisenden Zeichens. Damit wird die Grenze zur Kosmologie markiert.

Das Logo

Das Logo ist ein Zeichen, das schnell wiedererkennbar ist und eine internationale Sprache spricht. In unserer Gesellschaft gibt es die reinste Flut von Logos, die sich gegenseitig unterscheiden und durchsetzen müssen. Der Mercedesstern auf dem Berliner Europacenter prägt die Skyline der Stadt, das verallgemeinerte Logo wirtschaftlicher Präsenz. Jugendliche Tag-Maler, die ihre zumeist als Vandalismen verstandenen Namenszüge an S-Bahn-Waggons, saubere Häuserwände oder Lastkraftwagen anbringen, arbeiten auch mit der Logo-Methode. Es geht ihnen unter anderem darum, den eigenen Namenszug wiedererkennbar zirkulieren zu lassen, sich selbst als Zeichen zu setzen, dabei aber auch gleichzeitig den Raum, den man bezeichnet, zu territorialisieren. Die Tags sind die konsequente Weiterentwicklung der Graffiti, sie bedienen sich der Erscheinungsform des Logogramms. Nur durch Minimaldifferenzen identifizierbar, besetzen sie ein Territorium, das von einem Clan/einer Gruppe beansprucht, bezeichnet wird. Ihre Leere ist ihr Programm: sie geben dem städtischen Raum, der von funktionellen Zeichen überflutet wird, das Persönliche zurück. Jean Baudrillard hat diesen Zusammenhang eingängig beschrieben: »Die Stadt hat eine horizontale und vertikale Ausdehnung, nach dem Vorbild des ökonomischen Systems selber. Aber es gibt eine dritte Dimension der politischen Ökonomie – die der Besetzung, der Vernetzung und Demontage jeder Gesellschaftlichkeit durch die Zeichen. Dagegen können weder die Architektur noch der Städtebau etwas ausrichten, denn sie gehen selbst aus dieser neuen Wendung hervor, die die allgemeine Ökonomie des Systems vollzogen hat. Sie sind deren operationale Semiologie.«[4] Mullicans Kunst eskaliert diese Entwicklung. Dabei bedient er sich der Strategie der Mehrfachkodierung von Zeichen. Einerseits sind seine Logos, Embleme oder Ideogramme »leer«, weil sie aus ihrem Funktionszusammenhang herausgerissen sind und selbstbezüglich wirken; andererseits stellen sie Verbindungen zu Funktionsverhältnissen her, die sie gleichzeitig unterlaufen. Zusätzlich lädt Mullican seine Zeichen mit einer individuellen Kosmologie auf, die erst nach einer eingehenderen Beschäftigung mit seinem Werk nachvollziehbar ist. Eine an sich formalistisch und rationalistisch eingerichtete Zeichen-Welt wirkt durch diese Verstreuung der Ebenen verstörend auf die Wahrnehmungsorgane. Der amerikanische Kunstkritiker Dan Cameron charakterisiert dies wie folgt: »Matt Mullicans gleichermaßen paradoxale Arbeit hat seit 1979 zur Entwicklung einer vollkommen visuellen *Welt* aus Bildzeichen geführt, die an Computersprachen gemahnt; beharrlich besteht sie darauf, die menschliche Erfahrung in einem System von kodierten Einheiten zu organisieren, die untereinander nach Gutdünken ausgetauscht oder neu kombiniert werden können. Da Mullicans Elemente Arrangements von Universalien sind, müssen sie, um wiedererkennbar zu sein, kollektive und individuelle Tatsachen einer vorkritischen oder vorsubjektiven Denkweise gemäß wiedergeben.«[5] Nichts war als Ausgangspunkt besser dafür geeignet, als das Logo. Es läßt sich überdimensional als Einzelbild darstellen, aber auch als Teil innerhalb einer Klasse von Zeichen repräsentieren, die dann entsprechend den Einschreibungen des Künstlers angeordnet, kombiniert und aufgeladen werden können.

Die Stadt

Konsequent entwickelte Mullican seine Arbeiten in Richtung einer allgemeinen urbanen Installation. Vom Logo und seinen Besetzungen, das die modernen Städte verallgemeinert und internationalisiert, ging der Weg zum Verständnis der Stadt als materialisierter Zeitraum des Codes, in dem die gesamte architektonisch-soziale Welt ein auf verschiedenen Ebenen operierendes Zeichensystem darstellt: »Die Matrix des Urbanen ist nicht mehr die der Realisierung einer *Kraft* (der Arbeitskraft), sondern die der Realisierung einer *Differenz* (die Operation des Zeichens) (…). Dieses Szenario des Urbanen hat sich in den neuen Städten materialisiert, die unmittelbar aus der operationalen Analyse der Bedürfnisse und der Funktionen/Zeichen hervorgegangen sind. Dort ist alles auf der Basis einer analytischen Definition konzipiert, projektiert und realisiert worden. Wohnen, Verkehr, Arbeit, Freizeit, Spiel, Kultur – lauter Begriffe, die auf dem Schachbrett der Stadt aus-

Matt Mullican: Ohne Titel, 1992, Installation, documenta-Halle, Kassel (Foto: Dirk Bleicker)

tauschbar sind, in einem homogenen Raum, der als totales Environment definiert ist.«[6] Von Stadtplänen ausgehend, entwickelte Mullican Computerbilder von Stadtansichten, in denen »erdige« Elemente auftauchen. Und es finden sich in seinen Arbeiten schachbrettähnliche Muster, die die funktionalen Differenzierungen der Stadt mit der Logo-Kosmologie besetzen. Diese Bilder hat er mittlerweile wieder materialisiert, indem er Installationen schuf, die Stadtmodelle simulieren. Dies scheint das Mittel zu sein, mit welchem Mullican die verschiedenen Aspekte seiner Arbeit integrieren kann. Er selbst sagt dazu: »Wir alle verstehen die Stadt durch das Gedächtnis, das Gedächtnis speichert Bilder eines bestimmten Environments wie eine Sprache. Ich benutzte das Bild eines Stadtmodells als Allegorie, die allgemein die fünf symbolischen Ebenen meiner Arbeit beschreibt: ein Areal dieser Stadt ist das Subjektive, eines ist die Sprache, ein anderes Areal ist die entworfene Welt, ein weiteres die unentworfene Welt, und das letzte stellt die Elemente dar.«[7] Mullicans Werk läßt uns das Urbane anders erfahren, nämlich als Differenz der Zeichen. Dabei macht man die merkwürdige Feststellung, daß man mit der Kosmologie anfangen muß, um in der Stadt zu enden, die dann wieder kosmologisch besetzt wird. Das ist Zivilisationsgeschichte, da bleibt kein Raum mehr für Meisterwerke.

ANMERKUNGEN

1 Matt Mullican im Interview mit Joshua Decter, in: »Flash Art« No. 158, Mai/Juni 1991, S.103
2 ebenda (Übersetzung P.M.)
3 Blaise Pascal, *Pensees,* Heidelberg 1972, S. 45
4 Jean Baudrillard, *Der symbolische Tausch und der Tod,* München 1982, S. 121
5 Dan Cameron, *»Die Kunst und ihre Wiederholung«,* in: Volker Bohn (Hrsg.), *»Bildlichkeit«,* Frankfurt 1990, S. 291 f
6 Jean Baudrillard, a.a.O., S.121 f
7 Matt Mullican, a.a.O., S. 104

BRUCE NAUMAN

Johannes Kirschenmann

»Der Zustand der Existenz ist der Zustand der Entfremdung. Der Mensch ist entfremdet vom Grund seines Seins, von den anderen Wesen und von sich selbst. Der Übergang von der Essenz zur Existenz endet in persönlicher Schuld und universaler Tragik...« Auf dieses Zitat von Paul Tillich stoßen wir nicht in einer Kritik zu Nauman, sondern in einem Kommentar von Stephan von Wiese zu Beckmanns lithografischem Zyklus ›Die Hölle‹ im Katalog zur Frankfurter Beckmann-Ausstellung 1983. Auch wenn zwei Generationen zwischen Beckmann und Nauman liegen, stiften Analogien im Werk und konzeptionellen Kunstverständnis beider Künstler Anlaß zum Vergleich. Dies verdeutlichen auch die Laudationes zum Max-Beckmann-Preis, der 1990 an Bruce Nauman verliehen wurde.

Max Beckmann: Die Nacht. 1918/19

Beide Künstler sind auf der Suche nach der künstlerischen Darstellung des leidenden Individiuums in seiner Zeit, die das Leid der Kreatur übergeht oder negiert.. Beide rücken verschlüsselt in den Zeichen und deutlich zugleich in der Absicht zur Offenlegung von Gewalt und Geheimnis, von anonymen Täter und beliebigem Opfer nebeneinander. Wie eine Deutung zu einigen Installationen von Bruce Nauman liest sich eine kunstkritische Stimme von 1919 zu dem Beckmann-Bild ›Die Nacht‹. »Nicht daß hier Menschen umgebracht werden, ist das Entsetzliche, sondern daß es Mord und Qual gibt, daß das Leben nicht ein Paradies, sondern eine Sinnlosigkeit und eine Häufung von Torturen jeder Art ist. Diese grausame Verzweiflung am Dasein, dieser Pessimismus von Schopenhauerischer Tiefe, der das Bild der ›Nacht‹ grenzenlos erfüllt, erschüttert uns, weil er ein Bekenntnis unserer Ohnmacht darstellt, weil er unserer Existenz wie ein Spiegel entgegengehalten wird.« (Paul Ferdinand Schmidt, in: Der Cicerone II, 1919). Die durch sich selbst als Opfer gefangenen Täter der Beckmannschen ›Nacht‹ sind den Figuren in den Installationen von Nauman ähnlich. Es gibt keine Kommunikation – die Schreie verhallen. Die Akteure handeln wie nach Dressur, ihrer selbst nicht mächtig. Für die Beteiligten gibt es keinen Ausweg aus der Situation der räumlichen Begrenzung und aus der psychischen Obsession. Durch den Einsatz von TV-Geräten aktualisiert Nauman den Schrecken und schafft eine Teilhabe des Betrachters, der, selbst abgestumpft, nur allzu häufig den Schrecken medial vermittelt erfährt. Man weiß um die Katastrophe – und läßt sie zu.

Allein mit der technischen Installation strebt Nauman nicht nach der Perfektion der Medien, sie ist wie improvisiert, vorläufig. Dadurch bleibt sie in ihrer Reduziertheit und in ihren Zusammenhängen durchschaubar. Die technische und handwerkliche Perfektion ist für Nauman nachrangig, da in der formalen Optimierung die Gefahr einer Lösung von den wirklich drängenden Fragen der Realität stecken könnte. Die formale Vielfalt, mit der Nauman arbeitet, ist groß und zeigt zugleich, daß er auf der steten Suche nach einer adäquaten Form ist.

Das Experimentelle in seinen Arbeiten ist auch Herausforderung an den Betrachter, sich auf das Wagnis einzulassen, d.h. Vorerfahrungen mit der Rezeption von Naumans Werken werden aufgegriffen und in einer neuen Situation der Überprüfung ausgesetzt. Besonders oft spielt er dabei mit eingeschliffenen Wahrnehmungsgewohnheiten: Verzerren, verstekken, bewußt der Ästhetik des Mediums widersprechen und damit Erwartungen enttäuschen.

Ein Rückblick auf seine Arbeiten in den letzten zwei Jahrzehnten verweist uns auf unterschiedlichste Vermittlungsformen wie Performance, Fotografie, Video, Film, Zeichnung, Graphik und Skulpturen in verschiedenen Materialien. Zeichnung und Graphik sind nicht selten Studien zur Skulptur oder reflektierender Nachvollzug und Bearbeitung einer vorausgegangenen Skulptur. So erklären sich auch die in den letzten Jahren oft großen Formate: Nauman arbeitet unmittelbar an der Wand und nähert sich den Relationen der Skulptur. Bei den traditionellen künstlerischen Medien finden wir den Unterschied zu Beckmann; Nauman hat das Tafelbild hinter sich gelassen; das Medium kann für ihn nur aus dem Repertoire der Gegenwart resultieren, und dazu gehört für ihn auch die Alltagsästhetik.

Die Pluralität seiner künstlerischen Mittel wuchs mit der Öffnung seiner Themen von den eher privaten Zustandsbeschreibungen zur Formulierung eines öffentlichen Anliegens Anfang des letzten Jahrzehnts. Vor zehn Jahren, zur documenta 7, installierte Nauman einen um 90° gekippten Stuhl ohne Sitzfläche innerhalb eines Kreises, Dreiecks und Vierecks im Durchmesser von jeweils etwa vier Meter.

Das Material, Stahl und Gußeisen, und die Dimensionierung erzeugten eine intensive Spannung, die mit dem Titel ›Südamerika‹, 1981 ergänzt, ästhetischen und semantischen Gehalt transportierte.
Werk und Titel bilden bei Nauman einen Schlüssel zur Auslegung; sie korrespondieren nicht unmittelbar und lassen damit einen produktiven Deutungsspielraum.

LITERATUR

Bruce Nauman, *Skulpturen und Installationen 1985 – 1990,* Köln 1990.

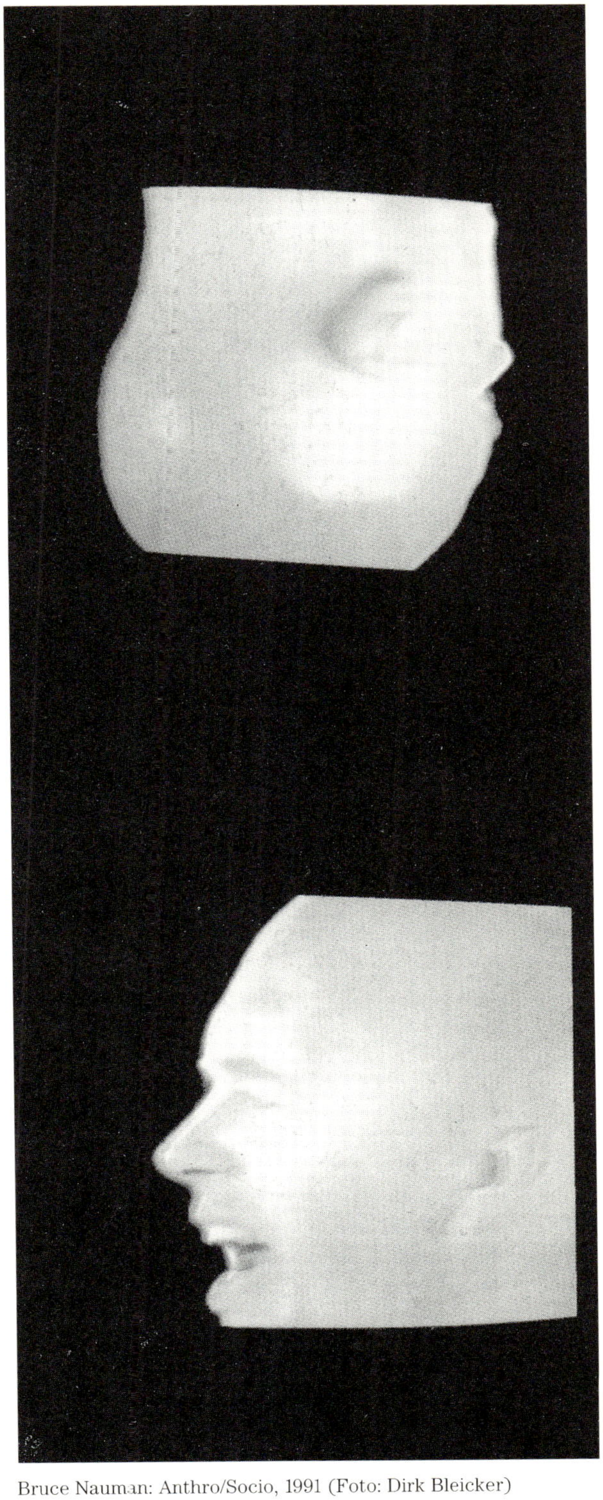

Bruce Nauman: Anthro/Socio, 1991 (Foto: Dirk Bleicker)

KUNSTKRITIK – JARGON DER EIGENTLICHKEIT?

Werner Stehr

Honoré Daumier: Vorbesichtigung im Kunstauktionshaus

Keine documenta ist bisher vergangen, ohne daß ein wahrer Papierberg über sie ausgebreitet wurde. Wer jemals im städtischen documenta-Archiv gebrütet hat, vermag ein Lied davon zu singen. Mit unerbitterlichem Ernst wurde produziert, was das Zeug hielt. Das, was dabei herauskam, reicht vom art-fremden Stammtischgedröhne über viele solide, akribische Kunstpredigten bis hin zur unverständlichen Litanei. Stolpernde Boten heilsuchender Verkündigungen, die aus der Kunst eine Glaubensfrage machen.

Ein Heer von Schreibern und solchen, die sich dazu berufen fühlen, warten jedesmal auf das Halali und stürzen sich auf das, was als Kunst zum Schuß freigegeben wird: Eine vergangene documenta wurde *die schwarze Messe von Kassel* gescholten, die folgenden und mit ihr viele Künstler, die Inszenierung und die Macher wurden gnadenlos kritisiert. Denken wir an das Bohrloch von Walter de Maria, Joseph Beuys' ›Stadtverwaldung‹ oder die Stahlskulpturen Richard Serras. Auch bei der derzeitigen Ausstellung wurde schon lange vor der Eröffnung scharf geschossen, das Leitungsteam mit giftiger Polemik von der Frankfurter Rundschau zu treffen versucht. Was macht's, wenn ein Terrier an eine Eiche pinkelt.

Nun ist aber keineswegs ausgemacht, daß einer, der vorgibt, alles besser zu wissen, überhaupt nichts weiß. Können Kritiker doch in erheblichem Maße helfen, das eigene Unvermögen, Abwägen und Urteil über Kunst zu relativieren. Das, was sie aus ihren Federn hervorfließen lassen, hat ja streng genommen mit dem, was zu sehen ist, oft wenig, schlimmstenfalls überhaupt nichts, zu tun. Karl Markus Michel geht in dem folgenden Beitrag ausführlich auf die Frage der Verklärung und Mystifizierung der Kunst ein.

Unvergeßlich eine Passage Ernst Blochs über den Kerngedanken Hegels aus ›Subjekt – Objekt‹: »Mattes und wenig bedeutendes Denken faßt sich selten kurz. Es braucht viele Worte, ist insofern der Lüge verwandt. Es muß dauernd um die Sache herumgehen, weil es die Sache, zu deren Aussage es sich übernommen hat, nicht trifft, vielleicht auch nicht treffen will. Je länger das Geschwätz, desto dünner der Sinn, deso verräterischer die Kürzung. Dagegen gehört es zu einem großen Gedanken, daß er nötigenfalls größte Kürze verträgt, ja, zu ihr besonders fähig ist. Der schlimmste Tag im Leben eines ungezielten, unnotwendigen, hin und her irrlichterierenden Denkers mag es sein, auf einer halben Seite sagen zu müssen, was er will, gar was er zustande gebracht hat. Da brechen die Verzierungen ab, da zeigt sich: zum Lakonischen gehört Mark.«[1]

Viele und unscharfe Worte, um die Sache drumherum geredet wie jedes Schaumschlagen, *setzen sich selbst der Kritik aus,* weil offensichtlich eine Diskrepanz besteht zwischen dem, was tatsächlich zu sehen ist und jenem, was darüber in den Hallen der Kunst geraunt und an Schreibtischen fabriziert wird. Auch sind oft Positionen zu lesen, die einfach unhaltbar und eher dem Himmelreich der Ideologie zuzurechnen sind. »Die vornehmlich, ja dringlichst zu gewinnende Einsicht wäre die, die kritische Methodik der Ideologien-Knackerei gegen sich selbst zu wenden, gegen die Kritiker als Ideologen des Kunstwerks.« So sagt Bazon Brock.[2] Trösten wir uns, denn das, was dargestellt wird, ist ebenso subjektive Verarbeitung und zumeist Auftragserledigung wie das Sehen des Publikums. Gewiß, zumeist gezwungen, das für Lohn zu tun, und da unterscheiden sie sich schon gewaltig vom schlendernden Besucher, denn die Kritiker schreiben wirklich um ihr Leben.

Positiv betrachtet wäre ihr bestes Vermögen eine Art optische Scharfeinstellung, die den betrachteten Gegenstand in klaren Konturen erscheinen läßt. Damit ist beileibe nicht nur die Beschreibung gemeint. Georg Schmidt formulierte einmal etwas altmodisch: »Der Kritiker soll das in der Ausstellung Dargebotene ins Wort heben. Er bestätigt oder bestreitet die Bedeutung der ausgestellten Künstler und beschreibt – zustimmend, einschränkend oder ablehnend – die geistige Bedeutung der dargebotenene künstlerischen Richtungen.«[3] Wenn er das

Wirkliche Talente sind rar: Ein Reich-Ranicki der Kunstkritik ist weit und breit nicht auszumachen.

kann. Wirkliche Talente sind rar, – ein Marcel Reich-Ranicki der Kunstkritik ist weit und breit nicht auszumachen. Ein Hauptdefizit jeglicher Kritik wäre, nicht das *übersetzen* zu können, was Künstler mit Hilfe des optischen Mediums in eigener Sprache zustande bringen. Wie immer das auch *optisch in Erscheinung treten mag.* Kunstwerke verweisen durch ihre Repräsentanz auf sich selbst, die Worte *über* sie kreisen dagegen in sich und benötigen für ihre Lebensfähigkeit der Verarbeitung durch den Rezipienten. Erst dadurch gewinnen sie einen semantischen Bezug zum anschaulichen Objekt. Dort, wo es dem Kritiker nicht gelingt, diese Relation klären zu helfen, wo eine Leere nur mit Worten gefüllt wird, muß zwangsläufig Geschwätzigkeit[4] entstehen.

Peter Iden: „Die Blamage" („Frankfurter Rundschau", 16. Januar 1992, Seite 29):
„Jan Hoet ist vielmehr der Typus des schwärmerischen Mitläufers, ohne jedes Interesse an irgendeiner Form von Gegensetzung, er wird in Kassel exakt reproduzieren – die jetzt veröffentlichte Liste der eingeladenen Künstler zeigt es schon – was überall gang und gäbe ist. Als Theoretiker der Kunst ist Hoet, zum Unterschied von all seinen Vorgängern in der 'documenta'-Leitung, eine schillernde Nullgröße ... was dann von ihm selbst folgte, war ein etwa halbstündiges, heftig-nachdrückliches Lallen, ein aberwitziges und vollständig sinnloses Jonglieren mit allerhand Begriffen des geläufigen Kunstjargons ... nach wie vor kennt Hoet für kaum ein Hauptwort den richtigen Artikel: Ein (freilich schlanker) Lou van Bourg als Kultur-Moderator – seit es die 'documenta' gibt, ist keine ihrer Pressekonferenzen armseliger, deprimierender gewesen ... Tatsächlich ist Hoet selbst die Zumutung der 'documenta'. Es ist nicht ganz auszuschließen, daß die Ausstellung trotz der schweren intellektuellen Defizite ihres Chef-Planers durch die Beiträge der Künstler sehenswert und spannend wird ..."

Quelle: FRANKFURTER RUNDSCHAU, 16. 1. 1992, S. 29.

ANMERKUNGEN

1 Bloch, Ernst, a.a.O. Berlin 1952, S. 27
2 ders., *Ästhetik als Vermittlung.* Köln 1977, S. 124
3 ders., *Werte und Maßstäbe in der modernen Kunst.* In: ders., *Umgang mit Kunst.* Olten 1962, S.279
4 vgl. Rötzer, Florian: *Beiläufigkeiten, Notizen über die Geschwätzigkeit des Kunstkommentars.* In: Kunstforum, Band 91/1987, S. 78–83

HEILIGER LUKAS

Kritik der Kunstkritik

Karl Markus Michel

Prolog: Einleuchten

Nehmen wir einmal an: Ein Kunstfreund aus Greifswald oder Gera, der die Glaubenslehre des Sozialistischen Realismus verinnerlicht hatte und sich in den letzten zwanzig Jahren redlich bemühte, die geforderte Parteilichkeit und Volkstümlichkeit auch noch im Sozialistischen Surrealismus zu entdecken, sofern er durch Staatspreise abgesegnet war, erlebte unlängst den Ruin seines real-ästhetischen Weltbilds und blickt seitdem durch die geborstene ideologische Mauer gen Westen, woher jetzt alles Heil kommen soll. Denn er sucht nach Erleuchtung. Er möchte nicht länger so hilflos sein wie vor zwei Jahren in der Beuys-Ausstellung in Leipzig, zu der ihm nur eingefallen war, was seine Mentoren über die »reaktionäre« Kunst des Westens insgesamt zu sagen hatten: Antikunst im Dienste des Kalten Krieges. Auch in Moskau, so erfuhr er jetzt durch einen Kenner[1], war das Publikum »schockiert«, als es zum ersten Mal Bilder von Dali, Bacon, Rauschenberg oder aus der Sammlung Thyssen-Bornemisza zu sehen bekam; selbst die russischen Kunstwissenschaftler mußten da passen: »Ihnen fehlte die Sprache, um die moderne Kunst zu beschreiben, die sich von Kriterien wie Harmonie, Kolorit, Darstellung längst verabschiedet hat ...« Und warum waren sie sprachlos? Weil sie weder die Programme der Avantgarde noch die Theorien der Post-Avantgarde kannten; kaum einer »hat je ein Buch von Adorno, Benjamin, Bloch, Horkheimer, Habermas, Lyotard, Derrida oder Baudrillard in der Hand gehabt«.

Unser Mann aus Dessau oder Dresden begann also zu lesen, was er in die Hände bekam, Ausstellungskataloge, Kunstkritiken, ästhetische Traktate, und machte eine merkwürdige Entdeckung: Alles war fast so, wie seine ›sprachlosen‹ Mentoren es ihm gesagt hatten. Die in der Nachkriegszeit herrschende abstrakte Kunst, das las er bei amerikanischen wie westdeutschen Kritikern, betrieb die Ideologie des Kalten Krieges, und was dann kam, seit der Pop-Wende, wurde tatsächlich »Antikunst« genannt, aber keineswegs strafend, sondern so, als wäre es eine bessere Kunst, ganz dicht am Leben. Gerühmt wurde auch das Häßliche, das Ekelhafte, das Rohe, über das sich die sozialistischen Kritiker so gern empört hatten, zum Beispiel Michail Lifschitz, an dessen Philippika gegen Kubisten und Popisten sich unser Mann noch gut erinnerte. Es war um 1970, als Lifschitz schrieb: »Ihr wolltet vitale Kraft, ihr wart übersättigt mit Zivilisation, ihr flüchtetet vor der Vernunft in die finstere Welt der Triebe..., ihr verlangtet von der Mehrheit blinden Gehorsam vor dem irrationalen Ruf des Übermenschen? Nun, so löffelt jetzt die Suppe

»Der heilige Lukas malt die Madonna«

aus, die ihr euch eingebrockt habt!«[2] Die Suppe? Das war noch freundlich ausgedrückt, denn aus keimfreien Campbell-Dosen kam jetzt nichts mehr. »In den Gemälden«, so las er in einer Hommage an die ›Mülheimer Freiheit‹ und die ›Neuen Wilden‹, »wird onaniert, kopuliert, geschissen und gekotzt, gewürgt und geschlagen, gequält und guillotiniert.« Das kannte er schon aus Leipzig: Tübke, Heisig, Mattheuer. Dort nannte man das, leicht gereizt, *humanistisch.* Aber was wollten die Westler damit ausdrükken? »Indem sie das Universum der Malerei mit deformierten, verzerrten, fragmentierten, zerbeulten, skelettierten und meist grimmassierenden Gestalten bevölkern, erstatten sie ihr die physische Konkretheit zurück.[3] Sonst nichts? Dann war's doch eher so, wie Lifschitz es gesehen hatte: »Was der Künstler macht, wird immer mehr auf ein reines Merkmal, eine Signatur seiner Person reduziert. Letztlich ist das, was er macht, gar nicht wichtig. Wichtig ist die Geste des Künstlers, seine Pose, seine Reputation, seine Unterschrift, sein Schamanentanz vor dem Objektiv des Filmapparats ... Er vermag durch Handauflegen zu heilen. Und diese neue Mythologie ...« Zum Teufel! Hatte Lifschitz denn alles vorausgesehen, nicht nur den durch die *documenta 5* (1972) läufig gewordenen Begriff »individuelle Mythologie«, sondern auch die seit damals grassierende Losung, nicht das Werk, vielmehr die Geste mache die Kunst, oder besser: bewirke die Heilung, die ein Künstler wie Beuys, »der Heiler, der Schamane« (Michael Govan[4]), dem Publikum schenkt?

Unser Mann war verwirrt. Aber er begriff allmählich, daß den sozialistischen Kunstkritikern viel weniger die Worte fehlten als deren Sinn. Die moderne Kunst, hatten sie gesagt, sei *dekadent?* Sie ist eine »Libido-Disposition« (Lyotard). Sie sei *formalistisch?* Gerade ihre Form ist ihr Geist, ihr »Ausdruck von Leiden« (Adorno). Sie sei *klerikal?* Sie ist der »Erlebnisgrund des Göttlichen« (Haftmann) oder ein »Stoß ins Offene« (Heidegger). Ja, hier sprach ein Klerus, hier wurde ein heiliger Boden abgesteckt für

Meditationen und Epiphanien. Überall begegnete ihm diese sakrale Sprache, und so wunderte es ihn nicht mehr, daß die große Hamburger Ausstellung *Einleuchten* wie ein Hochamt zelebriert wurde. »EINLEUCHTEN heißt die Macht der Kunst bedenken ... EINLEUCHTEN ist Dienst an der Kunst«, verkündete der Ausstellungsmacher Harald Szeemann, ein offenbar besonders begnadeter (und in allen Kunstblättern gefeierter) Apostel der zeitgenössischen Kunst, der den Ort seines Kunstdienstes, die Deichtorhallen, einen »campo santo« nannte – mit einem Baptisterium und einer Basilika, und im Mittelschiff ein Allerheiligstes: der *Plastisch thermische Urmeter* von Joseph Beuys, über den im feierlichen Katalog zu lesen stand:

»Beuys ist als einmaliger Anthropos zu begreifen, der zu uns gekommen ist, um Kunde zu bringen vom Mut zu den Mythen, zur Kreativität und zum gesellschaftsformenden geistige Willen, also als einer der Seltenen, der in glücklicher Reinkarnation Leib und Ätherleib für ein Menschenleben, nicht ohne Krisen und anstrengende Selbstheilungen, zur Deckung gebracht hat, als Therapeut und Künstler, um zum Sender zu werden.«[5]

O Wunder! Und gleich daneben, so las er, duftete eine große Wand aus Wachs – von jenem Wolfgang Laib, der bisher den Bienen nur den Blütenstaub geklaut hatte. Nun ja, wenn es der Heiligkeit dient! Zugegeben, in der Presse wurde auch ein bißchen gestänkert über soviel Devotion. Aber was wäre die Devotion ohne Blasphemie? Und was wäre sie ohne billige Devotionalien? Die wurden, von den Hohepriestern der Kunst vergeblich geschmäht, zur gleichen Zeit in Hamburg angeboten, unter dem Kürzel *d&s* nach den postmodernen Modewörtern ›Differenz‹ und ›Simulation‹. Da gab es offenbar bunte Heiligenbildchen, glitzernde Amulette und sonstige frömmelnden Nippes zu sehen, aber der Katalog verneigte sich tief vor dieser »alltagspraktischen Magie«: »Vor-Ahnung eines Grundes, auf dem man nachahmend stehen kann, vorlaufender Wahnsinn, der nachträglich Sinn gibt ... Erst Fraktalität heilt die Wunden der Abstraktion.«[6] So machte sich unser Leser denn auf nach Hamburg, um anzuschauen und anzubeten, wenn der Geist über ihn käme.

I. Ikonen der Gläubigkeit

»Der große Vierecksaal des württembergischen Kunstvereins in Stuttgart ist durch die drei Arbeiten von Wolfgang Laib in eine Art Meditationsraum verwandelt. Eine Stätte der Versenkung, der Besinnung, eine Oase innerhalb der Rastlosigkeit unserer Zeit. Die Materialien wirken kostbar, der Blütenstaub fast immateriell ...« (Dorothee Müller, SZ 10. 11. 89)

». . . in den Meditationsobjekten von Wolfgang Laib kehrt die vormoderne Epiphanie zurück, das Aufscheinen einer transzendenten Wahrheit, die jeden individuellen Ausdruckswillen übersteigt.« (Stephan Schmidt-Wulffen im Katalog Einleuchten, Hamburg 1989, S. 35)

Für den Andächtigen haben Laibs Blütenpollen, Reiskörner, Wachsscheiben kürzlich das mystische Erbe von Filz, Fett, Honig angetreten. Aber nicht sie allein. Der Kunstgemeinde wird seit ein paar Jahren fast alles – Bilder, Plastiken, Installationen, Computergraphik – zur Meditation empfohlen. Armin Zweite hatte 1983 mit der Ausstellung *›aktuell '83‹* im Münchner Lenbachhaus die Andachtsglocken kräftig geläutet. Der Katalog liest sich fast wie ein Heiltumführer: »Gottfried Mairwögers Gemälde sind abstrakte Ikonen, Meditationstafeln der Gläubigkeit« (Dieter Ronte, S. 148); Hermann Kleinknechts Bronzeplatten sind »Meditationsobjekte, deren spirituelle Seiten sich einem erst in der Konzentration aktiven Sehens öffnen« (Armin Zweite, S. 128); die Installation von Franz Graf und Brigitte Kowanz »versucht, sich der ethischen Frage ›Wie soll ich leben‹ mit einer psychisch-biogenetischen, erlösenwollenden Historienmalerei zu stellen« (Robert Fleck, S. 104), während in Thomas Lehnerers Installationen »sich meditative Aspekte an abgesunkenen religiösen Vorstellungen festmachen und zu Denkbildern kristallisieren« (Armin Zweite, S. 18). Kurz: »Das Bild der achtziger Jahre wird zur Ikone, deren Bedeutung sich erst in einer vertieften Betrachtung erschließt« (Vittorio Fagone, S. 25). Das heißt, man muß knien: »Moderne Malerei erzeugt Räume, die ihrerseits Flächen neuer Art erzeugen, immanente Platten, die den Menschen von seinem aufrechten Gang befreien« (Robert Fleck, S. 104).

Nun ja, die Wassermann-Zeit war gekommen, alle Welt ging spirituell in die Hocke – warum hätte ausgerechnet der Kunstklerus aufrecht stehen bleiben sollen? Merkwürdig ist nur, daß er noch immer hockt oder kniet, fast egal, wovor. Das Schlüsselwort der Kunstkritiken, die im Herbst 1989 in der gehobenen Tagespresse, vornehmlich in der *Frankfurter Allgemeinen* und der *Süddeutschen,* zu lesen waren, lautet: *Ikone.* Die Ikone erscheint als »Andachtsbild« oder »Meditationsobjekt«, zur Abwechslung auch als »mandraartiger Bildteppich« oder als »Schweißtuch der Veronika« *(vera ikon),* und Christoph Wiedemann, ein Kenner, entdeckt sogar »meditative Ikonen« und »meditative Farbigkeit« (SZ 15.11. und 14.12.89). Soll das nun heißen, daß die Kunst beginnt, über sich selbst zu meditieren? Oder ist es eher so, »als stilisierte sie ihre eigene Existenz zu Ikonen«? So sagt es Rainer Metzger *(Wolkenkratzer* 5/1989, S. 81) über die Malerei von Sean Scully »Sie klont sich gewissermaßen.« Heiliger Lukas! Aber was soll's, wenn nur, wie durch die 20. Salzburger Malaktion von Hermann Nitsch, eine »mystisch-religiöse Aura« erzeugt wird oder in einem Münchner U-Bahnhof eine »sakrale Aura« entsteht oder die Ausstellung *Ressource Kunst* insgesamt einen »meditativen Charakter« hat. Im Jahre des Heils 1989. (...)

So konnte es nicht ausbleiben, daß im Sakraljahr 1989 endlich auch Medienstar Warhol einen Heiligenschein verliehen bekam. Wenn die Kunstkritik bisher bei seinen Arbeiten von Ikonen sprach, so hatte das nur die durch Peirce und Morris geprägte semiotische Bedeutung von ›icon‹: ein Bild, da sich selbst genügt. Oder es war ironisch gemeint, wie bei den europäischen Pop-Popen, die sich fast verzweifelt bemühten, Warhols seriellen »Konsumikonen« ein bißchen Distanz zur Konsumwelt abzulisten, gegen die *konservative* Front von rechts und links einschließlich Lifschitz, der die Pop-Art »eine Apotheose der Wracks der industriellen Zivilisation« genannt hatte (a.a.O., S. 126). Schluß mit den Skrupeln! Ja zur Apotheose. »Im fortgeschrittenen Kapitalismus kann Kunst nicht mehr im Gegensatz zur Warenzirkulation definiert werden... Die Konsumwelt, so scheint es, war für Warhol nur ein Kunstgriff, um den Tod im Leben erscheinen zu lassen.« Sagt der Post-Bote Stephan Schmidt-Wulffen *(Kunst intern* Nr.1 Nov. 1989) angesichts der großen Warhol-Retrospektive in Köln. Er betet freilich nur nach, was der amerikanische Kunstpapst Robert Rosenblum im Ausstellungskatalog verkündet hat: Warhols »profane Heiligkeit« gipfele gerade in seiner als zynisch geschmähten Spätphase:

»Seine Galerien von Mythen und Superstars gleichen einer Anthologie nachchristlicher Heiliger; seine Wiedergaben der entkörperlichten Lippen Marilyn Monroes oder einer einzelnen Suppendose ... können als Ikonen einer neuen Religion gesehen werden ... Und selbst der Groschenheftträume und Sterntalerglanz evozierende Schimmer von Diamantenstaub kann uns in ungeahnte Höhen tragen, wenn Joseph Beuys einen kaum merklichen Hauch von Heiligkeit, eine Art pulverisierten Glorienschein erhält oder ein touristischer Schnappschuß der aufstrebenden gotischen Türme des Kölner Doms in eine ekstatische Vision der christlichen Ewigkeit umgewandelt wird ... Er gab uns unerwartete Einblicke in neue Formen des Himmels und der Hölle.« (Kat. S. 34)

Robert Rosenblum war es auch, der uns ›unerwartete Einblicke‹ gab in den Abstrakten Expressionismus, so daß in den letzten Jahren die spirituelle Liftung der Nachkriegskunst gelang. Schon 1975 hatte Rosenblum in *Modern Painting and the Northern Romantic Tradition* «eine alternative Deutung der Geschichte der modernen Kunst« vorgeschlagen, die nicht, wie die »orthodoxe Version«, auf Paris orientiert ist, sondern von C.D. Friedrich und Turner über van Gogh, Mondrian, Munch und Klee gleichsam auf der Wikingerroute zu Rothko, Pollock, Newman führt. In dieser nördlichen Version der Moderne zählen nicht formale Entdeckungen, sondern »mystische Erfahrungen«, »das Bedürfnis nach Reinigung und Rückkehr zu den Ursprüngen«, das von »Ersatzikonen und Ersatzaltären« befriedigt werde. Indem Rosenblum den Abstrakten Expressionismus in die »Tradition authentischen religiösen Erlebens« stellt, befreit er ihn aus der Indienstnahme für die Ideologie des Kalten Krieges – und überliefert ihn der Ideologie des New-Age-Konservatismus. Sein Kronzeuge ist Mark Rothko, der sich rühmte, vor seinen späten Bildern hätten viele Menschen in Erschütterung oder Ekstase geweint. Nichts gegen Rührung in der Rothko-Kapelle in Houston, von der Peter Iden (FR 11. 8. 89) meint, »daß ohne Anschauung der Kunst dieser Epoche ist«, wer dort nicht Einkehr gehalten habe. Aber bedeutet das Tränenvergießen vor Rothkos Farbtafeln mehr als das Vergießen anderer Säfte vor einer Fleischschau von Rubens oder Niki de SaintPhalle? Sich naß zu machen ist noch keine ästhetische Reaktion.

Ästhetische Reaktionen sind auch nicht gefragt. Gefragt ist der »Sinn« der abstrakten Malerei. Damit machte dann, auf der Schleimspur von Rosenblum, Maurice Tuchmans Ausstellung *The Spiritual in Art* (Los Angeles 1986) heilig-bitteren Ernst. Der Katalog, der 1988 auch deutsch erschien, ein kostbares Evangeliar,[7] gräbt tief nach den religiösen Wurzeln der abstrakten Kunst (die allerdings, anders als bei Rosenblum, vom Symbolismus des Fin de siècle über die Klassische Moderne bis zu Beuys, Baselitz und Kiefer reicht) und findet sie in »geistigen Bewegungen wie z. B. der Theosophie, dem Spiritismus, dem Wiederaufleben orientalischer und mediumistischer Tendenzen, der Alchemie, der Kabbala, dem Buddhismus und den schamanistischen Ritualen der amerikanischen Indianer« (S. 8), also in allem, was Mitte der achtziger Jahre schnelle Erleuchtung versprach. Glaubt man den Autoren des Katalogs, so waren Helena Blavatsky und Rudolf Steiner die wichtigsten Anreger der modernen Kunst. Daß viele der hier vorgestellten Maler, von Kandinsky bis Beuys, okkultistische oder spiritistische Neigungen hatten, ist bekannt. Doch wer hatte sie nicht, zumal in den zwanziger Jahren? Die spirituellen Biographien, mit denen die These belegt werden soll, lesen sich wie bornierte Geheimdienstdossiers. Ein paar Auszüge (S. 394 ff.):

Hans Arp: »1916/18. Korrespondiert mit Hilla Rebay, einer Anhängerin Rudolf Steiners . .. 1916. Liest gemeinsam mit Taeuber die deutschen Mystiker ... 1917. Kennt vermutlich die Ideen Novalis‹ ...«

Joseph Beuys: »1951/61. Führt am Niederrhein ein eremitenähnliches Dasein; Füchse und Hasen sind die einzigen (Gefährten. Interessiert sich für die Ideen Rudolf Steiners ... 1968. Gründet die Deutsche Studentenpartei, die Kunst und Leben gleichsetzt ... 1982. Trifft in Paris den Dalai Lama ...«

Marcel Duchamp: »1911. Sein Werk bekommt symbolische Obertöne ..1921. Sein Haarschnitt zeigt die Form eines Kometen ...«

Franz Marc: »... besitzt die gesammelten Werke von Novalis und E.T.A. Hoffmann; liest Schiller und Schelling . . .«

Sigmar Polke: »1970er Jahre. Laut Polke ist der Maler nichts anderes als ein Medium ›höherer Mächte‹ ...«

Die Augen zu verschließen, das Innere zu öffnen – das scheint die Botschaft dieser spirituellen Umdeutung der Moderne zu sein. Vor allem Informell und Abstrakter Expressionismus, diese Flaggen im Kampf »Freiheit gegen Sozialismus«, die eine »unmittelbare Kommunikation zwischen den Kulturen« stiften sollten, aber durch die semiologische Welle der sechziger Jahre in Mißkredit gerieten, weil die angebliche »Weltsprache« keine Signifikate, keine Bedeutungen zu haben schien, und die in den achtziger Jahren auch noch in die Flaute des Kalten Krieges gerieten, sie erhalten jetzt eine neue Würde: eine nicht mehr ideologische, sondern »transzendentale Unmittelbarkeit«, eine nicht mehr ästhetische, sondern »numinose Ausstrahlung«, die gerade in der »entkörperlichten Farbe«, also im Verstummen der Signifikanten gründen. Entsinnlichung als Programm. Das »Schweigen« dieser Kunst soll deshalb nicht gebrochen oder entschlüsselt, es soll verinnerlicht werden.

»Das ›stille‹ Gemälde besitzt, wenn man es nur intensiv genug betrachtet, allein durch seine radikale Konkretheit und seine bedingungslose Unmittelbarkeit eine numinose Ausstrahlung. Diese läßt sich ikonographisch interpretieren oder auch nicht, auf jeden Fall erfüllt das Gemälde eine mystische Funktion… Das Ziel all dieser Werke ist die Erneuerung der Kunst als mystischer Prozeß und ihr Verständnis als Surrogat einer höheren Wirklichkeit.« (Das Geistige in der Kunst, Stuttgart 1988, S. 319)

So sagt es Donald Kuspit, der Allesversteher (er hat ja auch die Neuen Wilden abgesegnet), und er preist Yves Klein, den Schöpfer des »International Klein Blue«, als »Schamanen in höchster Potenz«, weil er 1958 in der Pariser Galerie Iris Clert nackte Wände als »Zonen immaterieller bildhafter Sensibilität« mit Gold aufgewogen haben wollte (S. 324). Damit aber ist die neue Deutung der abstrakten Kunst genau dort angelangt, wo sie nach dem Krieg, zumindest im westlichen Deutschland, schon einmal stand. Das ›Projekt der Moderne‹ wurde bei uns als ein religiöses verstanden oder jedenfalls so angepriesen von den Wortführern der abstrakten Kunst, allen voran Will Grohmann und Werner Haftmann.[8] Wenn man in dem damaligen *Jargon der Eigentlichkeit*, der in Haftmanns Kultbuch *›Malerei im 20.Jahrhundert‹ (1954)* die schönsten Blüten treibt, ein paar Wörter auswechselt, zum Beispiel das sich wie ein metaphysischer Anker an ungezählte Substantive hängende ›-grund‹ – Erfahrungsgrund, Erlebnisgrund, Wirklichkeitsgrund, Seinsgrund, Bildgrund als Daseinsgrund etc. –, dann unterscheidet sich diese Sprache nur wenig von der des heutigen Kunstklerus: die Syntax ächzt unter der Last von soviel Magischem, Mythischem, Mystischem, und auch die Ikonen hat Haftmann schon bemüht, bei Jawlensky wie bei Schlemmer, bei Picasso wie bei Mondrian:

Piet Mondrian »war einer jener seltenen großen Gläubigen, Heiliger einer säkularisierten Welt, die von dem unverbrüchlichen Glauben beseelt sind, [daß] wenn sie an ihrem Ort das Zerbrochene und Auseinandergefallene auch nur an einem Punkte wieder heilen, die Welt selbst wieder heil würde. So sind diese Bilder aus ein paar farbigen Quadraten … ›Exerzitien‹ in einem geistigen, nahezu geistlichen Sinne – Ergebnisse der Kontemplation eines der Harmonie des Weltganzen nachsinnenden Geistes, Gegenstände der Meditation, durch die die Ahnung einer universellen Harmonie im Menschen aufklingt. Es ist dieser Glaube, der Mondrian trieb, seine Leinwand so lange durchzuformen, bis sie zur Ikone einer elementaren Wahrheit wurde.« (S. 276)

Heute geht das kürzer. Man muß nicht mehr, wie Haftmann, »seelische Fühlfäden« spannen zwischen dem Menschen und dem »ganzheitlichen Sein« (S. 177), man sagt beispielsweise, daß für Künstler wie Mondrian »die Reduktion natürlicher auf abstrakte Formen die Idee geometrischer Konfiguration als Paradigma spiritueller Erleuchtung mit sich brachte« (Robert P. Welsh in *›Das Geistige in der Kunst‹, S. 64*). Oder man sagt über Josef Albers' *Squares:* «Bis zuletzt arbeitete er an seiner Vision: der Einheit von Mensch und Universum … In der Idee der exakt ineinander gesetzten gegeneinander verschobenen Vierecke vereinen sich die geistigen wie körperlichen Polaritäten auf mystische Weise« (Monika Goedl, SZ 3.1. 90). Das Mystische, das Spirituelle liegen uns zum Greifen nah: Es bedarf keiner Vermittlung mehr zwischen einer geometrischen Form (einer Farbe, ein objet trouvé, einem Rohstoff etc.) und der Erleuchtung. Die ›reduktionistische‹ Kunstkritik der späten sechziger und frühen siebziger Jahre hatte ästhetischen Phänomene auf ihre *gesellschaftliche Relevanz* zurückgestutzt. Heute herrscht ein umgekehrter Reduktionismus: Die sinnliche Erscheinung soll ohne Umstände aufgehen (untergehen) in *spiritueller Relevanz.* Der jüngste Slogan für diese Maßlosigkeit – von Lyotard intoniert, seinen deutschen Adepten im Chor geschmettert – heißt: *das Erhabene.* Das ist, laut Lyotard *(Kunstforum* Bd. 100, 1989, S. 355), »eine Art Loch eine Bresche im Gegebenen selbst«, und aus der »Lichtung dieses Loch tritt die Idee hervor«; sonst nichts.

2. Der Sprung ins Andere

(…) »Die Hochglanz-Oberfläche steht für einfache Transzendenz des Alltäglichen, die Härte Stahls für Ewigkeit und die Perfektion für Sicherheit. Das Bestechende an dieser Serie [von Koons] ist die Spannung zwischen der durch kontextuelle Verfremdung vorgenommenen Analyse und der perfekten Präparierung des Als-ob, die den Betrachter geschickt in das Verführungsspiel einflicht und an der Ambivalenz von Distanz und Begehren teilhaben läßt.« (Markus Brüderlin: »Das geflügelte Bild und das verführte Objekt«, Kunstforum Bd. 104, 1989, S. 154)

Müßig wäre die Frage, ob jemand, der solches

schreibt, auch daran glaubt. Es tut nichts zur Sache. Entscheidend ist, daß dieser Jargon, den man heute Diskurs nennt, landauf, landab verwendet wird. So bleibt nur zu fragen, wie er funktioniert; wie er die Phänomene, auf die er sich bezieht – in obigen Beispielen sind es Antipoden der heutigen Kunst –, diskursiv erfaßt. Aber erfaßt er sie denn? Vermittlungen gibt es nicht. Von den Metallgerüsten Walter de Marias zum Erhabenen, von den Nippesglasuren Jeff Koons' zur Transzendenz ist es nur ein Sprung; ein Sprung auch nur von den immateriellen Farben Rothkos zum Numinalen, vom Diamantstaub Warhols zur Glorie, von den Blütenpollen Laibs zur Epiphanie. Und so weiter, durch alle Gesten und Posen, Roh- und Altmaterialien hindurch, die heute als Kunst auftreten. Erst durch diesen Sprung wird ein Etwas zum Kunstwerk. Oder anders herum gesagt: ohne diesen Sprung ist eine zünftige Kunstkritik nicht mehr denkbar. Denn die nackte Beschreibung dessen, was zu sehen ist, wäre eine Bankrotterklärung, etwa so, als würde eine Heiratsannonce sich auf die Angabe der Körpermaße beschränken. Was Hans Platschek im Bezug auf die abstrakte Malerei sagt – »Je präziser die Beschreibung vorgeht, umso absurder wird ihr Resultat«[9] –, gilt noch mehr für eine Installation. »Octavia Hamel beschäftigt sich mit dem Verpakkungsmaterial Schachtel, das sie in verwinkelte und verschachtelte Kunsttürme verwandelt, nüchtern in gipsernem Weiß...« Das ist nichts, da muß wenigstens noch schnell von »spannungsreicher Kommunikation« (aber wessen?) die Rede sein (SZ 29.8.89). Wer mehr Zeit und Zeilen zur Verfügung hat, zum Beispiel für Donald Judds zwölf Aluminiumkästen in der Kunsthalle Baden-Baden, der schreibt: »Zwei mal zwei Meter Grundfläche, totalbereinigt, versiegelt, metallisch mattglänzend: *unidentified lying object.«* Und jetzt der Sprung: »Die schiere Aluminiumform gewordene Fiktion. Das kubische Andere. Unwahrscheinlich, unverfügbar ...« Und weiter: »Die Alu-Kuben können noch so entschieden nichts bezeichnen, ihre rechten Winkel bezeichnen immer etwas ...« (Hans-Joachim Müller, *Die Zeit* 8.9.89). Wer kühner ist, springt weiter: es gehe Judd »um den prinzipiellen Eingriff in die (ästhetische Lebens-) Gestaltung«, die Besucher seien einem »Reinigungsritual von psychisch- optischer Art unterzogen«, ja einer »ästhetischen Gehirnwäsche« (Laszlo Glozer, SZ 6.10.89). Oder Jean-Pierre Bertrand im Düsseldorfer Kunstverein: »Entlang der längsten Wand hängen schlanke, hochrechteckige Tafeln, die von oben nach unten gedrittelt und mal in ›rot-weiß-rot‹, mal in ›weißlich-rot-weißlich‹ und auch in ›gelblich-weiß-gelblich‹ unterteilt sind ... Aber sie deuten auf nichts und sie bedeuten nichts.« Wie schade! Nicht doch, aufgepaßt: »Die Wirkung dieser Tafeln ... ragt ins Allgemeine ... Sie bieten Tiefen, die allein individuell zu gewinnen sind: das Geheimnisvolle der Bildtafel-Installation deutet auf eine Dimension der gefüllten Leere« (Raimund Stecker, *FAZ* 22.12.89). Oder: *›Fond I V/4‹* von Joseph Beuys – *Achtung* – «reiht 14 gleich hohe rechteckige Stapel nebeneinander, wovon 12 aus je 77 Filzplatten und einer Eisenplatte, einer aus 76 Filzplatten und einer Eisenplatte und der letzte aus 47 Eisen- und 60 Kupferplatten besteht«. *Fertig:* «Die Fonds sind gleichsam die Basiselemente der ›sozialen Plastik‹ und verbinden speichernde Materialien (Filz) mit leitenden (Kupfer).« *Los:* Die Fonds sind »energetische Aggregate, die sozusagen kreatives Wissen als Potentiale der Veränderung speichern, umwandeln und weiterleiten« (Markus Brüderlin im Kat. *Zeitlos,* 1988, S. 20). Hinter dieser Figur des Sprungs[10] – vom Material in die Transzendenz, von der Geste ins Absolute, von einer Nichtigkeit ins mystische Nichts – steht das theologische Motiv der Transsubstantiation. Brot und Wein werden verwandelt in das Fleisch und Blut Christi. Aber real oder nur symbolisch? Ein Transsubstantiationsstreit, wie er in der christlichen Kirche mehrmals ausbrach, droht der Kunstkirche nicht. Orthodoxer Metabolismus und protestantischer Symbolismus koexistieren friedlich, manchmal in ein und demselben Text. Es kommt nicht darauf an. Bei Beuys, dessen »soziale Plastik« wohl als erste eine theologische Deutung erheischte, waren die Exegesen – im Banne der damaligen semiologischen Mode – überwiegend ›protestantisch‹ und sind es oft auch heute noch: Die fettgetränkte Gaze in der *›Badewanne‹* (1960) ist eine »Anspielung auf Spiritualität und den Übergang von einem Zustand in einen anderen. Fett in fester oder flüssiger Form verweist auf Umwandlung oder Verwandlung« (Judy Freeman in *Das Geistige in der Kunst,* S. 395). Auch *›Schneefall‹* (1965) »symbolisiert« nur »den Zustand des Innehaltens, Wartens, Überwinterns« (von Graevenitz/Geerling in: *Ressource Kunst,* S. 58). Doch solche Deutungen wirken heute ziemlich altmodisch, als würde nur noch mit dem Strandgut gespielt, das die semiologische Welle angespült hatte. Als diese sich Anfang der siebziger Jahre nicht mehr damit begnügte, jede Praxis als einen Text zu begreifen, sondern in jedem Text eine Praxis sehen wollte[11], womit sie sich selbst abwürgte, erfuhren auch die Zeichen, Symbole, Sinnbilder der Kunstkritik eine theologisch-politische ›Wandlung‹. In dem Beuys-Environment *›Vor dem Aufbruch aus Lager I‹* (1980) »sind die Lampen keine reinen ›Geistesmetaphern‹, sondern auch eine geheime Kraft« (Franz-Joachim Verspohl: *Joseph Beuys. Das Kapital Raum,* Frankfurt 1984, S. 20). Aus dem Sinnbild wird ein Sein, das Ding stößt sich heideggerisch ins ›Offene‹:

»Nicht diese oder jene Form eines Hasen ist wichtig, sondern das Hasenhafte, auch das Filzhafte oder die steinerne Schwere ist der plastische Stoff, aus dem Beuys seine Dinge formt.

Das größte und dauerhafteste ›Ding‹ dieser Art ist das Basalt-Unternehmen ›7000 Eichen‹ in Kassel‹ ... in Kassel entbirgt Natur die Möglichkeit neuer historisch-sozialer Konstellation, nämlich den ›Wärmecharakter der sozialen Plastik‹.« (Hermann Pfütze in Kunstforum Bd. 100, S. 249)

»Mario Merz' Bildwelt der Prähistorie, diese Iglus als Sinnbilder sowohl der physischen wie der mentalen Urbehausung, ist eine (Zurück-)Eroberung des Urigen, des zeitlos Urweltlichen: die ratio naturae wird Ereignis der Kunsterfahrung. Die Arbeit von Wolfgang Laib schenkt Werten Leben ...« (Christoph Schenker im Kat. Einleuchten, S. 22)

»Kounellis ›füllte‹ 1969 einen unterirdischen Saal der Galerie l'Attico in Rom mit dem Atem, der Wärme, dem Geruch und dem Vibrieren von zwölf echten Pferden ... Heute würde Kounellis' Tat wohl keinen Skandal mehr auslösen, denn man versteht inzwischen seine Ausgangspunkte ... Der gesamte Galerieraum schien mit zwölf kraftvollen Energieträgern gefüllt ... Der Archetyp Pferd könnte dem Betrachter helfen, seine eigene Identität wiederzufinden.« (von Graevenitz/Geerling, Ressource Kunst, S. 59 f.)

Zur Wandlung, das ist klar, gehört einer, der sie vollbringt, ein Magier oder Schamane, ein Priester oder Alchemist. Der Kritiker ist (meistens) so bescheiden, diese Rollen nicht sich selbst, sondern dem Künstler zuzuschreiben. Beuys hat sie alle in sich vereinigt, er gilt auch als Prophet, Künder, Heiland, Messias. Und der Nachwuchs zehrt davon. »Der Maler ist ein Schutzengel, der die Palette segnend über die Erde trägt«, sagte Rudi Fuchs 1980 über Anselm Kiefer.[12] Wenn nun der Maler ein Magier, Heiler, Priester ist – »Ich begreife mich ja eher als ein Gesamtkunstwerk«, meinte Salomé 1982 –, dann muß das, was er macht, ein magischer Akt, ein kultisches Ritual, ein Wunder sein. Lang ist es her, daß man im Künstler einen Zauberer sah. Auf Zauberei fallen wir nicht mehr herein. Aber auf Schamanismus. Auch von Fetischen und Totems ist oft die Rede. In einem anderen Code, den Harald Szeemann 1972 stiftete, spricht man vom *Mythos*. In den achtziger Jahren diente der Ausdruck vorrangig zur Deutung des deutschen Neo-Expressionismus: Baselitz, Kiefer, Lüpertz, Hödicke und so fort, bald rühmend (wie bei Rosenblum), bald strafend (wie bei Buchloh) gemeint. Aber in jüngster Zeit geraten die ›Mythologien‹ gleich anderen symbolischen Kommunikationssystemen in den modischen Strudel der ›Dekonstruktion‹; seitdem beeilt man sich, der figurativen Malerei magische Tiefe zu geben: »Heute bildet sie nicht ab, was sichtbar ist, sondern sie konstruiert eine Realität, von der die Künstler glauben, sie liege hinter oder unter dem Sichtbaren ... In diesem Sinne setzt sich die schamanistische Kunst von zum Beispiel Beuys oder Merz fort«, sagt Michael Campton im Katalog zum *Bilderstreit* (Köln 1989, S. 40). Als Beispiel für den wirren Übergang von mythischen zum magischen Jargon:

»Die Arbeiten von Michael Buthe sind mit der Formel von den ›individuellen Mythologien‹ relativ präzise umrissen worden. Dem Sonnenmythos galt das Environment Hommage an die Sonne, mit dem Buthe auf der documenta 5 erstmals einem breiteren Publikum vorgestellt wurde. In dem ›unerschöpflichen Ritual‹ seiner Arbeit schafft er stets in übergreifenden Zusammenhängen. Die in orientalischen Ländern noch lebendige Tradition der ›Erzähler‹ greift Buthe auf und vervollständigt durch diese poetisch-märchenhaften Erzählungen einen weiteren Teil seiner subjektiven Mythenbildung«. Im Zusammenhang damit ist auch Contrée le Diable von 1979 zu sehen. Dieses Objekt (Skulptur) ist von vornherein auf seine Veränderung hin angelegt. Mit golddurchwirkten, farbigen Stoffen, zu Säcken genäht, kann man die magischen Zeichen auf den Holzbrettern verhüllen. Die altarartige Anordnung der profanen Dinge im Vordergrund setzt immer noch genug Zeichen, um zu erkennen, daß es sich hier um einen besonderen Ort handelt, dessen magische Kräfte nur zu gegebener Zeit zum Ausdruck kommen sollen. Der kultische Charakter des Objekts enthüllt wie bei einer Reliquie seinen Wert im Assoziativen ...« (Britta Schmitz: Spuren und andere ›Flügel der Wahrnehmung‹, im Kat. 1945/1985. Kunst in der Bundesrepublik Deutschland, Berlin 1985, S. 281 f.)

Das Fazit dieses semantischen Schlamassels: Mit ›individuellen Mythologien‹ ist es nicht mehr getan. Man muß schon, wie Rosenblum es 1982 anläßlich der Berliner Zeitgeist-Ausstellung tat, von einem »Universalmythos« sprechen, im Sinne der »fast magischen Fähigkeit« von Beuys, »alltägliche Objekte und Materialien in Reliquien imaginärer Religionen und heiliger Stätten zu verwandeln«. Demgemäß werden die Zeitgeist-Künstler von Baselitz bis Warhol auf die »Suche nach der Ursprache aller Mythen« geschickt, bei der sie sich – laut Rosenblum – mit den Abstrakten Expressionisten der vierziger und fünfziger Jahre treffen: im »Mythos der Kunst selbst« (Kat. S. 11ff.).

Wo (abstrakte) Universalsprache und (figurativer) Universalmythos eins werden, schlägt die Stunde der Universalreligion. Auf *Zeitgeist* (Christos Joachimides) antwortete 1988 *Zeitlos* (Harald Szeemann) als »durchaus heutige, säkularisierte Formulierung für den subjektiven und objektiven Anspruch auf Jenseitiges und Ewiges: nicht im kanonischen Sinne, sondern als Konzentrat von investierten und erlebten Jetztzeiten (kairos) im Zeitenraum (chronos) hin zu der grenzenlosen, fernen Zeit, der Ewigkeit (aion)«. Ein Jahr später, beim Hamburger *Einleuchten*, hat Szeemann dafür einen kürzeren Slogan: »das Erhabene und das Heutige«. Jetzt geht es ums Ganze.

3. Das Wunder der Geste

»Der Künstler der Moderne steht immer vor der Aufgabe, eine gänzlich unbestimmte Erfahrung als Ganzheit in das Werk zu transformieren – das zunächst gänzlich neutrale Material zum stimmigen, in sich notwendigen Bild seines Weltverhältnisses insgesamt zu machen ... Dadurch gerät der künstlerische

Prozeß selbst mit in das Zentrum des Werks, denn wo es keine verbürgten Ausdrucksmittel mehr gibt, wird die Erfahrung des Weges zumindest gleichbedeutend mit dem Ergebnis, zu dem er führt...

Weil durch Kunstwerke keine Behauptungen mehr aufgestellt werden, verändert sich in der Kontemplation ihrer Erscheinung auch die Wirklichkeit des Schauenden ... [Die Begegnung] erfordert vom Betrachter die grundsätzliche Bereitschaft, sich dem Gegenüber zu öffnen, die Strukturen des eigenen Ich durchlässig zu machen für dessen Eigentümlichkeit; und sie verlangt insbesondere Disziplin, eine Bereitschaft, ohne Anspruch auszuharren vor dem Werk, schauend zu warten auf den Moment seiner Öffnung, von dem wir nichts wissen können...« (Heinz Liesbrock: ›Die Lehre des Sehens‹, im Kat. Einleuchten, S. 15 und 17)

»Mark Thompson hat Bienen aus Ost und West gesammelt, sie in einen Glasbehälter ›übergesiedelt‹. Und nun kann man beobachten, wie sie gemeinsam den Wabenbau zusammenfügen und wie das soziale Leben der Bienen sich vollzieht. Oder Teresa Murak: sie arbeitet mit Kresse, streut die Samen über von ihr gefertigte Objekte aus Ton. Der Wachstumsprozeß kann beginnen. Michael Badura läßt aus einem Baum Glas wachsen...

Die in dieser Ausstellung gezeigte Kunst hat meditativen Charakter. Was nicht Rückzug bedeutet... Diese Künstler begreifen sich wieder im gesamtgesellschaftlichen Prozeß, allerdings im Bereich unseres natürlichen Umfelds. Nicht die Erfindung, sondern das Auffinden und das Mitfühlen stehen im Zentrum.« Josef Singldinger über ›Ressource Kunst‹, in feder 8/89 S. 20)

»Aus diesem Grunde interessiert mich seit einiger Zeit im Zusammenhang der Kunst, dem auf den Grund zu gehen: was sich unter Null begibt, was sich unterhalb des Werte-Niveaus abspielt, und oberflächliche Kunst interessiert mich – weniger die tiefsinnige. Ich finde es jetzt spannend, die Oberfläche von unten zu betrachten, unter der das anscheinend Unzureichende, das Miese, Nichtswürdige, aber insgesamt das Unbemerkte sich befindet – tief oben.« (S. D. Sauerbier: ›Kunst der Simulation, Simulation der Kunst‹, im Kat. d&s, Hamburg 1989, S. 140)

Diese drei Urteile – will heißen: Bekenntnisse – sind repräsentativ für die drei herrschenden Kunstattitüden, wie sie in den Ausstellungen, auf die Bezug genommen wird (man konnte sie Ende 1989 fast gleichzeitig aufsuchen), üppigen Ausdruck fanden. Aber uns interessieren hier nicht Bekenntnisse, sondern die Bedingungen ihrer Möglichkeit: ihr Code. Der ist mit der gängigen Sakralisierung der Kunst und des Künstlers noch nicht definiert. Auch nicht mit dem ›magischen‹ Akt der Wandlung, der dabei unterstellt wird. Worin besteht denn dieser Akt? In einer Geste. Es ist die »Geste Duchamps«, über die seit den sechziger Jahren im Hinblick auf Pop-, Conceptual- und Minimal-Art und ihre jeweiligen Neo-Arten, ja im Hinblick auf die Kunst überhaupt, unendlich redundant salbadert wurde. Duchamp avancierte zum bedeutendsten Künstler des 20.Jahrhunderts, seine Geste wuchs ins Mythische. Das hat in den letzten zehn Jahren etwas nachgelassen, jedenfalls in der Tageskritik. Aber Kunsttheorie und Kunstphilosophie beugen sich unverdrossen – und immer tiefer – über Duchamps *›Urinoir‹* und sorgen dafür, daß sein schöner Ausfluß nicht versiege.

»Marcel Duchamps ›Ready-made‹ reflektiert die Funktionalisierung der Dinge der Warenwelt durch Rückverwandlung ihrer tristen Funktion in (mögliche) Offenbarung; sie erklärt die Entmaterialisierung zum Effekt eines höheren Prinzips; im Rückgriff auf die Vor-Moderne beginnt die hermetische Tradition der Denk-Bilder, die sich gelegentlich totstellt, die Strategie heißt: Esoterik des Banalen.« (Dietmar Kamper: ›Das Dreieck: van Gogh, Malewitsch, Duchamp‹, Kunstforum Bd. 100, S. 185)

Im Band 100 des *Kunstforum* (1989) kreisen rund zwei Dutzend Aufsätze zum Thema »Kunst und Philosophie« um die alte Frage, ob Duchamps Readymade die Kunst (als Institution) blamiert oder hypostasiert habe. Dabei wird freilich vorausgesetzt (sonst würde man ja nicht darüber gründeln), daß Duchamps listiges Experiment- »Kann man etwas machen, das kein Kunstwerk ist?« – negativ ausging: man kann es nicht. Was immer sich in einen Kunstkontext stellen läßt, *ist* Kunst. Eine zweite Voraussetzung: daß dieser Kunstkontext provozieren *will*, wird allerdings unterschlagen oder abgemildert zu dem Anspruch, daß Kunst eine Art Therapie sei (doch darüber später). Damit gerät man in eine Sackgasse: Man muß, will man nicht die Institution Kunst in Frage stellen, alles, was hier in Erscheinung tritt, als Kunst akzeptieren, und gerade auch die Anti-Kunst. Doch diese Sackgasse erweist sich zugleich als *via regia* der Kunsttheorie: Sie allein kann die Anti-Kunst als Kunst interpretieren. Wenn wir allerdings von Sigrid Schade (ebd., S. 372) erfahren, »daß erst philosophische Verfahren der 70er und 80er Jahre überhaupt in der Lage sind, z. B. Duchamps oder Magrittes subversive visuelle Praktiken angemessen nachzuschreiben« (weshalb das ›Projekt der Moderne‹ keinen Anspruch auf sie habe), dann ahnen wir, wie lange die *heutigen* Praktiken auf ihre philosophische Deutung werden warten müssen.

Seitdem in den sechziger Jahren Duchamps Urinoir im Geiste angehoben, die Anti-Kunst-Geste zum wahren Mysterium der Kunst befördert wurde, ist der Kunstklerus immer mal wieder konsterniert, wenn ein Gestenmacher, gar ein Gestenvermarkter den Segen nicht abwartet, sondern von sich aus behauptet, seine Geste sei Kunst. So vor allem beim Auftritt der Neuen Wilden und neuerdings beim Einbruch von porzellanener Smart-Art und elektronischer Artware in die heiligen Bezirke der ›Wandlung‹. Im übrigen streitet man sich nur darüber, welche Geste legitimer sei: die Magier-Geste von Beuys oder die Simulationsgeste von Warhol; die große »revolutionäre« Geste, die Szeemann an der Avantgarde der

Harald Scheel: Streetperformance
New York 1991. (Galerie Carlo Mazzone-Clementi)

sechziger Jahre preist, oder die eher konservative Geste, die Georg Jappe und andere Anwälte der Recycling- und Ressource-Kunst rühmen. Einverständnis aber scheint darüber zu herrschen, daß es eine Tendenz zur »Minimalisierung der Geste« gibt, die Jappe schon 1973 verkündete: »Das Sichtbare wird maximal reduziert, um dem Unsichtbaren – als der Auswirkung vom Sichtbaren – maximale Expansion zu geben« (FAZ 21.2.73). Die Folge ist, »daß es heute, paradox gesprochen, auf die Wahrnehmung des Nicht-Wahrnehmbaren ankommt«, wie es der deutsche Herold der Postmoderne formuliert und am Beispiel von Bruce Naumans *›Concrete Tape Recorder Piece‹* (1968) demonstriert:

»Auf einem Endlosband, das über einen Kassettenrecorder gespielt wird, sind Schreie eines Gefolterten aufgezeichnet. Allerdings: Zu hören sind sie nicht, denn Band und Abspielgerät sind in einen Betonklotz eingelassen, der wie ein Bunker jeden Ton abschirmt. Das Wahrnehmbare ist nicht wahrnehmbar. Nur aus der Beschreibung weiß man, was hier ›gespielt‹ wird – und ist entsetzt über die eigene Gefühllosigkeit angesichts solcher Menschenschreie. Genau darauf kommt es auch an … Naumans Installation arbeitet mit der Bewußtmachung der Differenz zwischen . . Er schärft das Bewußtsein dafür, daß . . .« (Wolfgang Welsch ›Zur Aktualität ästhetischen Denkens‹, Kunstforum Bd. 100, S. 143f.)

Anders gesagt, mit Georg Bussmann *(Kunstforum* Bd. 104, S. 132): »Das Werk … ist in seiner Erscheinung so ›nichtig‹, daß es kaum als Kunst ausgemacht werden kann, und dies ist zugleich seine Rettung.« Es ist vor allem die Rettung des Kunstdiskurses, der wie auf einem Endlosband abläuft, aber ohne Beton drum herum.

Wie verträgt sich die von der Kunstkritik favorisierte Verringerung der Geste bis zur Nichtigkeit, bis zum Verschwinden des Werks mit der gleichzeitigen Feier des Künstlers als Magier, Heiler, Priester, als Übermensch? Die Frage wird ausgespart, oder sie wird nur dann gestellt, wenn man im Blick auf die Repliken der ›Kunstmarktkunst‹ (anders als bei den multiplen Filzanzügen und Kästchen mit dem Etikett »Beuys«) die heiligen Kühe ›Originalität‹, ›Authentizität‹, ›Autonomie‹ bedenklich abmagern sieht. Doch auch für dieses Problem zeichnet sich jetzt eine Lösung ab, dank einem neu eröffneten Gemeinplatz, der sich bei den Kunstkritikern wachsender Beliebtheit erfreut: Anstatt von der ›Geste‹, die – im Sinne der Concept – und der Minimal-Art – immer noch Einmaligkeit erwarten läßt, spricht man lieber von der ›Auswahl‹. Unter dem, was da so herumliegt und sich anbietet an Objekten, Ideen, Materialien, wählt Kunde Künstler etwas aus – darin erkennt die Kunstkritik seine ›Authentizität‹.

4. Heiliges Material

»Die Subjektivität des Autors, die sich aus der Arbeit am Gegenstand zurückgezogen hat, bleibt als diejenige Instanz erhalten, die die Wahl des Objekts trifft.« (Peter Bürger über Duchamp etc., Kunstforum Bd. 100, S. 212)

»Auf der Auswahl seiner Vorlagen beruht des Künstlers wesentliche individuelle Entscheidung … Das Aufblähen auf Bildgröße ritualisiert das bereits Gefilterte und erhebt es zur Alltagsikone, mit der Serie prägt sich das Einmalige auf dem Umweg neutralisierender Repetition noch einmaliger ein.« (Renate Puvogel über Warhol etc., Kunstforum Bd. 100, S. 415)

»Die von ihm verwendeten Materialien sind zusätzlich in ihren stofflichen, sinnlich-erfahrbaren Qualitäten nicht nur Anlaß, Grund moralischer, ethischer oder ästhetischer Bedeutungen, sondern kraft ihrer materiellen Beschaffenheit substantielle Energien … Beuys reißt sie aus ihrer dienenden Funktion heraus und verselbständigt sie, um ihren grundsätzlichen Wert sichtbar zu machen.« (Franz-Joachim Verspohl: ›Joseph Beuys. Das Kapital Raum‹. Frankfurt 1984, S. 46)

Die Rede von der Auswahl ist natürlich nicht neu. Schon vor 35 Jahren hat Werner Haftmann über Duchamp gesagt: »Dieses denaturierte, vergötzte und gleichzeitig ironisch verhöhnte Ding aber kann ohne jede Zwischenschaltung des ›Künstlerischen‹ allein durch Auswahl und Vereinzelung den magischen Charakter des Fetisch erhalten« (a.a.O., S. 251). Als solches Auswählen dann pop-populär wurde und an die Stelle der Vereinzelung die Multiplizierung trat, fragte der weise gewordene Duchamp: »Was uns interessiert, ist das Konzept, das hinter der Entscheidung steht, fünfzig Campbell's-Suppendosen auf die Leinwand zu bringen.«[13] Die Frage blieb ohne Antwort, trotz aller Kommentare. Warum gerade Campbell's? Die heutige Konzeptkunst, sei's in der Nachfolge Duchamp-Warhol bis zur Smart-Art, sei's in der Nachfolge Duchamp-Beuys bis zur Öko-Kunst, ist in der Tat ohne spezifisch *ästhetisches* Konzept und entzieht sich deshalb dem ästhetischen Urteil. Was an Interpretationen vorgetragen wird, ist höheres Marketing:

»Warum gerade Campbells'?« (Foto: Stehr)

»Der Akt des Auswählens wird also zentral und unterscheidet sich markant von den traditionellen ästhetischen Werten des Neuschaffens und der direkt am Artefakt festmachbaren Einmaligkeit. Die autorspezifische Originalität muß daher mehr in der Konzeption und der Art der Koppelung von verschiedenen Sprachspielen, zu denen eben ganz zentral die Werbung und die Logik der Ware gehören, gesucht werden.« (Markus Brüderlin über Jeff Koons u. a., Kunstforum Bd. 104, S 154)

»Andere Künstler ... tauschen den heiligen Lukas als Zunftheiligen, der das Bild der Madonna malt, gegen die heilige Veronika, die das Bild Christi dadurch gewinnt, daß sie mit ihrem Schweißtuch das Antlitz des Herrn festhält, gewissermaßen eine Frottage anfertigt. Nicht die Erfindung, die ›inventio‹, sondern das Auffinden steht im Mittelpunkt des künstlerischen Anliegens ... Die Wahrnehmung der kleinen Geste ermöglicht die ›discretio‹ und setzt uns damit in den Stand, im Material Sinn zu finden.« (Ulrich Bischoff über Ressource Kunst, Kat. S. 16)

Im Material Sinn zu finden: das ist die letzte Drehung der Schraube, durch sie erst bekommt das System der Kunstkritik seinen Halt, gelangt die ›Geste‹ an ihr Ziel – zum *mystischen Materialismus.* Auch er hat seine Wurzeln: die Alltagsrelikte des Kubismus, die unscheinbaren Materialien des Dada, die banalen Gebrauchsgegenstände Duchamps, die »Sensibilität des Rohstoffs«, in der Georg Jappe die entscheidende Entdeckung des Tachismus sah[14], schließlich die Roh-, Alt- und Ekelmaterialien, die seit den sechziger Jahren das Geschäft der Provokation besorgen mußten und, als diese sich totgelaufen hatte, einstehen sollten für die »Versöhnung von Kunst und Leben«, was immer das bedeuten mag – im Zweifel etwas Ganzheitliches. Das Paradebeispiel ist wiederum Beuys, an dessen »sozialer Plastik« der Kunstklerus seine Scholastik entwickelte:

»Er brachte das Kunstwerk, das sich immer mehr verselbständigt hatte, wieder ins unmittelbare Leben zurück. Er suchte eben gerade nicht das eigenständige Kunstwerk, das sich selbst genügt, sondern er suchte ein Kunstwerk, das unmittelbarer als alles andere Leben spürbar macht. Seine Aufmerksamkeit richtete sich dabei auf die unmittelbare Assoziationskraft von Fundstücken, Materialien und Gegenständen des täglichen Gebrauchs ...

Mit Werken solcher Gestalt ... deckte er Spuren des Lebens auf, horchte und tastete er gewissermaßen am Leben selbst, um dessen elementare Kräfte und Impulse aufzuspüren. Für Generationen von Künstlern hat er damit eine neue Sensibilität eröffnet ... Material ist Leben in elementarster Form ... Material ist für Joseph Beuys etwas Beseeltes ... Material wird verstanden als ›Energieträger‹, und Energie ist ... allgemeine mythische Lebenskraft, die natur- oder gottgegeben in Dingen oder Stoffen ruht ...« (Lucius Grisebach: ›Joseph Beuys‹, im Kat. 1945/1985, S. 241 ff.)

Zur Erinnerung: hier wird nicht für schäbig aussehende Biokost geworben, sondern ... Sondern? Wohin man schaut, die Beuys- Exegeten verpassen ihrem Heiligen ständig Vitaminschocks, weil diese »fast übermenschliche Kunstanstrengung, die sich in den Werken ... sehr physisch verkörpert und zugleich ins Numinose erhebt« (H. A. Peters im Kat. ›*Neue Figuration*‹, S. 59), sich der rein *ästhetischen* Erfahrung versagt. Wenn das Wunder der Transsubstantiation geschehen, wenn die alltäglichen Materialien durch das Wort des Kunstklerus ins Numinose gehoben sind, kann man nur noch knien. Das Dumme ist freilich, daß dieses Ritual, wenn es nicht nur als religiöses, sondern auch als ästhetisches gelten soll, durch seine Wiederholung entwertet wird. Es müssen deshalb immer neue Materialien ausgewählt und geheiligt werden. In den siebziger Jahren schien der Vorrat noch unerschöpflich: Warenhäuser, Müllkippen, die Restnatur. Dieser letzteren nahm sich, nach Land-Art und Body-Art, vor allem die Öko-Kunst an. Sie trieb Raubbau. Torf, Antarktiseis, Elbwasser, Blütenpollen, Kresse, Mangold, Kartoffeln, Bienen, schlüpfende Küken, dampfende Pferde – fast alles war schon dran. Ein Problem für den Kritiker. Seine Zaubersprüche werden immer komplizierter. Und immer irrealer. »Der Baum als Totem, als Ahne und Verwandter des Menschen, als zauberischer Helfer, der nicht getötet oder verletzt werden darf, verkörpert am weitestgehendsten ihre [Louise Stomps'] Vorstellung von einer Einheit Mensch-Natur« (Petra Felber, SZ 29.8.89). Das paßt zwar nicht so recht zu dem Umstand, daß hier Baumstämme *behauen* wurden, aber es ist schön gesagt und ganz auf der Höhe des Zeitgeists. Auch zu Wolfgang Laibs Haselnußblütenstaub wurde viel Schönes gesagt, Versenkung, Anbetung, Epiphanie. Aber ist es ein schonender, ein ›meditativer‹ Umgang mit dieser Offenbarung der Natur, wenn man Laib immer weiter sammeln läßt? Und kann man noch den Raubbau am Carrara-Marmor für ›große Gesten‹ verurteilen, wenn man den Duft der 520 X 480 cm großen Wachswand genießt? Das geht nur dann, wenn man mit Rudolf Heinz (*›Omissa aesthetica‹*, Essen 1987, S. 170) Wachs als »Travestie des geistigen Bands, der transzendentalen Einheit der Apperzeption« begreift, dann bedeutet es »den Dispens von arbeitender Autorschaft, Subjektivitätszurechnung«: der Duft ist weg und der Autor auch.

Oder nehmen wir Hans Haackes Brutkästen, in denen sich für den Kunstfreund Küken entwickeln: Das will reflektiert sein! »Haakes Kunstwerk entstand nicht nur in einer bestimmten Realzeit, es zeigte diese wirkliche Zeit auch als Inhalt des Werkes. Der Betrachter wird Teilnehmer dieser Realzeit. Seine Sehzeit fällt mit dieser Realzeit zusammen. Natur und Kunst kommen überein« *(Ressource Kunst*, S. 62). Oder denken wir an Nils-Udo, dem bisher »unberührte Natur als künstlerischer Werkstoff, als Kulisse für moderne Andachtsbilder« diente; nun will er, vom jüngsten Zeitgeist geküßt, auf den Münchner Marienhof einen pyramidenförmigen Berg mit Almwiesen und Bächen setzen, dessen vier Segmente sich hydraulisch öffnen und schließen, computergesteuert – wie deutet man das? Ist es, fragt Christoph Wiedemann (SZ 13.11.89), noch »zeitgemäße Umformulierung romantischer Naturauffassung« oder »nur warnende Vision«?

Die Kunstkritik wird die Geister, die sie rief, nicht mehr los. Über Jahre hin hat sie die ihr so teuren Materialien mit Leben, Energie, Substanz aufgeladen, sie zur schieren Unmittelbarkeit und Transzendenz getrimmt, und die Künstler boten ihr immer hemmungsloser solche Edel – und Ekelmaterialien an, in der verständlichen Erwartung, sie zur Kunst verklärt zu sehen. Die Kritiker tun ihr äußerstes: »In seinen neuen Objektkästen schafft er [H.P. Adamski] es spielend, Schönheit zu suggerieren, obwohl das verwendete Material, Silikon, eklig ist… Um die Ambivalenz unserer Gefühle zu steigern, setzt er in die an menschliche Exkremente erinnernden Silikonhaufen Talmi-Schmuck« (Hanne Weskott, SZ 21.9 89). Am Ende ist alles beliebig – eklig- schön. Die Wandlung von banalem Brot und Wein in kunsttheologisches Fleisch und Blut führt in den Warenfetischismus, dem die Kunstreligion schon immer zugetan war. Frank Barth und Thomas Wulffen, die Inspiratoren von *d&s*, haben es gesagt: »Das Changieren zwischen den Zeichenebenen ist das Resultat alternierender Scharfstellung im Rezeptionsapparat des Betrachters. Diese Betrachtungsweise macht den Staubsauger zum Kunstwerk, das Alltabsobjekt zum ästhetischen Bild« (Kat. *d&s*, S. 12). Bei dieser schönen Aussicht möchte man fast Willy Hochkeppel zustimmen, der dafür plädiert, daß Kunst zu einem »entmaterialisierte rein geistigen Geschehen« werde: »Längst wäre es ja an der Zeit, daß Christo kein Gebäude mehr verpackt und de Maria kein Erdloch mehr bohrt. Es genügt, solche Projekte zu sagen…« *(Kunstforum* Bd. 100, S. 214). Dann wären die Kunstkritiker die Kunst, auf die sie einen wahrhaft sublimen Haß zu haben scheinen, endlich los; der Kommentar wäre das Werk.

5. Der Sinn des Kommentars

»Auf die Kunst übertragen, bedeutet die Entgrenzung des Wirklichkeitsbegriffs zunächst einmal das Verschwinden von Kategorien wie Gegenständlichkeit und Ungegenständlichkeit Bilder werden heute nicht mehr originär erfunden. Sie sind das Ergebnis geistiger und interpretatorischer Kombinatorik.« (Christoph Wiedemann, SZ 14. 12. 89)

»Kunst und ihre Interpretation gehören innig zusammen… Die beiden Sprachsysteme, Bildsprache und Wortsprache sind inkommensurabel, aber sie ergänzen und bedürfen einander. Ich glaube, daß dies schon immer so war, und wer weiß, ob nicht schon der Medizinmann oder Schamane in der Steinzeithöhle mit der Erklärung der Felsmalerei begonnen hat, ihre Magie den aufbrechenden Jägern mit auf den Weg gebend…« (Wieland Schmied, Die Zeit 2. 12. 1988)

Der letztere Passus steht in der Entgegnung auf Günter Kunerts wunderliche Polemik gegen die zeitgenössische Kunst, der er ausgerechnet Mangel an Sinn, an Transzendenz vorwirft *(Die Zeit* 2. 12. 1988). Ja, hat er denn nie einen Katalogtext gelesen! Wieland Schmied, der Ausstellungsmacher und Akademiepräsident, schickt die Post zurück: »Ich wage zu sagen: nie hat Kunst so viel Sinn produziert wie im 20. Jahrhundert… Ich fühle mich oft geradezu erschlagen vor lauter Sinngebung und Weltdeutung …« Doch diese »Botschaft« verstehe nur, wer ihre »Sprache« erlerne. Der Kunstkritik kommt es demnach zu, die Sprache der Werke für die Laien zu übersetzen. Aber der Hinweis auf den Schamanen sagt mehr: Es ist die Kunstkritik, die jenen Sinn produziert. Vor allem den Unsinn.

Das Elend der heutigen Kunstkritik, und nicht nur der deutschen – es gibt ein paar rühmenswerte Ausnahmen, die prominenteste ist sicher Eduard Beaucamp –, kann kaum denen angelastet werden, die unter meistens miserablen Bedingungen für Zeitungen und Zeitschriften schreiben. Wer sich da weigern würde, heiligen Schleim zu flechten, wäre erledigt; es gibt nur die Wahl zwischen orthodoxem und alternativem Schleim. Er fließt aus dem Glauben an die Kommentarbedürftigkeit der modernen Kunst, der von tausend Gebetsmühlen geklappert wird. Mitunter knirscht es in der Mühle, es kommen fast ketzerische Formulierungen heraus wie die vom »Philosophischwerden des künstlerischen Prozesses selber« (Florian Rötzer) oder vom »Kunstwerk, das von der Theorie überhaupt erst produziert wird« (Werner Hofmann); man hört sogar, daß »das Schreiben über Kunst, die Theorie, an die Stelle des tradierten Werkes rückt«, ja: »Das Gespräch über Kunst wird zur Kunst durch die Person des Künstlers« (W. M. Faust, *Kunstmagazin* 3/1978). Aber wenn dieses Gespräch, vor allem das Beuyssche »System der permanenten Konferenz«, dieses ewige Gerede über Kunst und Leben, das am Ende sogar der Gemeinde peinlich war, selber Kunst ist, unterliegt es eben auch der Deutung, kurz: »Die institutionalisierte Rede über Kunst behält die Oberhand« (Peter Bürger, *Kunstforum* Bd. 100, S. 212).

Zur Legitimation dieses Anspruchs dient Hegel. Der hatte in der Einleitung zu den Ästhetik-Vorlesungen gesagt:

»Der Gedanke und die Reflexion hat die schöne Kunst überflügelt… Selbst der ausübende Künstler ist nicht etwa nur durch die um ihn her laut werdende Reflexion, durch die allgemeine Gewohnheit des Meinens und Urteilens über die Kunst verleitet und angesteckt, in seine Arbeiten selbst mehr Gedanken hineinzubringen, sondern die ganze geistige Bildung ist von der Art, daß er selber innerhalb solcher reflektierender Welt und ihrer Verhältnisse steht… Was durch Kunstwerke jetzt in uns erregt wird, ist außer dem unmittelbaren Genuß zugleich unser Urteil, indem wir den Inhalt, die Darstellungsmittel des Kunstwerks…unserer denkenden Betrachtung unterwerfen …« (Theorie-Werkausgabe Bd. 13, Frankfurt 1970, S. 24f.)

Werner Hofmann nennt diese Sätze prophetisch (*›Anhaltspunkte‹*, Frankfurt 1989, S. 298 ff.). Aber dann war Hegel ein schlechter Prophet. Nicht die Reflexion hat die heutige Kunst überflügelt, sondern ein finsterer Spiritualismus. Wir sind nicht, wie Hegel es für seine Zeit sah, »darüber hinaus, Werke der Kunst göttlich verehren und sie anbeten zu können« (S. 24), wir sind hinter diesen Stand der geistigen Bildung zurückgefallen – jedenfalls wenn man dem Kunstklerus glaubt, der schon seit der Nachkriegszeit seinen missionarischen Auftrag erfüllt und über der Rechtgläubigkeit der Gemeinde wacht. Ketzerische Stellungnahmen, zumal von bildenden Künstlern, werden freilich nicht mehr, wie in der Nachkriegszeit, als braun oder rot bekämpft – sie gehen in die Abseitsfalle, man hält sich nicht damit auf.« Nur wenn ein Abtrünniger aus der Zunft wie Jost Nolte (*Kollaps der Moderne,* Hamburg 1989) sich über das Allerheiligste, Joseph Beuys – oder schlimmer noch: über die Beuys-Gemeinde – mokiert, dann wird er fertiggemacht: »deutsche Stammtischmentalität« (Gottfried Sello, *Die Zeit* 13. 10. 89). Seltsam, daß gerade in Sachen Beuys so gern der ›deutsche Stammtisch‹ bemüht wird, der doch sonst nicht ins Blickfeld der Kulturhüter tritt; auch der legendäre *Mann auf der Straße* dient oft als gräßliches Feindbild – vielleicht für die »Myriaden von Emma Bovarys«, die Beuys anstelle des fernen Bhagwan liebten, weil er ihnen ein bißchen Metaphysik anbot, wie Hans Platschek in seinem Nachruf bissig bemerkt (*Die Zeit* 30. 1. 86). Wie auch immer: die »populistische Empörung in Ost und West« (Hermann Pfütze) ist eine fromme Lüge, die nur Löcher im Hemd des Heilers stopft.

Die Gegenprobe: Als im September 1987, pünktlich zum Honecker-Besuch in Bonn, ein Gegenbesuch von Beuys (er war ja schon tot) in der DDR genehmigt wurde, regten sich im Feuilleton der *Frankfurter Allgemeinen* zum ersten Mal Zweifel an der Wunderkraft dieses Werks: »Könnte es sein, daß wir die provozierende Kraft von Abstraktion und Aktionismus überschätzt haben? Das ursprünglich anarchistische Moment längst an Sprengkraft verloren hat? … Handelt es sich nur mehr um ein historisches Phänomen, in Ehren ergraut und von seniler Harmlosigkeit? Dann freilich braucht auch der Osten nichts mehr zu befürchten …« (Martina Wehlte-Höschele, *FAZ* 8.9.89). Der Westen hat ja ohnehin die ›soziale Plastik‹ längst in Kultstätten verbannt.

Man tritt dem deutschen Kunstklerus sicher nicht zu nahe, wenn man bezweifelt, daß er glaubt, was er verkündet; die Vorstellung, daß er es täte, wäre gar zu bedrückend. Aber die Gemeinde soll glauben, was ihr verkündet wird, und wenn jemand es nicht tut, kann das nur daran liegen, daß er nicht ›versteht‹: Noltes »reaktionäres Buch« über den Kollaps der Moderne »wäre niemals geschrieben worden, hätte der Autor einen der wenigen sachkundigen Galeristen getroffen«, sagt allen Ernstes einer aus der Zunft.[16] Die Tyrannei des Verstehens breitet sich gefährlich aus, nicht nur im Feld der bildenden Kunst, aber hier mit besonderer Wut über jeden, der etwas durchaus zu verstehen meint und trotzdem nicht erschauert.

Was aber soll verstanden werden? Denn irgendeinen Inhalt muß der Glaube ja haben. Hier zahlt der Kunstklerus die Zeche seines eigenen Sprungs ins Andere, in die Maßlosigkeit der Begriffe. Es geht ihm wie der zur selben Zeit erblühten ›Humanistischen Therapie‹, mit der er überhaupt vieles teilt. Beide versprechen ihrer Klientel Erlösung – und ändern nichts. Beide empfehlen immer neue Wege des Heils – und keiner führt hin. Tatsächlich bezeichnet die Kunstkritik seit ein paar Jahren die Begegnung mit Kunst, egal fast mit welcher, als *Therapie*. Norman Rosenthal (Kat. *›Deutsche Kunst im 20. Jahrhundert‹*, München 1985, S. 11) sagt es ganz allgemein: »Es geht um Kunst als therapeutische Betätigung, als Weg zu einer besseren, erhabeneren Form des Lebens.« Aber es gibt nicht nur einen Weg dorthin, sondern mehrere und immer neue. Die Aktionskünstler haben »in den sechziger Jahren angefangen, die Erwartungen des Publikums zu zerschlagen und so eine neue Wahrnehmung zu schaffen« (Georg Jappe, *feder* 8/89). Auch die berühmte Beuyssche Therapie zielt auf »die Durchbrechung verkrusteter Denkstrukturen und einseitiger Klassifizierungsmuster« (Verspohl, a.a.O., S. 37). Ähnlich das Angebot von Baselitz oder Polke oder Richter: »beständige Überprüfung eingefahrener Wahrnehmungen, schablonenhafter Denkschemata und routinemäßiger Gefühlsreaktionen« (Klaus Honnef, a.a.O., S. 94). Die Minimal-Art hingegen verspricht »ungeheure Sensibilisierung gegenüber dem Alltag«, »Engagement für die eigene Innerlichkeit« und »Erweiterung des Bewußtseins ... auf das Ganze der Welt« (Britta Schmitz im Kat. 1945/85, S. 280). Härter verfährt die neue figurative Schule, sie will »den Betrachter überwältigen und ihn zwingen, über seine normalen Vorstellungen und Alltagsphantasien hinauszublicken«, damit »das Volk sich authentisch erneuern kann« (Donald Kuspit im Kat. *›Neue Figuration‹*, S. 15). Und endlos so weiter, bis zur »Exaltation des Selbst« im Zeichen des Erhabenen, die Lyotards Jünger uns heute andienen, während Jan Hoet für die *documenta 9* (1992) fast bescheiden eine Schau verheißt, die »die Mentalität der Leute ändert« *(Kunstforum* Bd. 100, S. 471).

Wiederum: man tritt den Kunstpflegern wohl nicht zu nahe, wenn man ihnen nachsagt, daß sie trotz all der Wahrnehmungswechsel, Mentalitätsveränderungen, Bewußtseinserweiterungen und sonstiger Folgen der Intoxikation, der sie sich seit gut zwanzig Jahren unterziehen, noch ganz normale Menschen sind. Oder unterziehen sie sich gar nicht? Predigen öffentlich Wein und trinken heimlich Wasser? Gleichviel. Kunst als Therapie, das ist immer noch besser als gar nichts mehr von dem Widerstandspathos, das in den sechziger Jahren die Kunstszene bewegte und seinerseits nur ein politischer Nachhall des ästhetischen Aufbruchs war, der die Klassische Moderne schuf. Alle die schönen Wörter aus dem Kunstvokabular jener heroischen Zeit, die der Kunstkritik so kräftige Farben gaben – Provokation und Irritation, Rebellion und Subversion, Skandal und Schock usw. –, sie werden zwar von der kunstphilosophischen Predigt noch mitgeschleppt, aber für die Tagesarbeit taugen sie nicht mehr. Aus vollem Herzen oppositionell ist die Kunstkritik heute nur noch in den leider so seltenen Fällen, wenn sie gegen den Staat oder den Stammtisch aufstehen kann. 1989 gab es dafür ein paar Gelegenheiten, zum Beispiel als in New York Richard Serras Stahlplastik *›Gekippter Bogen‹* ihren öffentlichen Platz räumen sollte oder als über die Subventionierung »unzüchtiger Kunst« wie Andres Serranos *›PissChrist‹* ein Streit ausbrach. Die deutschen Kunstkritiker erwärmten sich daran, aus Mangel an hausgemachten Skandalen. Schließlich hatte der Bayerische Staat doch noch ein Einsehen und verweigerte einem »geschmacklosen« und »Empörung hervorrufenden« Werk die Förderung, was der *Süddeutschen Zeitung* (4.11.89) Gelegenheit gab, mannhaft zu protestieren: »Aber ist es in Bayern denn die Aufgabe der Kunst, nur geschmackvolle Farbtupfer zu liefern? Muß denn Kunst nicht gerade aufrütteln, irritieren, Betroffenheit auslösen?«

(...) Was bleibt dann von der Anstrengung der Kunstkritik? Fast nichts, sagt Walter Grasskamp und nennt gute Gründe für das »Verblassen ihrer publizistischen Macht«.[17] Der Markt jedenfalls kümmert sich wenig um die Orakelsprüche aus Kritikermund, am wenigsten dann, wenn sie eine neue Richtung verdammen. Die Pop-Art und die Neuen Wilden haben sich *gegen* das Mehrheitsvotum der deutschen Kritiker durchgesetzt, und zwar in Windeseile.(...) Der Weg der Kunstkritik war immer mit Fehlurteilen gepflastert. Doch es war ein Weg, kein Morast. Trotzdem läßt sich sagen, daß der heutige Morast für den Kunstbetrieb ganz unverzichtbar ist: als ›geistiger‹ Nährboden für einen quasireligiösen Kunstboom, der – in Produktion und Konsumtion – fast jeden Unfug deckt. Der Kritiker steht blöd daneben: ein Alchemist, der sich anheischig machte, Dreck in Gold zu verwandeln, und der nun zusehen muß, wie andere, ihn wörtlich nehmend, den Dreck als Gold in die Tasche stecken oder verscherbeln; so hatte er es nicht gemeint.

Epilog: Heimleuchten

Unser Mann aus Weimar oder Wandlitz ist inzwischen in den Hamburger Deichtorhallen eingetroffen und staunt. Was er gelesen hat, ist ihm entfallen. Nur eine Mahnung des Katalogs beherzigt er: »sich dem Gegenüber zu öffnen, die Strukturen des eigenen Ich durchlässig zu machen für dessen Eigentümlichkeit« (S. 17). Nun öffnet er sich also diesen Eigentümlichkeiten, die da, feierlich arrangiert, herumstehen,

-hängen, -liegen. Die meisten kommen ihm sehr merkwürdig vor, insbesondere die Materialschlachten um das Erhabene. (Bei ihm zu Hause nennt man das ›Sekundärmaterial‹ und sammelt es in Lagern, um es der Volkswirtschaft wieder zuzuführen.)(...) Und trotzdem: vor dem einen oder anderen dieser seltsamen Dinge verweilt er, sagt »Ah« oder »Oh«. Dann fällt ihm vielleicht eines der suggestiven M-Wörter aus seiner Lektüre ein, Magie oder Mythos, Mystik oder Meditation. Er verscheucht es schnell. Nicht aus Angst vor einem benachbarten M-Wort, Marketing – er könnte sich ohnehin nichts von alledem kaufen. Sondern weil er, staatskunstgeschädigt, jeder Orthodoxie gegenüber mißtrauisch ist. Er will nicht schon wieder einer *propaganda fidei* erliegen.

Der hier geringfügig gekürzte Beitrag erschien zuerst in: Kursbuch 99 (Kunst-Betrieb), Band 99. Berlin 1990, Seite 129 -154. Mit freundlicher Genehmigung von Autor und Verlag.

ANMERKUNGEN

1 Jewgeni Barabanow: *»Sprachlose Gelehrte. Ungelöste Fragen in der sowjetischen Kunstwissenschaft«, FAZ* 23.8.89.
2 Michail Lifschitz: *Krise des Häßlichen. Vom Kubismus zur Pop Art,* Dresden 1972, S. 146
3 Klaus Honnef: *Kunst der Gegenwart,* Köln 1988, S. 132.
4 Michael Govan: »Meditationen über A = B«, im Katalog *Neue Figuration,* 1989, S. 42.
5 Katalog *Einleuchten,* Hamburg 1989, S. 61. Der ohne Autor und Quellenangabe abgedruckte Text zu Beuys (er stand bereits im Katalog Zeitgeist, scheint Szeemann also sehr am Herzen zu liegen) stammt von Georg Jappe, *FAZ* 11.2.89.
6 Dietmar Kamper: *Simulation und Differenzdenken,* Katalog *d&s Ausstellung,* Hamburg 1989, S. 146.
7 *Das Geistige in der Kunst. Abstrakte Malerei 1890-1985,* Hg. Maurice Tuchman und Judy Freeman, Stuttgart 1988.
8 Vgl. dazu die Polemik von Hans Platschek: »Phrasenmüll und Inserate« (1966), nachgedruckt in: *Über die Dummheit der Malerei,* Frankfurt 1984, S. 35 ff.
9 Hans Platschek: *Schwierigkeiten beim Schreiben über Kunst,* in: *Von Dada zur Smart Art,* Frankfurt 1989, S. 118.
10 Benjamin und Adorno sind nicht ganz unschuldig an dieser Springprozession. Benjamin war in den siebziger Jahren der Abgott der ›mikrologischen‹ Deutung (das Weltall braust in einem Siedewürstchen), die auch der Minimal-Art zugute kam. In den achtziger Jahren wurde plötzlich Adorno, er hat es weiß Gott nicht verdient, von der postmodernen Connection entdeckt und neben Derrida und Lyotard (oder Heidegger) als Kronzeuge angeführt – für eine »Dekonstruktionismus« genannte Betroffenheitsästhetik, die Adornos strikte Produktionsästhetik auf den Kopf stellt. Gern zitiert wird z. B. sein Bild vom Kunstwerk, das, einem Feuerwerk gleich, aufleuchtet und vergeht. Die Betonung liegt dabei auf dem Verschwinden des Werks, aber bei Adorno muß es erst einmal geleuchtet haben. Sein Begriff dafür, *apparition,* gründet in einer ästhetischen Erfahrung, die heute mit den Werken – zu verschwinden scheint.
11 Vgl. dazu Lothar Baier: *Zeichen und Wunder, Kursbuch 84,* 1986, S. 25 ff.
12 Zitiert im Katalog *Neue Figuration,* 1989, S. 15 – Während die Kunstkritiker sich heute fast akademisch äußern, schrecken die Ausstellungsmacher, die sich gern als Künstler sehen, vor keinem Kitsch zurück.
13 Zitiert von B. Buchloh im Katalog *Andy Warhol Retrospektive,* Köln 1989, S. 52
14 Vgl. Jürgen Weber: *Entmündigung der Künstler,* Köln 1987, S. 222. Die frühen Jappe-Zitate verdanke ich im wesentlichen diesem Buch.
15 Aus den letzten Jahren wären zu nennen: Jürgen Weber: *Entmündigung der Künstler,* 3. Ausg. 1987; Klaus Fußmann: *Die verschwundene Malerei,* Berlin 1985; Hans Platscheks Aufsatzsammlungen *Über die Dummheit in der Malerei,* Frankfurt 1984, und *Von Dada zur Smart Art,* Frankfurt 1989.
16 Karlheinz Schmid in: *ohne Auftrag. Zur Geschichte des Kunsthandels,* Bd.I (München), München 1989, S. 195.
17 *Kunstmarktkater,* a.a.O., S. 58ff.; siehe auch W. Grasskamp: *»Bilderstreit«, Jahresring* 36, 1989, S. 215.

LEKTIONEN DER GESCHICHTE

Beitrag vom Symposium »Writing about art« im Van Abbemuseum, Eindhoven – In Memoriam Jan Emmens (gest. 1971) –

Carel Blotkamp

Ich wäre nicht überrascht, wenn einer der Höhlenbewohner (vielleicht der, der die Fackel hielt), als der Büffel in der Höhle von Lascaux gemalt wurde, dem Künstler über die Schulter geschaut und gesagt hätte: »Feine Arbeit, aber sind die Vorderläufe nicht ein wenig zu kurz geraten?« Ich nehme an, daß die Fähigkeit zur Kritik so alt sein muß wie das Herstellen von Bildern selbst. Zumindest zeigen schon die ältesten noch erhaltenen Schriften über Kunst, die uns von den antiken Griechen und Chinesen bekannt sind, diese Elemente des Beurteilens, die man als die Essenz der Kunstkritik bezeichnen könnte. Diese Texte sind weder rein historisch noch technisch oder beschreibend, denn sie enthalten auch Kommentare und Werturteile über spezielle Kunstwerke.

Ich will damit nicht andeuten, daß sich, wenn ich mich auf die westliche Kunst beschränke, eine lange und kontinuierliche Linie von der Antike bis zum heutigen Tag ergibt, – etwas, das mehr oder weniger in klassischen Standardarbeiten über die Geschichte der Kunstkritik enthalten ist: Albert Dresdners *›Die Entstehung der Kunstkritik‹*, die vor langer Zeit, 1915, erschien und Lionello Venturis *›History of Art Criticism‹* von 1936. Jeder dieser Autoren widmet ungefähr ein Drittel seines Buches der Kunstliteratur der Antike, des Mittelalters, der Renaissance und des Barocks. Aber beide machen auch klar, daß die Kunstkritik im modernen Sinne erst seit dem frühen 18. Jahrhundert existiert. Das war die Zeit, in der die Bedingungen erreicht wurden, die sie zum Aufblühen benötigte. Auf der einen Seite hatte sich eine öffentliche Presse, bestehend aus Zeitungen, Magazinen und Pamphleten, entwickelt, auf der anderen Seite wurden die Pariser Salons eingerichtet, die der modernen Ausstellungspraxis einen entscheidenden Schub gaben.

Es ist kein bloßer Zufall, daß sich die Kunstgeschichte ungefähr zur gleichen Zeit und auf der gleichen Stufe wie die Kunstkritik zu einer eigenständigen Wissenschaft entwickelt hat. Das Entstehen der Kunstgeschichte als Wissenschaft steht in enger Beziehung zur Gründung öffentlicher Museen. Diese hatte das Studium und das Klassifizieren von Kunstwerken zur Folge, was wiederum ein sinnvolles Arrangement der Sammlungen möglich machte.

Die Kunstkritik, die sich primär auf die zeitgenössische Kunst konzentriert, und die Kunstgeschichte, die sich mit der Kunst der Vergangenheit beschäftigt, können als *Zwillingskinder der Aufklärung* betrachtet werden. Sie wurden geboren, als die Leute gerade anfingen zu begreifen, daß der Zugang zur Kunst, zum gesamten Wissen und zur dazugehörenden Meinungsbildung nicht ausschließlich den Künstlern selbst und einigen wenigen Auserwählten der alten Aristokratie und den *nouveaux riches* (exklusiv) vorbehalten war. Vielmehr stand er der ganzen zivilisierten Welt offen – wenn auch, möchte ich hinzufügen, für eine Weile mit dem praktischen Ausschluß von wesentlichen Teilen der Arbeiterklasse.

Gegenstand einer anhaltenden Debatte ist es dennoch, ob Kunstkritik und Kunstgeschichte echte identische Zwillinge sind, oder ob sie sich so wenig gleichen, daß man erstaunt ist zu hören, daß sie *irgendwie* miteinander in Beziehung stehen könnten. Ich komme zum Thema ihrer gemeinsamen Verwandtschaft zurück.

Es ist weder meine Intention noch ist es innerhalb des Kontextes hier möglich, auch nur einen kurzen historischen Abriß der Kunstkritik vom frühen 18. Jahrhundert bis heute zu liefern. Ich möchte einfach zeigen, daß bestimmte gegenwärtige Richtungen der Kunstkritik historische Wurzeln besitzen, oder umgekehrt, daß einige Probleme aus den früheren Tagen der Kunstkritik auch heute noch von Bedeutung sind. Daher mein (vielleicht etwas moralisch klingender) Titel: Die Lektionen der Geschichte.

Wo sollen wir beginnen ? Interessant wäre die Frage nach der Legitimität der Kunstkritik. Welche Begründungen haben die Kritiker tatsächlich dafür, daß sie das Recht für sich in Anspruch nehmen, in der Öffentlichkeit Kritik zu üben? Wessen Interessen dient das eigentlich?

In der Zeit um 1700 können wir in Frankreich eine Entwicklung verfolgen, in der die Meinung des Laien einen festen Platz in der Debatte über Kunst erhielt. Roger de Piles, selbst ein Laie, verteidigte dies schon nachdrücklich in den Jahren von 1770 bis 1780, stieß dabei aber auf stärksten Widerstand der Mitglieder der Akademie. Jedoch, innerhalb einiger weniger Jahrzehnte, wurde der Laie (der gebildete mit Geschmack und Einsicht natürlich) ernst genommen als jemand, dessen Meinung der Künstler nicht länger ignorieren konnte. Ein wesentlicher Beitrag zu diesem Aufstieg waren die Schriften des Abbe du Bos. Er argumentierte, daß das künstlerische Urteil nicht auf Beweisführungen und Regeln basieren könne, wie es die Akademie seit Ewigkeit verkündete, sondern auf ›le sentiment‹, einer universell vererbten, natürlichen Sensibilität, welche bestenfalls durch Erfahrung noch reifen könne. Wenn dieses auch den Weg für uneingeschränkte und unkontrollierbare Subjektivität ebnete, nahm du Bos vorsorglich an, daß *le sentiment* ein kollektives Phänomen sei, daß zu Urteilen von universeller Gültigkeit führen könne.

Im Zusammenhang mit diesem Umdenken in den Grundlagen des kritischen Beurteilens ist verständlich, warum ein Direktor der Akademie, Antoine

Coypel, seine Künstler in der Zeit von 1712 bis 1720 dazu aufforderte, die Öffentlichkeit als ihren Richter zu akzeptieren und ihren Rat zu suchen. Aber es ist auch nicht unvorstellbar, daß es mehr brauchte als nur hochgeistige Ideen über die Menschheit, um Künstler davon zu überzeugen, ihr Publikum ernstzunehmen. Nüchterne Überlegungen, wie das Verlangen nach einer Ausweitung des Marktes, spielten auch eine Rolle. Sobald Künstler begannen, ihre Arbeiten in öffentlichen Ausstellungen zu zeigen, blieb ihnen nichts anderes übrig, als die öffentliche Bewertung zu akzeptieren.

In der Realität funktionierte dies nicht ganz so wie erwartet. Das Publikum artikulierte seinen Beifall oder seine Mißbilligung, manchmal laut, und das wurde allgemein akzeptiert. Probleme ergaben sich jedoch, als bestimmte Leute begannen, *ihre Ansichten in gedruckter Form zu verbreiten.* Sogar in den neutralen Berichten über die Salons, die im *Mercure de France* veröffentlicht wurden, und in den widerlichen Beschreibungen, die in Form von Broschüren auftauchten, war offensichtlich, daß die Schreiber dazu neigten, die künstlerischen Arbeiten ihrer Zeitgenossen in bestimmte Hierarchien einzuordnen.

Als La Font de Saint-Yenne begann, Salonbesprechungen zu veröffentlichen, die Werturteile enthielten, wie gemäßigt diese auch gewesen sein mögen, betrachteten die Künstler dies als direkte Bedrohung ihrer professionellen Integrität. Es gibt gute Gründe, La Font daher als den ersten modernen Kunstkritiker zu bezeichnen. Er verteidigte das Recht eines jeden, in der Öffentlichkeit Kunst zu beurteilen, die öffentlich gezeigt wurde. Er präsentierte sich kategorisch als Sprecher der breiten Öffentlichkeit oder wenigstens für die mit dem nötigen Wissen und Unterscheidungsvermögen. In dieser Stellung wandte er sich mit Lob und Mahnung an die Künstler, während er gleichzeitig einen Kreis potentieller Gleichgesinnter um sich scharte.

Aus der Sicht der Künstler war die Antwort die, daß es viele Formen von Öffentlichkeit gab und daß die Meinung des Kritikers nur *eine unter vielen* repräsentierte. Manchmal konnte man sogar über diese Meinung streiten, denn dem Kritiker fehlten unmittelbare Erfahrungen aus erster Hand, aus dem Metier des Künstlers. – Dies sind Einwände, die noch heute zu hören sind.

Die Kritik in der Presse blieb in ihrem Charakter recht zurückhaltend, aus Angst vor der Einmischung der herrschenden Macht. Die Akademie, die die Salons organisierte, wurde letztendlich vom König bestimmt. Es ist bedeutsam, daß La Fonts erster kritischer Artikel (1747) nicht in Paris veröffentlicht wurde, sondern, in französisch, in Den Haag. Es war möglich, viel schärfere kritische Meinungen in der ›Privaten Presse‹ (weil über die Annahme oder Ablehnung von Beiträgen frei verfügt wurde) loszulassen; – das heißt, es entstanden die gelehrten Journale, manchmal als Manuskript vervielfältigt, welche sich an einen außerordentlich exklusiven Leserzirkel wandten und die ihre Blüte im 18. Jahrhundert erlebten. Es war eins dieser privaten Journale, das *Correspondance Litteraire,* in dem Diderot seine Salonbesprechungen von 1759 bis 1781 veröffentlichte. Die wenigen Abonnenten enthielten die Spitzen des deutschen Adels, den König von Schweden, den König von Polen und die Zarin von Rußland.

Diderots Ausstellungsbesprechungen, welche sich zu kompletten Dissertationen ausweiteten, zählen zu den Hauptmonumenten der kunstkritischen Literatur. Sie sind sehr lesenswert und würdig, durchdacht zu werden, selbst heute noch. Sein Einfluß auf die Kunstkritik seiner Tage blieb trotzdem eingeschränkt, denn seine Schriften waren für eine private Leserschaft bestimmt. Sie tauchten erst 1798, lange nach seinem Tode, in gedruckter Form auf. Seitdem dienten sie vielen Kritikern als Modell für Salonbesprechungen.

Es überrascht kaum, daß die Künstler des 18. Jahrhunderts den frühesten Manifesten der Kunstkritik gegenüber gemischte Gefühle hatten. Ihre Position und ihre Reputation standen auf dem Spiel. Und das trifft sogar heute noch zu. Einige Künstler fühlten sich derartig stark benachteiligt, daß sie sich an die Gerichte wandten. Whistler zum Beispiel verklagte Ruskin 1878. Ruskin verlor den Prozeß, Whistler ging jedoch durch die Kosten beinahe pleite. In den Niederlanden strengten Carel Visser 1972 und Ad Dekkers eine Prozeß gegen *De Nieuwe Linie* und den Kritiker Jan Jufferman an; sie verloren. Manchmal gelang es dem Künstler jedoch auch, den Kritikern eine Zensur aufzuerlegen. Dies geschah im Frankreich des 18. und 19. Jahrhunderts, doch kann das auffäligste Beispiel in unserem Jahrhundert im Nazideutschland gefunden werden. Wie bekannt ist, zielte die Kulturpolitik der Nazis darauf ab, die Kunst den Propagandazwecken der Staatsideologie unterzuordnen. Weniger bekannt ist, daß die Nazis auch hofften, Künstlern soziale Sicherheit zu verschaffen, indem sie sie schützten, unter anderem vor den subjektiven Meinungen der Kritiker. 1936 proklamierte Goebbels ein *Verbot der Kunstkritik.* Die offizielle Begründung dafür war, daß allein der Staat oder die Partei dazu in der Lage sei, ein endgültiges Werturteil abzugeben.

Kunstkritik, solange sie die Freiheit beinhaltet zu drucken, zu sprechen und so eine Meinung zu verbreiten, wie es La Font de Saint Yenne vertrat, ist natürlich eine gute Sache. Aber Kritik ist, unvermeidlich, alles andere als uneigennützig. Im Gegenteil, im Verlauf ihrer Geschichte verfing sich die Kunstkritik mehr und mehr in einem Netz von Interessen. Kritik war eigentlich damit beschäftigt, sich um die einzelnen Beiträge von Gruppenausstellungen zu kümmern, möglicherweise mit dem etwas naiven Anspruch, im Namen der Allgemeinheit zu sprechen. Heutzutage wünscht keiner mehr, dieses Recht für sich in Anspruch zu nehmen. Die gegenwärtige Kunstkritik hat den Vergleich und die kritische Wertung in eine Randposition gedrängt. Stattdessen widmet sie sich Zeitschriften, Katalogen und Büchern, um weitgehend dem Aufbau und der Steigerung des Prestiges einzelner Künstler zu dienen. Diese Praktik hat ihre Ursprünge (wenn auch heute unter völlig veränderten Vorzeichen) in jenen Kunstkritikern des 19. Jahrhunderts, die eine Verteidigungsposition für den mißverstandenen Avantgarde – Künstler gegen die etablierte künstlerische Ordnung und in einem gewissen Sinne gegen die Öffentlichkeit bezogen. Die heutige Museums- und Galeriekultur ist selbst eine Art etablierter Ordnung geworden, in der sich die Kunstkritik eine angemessen komfortable Nische eingerichtet hat.

In der zeitgenössischen Kunstkritik wurden, wie ich schon sagte, die wirklich kritischen Urteile an den Rand gedrängt. Ich stelle dies mit einem gewissen Bedauern fest. Denjenigen, die meine Schriften gelesen haben, wird bewußt sein, daß ich mich in dieser Beziehung für nicht ganz unschuldig halte. Abgesehen von speziellen Interessen ist hier möglicherweise ein psychologischer Faktor beteiligt: Die Kritiker mögen heute weniger als früher darauf vorbereitet sein, den Kopf hinzuhalten und wirklich vernichtende Kritik loszulassen, aus Furcht, von der Geschichte *eines besseren belehrt zu werden*. Hierfür gibt es letztendlich zahllose Präzedenzfälle. Die Kritiker der Vergangenheit, an die man sich am besten erinnert, sind die vom Partisanentyp; herausragende Persönlichkeiten, die verachtet wurden, heute jedoch anerkannt sind. Sie reichen von Baudelaire und Apollinaire bis Pierre Restany und Achille Bonito Oliva. Ob sie ihre Reputation wegen der Qualität ihrer kunstkritischen Argumentation verdienen oder nicht, ist eine andere Frage.

Ein zweiter Punkt, den ich hier untersuchen möchte, ist das Verhältnis zwischen Kunstkritik und Kunstgeschichte. Auch hier stellt sich die Frage nach der Legitimität von Kunstkritik: Mit welcher Begründung nimmt der Kritiker die Kompetenz der Kritik für sich in Anspruch? Er sieht sich nicht mehr als ein Sprecher der öffentlichen Meinung, und er kann sich nicht mehr auf ein universell menschliches, reines *Gespür* (sentiment) verlassen. Was kann er dann anführen? Daß er aufgrund eines Abschlusses in Kunstgeschichte qualifiziert ist?

Selbst wenn die Betroffenen es vermeiden werden, dieses Argument zu benutzen, ist es unbestreitbar, daß die Kunstkritik momentan von Leuten mit kunsthistorischer Ausbildung beherrscht wird. Dies ist eine Entwicklung der letzten zwanzig bis dreißig Jahre. Im 18., 19. und sogar im größten Teil des 20. Jahrhunderts wurde die Kunstkritik von Amateuren ausgeübt, im herkömmlichen französischen Sinne des Enthusiasten oder Dilettanten. Die Kritik war eine Nebenbeschäftigung von größerer oder geringerer Bedeutung für Gelehrte, Philosophen, Literaten – insbesondere auch von Künstlern. Von dieser Gruppe nahmen die Künstler, mit einiger Regelmäßigkeit für sich in Anspruch, ein Urteil über ihren eigenen Stand abzugeben; genau wie sie es im Frankreich des 18. Jahrhunderts oft getan hatten. (...)

Kunsthistoriker, die sich mit Kunstkritik beschäftigten, gab es sehr wenige. Ein Beispiel im Vorkriegsdeutschland war Franz Roh, der ein Assistent Wölfflins war. In den Niederlanden fallen mir nur wenige Namen außer Van Gelder ein, der in den Zwanzigern und Dreißigern hin und wieder über zeitgenössische Kunst schrieb und, etwas früher in diesem Jahrhundert, Vogelsang, der sich für van Gogh und die abstrakte Kunst von Erich Wichmann einsetzte. Es spricht auch für Vogelsangs rückhaltlose Offenheit, daß er, in seiner Antrittsrede von 1921, als er einem Ruf zum Professor der Kunstgeschichte und Vizekanzler der Universität von Utrecht gefolgt war, folgendes sagte: »Selbst die neuesten Bewegungen (...) haben geblüht und diese Blüte hinter sich gelassen. Wir scheinen an Futurismus, Kubismus, Dynamismus, Essentialismus und Dadaismus vorbei zu sein.« Damit verknüpfte er die positive Folgerung: »Die visuelle Kunst wimmelt von Leben.« Er hielt es bei Kunsthistorikern für wesentlich, die zeitgenössische Kunst wie die Kunst der Vergangenheit zu studieren. Durch den Anspruch, den die moderne Kunst an den Betrachter stellt, hat sie sich auch in ein erzählendes Forschungswerkzeug für all jene entwickelt, deren Aufgabe es ist, ihr Leben dem Studium von Kunst und Menschen zu widmen! Einige Jahre später, 1926, war er verantwortlich für die Gründung des ersten Lehrstuhles für moderne Kunst an einer niederländischen Universität. Im allgemeinen jedoch herrschte unter Kunsthistorikern die Meinung vor, daß Kunstwerke erst dann in einer geschichtlich gültigen Art, d.h. mit größtmöglicher Objektivität besprochen werden könnten, wenn ein gewisser zeitlicher Abstand erreicht sei. Es lag eine starke Betonung auf der Unterscheidung von Kunstgeschichte und Kunstkritik, wobei die letztere eine subjektive und intuitive Annäherung an die Kunst ihrer Tage unternahm. Unzweifelhaft wurde diese Gewichtung auch durch den Wunsch motiviert, das immer noch junge und unsichere wissenschaftliche Prestige der Kunstgelehrten nicht zu verletzen.

Die Kunstkritiker andererseits bewahrten Abstand von der Kunstgeschichte. Ihr Vorwurf an die Kunsthistoriker war, daß deren Verwicklung in die Kunst oft trocken und seelenlos sei, und es an echter Aufmerksamkeit gegenüber den essentiellen Dingen mangelte, die Kunst und Qualität zu dem gemacht haben, was sie sind.(...)

Während der letzten Jahrzehnte hat sich die Situation fundamental gewandelt. Rund um die Welt wird in der Lehre der Kunstgeschichte auch die moderne Kunst berücksichtigt, und Kunstkritiker werden nicht selten als Lehrer oder Gastdozenten gewählt. Die Grenzen zwischen dem Schreiben über alte und moderne Kunst und zwischen Kunstgeschichte und Kunstkritik scheinen aufgehoben zu sein. Dies macht sich manchmal in der Arbeit einzelner Personen bemerkbar, z.B. bei Meyer-Schapiro, der maßgeblich sowohl über die mittelalterliche als auch die moderne Kunst geschrieben hat (wenn auch die Fachurteile über derart unterschiedliche Perioden im heutigen Zeitalter der Spezialisierung nur schwer möglich sind). Kunsthistorische Ideen und Methoden, die in Verbindung zu alter Kunst entwickelt wurden, werden heute enthusiastisch auf die moderne Kunst übertragen. Das gilt ebenso für die Annäherung an die ›Geschichte der Ideen‹, wie für Panofskys Zeichenkunde und für die Konzepte Wölfflins, die in der amerikanischen Kunstkritik der sechziger Jahre durch Greenberg weiterlebten.

Etwas anderes von einem Kritiker, der in Kunstgeschichte ausgebildet wurde, zu hören, kann man wohl auch kaum erwarten, aber die Verwissenschaftlichung der Kunstkritik hat aus meiner Sicht auch einige weniger nützliche Nebeneffekte. Einen davon sehe ich in dem abgehobenen akademischen Stil der Besprechungen, mit einer exzessiven Verwendung von Verweisen und Fußnoten, der besonders (ich will das nicht zu sehr verallgemeinern) in Zeitschriften und Katalogvorworten beliebt ist. Es sieht so aus, als ob sich ein Genre gebildet hat, in dem der Schreiber über die Köpfe der allgemeinen Öffentlichkeit, die an moderner Kunst interessiert ist, *auf einen inneren Kreis zielt,* der hauptsächlich aus Leuten mit einem professionellen Bezug besteht; und diese wiederum machen in einem Folgeartikel oder Katalogtext unter ähnlicher Verwendung von Verweisen und Fußnoten eine Verbeugung vor ihrem geschätzten Kollegen. Reflexionen und interne Kritik, wie man sie in dem Journal *October* finden kann, sind sehr nützlich. Aber *normale* Kunstmagazine, Bücher und Kataloge sind aus meiner Sicht nicht der richtige Ort dafür.

Ein weiterer fragwürdiger Nebeneffekt der Verwissenschaftlichung der Kunstkritik, bezogen auf das oben Erwähnte, ist bis zu einem bestimmten Grad mit dem ersten verbunden. Es ist die Leidenschaft für Interpretation, die in allen Kreisen bemerkt werden kann und die oft die kritische Meinung schmälert oder überdeckt. Die Literatur über Jasper Johns z.B. beinhaltet auffällige Beispiele von Schreibern, die ihre Gelehrtheit auf ihr Objekt projizieren, vergleichbar mit bestimmten zeichentheoretischen Ausschweifungen im Rahmen der Behandlung klassischer Kunst. Die abstrakte Kunst ist dafür nicht weniger empfänglich: Ich beziehe mich hier auf die Schriften der sechziger Jahre über die Kunst von Malern, die heute, berechtigterweise, praktisch vergessen sind, wie z.B. der Amerikaner Jules Olitski oder der Engländer John Hoyland.

Die heutige Kunstkritik läuft Gefahr, über ihren eigenen Intellektualismus zu stolpern und die der Kunst zugrundeliegenden Werte mißzuverstehen. Kenntnis und Reflexion der Geschichte der Kunstkritik können sich als heilsame Hilfe bei der Erkennung und Bekämpfung der eingefleischten Gewohnheiten, Künsteleien und neuen Dogmen erweisen.

Kunst - Kritik.

Erster Kritiker:*)

Nr. 316. Ah! C. F. Lessing. „Huß vor dem Concilium zu Costnitz." Magnifique in der That! wie sich alles in der Haltung losreißt, und durch die hohle Hand betrachtet, ist die Luftperspective köstlich, und die Conture wahrhaft — betrachten Sie den Character der linken Hand, die — ich bitte Sie, das Ensemble, der Vorwurf, die Staffage! meisterhaft!

Zweiter Kritiker:

Meisterhaft! und was mag der Goldrahmen wohl gekostet haben? —

*) Auszug aus dem Katalog: Nro. 216: Jobs im Examen, von Hasenclever. — Nro. 316: Huß vor dem Concilium zu Costnitz, von Lessing.

DAS RITUAL DER VERWEIGERUNG

Christian Bromig

Kunstrummel (I)

Nun ist es wieder so weit. Vom 13. Juni bis zum 20. September präsentiert sich die neunte Kasseler Kunstinternationale! Der Countdown lief erfolgreich, und die Presse giert unablässig nach Fakten und Informationen, immerzu bereit, selbst die entlegensten und nichtigsten Begebenheiten aufzuschnappen, um sie – kostgerecht präpariert – dem Publikum zu offerieren. Auch dieses Mal fließen dem Spektakel wieder erhebliche Geldsummen aus kommunalen und ministeriellen Portefeuilles zu. Insgesamt 15,6 Millionen DM soll es kosten. Daß sich solche und jede andere, gleichsam von der öffentlichen Hand verköstigte Kunst vor dem Volk legitimiere, dafür möchte die schreibende Zunft nur allzugerne Sorge tragen. Und weil sie von dieser ihrer Mission felsenfest überzeugt ist, macht sie in Vertretung des Publikums Anspruch darauf, gehört zu werden, respektive mitreden zu wollen. Wobei sie wie selbstverständlich voraussetzt, dieses verstünde sich auf die Kunst, was leider nur selten zutrifft.

Was aber tun, wenn der Informationsfluß nur spärlich rinnt oder gar zu versiegen droht? Woher die harten Fakten nehmen, die Sensationen und Neuigkeiten, ohne die das geschäftsmäßige Trendsetting nicht zu existieren vermag? Und wie schließlich steht der Berichterstatter ohne Bericht vor seiner Leserschaft da?

Das neckische Versteckspiel vor der Journaille, diese gleichsam kommerzialisierte Variation auf Herbert Marcuses *Große Weigerung,* die sich mit geradezu gesetzmäßiger Präzision vor jeder documenta und anderen Großereignissen der Gegenwartskunst zu wiederholen scheint, hat Methode. Ausstellungsmacher und -regisseure haben sie zwar nicht erfunden. Aber sie beherrschen sie aufs professionellste, um auf diesem Wege den Marktwert ihrer Show, natürlich auch den der eigenen Person, in die Höhe zu treiben. Die Macher selbst sehen das freilich ganz anders. Jan Hoet, der quirlige Museumsmann aus Belgien, möchte die Kunst vor der Wirklichkeit erretten, unter der sie zu ersticken droht. In einem Interview aus dem Jahre 1989 beklagt er mit der ihm eigentümlichen Suada von Spiritualismus und Wahrhaftigkeit: »Jetzt macht man die Kunst kaputt. Überall kommt das Wort Kunst vor: in der Bankwelt, in den Autofabriken, überall. Und nicht nur, wenn es um Sponsorship geht. Das Wort Kunst wird so benutzt, aber ohne Bedeutung – nur wegen der Magie des Wortes Kunst. Damit macht man die Kunst selbst total kaputt. Das Wort Kunst hat keinen Zusammenhang mehr mit der Kunst. Es bezieht sich nur nicht auf sich selbst.« Damit aber der Begriff mit dem von ihm Gemeinten wieder zusammenfände, müsse sich die Kunst von dem Troß ihrer Nutznießer befreien. – Das hieße aber, eine Kunst zu kreieren, die ohne die Heerschar kunstverständiger Journalisten und ohne die vertrockneten Krämerseelen aus der Wissenschaft auszukommen meint, eine Kunst, die den kaufwütigen Sammlern und erst recht der Politik Paroli bietet? Hoet träumt eben von einer *reinen* documenta, einer Kunstdarbietung, die *endlich und wirkungsvoll dekontaminiert erscheint von jeglichen Ansprüchen den Marktes.*

Ewige Wiederkehr des »l'art pour l'art«

Dieser Traum hat Geschichte, die bis in die Anfänge des profanisierten, bürgerlichen Kunstgeschehens, ja bis in die Renaissance zurückreicht. *L'art pour l'art* rief einst die gründerzeitliche Kunstbourgeoisie, als sie verspürte, welches Unheil ihre Geldgeschäfte, auch in der Kunst, anrichteten. Und erinnern wir uns an die documenta 7, die der Holländer Rudi Fuchs ausrichtete. Er erwies der Kunst die Ehre, indem er sie würdevoll, unter *Bedingungen der Ruhe* zu präsentieren suchte. Befreit »von den verschiedenen Zwängen und gesellschaftlichen Verdrehungen (...), in die sie verstrickt ist«. Korrespondierend mit dieser Befreiung müsse der Kunst eine Schutzzone errichtet werden, ein vergleichsweise abgeschiedener Ort, wo sie sich wirksam zu entfalten vermag. Im übrigen sei sie imstande, für sich selbst zu reden, ohne auf das lästige Geschäft der Vermittlung durch große Theorien zurückzugreifen. Jan Hoet, der freien, von allen Unwägbarkeiten des empirischen Lebens gereinigten Kunst durchaus zugeneigt, teilt nicht den Traditionalismus seines Amtsvorgängers von 1982. Dem Sensationsfieber der Kritiker und der Verwertungsmaschinerie des Marktes möchte er dadurch widerstehen, daß er, statt eine konventionelle Bilderschau mit verkaufsfertiger *Bildware* zu veranstalten, den beschränkt kalkulierbaren Entstehens- und Wirkungsprozeß der Werke, sprich: das Arbeiten vor Ort und die möglichst unmittelbare, weder durch Galeriekommerz noch durch hochtrabende Theorien getrübte Rezeption der Resultate, zum Dreh- und Angelpunkt der Ausstellung macht.

Nicht erst seit heute wissen wir aber auch, auf welch tönernen Füßen solche verwertungsscheue Kunst ruht. Wo immer nämlich die vielen Freunde und Förderer der Kunst, zu denen wir auch Jan Hoet zählen möchten, ihr Sorgenkind unter Kuratel stellen, um es vor der grausamen Wirklichkeit zu schützen, beflügeln sie eigentlich erst die Neugier derer, die sie profitabel zu verwerten trachten. Ob sie sie nun schamlos zu Markte tragen oder diesem künstlich entziehen, in beiden Fällen wird sie zum Fetisch deklassiert und als Ware verschachert. »Insofern ist das zeitgemässe Verhalten zur Kunst regressiv.« Als Adorno seine »Ästhetische Theorie« verfaßte, aus der dieser Satz stammt, provozierte längst die zweite Generation der sogenannten Kunstavantgarde, oft genug mit den teils verbrauchten Formmitteln der Vätergeneration, denen sie – aus welchen Gründen auch immer – kaum neue hinzuzufügen vermochte. Was aus dem Geist der Zeit geboren war, wurde beliebig kopiert und damit immer mehr entschärft. »Unter den Gefahren neuer Kunst ist die ärgste die des Gefahrlosen«, hat einmal der gleiche Philosoph gesagt.

Unbehagen

Moderne heute heißt Entgrenzung und »Steigerung von Beliebigkeit«, sagt Peter Sloterdijk. Und zwar nicht nur in der prosaischen Welt des Gelderwerbs, sondern auch in den hehren Überbauten. Hier wie dort kreißt wesenslose Leere. Wen wundert's, daß auch Hoet den *Wildwuchs der Denksysteme* bejammert, und das zu Recht. Schlagendes Beispiel: Die postmodernen Geistesheroen aus Frankreich und ihre zahlreichen Adepten, die sich zu abschließenden Urteilen über die Zeitläufte im allgemeinen und über die Kunst im besonderen berufen fühlen, wobei sie sich nicht scheuen, ihre geistigen Hervorbringungen selbst zu Kunstwerken zu erklären. Doch was bietet uns der durchschnittliche Postmoderne-Theoretiker anderes als den im hölzernen Heidegger-Idiom daherkommenden Aufwasch unausgewiesener Philosophien und Ästhetiken aus der ersten Hälfte des 20. Jahrhunderts? Kurios auch, daß gerade die Postmodernisten beharrlich empfehlen, jene Wendung der Systeme bis zur äußersten Deformierung, beispielsweise von Kunst zur abstrakten Ware, weiterzutreiben, nicht ahnend, daß ihre wohlgemeinte Anweisung im hypertrophen Wachstumsrausch der Gesellschaft und ihrer Denker untergegangen war, kaum daß sie gehört wurde.
Ebenso sehr widerstrebt es Hoet, die Kunst in den hierarchischen Gattungskanon hineinzuzwängen, um sie, entsprechend inspiziert und rubriziert, zwischen Aktendeckeln abzulegen. Wahrhaft große Kunst hat sich noch nie den kanonisierten Epochenstilen unterzuordnen vermocht. Als Ausdruck des Subjekts war sie vorderhand der besonderen und unmittelbaren Erfahrung des einzelnen, nicht der ungeschiedenen Masse zubestimmt. »...der Künstler ist einer der letzten Praktiker einer klaren Individualität«, schrieb Rudi Fuchs 1982. Aus solcher Erkenntnis speist sich denn auch die Hoetsche Formel: »Ein Künstler – ein plastisches Werk – ein Betrachter.«
Als Ausstellungsmacher beschränke er sich darauf, nicht mehr und nicht weniger als die *Infrastruktur* zu schaffen, in der Betrachter, Kunstwerk und Künstler, möglichst unmittelbar aufeinander reagierend, sich aus- und erleben können. »Bei meinem documenta-Projekt geht es darum, daß der Künstler totalen Raumbesitz erhält, und daß der Betrachter wirklich in das Kunstwerk hineingestellt wird«, heißt es in einem Interview des *Kunstforums*. Hoet verwehrt sich dagegen, seine vielgerühmten Ausstellungen ›*Chambres d'amis*‹ (Gent, 1986) und ›*Open Mind*‹ (ebd., 1989) als Modell zu gebrauchen, das sich beliebig kopieren ließe. »Man kann die Idee nicht wie ein Modell verwenden und sie übertragen.«
Kunst eignet sich nun einmal nicht dazu, das Experimentierfeld zweckgerichteter Verstandesoperationen abzugeben. Unterwürfe sie sich dennoch solcher Zweckrationalität, die notorisch darauf aus ist, das ihr Fremde und Unerforschliche, eben das, was nicht in sie hineinpaßt, verstandesmäßig zu ergründen und sich selbst gleichzumachen, bedeutete das das Ende, die *Entkunstung der Kunst* (Adorno). In concreto hieße das, daß das einzelne Werk »sowohl zum Ding unter Dingen wird wie zum Vehikel der Psychologie des Betrachters. Was die verdinglichten Kunstwerke nicht mehr sagen, ersetzt der Betrachter durch das standardisierte Echo seiner selbst, das er aus ihnen vernimmt.«

Kunstrummel (II)

Von Adorno wissen wir, daß er gegen Kunstmoden und Konsumentenkunst stets mit scharfen Worten zu Felde zog, wobei er deren Sprachrohr, die mehr oder minder kunstverständige, zwischen Verlegerweisung und Publikumsgeschmack eingezwängte Journalistenschar in seine Kritik selbstredend miteinbezog. Während die anspruchsvolleren Feuilletons, etwa aus der *Zeit* oder dem *Spiegel*, Hoets Querdenkertum, seinen unbeschwert-emphatischen Umgang mit Kunst und Künstlern durchaus honorieren, neigen die Kultur- und Kunstsachverständigen der Regional- und Provinzgazetten zu eher simplen Wirklichkeitsinterpretationen, dergestalt, daß sie kaum je einen Gedanken daran verschwenden, das empirische Material in seiner facettenreichen Verschiedenheit und Farbigkeit auszuloten. Auf grobe Klötze, so die Devise, gehören grobe Keile, zumal dann, wenn es den Mangel an Wißbarem und Wissenswertem auszugleichen gilt. Griffige Schlagzeilen sollen helfen, dieses Menetekel wettzumachen. »Statt Bilder Boxen und Jazz« titelte im vorigen Jahr eines der zweitklassigen Provinzblätter, worauf die anderen, weil sie sich keine eigenständige Kulturberichterstattung leisten können oder wollen, notgedrungen den gleichen oder ähnlich lautende Aufmacher brachten. Jan Hoet, der Schelm, hat sie auf eine etwas abseitige Fährte gelockt, auf die sie denn auch prompt hereinfielen. Zugegeben, der drahtige Belgier hatte dereinst geboxt, nicht als draufgängerischer Puncher mit K.O. – Garantie, sondern als versierter Techniker mit Köpfchen. Recht sportlich ging es übrigens auch im April letzten Jahres in Weimar zu. Damit die Musen in

ihren Tempelchen und die Jünger, die ihnen huldigen, nicht vollends der schwere- und mühelosen Poesie anheimfallen, hatte Hoet die dritte und größte Auftaktveranstaltung – ebendort auf geschichtsträchtigem Boden – zum kräftezehrenden Gesprächsmarathon umfunktioniert. Ein bißchen Unruhe und Bewegung, eben nicht nur die des schnöden Geldes, könnte für die Kunst durchaus von Nutzen sein.
Wenn Hoet durch den gewinnbringenden Verkauf des bis dato sorgsam gehüteten Firmennamens sowie des kitschigen, konsumentenfreundlichen Doppelschwans Sponsoren und Werbeleute in die Pflicht nimmt oder ein öffentlichkeitswirksames Rahmenprogramm mit Boxkampf und Jazz aus der Taufe hebt, dann tut er dies gewiß nicht, um die von Geschäftemachern und selbsternannten Erhabenheitsästhetikern geplagte Kunst der neunziger Jahre vollends dem Getriebe der prosaischen Wirklichkeit zu überantworten, sondern um seine so unkonventionelle wie kostspielige Ausstellungsidee zu verwirklichen, derzufolge vor Ort gefertigte *Kunsträume* das branchenübliche Stelldichein der Bilder überflüssig machen sollen. Die Teilnahme eines ansehnlichen Prozentsatzes bis dato unbekannter und unverbrauchter Künstler, etwa aus den lateinamerikanischen Ländern, aus Schwarzafrika, aus Kanada und Osteuropa, hat Hoet gegen den dauernervösen, exaltierten Kunstbetrieb, dem die einschlägig bekannten Namen, der Berechenbarkeit wegen, die liebsten sind, publikumswirksam in Szene gesetzt. Als temporärer Generalissimo der weltgrößten Schau zeitgenössischer Kunst hat er freie Hand. Aber was geschieht, wenn Hoet nach vollbrachtem Werk von der Bühne abtritt? Business as usual…? Mit Vorliebe tummelt sich die internationale Kunstgemeinde auf jungfräulichem Terrain, da sich dort viel Ruhm und Ehr und vor allem verlockende Renditen gewinnen lassen. Wobei wir stillschweigend voraussetzen, daß der betreffende Boden aus berufenem Munde die Weihen der Kunst empfangen durfte. Jan Hoet ist der Berufene, der sie 1992 zelebriert.

Honoré Daumier: Les Gens de Justice (1845)

KUNST VOR GERICHT?

Die Kritik an der Auswahl der Künstler, die zur documenta eingeladen werden, ist so alt wie die documenta selbst. Schon 1955 wußten einige Journalisten von *schmerzhaften Lücken* zu berichten, keine documenta danach kam ohne den Vorwurf der *Einseitigkeit,* des *Fehlens ganzer Bereiche* oder des *bewußten Ausschlusses wichtiger Richtungen* aus. Jürgen Weber beklagte 1979 unter dem Titel ›Entmündigung der Künstler‹ (München 1979), daß selbst in der Kaiser-Zeit die Ausstellungen öffentlich ausgeschrieben und damit demokratischer als die documenta gehandhabt wurden. Ein Rückgriff auf die Praktiken des französischen Salons hätte die Position der Anklage noch gestärkt: eingeladen waren viele, ausgestellt wurden wenige. Courbet oder die Impressionisten wußten ein Lied davon zu singen.

Die Verfassung der Bundesrepublik Deutschland weckt Hoffnung mit ihrem kurzen, wenig klaren Satz »Die Kunst ist frei«. Gemeint ist der Künstler wie die freie Entfaltung des Kunstlebens. Wir wissen um den kulturgeschichtlich dunklen Hintergrund der Erfahrungen, die das Grundgesetz speisten. Der formale Freiraum verführt – und die documenta lockt als Bühne. Ein Schelm, wer dabei nur an die hehre Kunst denkt.

Zu jeder documenta gehen im Vorfeld hunderte von Bewerbungen ein. Das Pochen auf die Kunstfreiheitsgarantie geht dabei allerdings in die Irre. Der künstlerische Leiter, früher war ihm ein Beirat zur Seite gestellt, ist frei in seiner Konzeption. Formal überprüfbar ist einzig seine Bestellung durch den Aufsichtsrat der documenta-GmbH. Gerade seine Künstlerauswahl ist geschützt durch die Freiheit der Veröffentlichung. Quantitative Begrenzungen liegen auf der Hand, die subjektiv qualitativen Setzungen können ausschließlich Gegenstand der Kunstkritik sein. Jeder geschichtliche Versuch der Justiz, *objektive Merkmale* zur Beurteilung von Kunst zu gewinnen, mußte fehlschlagen. Werner Hahn, der seine Auseinandersetzung mit der documenta und Jan Hoet im folgenden Beitrag ausführlich erläutert, wird sich mit dem Urteil der Kunstkritik begnügen müssen. Gerichtliche Hilfe kann er nicht erhoffen, in den Sälen von Justitia wird nicht mehr nach Kunst oder Nichtkunst geurteilt. Dort herrscht eher Ratlosigkeit in dieser Frage – stattdessen werden Formalia geprüft. Und Jan Hoet ist der in einem ordentlichen Verfahren berufene Leiter der documenta.

DOCUMENTA IX VOR GERICHT

Fragen zur Kunstfreiheit

Werner Hahn

Die Presseberichte von Elke Bockhorst und Martin Wortmann spiegeln in Kürze einführend wider, um was es in dem »Fall documenta« geht.[1] Die Artikel ergänzen einander. Beide Journalisten aus Kassel hatten mich zuvor in einem Telephoninterview zur Klage vor dem Verwaltungsgericht befragt.

Zum Ziel und zur Begründung meiner Klage gegen die Stadt Kassel und das Land Hessen wegen der documenta 9:

Ziel der Klageerhebung vom 24. August 1991 ist es, in Zusammenarbeit mit den öffentlichen Geldgebern der documenta (Stadt Kassel, Land Hessen und Bund) und der Justiz zu erreichen, daß die documenta demokratischer wird. Ich formulierte: »Demokratisierung der documenta heißt, daß durch zu erarbeitende objektive und im Einklang mit dem Grundgesetz der BRD stehenden Richtlinien garantiert wird, daß möglichst keine Verstöße mehr gegen das Grundgesetz – die Kunstfreiheitsgarantie und den Gleichheitsgrundsatz (das Willkürverbot) – vorgenommen werden können.«

Nach einem umfangreichen Briefwechsel mit den Verantwortlichen der DOCUMENTA IX seit April 1990 beanstandete ich gemäß dem *Widerspruch* vom 3.3.1991 in einem Brief mit sieben Seiten mit der Klageerhebung folgendes:

1. Hoets ablehnende Entscheidung gegenüber meiner Kunst,
2. Hoets ideologisch-einseitiges und autoritär-kunstlenkendes Vorgehen (*Aktion im Raum/Installationen* als *Konzept* einer Konzept- u. Theorielosigkeit),
3. Hoets grundgesetzwidrige d9-Seilschaften-Bildung,
4. Hoets selektieren ohne objektive Auswahlkriterien und sein Forcieren nichtkünstlerischer Handlungen,
5. die Verstöße der d9-Verantwortlichen gegen Art.

IMPRESSUM

HNA MA

Hessische/Niedersächsische Allgemeine · Mitteldeutsche Allgemeine

unabhängig — Zeitung für Deutschlands Mitte — nicht parteigebunden

HEUTE

Prozeß um documenta-Teilnahme

Vor dem Kasseler Verwaltungsgericht versucht ein Künstler, die Teilnahme an der documenta IX einzuklagen. In einem Musterprozeß will er erreichen, daß die Kriterien „demokratisiert" werden. KULTUR S. 15

Kultur

NR. 240 — MITTWOCH, 16. OKTOBER 1991 — 15

PROZESS

Durch Klage in die documenta?

Um die Teilnahme an der wichtigsten Weltausstellung moderner Kunst, der documenta IX, wird jetzt in Kassel vor Gericht gestritten. Dem Kläger geht es um die „Demokratisierung" der Kriterien.

KASSEL ■ Wer bestimmt, wer in der documenta ausstellen darf, Kassels Weltausstellung moderner Kunst? Letztlich einer: der künstlerische Leiter der documenta IX, Jan Hoet. Ob das so bleibt, damit muß sich nun das Verwaltungsgericht in Kassel beschäftigen. Per Klage will Werner Hahn aus Gladenbach (bei Marburg) erreichen, daß die Auswahl „demokratisiert" wird. Die Vorstellungen des Künstlers, wonach ein Kreis anerkannter Fachleute die documenta-Teilnehmer auswählen soll, haben jetzt ein juristisches Fundament bekommen. Am Dienstag ging beim Verwaltungsgericht Kassel der Schriftsatz des Marburger Rechtsanwalts Peter Becker ein. Stoßrichtung: Die Stadt Kassel und das Land Hessen sollen verpflichtet werden, „die Satzung der documenta GmbH so zu ändern, daß ein Gremium kriterienorientiert entscheidet". Gerichtspräsidentin Felicitas Fertig: „Das ist ein Novum."

VON MARTIN WORTMANN

Die documenta, so der Marburger Anwalt, verwende öffentliche Mittel (nach eigenen Angaben fünf Millionen DM, die Hälfte des Gesamtetats), die nachvollziehbar und im Sinne des kulturstaatlichen Auftrags verwendet werden müßten. Das Gleichheitsgebot des Grundgesetzes bedeute dabei sicher nicht einen gleichen Anspruch aller, aber „wenn Förderung erfolgt, darf sie nicht willkürlich erfolgen". Werner Hahn spricht von einem „Musterprozeß", der belegen werde, „wie weit die Kunstfreiheit eingeschränkt ist". Den documenta-Machern wirft er „Seilschaftenbildung" sowie „einseitiges, autoritäres und kunstlenkendes Vorgehen" vor, das keinerlei Kontrolle unterliege.

Kein Recht für alle

Sicher könne es nicht darum gehen, daß alle Künstler das Recht haben, an der documenta teilzunehmen, doch müsse „neue Kunst die Möglichkeit haben, sich institutionell durchzusetzen – ohne daß man den Galeristen hinterherläuft". Und neu, so der 52jährige Biologielehrer, sei seine auf Naturbeobachtungen basierende „evolutionäre Formenbildung" durch Symmetrisation (beispielsweise Spiegelungen) und Asymmetrisation (etwa Verzerrungen) zweifelsohne.

documenta-Geschäftsführer Alexander Fahrenholtz sieht den Anspruch der millionenschweren Kunst-Schau allerdings anders. Nicht um Neues gehe es, sondern „um das, was ein relevanter Beitrag zu einer aktuellen Debatte ist". Das könne durchaus auch mal alte Kunst sein, und umgekehrt könne neue Kunst „irrelevant" sein. Der Vorwurf des Filzes sei gerade bei Jan Hoet, einer „anerkannt integeren Person", abwegig.

Ob der Streit noch vor der documenta IX entschieden wird, zu der von 13. Juni bis 20. September 1992 rund 480 000 Besucher erwartet werden, ist fraglich. Schließlich geht es immerhin um die Abwägung von Grundrechten: Steht bei der Freiheit der Kunst die Chancengleichheit der Künstler im Vordergrund oder die Freiheit der Aussteller, das zu zeigen, was sie – aus welchen Gründen auch immer – für relevant halten?

3 GG (Chancengleichheitsgebot/Willkürverbot) und Art. 5 Abs. 3, Satz 1 Grundgesetz der BRD (Kunstfreiheitsgarantie),

6. den Mangel eines Berufungs- und Auswahlverfahrens d9-Verantwortlicher, welches im Einklang mit dem demokratischen Rechtsstaat ist,

7. das Fehlen einer öffentlichen, unabhängigen Kontroll/Korrektur-Instanz gegenüber den *privaten* Manipulationen des *Windmachers* Hoet, dessen Programm zur d9 nur *Jan Hoet* heißt[2].

Erläuterung der Klagepunkte:

Durch eine vom documenta-Aufsichtsrat berufene sogenannte *Findungskommission* mit den documenta-Machern Harald Szeemann (d5), Manfred Schneckenburger (d6/d8) und Rudi Fuchs (d7) sowie d5-Mitarbeiter Jean-Christophe Ammann im Gremium war Jan Hoet *in einem relativ schnellen Findungsverfahren* zum sogenannten *künstlerischen Leiter* der d9 gekürt worden[3]. Aufsichtsrat und Findungskommission bürdeten einem ungeeigneten Macher die Verantwortung zur d9 auf: als versnobter Willkürherrscher hat Hoet später dreitausend sich zur d9 bewerbende Künstler desavouiert.

Da für Hoet »heutzutage nicht die Renaissance wichtig« sei[4], wurde der Ex-Boxkämpfer, Linksausleger im Mittelgewicht, durch mich, einen Neo-Renaissance-Vertreter in einen spannenden Rechtsstreit verwickelt.

Im In- und Ausland gewann durch die – teilweise ausführliche -Berichterstattung der Medien der *Musterprozeß* erhebliche Aufmerksamkeit. Daß die einschlägigen Künstlerlexika den Namen des Klägers (noch) nicht verzeichnen, irritierte so manchen; z. B. einen Kommentator, der in *Die Welt* vom 7.9.1991 meinte, der Prozeß sei für den Kläger durchaus zu gewinnen. Als »eine vollkommene Witze« wurde indessen die Klage durch den irritierten d9-Chef mißverstanden.[5]

Meine Bewerbung zur d9 habe ich in Kassel *offiziell* am 21.4.90 einreichen müssen, weil Hoet zur Frage der Künstlerauswahl formuliert hatte: »Unbekannte Künstler besuchen, das kann ich nicht. Niemand kann das.«[6] Daß ich künstlerisches Neuland bearbeite, belegten meine in Kassel vorgelegten Bewerbungsunterlagen, die Hoet willkürlich boykottiert hat. Hoet hätte erkennen müssen, daß ich mich als Kunst- und Naturforscher einem künstlerischen und wissenschaftlichen Tun verpflichtet fühle, das jenseits der Ideologie- und Konsum-Interessen des kunstbetrieblichen Apparates liegt: Mein Innovationsverlangen, das auf einen ganzheitlichen Zusammenklang von Wissenschaft, Kunst und Demokratie hofft, war jedoch nicht mit Hoets völlig einseitigem *Kunst*-Verständnis vereinbar.

Vermutlich wird Jan Hoet als *documenta-Papst der Willkür und Einseitigkeiten* in die Geschichte der documenten eingehen.

Darum bemüht, ständig über den Stand der Ereignisse im pompösen Gesamtpanorama des zeitgenössischen Kunstbetriebs orientiert zu sein, mußte ich nach den ersten Kontakten mit Hoet schon bald feststellen, daß mit dem Beuysianer Hoet, der Beuys »als einen Gott« sieht,[7] durch einseitige Auswahl ein Ausstellungsmacher berufen wurde, der nachweislich auf der documenta 9 ein grundsätzliches Gewährleisten der Pluralität der Standpunkte in der Kunst nicht zu garantieren vermag. Der Genter Museumsmann verkündete mit Recht von sich selbst, daß er weder wisse, was Kunst ist, und auch kein Wissenschaftler sei.[8]

Hoets »Einseitigkeit« brauche man »gar nicht erst umständlich nachzuweisen, er ist einseitig, ohne Zweifel«, konstatierte die FAZ. »Keiner« wolle den belgischen Arte-povera-Verehrer, der von Beuys als seinem großen Idol schwärme, »als Kunsthistoriker und Ästhetiker…so recht ernst nehmen«.[9]

So war zu erwarten, daß Jan Hoet, der selbstherrlich formulierte: »Es gibt keine objektiven Kriterien, aber meine sind die richtigen«,[10] fachlich inkompetent ist, meine neue Kunst *Ars Evolutoria* gerecht zu beurteilen.

Hoet konnte den Unterlagen zu meiner Bewerbung um die d9-Teilnahme entnehmen, daß z. B. schon 1983 der international renommierte Kunsthistoriker Prof. Dr. Werner Hofmann, ehemaliger Direktor der Hamburger Kunsthalle, »sehr beeindruckt« bekräftigt hat, daß ich durch meine Arbeiten nicht nur »auf viele alte Fragen eine Antwort gefunden«, sondern auch »neue Fragen in die Diskussion gerückt und damit das Problemfeld erweitert« habe. Ein Fazit des Kunstwissenschaftlers am 24.1.92 in einem Brief an mich: »Es freut mich, daß Ihnen der Durchbruch gelungen ist!« – Hoet indessen »will keine neuen Trends, keine neuen Theorien«, konstatierte 1991 DER SPIEGEL (Nr.17).

Der »schwärmerische Mitläufer« Hoet werde auf der 100-Tage-Ausstellung »exakt reproduzieren«, was »überall gang und gäbe ist«, bemerkte mittlerweile in einem Resümee der Kunstkritiker der FRANKFURTER RUNDSCHAU. Als »Theoretiker der Kunst« sei Hoet eine »schillernde Nullgröße«, und der Kunst und der Kasseler Ausstellung könne Hoet zu einer »ruinösen Hypothek« werden, wenn er nicht sofort seinen Mund halte.[11]

Frühzeitig plädierte der Belgier bei seiner d9-Planung für eine »neoromantisch-nihilistische Entwicklung« von Kunst. Er schwärmte u. a. für »Dekadenz«, »Dadaismus« und »Existentialismus« in der Kunst (vgl. d9-Pressemappe). Folgerichtig zu seinem Nihilismus-Postulat versuchte Kunstregisseur Hoet seit 1989, seine kunst-politisch nicht zu billigenden d9-Parolen von *Aktion im Raum, Displacement und*

Installationen in Kassel 1992 auf dem mit 6,6 Millionen DM Steuergeldern subventionierten d9-Kunstspektakel zu verwirklichen: analog seiner früheren Projekte ›*Chambres d'Amis*‹ und ›*Ponton Temse*‹ in Belgien.[12] Hoets Schau ›*Ponton Temse*‹, die »viel Überflüssiges, viel Durchschnittliches« zeigte, wurde als d9-Generalprobe angesehen: »wenig Malerei, viele Installationen« entsprechend Hoets Vorlieben.[13]
Nur was auf dem »Humus«, den Beuys hinterlassen habe, »wächst«, soll angeblich in Kassel an Ort und Stelle als »Drama« entstehen: »Das Kunstwerk muß am Ort der documenta entstehen« und »politisch« soll die d9 auch werden.[14] Hoet verfügte zudem laut einer weit verbreiteten AP-Meldung, es dürften überhaupt keine Einzelbilder auf der d9-Schau gezeigt werden, nur »Kunstinstallationen«.[15] Zur Tradition bekenne sich Hoet übrigens »nicht im konventionellen Sinn des Tafelbildes oder der Skulptur«, schrieb *Die Welt* (26.2.1991). Die HNA berichtete am 27.2.1991, daß Hoet aus den gegebenen Kasseler Ausstellungsbauten »Häuser mit Wohnungen werden läßt«. Auf dem sogenannten *documenta-Marathon* in Weimar bekannte sich Hoet mit Blick auf seine Künstler-Auswahl und d9-Kunst hierzu: »Wir machen Dinge, aber keine Kunst«.[16]

Dienstag, 1. Oktober 1991
Nr. 228 — Seite 18
Gießener Anzeiger · Kreis-Anzeiger FÜR WETTERAU UND VOGELSBERG
Lauterbacher Anzeiger · Taunus-Kurier
Gelnhäuser Tageblatt

FEUILLETON

Schutz der Kunst vor Inkompetenz?

Ein Künstler will seine Teilnahme an der nächsten documenta einklagen

Kassel. Ein wenig irritiert waren die Verantwortlichen in Kassel und Wiesbaden. Denn da rührt in diesen Tagen jemand an die (künstlerische) Freiheit der Ausstellungsmacher: Der 52jährige Maler Werner Hahn aus Mornshausen (Kreis Marburg-Biedenkopf) fordert eine Kontrollinstanz, die die Auswahl der documenta-Teilnehmer künftig überprüfen und so demokratisieren soll.

Durchzusetzen versucht er sein Ansinnen mit einer Klage vor dem Kasseler Verwaltungsgericht: So will er die documenta-Stadt und das Land zwingen, etwas gegen die „Zweckentfremdung öffentlicher Gelder" zu tun, wie er sagt. Weder die Hessische Ministerin für Wissenschaft und Kunst noch Kassels Oberbürgermeister (und Aufsichtsratsvorsitzender der documenta-GmbH) haben dafür viel Verständnis. Denn des Malers Ziele gefährden ihrer Ansicht nach die Freiheit der Kunst.
Seit ungezählten Jahren streiten Gelehrte über die Frage, welches die Merkmale guter, wichtiger Kunst sind und welches Kunstwerk Antwort zu geben vermag auf die Fragen der Zeit. Umstritten war stets auch die auf der Kasseler documenta gezeigte Auswahl der Gegenwartskunst, und mit Spott und Hieben überzogen die Kritiker bereits jetzt den künstlerischen Leiter der documenta 9, die erst im kommenden Juni eröffnet wird. Vor allem „Konzeptionslosigkeit" warf man dem belgischen Museumsleiter Jan Hoet vor.
Das war offenbar Wasser auf die Mühlen des hessischen Künstlers: Hahn hielt die Zeit für gekommen,, endlich gegen die Willkür der Ausstellungsmacher anzutreten. Denn schließlich werde die documenta überwiegend mit öffentlichen Geldern finanziert und erfordere aus diesem Grund eine demokratische Auswahl.
Die Geldgeber sind jedoch fest entschlossen, an der ihrer Meinung nach bewährten Praxis festzuhalten und lediglich für die Rahmenbedingungen der hundert Tage währenden Ausstellung zu sorgen. Inhaltlich halten sie sich heraus: Denn würde in die Kompetenz des künstlerischen Leiters eingegriffen, so fürchtet Kassels OB Wolfram Bremeier, „dann wäre die documenta tot". Die öffentliche, teilweise scharf geführte Diskussion im Vorfeld der Ausstellung hält er für fruchtbarer als jede andere denkbare Form der Kontrolle.
Im Wissenschaftsministerium sieht man das ähnlich: Schließlich habe man sich anläßlich der documenta 5 erstmals und bewußt dafür entschieden, einem einzigen Leiter die Auswahl der Künstler zu überlassen. Ein „hohes Niveau" sei nur in Ausstellungen gewährleistet, für die eine Person die ganze Verantwortung und damit auch das volle Risiko trage. Und schließlich, so betont man in Wiesbaden und Kassel, habe auch Jan Hoet sich einem harten Auswahlverfahren stellen müssen.
Der Auffassung Bremeiers, daß eine Ausstellung selbst ein eigenständiges Kunstwerk ist, mag Hahn allerdings nicht folgen. Er zweifelt die Kompetenz des jetzigen künstlerischen Leiters und ebenso die seines Vorgängers Manfred Schneckenburger an. Als Beweis für deren „Theorielosigkeit" wertet Hahn (seine Teilnahme wurde zweimal abgelehnt) die eigene Erfahrung mit den Machern: Hoet habe seine Ablehnung lediglich mit „Intuition" begründet. Schneckenburger soll fünf Jahre zuvor ein von Hahn mittlerweile veröffentlichtes und „von der Fachwelt anerkanntes" Manuskript zurückgewiesen, später jedoch die vom Maler aus Mornshausen geprägten Begrifflichkeiten übernommen haben, ohne auf den Urheber hinzuweisen.

Daß er es nur auf den eigenen Vorteil (den Zugang zur documenta) abgesehen habe, weist Hahn entschieden zurück. „Mir geht es um andere Dinge", versichert er und verweist – als Zeichen seiner Ernsthaftigkeit – auf sein Buch: Darin habe er sich eingehend mit dem Problem der Förderung von Kunst befaßt.

Elke Bockhorst

Keinen Erfolg hatten vor der Klageerhebung meine im Schriftwechsel mit dem d9-Macher geäußerten Einwände:
Die »Konzeption der d9« hat dazu geführt, »daß eine Berücksichtigung Ihrer Arbeit sich nicht realisieren läßt«, schrieb mir Jan Hoet schon am 3.7.90 in einem ersten ablehnenden Bescheid auf mein d9-Bewerbungsschreiben. Meine kunsthistorisch gesehen völlig neue Kunst hat Hoet durch die Zusendung meines Buches ›Symmetrie als Entwicklungsprinzip in Natur und Kunst‹ nebst Rezensionen und Begleitschriften kennenlernen können.
In diesem Grundlagenwerk wird vorgestellt: die Begründung einer Stil-Moderne (Ars Evolutoria/Evolutionismus samt den Varianten *Neo-Kubismus, Pointillistischer Evolutionismus, Neo-Barock/ Neo-Manierismus* sowie Foto- und Filmmalerei; eine *Neo-Moderne, Neo-Renaissance.* Diese neue Malerei und Graphik, lange Jahre gefördert z.B. durch Prof. Dr. Werner Hofmann, war offenbar nicht mit Hoets *Installationen/Aktion-im-Raum-Ideologie* vereinbar: Ars Evolutoria wächst doch gerade nicht auf dem *Humus* des Joseph Beuys und hat als neue Malerei mit *armer Kunst* im Objektbereich (Arte povera), die Hoet hoch verehrt, indessen nichts gemeinsam. Protagonisten der Arte povera wie Mario Merz, Jannis Kounellis, Giulio Paolini hat Hoet zur d9 eingeladen!
Anstatt sich ernsthaft mit (m)einer neuen Kunst und Kunsttheorie zu befassen und sie auszustellen, versucht *Kunstdompteur* Hoet mit seiner Kunst der Selbstinszenierung[17] lieber den erweiterten Kunstbegriff des Joseph Beuys entsprechend dem Zauberwort *Displacement* erneut in Richtung Nicht-Kunst auszuweiten: »im Sinne von Grenzverlegungen, Grenzverschiebungen«. »Grenzerweiterungen« als »revolutionäre Erfahrungen« strebt Hoet an.[18] Und so sind – wie lange angekündigt – Boxen, Baseballspielen und Jazz auf der d9 die Konkretisierung der *Action in Space-* und *Displacement-Ideologie.* Daß Hoet »uns und die Kunst offenbar Knock out schlagen« will, vermerkte hierzu in einem sehr kritischen Kommentar die *Westdeutsche Zeitung* am 25.2.1991.
Hoets Forcieren nichtkünstlerischer Handlungen im Sinne eines eindimensionalen Kunst/Antikunst/ Nichtkunst-Begriffs ist natürlich im Rahmen einer Kunstausstellung, die öffentlich subventioniert wird, unzulässig. Auch Hoets kunstlenkende Direktive, daß sämtliche Werke in Kassel a) erst vor Ort als *Installationen* und b) in Korrespondenz zu Gebäuden entstehen müssen, widerspricht total der Kunstfreiheitsgarantie.
Hinzu kommt, daß Hoet – ganz im Sinne dadaistischer Zielsetzungen – sein Nicht-Konzept mit *revolutionären* Konsequenzen (FAZ) in Gang gesetzt hat, indem *Seilschaften* gebildet worden sind: Ein von Hoet 1990 ausgewählter Kern von nach Kassel geladenen Künstlern/Antikünstlern hat »in der Art des Schneeballsystems weitere Künstler für die Ausstellung bestimmt, die ihrerseits weitere Empfehlungen abgeben« sollten.[19]
Nach welchen Kriterien Jan Hoet den Kern ausgewählter Künstler/Antikünstler/Nichtkünstler für das d9-Schneeballsystem ausfindig machte, ist bekannt: Schon 1990 sprach der fanatische Kunstregisseur von *Subjektivität* als Auswahlkriterium (FAZ a.a.O.); »rein subjektiv und intuitiv« geschehe seine Auswahl, erklärte er 1992 auch im ZEIT-Interview (a.a.O.).
Konsequenterweise lehnte der d9-Macher dementsprechend auch meine Bewerbung mit dem Hinweis ab, daß er als *Begründung* für seine negative Selektion die *Intuition* anführte, und von seinem »Recht einer subjektiven Ansicht und dem persönlichen Gefühl von Notwendigkeit« sprach (Brief v. 27.11.90).
Angesichts der offenkundigen Cliquenwirtschaft der d9, zum Beispiel der Bildung der *Seilschaften,* und einer Beuys postum huldigenden Neo-Erweiterung des Kunstbegriffs verstößt Hoets Klüngel-Konzept natürlich gegen das Verbot einer Identifikation der d9-Veranstaltungsträger mit einer der heute konkurrierenden Kunstauffassungen. Hoet hat nur »Künstler« eingeladen, die seiner Aufforderung zum »Weggehen und Abkommen vom rechten Weg« (dies meint das Wort *Displacement*) folgen wollen, so daß unter dieser Direktive des d9-Chefs 1992 in Kassel der d9-Besucher – wie Hoet sagt – »attackiert, verführt, bedroht, verwirrt, umschmeichelt, entspannt« werden soll.[20] Dies unter dem babylonische Verwirrung stiftenden, nebulösen d9-Motto: »Von Einem zum Einen zum Anderen – oder: vom Körper zum Körper zu Körper – oder: vom Kunstwerk zum Betrachter zur Kunst« (d9-Presseerklärung, Januar 1992).
Hierbei läßt Hoet nicht allein die Verfassungsnorm des Art. 5 Abs. 3 Satz 1 GG (Kunst und Wissenschaft, Forschung und Lehre sind frei) außer aller Acht. Auch übersieht er die rechtliche Bestimmung des Art. 3 Abs. 1 GG, auf die ich meine Beschwerde vor dem Verwaltungsgericht ebenfalls stütze: Schutz gegen willkürliche Regelungen, Anspruch auf Chancengleichheit beim Leistungsvergleich von Künstlern im demokratischen Rechtsstaat.
Hoet scheint folgende kunstrelevanten Fakten nicht zu kennen bzw. falsch verstanden zu haben:
Als *Zweck* der documenta nennt der documenta-Gesellschaftsvertrag (Gesellschafter der documenta und Museum Fridericianum Veranstaltungs-GmbH sind das Land Hessen und die Stadt Kassel) »die Durchführung der periodischen documenta-Ausstellungen...zur ausschließlichen und unmittelbaren, auf andere Weise nicht zu erreichenden Förderung des allgemein Besten auf geistig-kulturellem Gebiet« (§2

der rechtsgültigen Fassung des Vertrages vom 29.6.90; Passus der Gesellschaftsverträge seit dem 6.2.1959). Der Aufsichtsrat hat (nach § 12 des Vertrages) »insbesondere...die Geschäftsführung daraufhin zu überwachen, daß sie auf die ausschließliche und unmittelbare Erfüllung des in § 2 bezeichneten Zwecks der Gesellschaft gerichtet ist« und über »die Bildung künstlerischer Komitees für die Gestaltung der Ausstellungen und Veranstaltungen einschließlich dessen personeller Zusammensetzung zu beschließen« hat.

Die d9-Einmannschau von Hoet wird diesen Anforderungen des Gesellschaftsvertrages nicht gerecht, was der »wohl einmalige Prozeß« in der Geschichte der 36jährigen documenta (so Dirk Schwarze in HNA/MA v. 30.10.91) belegen soll. Da weder der d9-Geschäftsführer Farenholtz (der behauptete, Hoet habe ein »Recht zur Willkür«; neue Kunst auf der d9 auszustellen, sei »irrelevant«, glaubt der Verwaltungsmensch; vgl. HNA/MA-Artikel zum Prozeß), noch der Aufsichtsratsvorsitzende Oberbürgermeister Bremeier – entgegen deren Verpflichtungen laut Gesellschaftsvertrag – Hoets grundgesetzwidrige Manipulationen auf meinen *Widerspruch* hin kontrollieren wollten, vermag allein ein unparteiisches Gerichtsurteil der Künstlermehrheit heute zu garantieren, daß die freie Entfaltung ihrer Kunst geschützt ist und in der Zukunft Weiterentwicklungen in Kunst und Kultur in Deutschland möglich sind und angemessen (z.B. durch Ausstellungen wie die documenta) von einem Kulturstaat gefördert werden.

Gegen das Gebot der Pluralität und das Verbot der einseitigen Einflußnahme auf die künstlerische Entwicklung verstößt Hoets documenta: Hier führen gezielte einseitige Förderung bestimmter Kunst/Antikunst/Nichtkunst, mehr aber noch gezielte Nichtförderung von Kunst, zu einer nicht erlaubten Zensur. So hat Hoet nachweislich neben einer Vielzahl von Beuys-Schülern und Arte-povera-Machern viele Mitwirkende der Hoet-Projekte *›Chambres d'Amis‹* und *›Ponton Temse‹* nach Kassel zur d9 eingeladen. Mit der Einladung vieler Belgier zur d9, »deren documenta-Reife bezweifelt werden darf« – so die *taz* vom 16.1.92 – wollte Hoet seine eigene Nationalität »profilieren«.[21]

Eine sachbezogene Organisations- und Verfahrensstruktur ist für die Freiheit der Kunst im Bereich staatlicher Kunstförderung auch und gerade bei documenten unerläßlich! Die Kunst und Künstler selektierenden *Kunst/Antikunst/Nichtkunst-Päpste,* zumeist Nicht-Künstler im elitären und korrupten Kunstbetrieb, haben sich laut Rechtsprechung in der BRD nicht an ihren – u. U. äußerst eigenwilligen – Auffassungen zu orientieren, sondern die durch Kunstkritik, Kunstwissenschaft usw. entwickelten überindividuellen Wertmaßstäbe beim Auswahlakt

Werner Hahn mit seinen Werken (Foto: Hahn)

zugrunde zu legen. Da die *Gesetze der Kunst* von ihnen zu beachten sind, durfte Hoet keinesfalls »rein subjektiv und intuitiv« (also ohne Kriterien) auswählen, hatte er auch kein »Recht zur Willkür«. Es darf im demokratischen Rechtsstaat ein Kunstpapst alleine, ohne ein pluralistisch zusammengesetztes Gremium mit Kunst-Sachverständigen eine documenta-Ausstellung nicht organisieren; warten wir also die Gerichtsentscheidung(en) ab!

Über weitere Einzelheiten zu meiner Bewerbung um die Teilnahme an der d9 ist eine Streitschrift »DOCUMENTA IX – Willkür anstatt Kunstfreiheit!?« geplant, die zur d9 erscheinen wird.

ANMERKUNGEN

1 Gießener Anzeiger vom 1.10.1991 und Hessische/Niedersächsische Allgemeine – Mitteldeutsche Allgemeine vom 16.10.1991.
2 vgl. FAZ vom 11. und 17.4.1991.
3 vgl. HNA vom 22.10.1988 und 22.1.1989.
4 Jan Hoet in: KNACK vom 10.4.1991.
5 Feature des Hessischen Fernsehens vom 4.10.1991 und ARD-Sendung *›punkt‹ – Länderreport* vom 18.12.1991.
6 Er gehe von »Adressen« aus, die ihm bekannt sind; Interview im Journal »Hessen-Profile« vom Juni 1989.
7 vgl.: DIE ZEIT vom 17.1.1992.
8 *Jan Hoet auf dem Weg zur DOCUMENTA IX,* hrsg. von Alexander Farenholtz und Markus Hartmann. Stuttgart 1991, S. 32, 39, 44.
9 Mathias Döpfner in FAZ-Magazin vom 23.8.1991, S.17ff.
10 FAZ-Magazin, a.a.O., S.18.
11 Peter Iden in der FR vom 16.1.1992.
12 vgl.: *Jan Hoet auf dem Weg,* a.a.O. S.93.
13 Süddeutsche Zeitung vom 24.8.1990.
14 Neue Presse Hannover am 5.1.1990.
15 Nürnberger Nachrichten vom 1.9.1990.
16 HNA vom 16.4.1991.
17 »Selbstbespiegelung«, »Selbstdarstellungskampagne« vgl. FR vom 16.1.1992.
18 Jan Hoet im Interview mit Petra Kipphoff. In: DIE ZEIT vom 17.1.1992.
19 FAZ vom 12.12.1990.
20 Neue Züricher Zeitung vom 18.1.1992.
21 vgl. Interview in KNACK a.a.O.

NAMEN + Notizen

WERNER HAHN, Künstler aus Gladenbach (Kreis Marburg-Biedenkopf), wird nicht zu den Teilnehmern der diesjährigen documenta gehören: Die 7. Zivilkammer des Landgerichts Kassel hat seinen Antrag auf Erlaß einer einstweiligen Verfügung zurückgewiesen. Hahn hatte, zunächst vom Verwaltungsgericht, gefordert, daß die documenta-GmbH verpflichtet werde, über seine Bewerbung zur neunten documenta neu zu entscheiden. — Das Verwaltungsgericht hatte das Verfahren an das Landgericht verwiesen, und dieses lehnte den Antrag des Künstlers jetzt ab. Die Auswahl der Künstler obliege der documenta-GmbH, so die 7. Zivilkammer zur Begründung. Daß diese die Auswahl an einen künstlerischen Leiter delegiere, sei gesellschaftsrechtlich nicht zu beanstanden, sondern „eine Möglichkeit im Spannungsfeld zwischen staatlicher Kunstförderung und der Freiheit der Kunst".

Quelle: FRANKFURTER RUNDSCHAU vom 26. 5. 1992

AUSSTELLUNGSGESCHICHTE DER DOCUMENTA.

Acht Stationen mit Zeitdokumenten

Johannes Kirschenmann

Ein Gang durch die Geschichte der documenta muß sich angesichts der Fülle an Material auf Ausschnitte begrenzen. Die folgende Skizze ist primär von der Suche nach dem Verhältnis zwischen den jeweils aktuellen Kunstströmungen und deren Niederschlag in dem documenta-Konzept bestimmt. Eine ausschnitthafte Beschreibung einiger dominanter Werkgruppen kommt hinzu. Ergänzend wurde Quellenmaterial, bevorzugt Stimmen der Kritik aufgenommen.

Genialität und Geranien

Die Anfänge, festzumachen im Jahr 1954, verklären sich. Die Genialität des Generalisten Arnold Bode wird immer wieder zitiert und damit zum Geschichtsfaktum ohne Widerspruch erhoben, nachrangig folgen wirtschaftspolitische Deutungen, kultureller Nachholbedarf wird gesehen – es vermengt sich einiges zur Legende. Geplant war weniger. Zum Beispiel eine Bundesgartenschau in der Trümmerstadt Kassel. Für 1955 sollte sie dem zerbombten einstigen Mittelzentrum überregionalen Zuspruch bringen. In diesem Kontext gedieh der Gedanke, Kunst zeitgleich für ein extra nach Kassel angereistes Publikum zu zeigen: Kunst, die von der Kulturpolitik der Nazis als »entartet« aus der (deutschen) Kunstgeschichte gestrichen worden war und vom öffentlichen Bewußtsein auch nach 1945 nicht besonders vehement zurückgefordert wurde. Das Konzept war zuallererst historisch ausgerichtet. Die Moderne des 20. Jahrhunderts, und hier bevorzugt die Linien der Abstraktion, abbrechend vor dem damals gerade aktuellen Tachismus, war das Motto. Der Blick war eher westlich, eurozentristisch. Es fehlte der wichtige Beitrag der russischen Konstruktivisten. Der Arbeitsausschuß, hier dominieren die Namen Arnold Bode und Werner Haftmann, formulierte sein Programm im Frühjahr 1955 so: »Das Anliegen der Ausstellung ist, in einer klaren, knappen Auswahl und auf europäischer Ebene einmal die Entwicklungslinien der bildenden Kunst unseres Jahrhunderts seit den revolutionären und beunruhigenden Vorgängen zu Beginn unseres Jahrhunderts dokumentarisch nachzuzeichnen und die heute erreichten Positionen in möglichster Schärfe zu bestimmen. (...) Sie (die Ausstellung, Anm. d.Hrsg.) wird sich innerlich in drei große, freilich nicht streng zu trennende Komplexe aufgliedern:

- ein »dokumentarischer« Teil, der die großen europäischen Gruppenbewegungen des 20. Jahrhunderts vom Fauvismus und Expressionismus über Kubismus, Futurismus und Pittura Metafisica bis zum Surrealismus in kleinen konzentrierten Sonderschauen belegen wird;
- eine Schau auf die Leistung der Meister der älteren Generation, die den Stilentwurf der Moderne in den Jahren zwischen den großen Kriegen ausprägten;
- eine Übersicht über die Lage der Kunst heute, so wie sie sich in der Arbeit der jüngeren europäischen Künstler, die sich klar profilieren und bereits ein bedeutsames Werk aufzuweisen haben, abzeichnet.

Es handelt sich nicht um Experiment und Entdekkung, sondern um Dokumentation eines Geleisteten.« (Schneckenburger 1983 S.32f.)

Nicht wie bei späteren documenten, die die künstlerische Auseinandersetzung suchten, die Konfrontation

Größte Kunstschau nach 1945

Die ersten begeisterten Urteile über die „documenta" auf einem Empfang

Kassel (FH). „Diese Ausstellung würde jeder Großstadt zum Ruhme gereichen", das war eines der ersten Urteile, das wir auf dem Cocktailempfang hörten, zu dem der Vorsitzende, der Gesellschaft „Abendländische Kunst des XX. Jahrhunderts", Heinz Lemke, und Oberbürgermeister Dr. Lauritz Lauritzen am Freitagnachmittag als Auftakt zur Eröffnung der „documenta" (Samstag morgen) die Behördenvertreter, Künstler, Sammler, Museumsdirektoren und Publizisten eingeladen h[illegible]n. Direktor H. Lemke gab in seiner Begrüßungsansprache einen kurzen Überblick über den Plan, Entstehung und Vorarbeiten zur „documenta" und wies anschließend auf den Zweck der Einladung hin, die den Gästen Gelegenheit geben sollte, schon möglichst viel von der Ausstellung zu sehen und zu diskutieren.

Neben allen maßgeblichen Behördenvertretern war selten eine so vielseitige und ausgewählte künstlerische Prominenz in Kassel zu sehen wie auf diesem Empfang. Das markante, bärtige Profil des Malers Vedova, Mailand, ragte aus der Menge. Mit ihm war Italiens berühmter Kritiker Marciori, Venedig, gekommen. Ueberall hörte man begeisterte Urteile. „Großartig", tönte in etwas hartem Schweizer Deutsch die Stimme der Witwe des Malers Wols aus einem Kreis herüber. Sie bedankte sich gerade herzlich für die vorteilhafte Hängung der Bilder ihres verstorbenen Mannes.

Wir trafen den Bildhauer Kurt Lehmann, der mit seiner Frau Wiedersehen mit dem „guten alten Kassel" feierte und uns temperamentvoll versicherte: „Ich taumele und bin beglückt."

Es bildeten sich Diskussionsgruppen um Werner Haftmann, Arnold Bode, Fritz Winter und Madame Carré, die Gattin des bekannten Pariser Sammlers.

In ernster Betrachtung vor den Kunstwerken entdeckten wir den in Ulm lebenden Schweizer Maler, Bildhauer, Typograph und Architekt Max Bill, der auf der „documenta" mit vier interessanten Bildern vertreten ist. Und noch ein Schweizer schüttelte uns die Hand, der in Kassel durch seine Vorträge im Landesmuseum und in der Werkakademie bekannte Professor Curjel. „Es ist unfaßlich, daß man so etwas auf die Beine stellen konnte." Das sind nur einige wenige der Urteile, die man in den weitläufigen Sälen sammeln konnte.

Als wir vorzeitig den Empfang verlassen mußten, gab uns der bekannte Berliner Bildhauer Hans Hartung, der natürlich besonders begeistert von dem Bildhauersaal war, noch mit auf den Weg: „Man kann nur in Superlativen darüber sprechen."

der Künstler untereinander oder die Kunst im Reflex auf die Zeit, wurde die Innovation der 50er Jahre ausgestellt, sondern Bekanntes wurde zusammengetragen, wenn nicht zu hohe Versicherungssummen schreckten wie bei den Wegbereitern der Moderne, Cézanne, van Gogh oder den Impressionisten. Die Kritik war einhellig voll des Lobes, mehr noch von der einmaligen organisatorischen Leistung und der Fülle als von der ganz konkreten Auswahl. Diese Auswahl ging einher, so sind die seltsamen Fügungen in der Kunstgeschichtsschreibung, mit der Darstellung, die Werner Haftmann für sein 1954 erschienenes Buch »Kunst des 20. Jahrhunderts« gewählt hatte. Studenten- und später Schülerjahrgänge orientierten sich an diesem Standardwerk; Buch und documenta bestätigten sich gegenseitig.

Neben der inhaltlichen Konzentration ragte die documenta aus der Reihe internationaler Großausstellungen durch ihre – erzwungenermaßen – improvisierte Ausstellungsarchitektur heraus. Das im Bombenhagel zerstörte Museum Fridericianum war gegen Regen gesichert, innen jedoch nur vorläufig wiederhergerichtet. Der Not des Provisoriums geschickt gehorchend, wurde hier für die Kunstwerke eine Inszenierung geschaffen, die im deutlichen Kontrast zur monotonen Präsentation von Bild an Bild vor weißer Wand stand.

Der Erfolg der ersten documenta überraschte alle. Ein Strom von fast 130 000 Besuchern übertraf die Erwartungen um das Dreifache; eine vielfach geforderte Verlängerung in den Herbst hinein war aufgrund der Leihverträge und klimatischen Bedingungen im Ausstellungsprovisorium unmöglich.

Etablierung

Mit der Gründung der documenta-GmbH 1959 wurde die Ausstellung institutionalisiert. Aufsichtsrat und künstlerisches Gremium waren zeitweilig bis zur Hälfte identisch, die Geschäftsführer wurden zu den documenten jeweils neu berufen. Für die Ausstellungen wurde ein Vierjahres-Rhythmus angestrebt. Auch 1959 führten Bode und Haftmann die Regie. Nun war die Rückschau weniger umfassend angelegt. Die Kunst nach 1945 oder was die Ausstellungsmacher dafür ausgaben, wurde vorgestellt.

Der Einleitungsbeitrag von Haftmann zum Band »Malerei« des Kataloges: »...Dies alles erweckte in uns den Wunsch, einmal versuchsweise diese breite Entwicklung in einer möglichst umfassenden Ausstellung zu zeigen. So kam das Thema von documenta II zustande.

Was aber war da zu zeigen? – Wir konnten uns ja nicht darauf einlassen, eine Art von statistischem Querschnitt durch die internationalen Hervorbringungen der letzten 15 Jahre in all ihren nationalen und persönlichen Brechungen und generationsmäßigen Verschränkungen zu zeigen. Eine grundsätzliche Entscheidung war nötig. Sie gründete sich auf die kritisch erfahrene Einsicht, daß Qualität im Kunstwerk nur möglich ist, wenn es unbehindert von außerkünstlerischen Forderungen in Freiheit vollzogen wird, und daß ihm Repräsentanz nur dann zugesprochen werden kann, wenn es die geistigen Bedingungen, jenen oben erwähnten »Wirklichkeitsgrund«, der der Zeit und ihrer Lebens- und Wirklichkeitsbewältigung eigentümlich ist, spiegelt, deutet und vorantreibt. (...)

DOCUMENTA
Eine höchst spannende Ausstellung in Kassel

(...) Seit langer Zeit der erste und geglückte Versuch, ein Gesamtbild der Kunst der letzten fünfzig Jahre zu geben, ohne Grenzpfähle, ohne den Geist des Kompromisses; moderne Kunst natürlich, die mit Werken fast aller leitenden Künstlergestalten – nur wenige blieben unerreichbar – dokumentiert wird.
(...) Sie ist als Ganzes richtig und faszinierend, weil sie die schöpferische Kraft, den Reichtum der Vision und des Geistes, das Kollektive und das Individuelle einer Periode zeigt, die man auch für die Kunst als ein Zeitalter der Entdeckungen bezeichnen kann. Das Zusammenschaffen von Zeitströmung und persönlicher, hochragender Einzelleistung ist das Schauspiel, dem man hier noch einmal beiwohnt.
(...) Auch dem Kenner der zeitgenössischen Kunst, der durch die großen personellen Ausstellungen der letzten Jahre oder durch die Venezianer Biennalen informiert ist, bedeutet die »Documenta« einen großen Eindruck. Er sieht einen breiten künstlerischen Vormarsch, der kein Konformismus ist; er beobachtet die Hebungen und Senkungen der Qualität, und er stellt fest, daß bei dieser Kasseler Ausstellung eine Gruppe von Menschen ohne die übliche Wichtigtuerei einen wichtigen Beitrag zum Verständnis und – zum Genuß unsrer eigenen Zeit geleistet hat.

Quelle: Hans Curjel in »Die Weltwoche« vom 22. 7. 1955.

DOKUMENTA

Mit großen Erwartungen waren wir hineingegangen; enttäuscht kamen wir wieder heraus.
»Documenta«: die Bezeichnung trifft zu; denn hier wird in der Tat etwas dokumentiert. Aber man kann nicht umhin, zu fragen: Was? – Kunst des XX. Jahrhunderts« lautet die weitere Ankündigung der Ausstellung, und hier stocken wir schon. Fehlen nicht allzu Viele, auch solche, von denen doch gewiß einzelne Werke greifbar gewesen wären? Renoir starb 1919, Corinth 1925, Liebermann 1935, Kolbe 1947; und alle haben sie bis in ihr hohes Alter, also im XX. Jahrhundert geschaffen, müssen somit auch diesem Jahrhundert zugerechnet werden. Und außer den Genannten fehlen viele andere bedeutende Künstler, wie z.B. die französischen Neoimpressionisten. Es ist also eine bestimmte Auswahl getroffen, eine sehr einseitige Auswahl, und die Ausstellung in Kassel bietet nicht, was man nach der Ankündigung erwarten könnte: einen Querschnitt durch die Kunst der letzten 50 Jahre.
Was gezeigt wird, ist mit wenigen Ausnahmen sogenannte abstrakte Kunst. Und hier stocken wir von neuem. »Abstrakte« Kunst – ist das überhaupt »Kunst«? Abstraktion ist eine Funktion des Verstandes, und sie wendet sich wiederum an den Verstand. Sie entzieht sich nicht der Darstellung durch das Wort, auch nicht durch das künstlerisch gestaltete Wort. Aber abstrakte bildende Kunst ist wirklich eine contradictio in adjecto. (...)

Quelle: Rudolf von Katte in »Göttinger Tageblatt« vom 5. 8. 1955.

Standortbestimmung und internationale Dialog-Aufnahme

Neben Arnold Bode tritt Werner Haftmann, als in besonderem Maße für das künstlerische Programm verantwortlich, in Erscheinung. In seinem Vorwort zum Katalog nimmt er den Faden der Kunstgeschichtsschreibung auf bei den »Revolutionären Veränderungen der Kunst« seit 1860. Diesen Faden spinnt er weiter, vorbei an den Vätern der Moderne (...), pendelnd zwischen der abstrakten Kon-

struktion und der gegenstandsbezogenen Darstellung (...). Die Künstlerliste verweist auf eine deutliche Tendenz zu abstrakten Kunstrichtungen. Diese in vieler Hinsicht einseitige Auswahl wird in der Presse besonders unter dem Aspekt des Allgemeingültigkeit beanspruchenden Untertitels der Ausstellung scharf kritisiert. Den von ihm aufgerollten Entwicklungsprozeß der künstlerischen Produktion des 20. Jahrhunderts belegt Haftmann mit den Qualitäten der Stringenz, der Folgerichtigkeit und der Kontinuität.«
Unbeeinflußt von den politischen und gesellschaftlichen Bedingungen ist die Kunst nach Haftmann dem ihr in den ersten Jahrzehnten dieses Jahrhunderts vorbeschriebenen Weg gefolgt. Verfolgung, Berufsverbot, Exil sind für Haftmann in der Rückschau ›nur‹ »äußeres Unrecht«, »das die innere Substanz gar nicht berühren konnte«. »Der Künstler... nährte sich wie die Lilien auf dem Felde.« So naiv, unkompliziert und folgenlos waren die Jahre zwischen 1933 und 1945 keineswegs für die künstlerische Entwicklung in Deutschland; Haftmanns Kunstgeschichtsschreibung ordnet sich hier rigoros den pädagogischen Zielen der Ausstellung unter. Als deren vordringliche Aufgaben verfolgt Haftmann die Konstruktion einer Traditionskette, die der neuen Künstlergeneration Anknüpfungspunkte und Leitbilder aus der Geschichte liefern soll. In diesem Maß wird die documenta I zum Instrument mit manipulierender Funktion, das autoritäre Leitbilder setzt und sich nicht versteht als Forum für konträre Gegenüberstellungen verschiedenster Kunstanschauungen und deren kritische Hinterfragung.

Quelle: Monika Lahme; Die künstlerischen Programme der documenta-Ausstellungen. In: documenta. trendmaker im internationalen Kunstbetrieb, hrsg. von Volker Rattemeyer, Kassel o.J., S. 63.

Mit dieser Entscheidung hing innerlich der Entschluß zusammen, die Ausstellung allein auf das Werk der einzelnen Künstler zu stellen und auf jeden Gruppenausdruck zu verzichten. Wir verloren dabei die Möglichkeit, die innere Dialektik des Prozesses in der Nachkriegsentwicklung abspiegeln zu können, die durch und in den Künstlergruppen vorgetragen wurde... Wir gewannen dabei die Möglichkeit, auf die vom bloßen Argumentieren lebenden Künstler und auf die mitlaufenden und nur zeitweilig sichtbar werdenden Begabungen verzichten und alles auf die ausgeformte Leistung der Einzelnen stellen zu können, aus denen sich dann verpflichtendere und sichere Gemeinsamkeiten ergaben« (Haftmann im 1. documenta-Katalog, München, 1955).
Das vermeintlich Sichere war das Informell, zur Weltsprache in den begleitenden Kommentaren hochstilisiert. 1955 noch ausgeklammert, 1959 dann zum Schwerpunkt erklärt, führte zu einer erst posthum wahrgenommenen Verzerrung des Stellenwertes des Informell. Im Informell wurde die Kunst der Zukunft gesehen, doch 1959, schon einige Jahre nach den ersten Bilder der Pop art, konnte dies nur ein bilanzierender Rückblick sein. Hatte bei der ersten documenta Haftmann mit seiner Monographie über die Kunst des 20. Jahrhunderts eine konzeptionelle Vorlage geliefert, so konnte Eduard Trier diese das Risiko scheuende Methode bei der documenta II für die Plastik anwenden. Er stützte sich auf sein Buch »Moderne Plastik« aus dem Jahr 1955 und präsentierte, auf Brancusi, Laurens und Gonzales historisch verweisend, die aktuelle, vom Gegenstand weitgehend abstrahierende Plastik. Alexander Calder und Henry Moore mögen als Beispiele für Raum- und Volumenplastik stehen.

Die dritte documenta 1964 wurde ein letztes Mal von Werner Haftmann mitbestimmt. Als Weltsprache dominierte für ihn ausschließlich die abstrakte Kunst, wenngleich auf der documenta wieder mehr an zumeist verfremdeter Gegenständlichkeit zu beobachten war. Die Pop art wurde vom Ausstellungssekretariat den »pseudomodernen Erscheinungen des Kunstbetriebs« zugeordnet und damit verurteilt. Die konservativen Stimmen deuteten sie als Nachläufer des Dada, der kulturpolitische Kontext für eine Erneuerung des künstlerischen Protestes wurde jedoch bestritten. Immerhin blieb Platz für Robert Rauschenberg, der mit ersten Schritten der Annäherung zwischen Kunst und alltäglichem Leben sich gegenständlich-realistischer Kunst zuwandte. Die ähnlich intendierten Arbeiten des französischen Realismus wie die gerade aktuellen Erscheinungen des Fluxus wurden nur peripher vorgestellt. Einzig Arnold Bode installierte im Dachgeschoß des Fridericianum im Alleingang einen Kinetikraum.
Erstmals war Joseph Beuys mit Wachsobjekten vertreten; mit seiner Plastik verwies er auf den dialektisch verknüpften Antagonismus zwischen dem Wärme- und Kälteprinzip.
Herausragend in der gelungenen Zusammenschau war eine von Haftmann strukturierte Sammlung an Handzeichnungen. Der »Strich als Ausdrucksmittel« wurde in einer Revue vorgeführt, der für die Zeichnung das nachholte, was bei der ersten documenta für die Malerei versagt blieb: eine Entwicklungslinie der Moderne zu knüpfen, die am Ende des 19. Jahrhunderts ansetzt und auch die Klassiker wie Cézanne oder van Gogh einbindet.

Kunstfeldwebel weggetreten!

Die documenta II, wohl der entbehrlichste Gewaltakt im abstrakten Zirkus, hat ihre Wellen gehabt. Nicht alle sind dabei über den Köpfen ihrer Manager zusammengeschlagen einfach deshalb, weil unsere Kunstkritiker vielfach Angst haben, nicht »modern« zu sein, wenn sie vor Leinwänden, die mit einer einzigen Farbe vollgetüncht sind, vor alten Säcken, Hemden, Blechdosen, Stroh, Sand, Steinen, etc. nicht ergriffen in die Knie gehen. Nur so konnte es auch geschehen, daß eine Handvoll ungeduldsamer Herren einen Kurs bestimmt, der den informellen Nullpunkt aufs Banner geschrieben hat. Es ist zu wenig, wenn so mancher Kritiker manches in der documenta als »befremdlich« oder »bestürzend« bezeichnet. Es ist vielmehr an der Zeit, die Unverfrorenheit dieses Clans mit derselben Entschiedenheit abzulehnen, mit der sie auftritt. In diese documenta wurde obendrein ein unheimliches Geld hineingebuttert, das mit den Katalogpreisen von 34,– DM niemals zu decken ist. Die Zeitschrift »Das Schönste« (September 1959), die unmißverständlich von einer »Diktatur der Abstrakten« spricht und den Herren bescheinigt, daß sie gründlich danebengegriffen haben, spricht von einer dreiviertel Million. Die Stadtväter Kassels trugen ihr Scherflein dazu bei, aber sicher hätte es auch bei ihnen notwendigere Dinge zu finanzieren gegeben.
Im übrigen wäre es interessant zu wissen, woher die übrigen Gelder flossen. Alle, die diese documenta II mitfinanzieren halfen, müssen sich jedenfalls darüber im klaren sein, daß sie hohler Mache aufgesessen sind. Selbstverständlich bleibt es jedem Zeitgenossen unbenommen, Produkte jeder Art herzustellen und einer bestimmten Clique anzuliefern. Mit einer documenta II aber vorschreiben zu wollen, wie »gemalt« werden soll und was »Kunst« ist, bleibt dreiste Anmaßung.
In der Tat sind Diktatoren am Werk, die ähnliche Bemühungen

unseligen Angedenkens übertreffen. Man ist nur ins andere Extrem gefallen – denn anders tun wir's ja nicht. Die Witzlosigkeit gibt sich wieder einmal ein Stelldichein auf dem Parnaß. Es ist ein Klüngel, der sich im Leeren abstrampelt, und so werden auch die Mäzene aus der deutschen Industrie, die reihenweise eingenebelt informelle Produkte zu hohen Preisen angekauft haben, eines Tages Fehlinvestitionen feststellen müssen. (...)

Auszug aus »Graphik«, Oktober-Heft 1959

Die künstlerische Persönlichkeit

Haftmanns stetige Vorliebe für die inzwischen schon ›klassische‹ Moderne, sein autonomes Kunstverständnis, sein Geniebegriff vom unabhängigen, im gesellschaftlichen Freiraum wirkenden Künstler lassen den Aussagen von 1959 kaum etwas hinzufügen. In seinen theoretischen Erläuterungen zur documenta 3 verlagert Haftmann den Schwerpunkt auf die »Kunst und deren Verursacher – die künstlerische Persönlichkeit« und legt ihr den Leitsatz zugrunde »Kunst ist das, was bedeutende Künstler machen«. Wer bedeutend ist, das bestimmt die documenta. (...)
Neben Haftmanns statischem, konservativem Kunstbegriff trägt die Arbeit Bodes, der von documenta 1 bis 3 für die Ausstellungsarchitektur verantwortlich gewesen ist und auf diesem Gebiet neue, beispielgebende Akzente gesetzt hat, im wesentlichen zu dem Eindruck von Geschlossenheit und Kontinuität der ersten drei Ausstellungen bei. In dieser Phase hat sich die documenta zu einer lebensfähigen Institution entwickelt, die ihren Schwerpunkt mehr und mehr auf die Präsentation aktueller Kunst verlagert. (...)

Quelle: Monika Lahme: Die künstlerischen Programme der documenta-Ausstellungen. In: documenta. trendmaker im internationalen Kunstbetrieb? hrsg. von Volker Rattemeyer, Kassel o.J., S. 66f.

Ein didaktisches Prinzip dieser documenta III blieb das Nachzeichnen von Trends im 20. Jahrhundert, die Frage nach den Ursprüngen und Impulsen für die Gegenwart. So war Kurt Schwitters vertreten, um seinen Einfluß auf die Montage nachzuweisen, oder Kirchner und Beckmann mit dem Figurativen als Impuls für jüngere Künstler. Die documenta III strebte nicht das große Fazit an, Haftmann gab die Maxime aus, daß Kunst sei, was große Künstler machten. Nicht die künftigen Trends wurden gepriesen, denn Haftmanns Votum für die Abstraktion wurde durch die Ausstellung und eindeutige Stellungnahmen von Mitstreitern aus dem Komitee und der Kunstkritik widerlegt, es blieb das sorgfältig präsentierte Kunstwerk für die kritische Wertung der inzwischen über 200000 Besucher, davon die knappe Hälfte Schüler und Studenten.

Eine documenta der Aktualität

Vier Jahre später, 1968, ist eine documenta zu sehen, deren Künstlerauswahl durch verschiedene Arbeitsausschüsse vorbereitet wurde, ein auf 23 Köpfe angewachsener documenta-Rat stimmte ab. Der Ruf nach Demokratisierung hatte auch die documenta erfaßt. Das Ergebnis, in der künstlerischen Aussstellungsleitung ein letztes Mal von Arnold Bode verantwortet, war eine Hinwendung zur aktuellen Kunst, den Blick einzig auf die vier Jahre seit 1964 gerichtet. Konsequenterweise war damit das Ende des Informell gekommen (und Werner Haftmann nicht mehr in der Leitung, für ihn nahm Jean Leering eine ähnlich dominierende Rolle ein). Der Schwerpunkt auf der vorwiegend amerikanischen Aktualität führte zu Protesten im documenta-Rat, Rücktritte sorgten mit für das Begleit-Spektakel. Farbfeldmalerei, Op art und Kinetik, Pop art und Minimal art bestimmten die Abteilung der Malerei, erste Environments füllten das Ressort der Plastik. Das Environment nahm Aufforderungscharakter gegenüber dem Betrachter an, daß dieser sich als Rezipient im Kunstwerk definiert.
Die documenta präsentierte ein Jahrzehnt Entwicklung in der Pop art. Warhol war mit seiner Marilyn-Serie vertreten, Rauschenberg mit Combine-Paintings, Segal stellte seine Gipsfiguren in karger Umgebung vor, Allan Jones führte seine Frauenakte vor. Die meiste Aufmerksamkeit erzielte Edward Kienholz mit seinen »Roxies«, einem verzerrenden, grotesken Abbildern der amerikanischen Gesellschaft. Was auch diese documenta aussparte, war die realistische, figurative Malerei. Die Berliner Realisten Grützke und Koeppel zeigten – dem französischen Vorbild der wegweisenden Außenseiter des 19. Jahrhunderts gleich – ihre Malerei in einer eigenen Ausstellung.
Trotz der gesellschaftlichen Umbruchstimmung, die sich auch mit Protest- und Klamauk-Aktionen zur Eröffnung der Ausstellung artikulierte, war die documenta nicht der Ort, an dem der Kunstbegriff mit Aktionskunst oder Happening hinterfragt wurde. Doch bot erstmals Bazon Brock dem Besucher mit seiner Besucher-Schule eine Kunst-Vermittlung an. Einige Plastiken dieser documenta konnten ohne Sockel auskommen, und mit dem pädagogischen Vermittlungsangebot von Brock stieg die documenta-Kunst zaghaft zu den 207000 Besuchern herab.

Der Sinnenreiz wurde steuerbar

(...) Optische und akustische Effekte sind ein besonderes Kennzeichen dieser 4. documenta. Neonröhren, Elektromotoren, Spiegel, Steuerapparaturen, Mikrophone und Lautsprecher spielen – beispielsweise in den Arbeiten von Demarco, Chryssa, Flavin und Uecker – eine Hauptrolle. Bezeichnend ist der weitgehende Verzicht auf individuellen Ausdruck, der Verzicht auf Exklusivität, der Verzicht auf Botschaft. Es gibt keine Andacht mehr vor dem Kunstwerk, sondern nur Konsum. Der Betrachter wird nicht gerührt, bewegt, erfüllt, sondern – je nach Bewußtseinslage – beunruhigt oder gelangweilt, schockiert oder erheitert. Es gibt keine allgemeinverbindlichen Normen mehr, keine Grenzen der Thematik oder des Materials. Alles ist im wahrsten Sinne des Wortes »machbar« geworden. Eine Wertung erübrigt sich, denn die alten ästhetischen Maßstäbe gelten nicht mehr. Im Zeitalter der gesteuerten Massen ist auch der Sinnenreiz, der durch Kunst vermittelt wird, steuerbar geworden. (...)

Quelle: Wolfgang Richter in »Wort und Werk«, zit. nach D. Westecker u.a. (Hrsg). documenta-Dokumente, Kassel 1972, S. 175

Ihr Kultur-Fatzken,

da kommt Ihr also wieder mal zusammen und schwätzt und lügt und redet Scheiße um Eurer Vorteile willen. Jeder hält sich und seinen Kram für bestechend ohne zu merken, wie bestochen er ist.
Begreift doch endlich, daß Ihr überflüssig seid! Genau so überflüssig wie die Kunst, die Ihr macht: verkauft, konsumiert, kritisiert – kurzum: Eure ganze Apparatur der Auf- und Abwertung von eingebildeten und eingebleuten Werten, an die zu glauben Ihr vorgebt. Künstler – kleine Namen, große Namen – fummeln da vor sich hin

und merken nicht, daß die Wirklichkeit sie nicht nur ästhetisch längst überholt hat. Sie rotieren das »Kunstproblem«, bilden sich was ein auf ihre formalen »Revolutionen«. Sie sind geil darauf, daß irgendein Kapitalist was springen läßt. »Tagsüber immer feste drauf, so ist nun mal das Leben«, und abends zeigt man sich und anderen, daß man ja gar nicht so ist, sondern Kultur hat. Daß man sich leisten kann, die vier Castellis tanzen zu lassen und von Christo ein gut verpacktes Paradies.
Es ist lächerlich, wenn sich die amerikanischen Künstler vom Vietnamkrieg distanzieren, damit in Kassel nicht gegen sie demonstriert wird. Man kann nicht den kapitalistischen Krieg in Vietnam verurteilen und sich vom selben Gesellschaftssystem als kulturelles Alibi aufbauen lassen. Und die ach so Engagierten, die sich die Wirklichkeit vornehmen, verbraten sie zu bequemer Ästhetik.
Die Arschlöcher, die beschimpften, sitzen im Parkett und klatschen Beifall.
Es gibt keinen Grund mehr, Kunst zu machen.
Es gibt keinen Grund für die Documenta.
Sie ist ein Instrument. Sie steht einem System zur Verfügung, das sich ihrer bedient. Die Documenta vertritt alles das, was vom System gebraucht wird, um Progressivität vorzutäuschen.
Begreift endlich: Ein Kubus ist ein Kubus. Wer ihn zum Kunstkubus erklärt, macht sich verdächtig.

Quelle: Anonymes Flugblatt, verteilt während der d4.

Großer Mangel an Blitzen

(...) Kritik ist aufgekommen an der Ausstellung bzw. Betonung von Richtungen, Künstlern und Werken, die in Kassel vertreten sind. Und spitze Bemerkungen endlich zielen auf den ganzen Riesenapparat von Kunstschaffen, Produktion, Propaganda, Ehrung, Marktlenkung, Preisbildung und Absatzverlangen, der das Verhältnis von Kunst und Gesellschaft in einem Maße kommerzialisiert hat, wie es vordem undenkbar gewesen wäre.
(...) An einer Documenta beteiligt gewesen zu sein, ist eine Art Freifahrschein zu Leuten mit Einfluß und Geld. Die deutschen Künstler haben allen Grund, am ärgerlichsten zu sein. Nur 19 von ihnen wurden für würdig befunden, in Kassel für ihre Zeit zu zeugen. Aus dem weiteren Rheinland merkwürdigerweise überhaupt nur Düsseldorfer: Joseph Beuys, Peter Brüning, Rupprecht Geiger, Gotthard Graubner, Erwin Heerich, Konrad Klapheck und Günther Uecker. Keiner ist von der Partie, der die wiedererstandene sozialkritische Richtung verträte, und nicht einer, der zum breiten Strom der neuen Phantasten gehört. Von den leisen Fabulierungen, an denen es gerade bei uns nicht mangelt, ganz zu schweigen.
(...) Erst wenn aus der dirigierten Spezialmesse für Op-, Pop-, Minimum-art und Kinetik wieder eine wirkliche Überschau geworden sein wird, darf man von Documenta sprechen. So lobt man sich vorerst seinen Kunstmarkt, weil er frischer ist, vielseitiger und erregender. Den hat Köln Kassel im Herbst voraus.

Quelle: Horst Richter im »Kölner Stadt-Anzeiger« vom 4. Juli 1968.

Konzept-documenta

Die stärkste Zäsur für die documenta brachten die vier Jahre zwischen 1968 und 1972. Schon das erste Arbeitspapier von Harald Szeemann, dem zum »Generalsekretär« berufenen freien Ausstellungsmacher, zeigte, daß eine andere Konzeption als bei früheren documenten geplant war. 1970 stehen in seinem ersten Konzept u.a. folgende Überlegungen: »Angestrebt wird eine documenta als Ort programmierter Ereignisse, als Interaktionsraum, als begehbare Ereignisstruktur mit sich verschiebenden Aktionszentren.(...) Der Slogan der letzten beiden documenten lautete: Museum der 100 Tage. An dessen Stelle soll das 100-Tage-Ereignis treten. Mit den Begriffen Museum und Kunstausstellung verbindet sich die Vorstellung von Objektsichtung, von materiellem Besitz, von Besitztransport, Besitzbestätigung, Versicherung von Besitz. Für documenta 5 ist dagegen zu erwarten, daß alle Ereignisse in Kassel vorbereitet und inszeniert werden und daß die Organisation sich konzentriert auf die Ereignisprogrammierung und nicht auf die Jurierung und den Transport von Objekten.« (Schneckenburger a.a.O., S. 113). Die Absichten von Szeemann folgen dem frischen Geist, der Anfang der 70er Jahre den Kunstbetrieb an einigen Stellen beflügelte. Kunst und ihre Ausstellung mußte sich im gesellschaftlichen Umfeld behaupten, ihre »Relevanz« nachweisen. Das Konzept von Szeemann schreckte auf: den Kunsthandel, der die Nobilitierungsweihe der Kunst durch eine inzwischen anerkannte Institution fürchtete, und die Verwalter des Geldes. Die hochgerechneten Kosten der documenta bescherten enorme Zahlen. So korrigierten der Rotstift und das fachöffentliche Lamento den Plan. »Was blieb, war eine bedeutende, in die Gegenwart katapultierte Kunstausstellung, um die sich einige der vorgesehenen »parallelen Bildwelten« gruppierten. Eine Ausstellung, deren schöpferische Anarchie und hoher systematischer Anspruch einen faszinierenden, nicht ganz auflösbaren Eindruck hinterließen zwischen dem Ereignis Kunstausstellung und der Sehschule mit ihrer Frage nach der Dialektik von Bild und Realität.« (Schneckenburger a.a.O., S. 112)
Wie ein roter Faden durchzog die Frage nach der Beziehung zwischen der Realität und ihrem Abbild die Ausstellung. Der Begriff von musealer Kunst wurde radikal ausgeweitet, hinein in die Massenmedien, in das Triviale. Eine kritische, d.h. politische Ausstellung, wollte Szeemann trotzdem – zur Überraschung vieler – nicht.
In der Malerei war ein Schwerpunkt bei den amerikanischen Fotorealisten zu vermerken, die zwar in der Kunstszene nicht neu waren, aber in den 60er Jahren – und damit bei der documenta 4 – von der Pop art überlagert wurden. Den Realisten war bei aller Differenz im naturalistischen Stil ein Mehr als die bloße Abbilderung gemeinsam. Der gewählte Ausschnitt von Wirklichkeit, das Moment des formalen Abweichens bis hin zur Idealisierung, verwies auf Inhalt – mehr aber auch nicht. Richard Estes, Claudio Bravo, Franz Gertsch, Ralph Goings markierten einige Positionen der vertretenen realistischen Malerei; Duane Hanson zeigte in der Plastik das banale Elend des amerikanischen Alltags. Das Environment von Kienholz – es führte als stärkste Provokation der documenta eine Kastrationsszene vor – lieferte eine metaphorische Verfremdung des amerikanischen Sozialcharakters.
Joseph Beuys entfaltete seinen Kunstbegriff und war konsequenterweise ohne ein Ausstellungsobjekt vertreten; er kündete in einer 100tägigen Dauerpräsenz von politischer Aufklärung und Basisdemokratie.
Der zweite Schwerpunkt dieser documenta, und hier bündelte sie Künstler zu einem Trend, lag in den

»Individuellen Mythologien«. Nachdem Szeemann sein erstes Konzept – welchen Einsichten auch immer folgend – weitgehend aufgegeben hatte, verfolgte er im documenta-Rat nachdrücklich die Placierung der Künstler der »Individuellen Mythologien«. Hier setzte der Generalsekretär der d5 seinen Akzent, politikfrei. Wie ein gewolltes Kontrastprogramm zum Realismus im eigenen Hause wurden hier in Präsentation einer Naturmystik Emotionen und Sinnlichkeit evoziert. Die Mythologien sind sehr individuell, sehr verschieden. Während Mario Merz mit Mitteln der Arte povera und unter Bezug auf den mittelalterlichen Zahlen-Philosophen Fibonacci ein Iglu-Objekt aufbaute, forderte Bruce Nauman den Besucher auf, sich eine Stunde in einen abgeschlossenen Raum einschließen zu lassen. Ein »Zu-sich-selbst-Kommen«, während Michael Buthe eine Hommage an die Sonne feierte und damit wieder der Realität entrückte.

Die neue Kunst irritierte die Kritik, in Kassel wähnte man vornehmlich ein Spektakel. Erst in der Distanz wurde der Beitrag von Szeemann und der documenta 5 für die Künste gesehen. Zunächst blieb ein beachtliches Defizit, das für ein Politikum sorgte, als der »Generalsekretär« persönlich dafür haften sollte, mit 220 000 blieb die Besucherzahl fast konstant – und es blieb bei allen Turbulenzen, oder vielleicht wegen der Kraft zur Unruhe die Sicherheit einer weiteren documenta.

Harald Szeemann: Vorwort zum Katalog der documenta 5

(...) Der Beginn der Planung für d5 fiel in eine Zeit, in der der Kunstkontext äußerlich Triumphe feierte und vom Ranglistenfieber der Kompetition geschüttelt wurde, als aber auch die Zweifel am Kunstbetrieb immer größer wurden. Im Verlaufe der zwei Vorbereitungsjahre wurden zwei extreme Lösungen als Programmentwurf vorgeschlagen: die eine orientierte sich am Künstler, die andere am Ausstellungsbesucher. Beide waren in Reinform undurchführbar. Die Ereignis-documenta hätte die Auslieferung der Institution an die Willkür weniger, die Sehschule ein Seminar unter Verzicht auf die Ereignishaftigkeit der Originale bedeutet. Die documenta, wie sie sich nun anbietet, ist wie so oft der Mittelweg, bei deren Realisation, wie bei jeder Realisation einer Idee, es nicht ohne »Schmutzige Hände« (Sartre) abgeht: d5 hat den Ereignischarakter der Kunstausstellung und bietet zusätzlich Hinweise auf neue Möglichkeiten des Sehens in Form der im Konzept postulierten Befragung der Realität in Beispielen heutiger künstlerischer und nichtkünstlerischer Bilder. Die Kunstwerke werden in der ihnen angemessenen, vom Künstler bestimmten Form autonom präsentiert, die Unterscheidung der Realitätsebenen im Werk, die der Künstler bei der Arbeit nicht vornimmt, ist die Leistung des Betrachters. Sein Wissen um und seine Auseinandersetzung mit dem Werk können allein die bestimmbare Zusammensetzung der Realitäten, die Feststellung von verschiedenen Realitätsebenen im Werk bewirken und verändern. Die eigentlich angestrebte Integration von Ereignishaftigkeit und Interpretation kann nur der Betrachter vornehmen und nur wenn er d5 als Beispiel und die hier angebotenen Werke als stellvertretend für alle Bilder der Welt versteht. Das Mißverständnis, das Konzept stelle eine außerkünstlerische Methode des Wertens dar, sollte damit ausgeräumt sein. Das Konzept ist eine Methode differenzierten Sehens, die auf eine Auflösung des bloßen Ja-Nein-Urteils hinzielt.

Die vorgeschlagene Sehmethode steht auch nicht im luftleeren Raum, sondern ist von der heutigen Kunstproduktion angeregt. Ein Großteil heutiger künstlerischer Erscheinungsbilder ist gewollt nichtssagend und banal, als Abkürzung eines Vorganges präsentiert, als Denkanstoß, als erstes Glied in einer ikonologischen Kette. (...)

Quelle: Harald Szeemann: Vorwort zum Katalog der documenta 5. Kassel 1972.

Kasseler Dunst

Eberhard Fiebig kommentierte in der »FRANKFURTER RUNDSCHAU« vom 7. 4. 1972 ein Interview von Willi Bongard mit Harald Szeemann in der Zeitung »DIE WELT«.

(...) Auch in der Frage der Auswahlkriterien widerfährt uns Erleuchtung: ›Für mich ist es weitgehend eine spontane Entscheidung aufgrund der Intensität, die ich im Werk spüre, und die Begegnung mit dem Künstler ist meistens eine Bestätigung meines Empfindens. Ich finde, alle anderen Kriterien sind fragwürdig.‹

Mit diesen reaktionären Ausdünstungen trägt Szeemann das Inventar zusammen, das volkstümlich und eindrucksvoll die kulturellen Kräfte der Vergangenheit mobilisieren soll. In Form ewiger Wahrheiten werden die konventionellen Rezepte vom Getrenntsein geistiger und materieller Produktion, die kulinarische Theorie von der Immanenz der Kunst und die skrupellose Restauration des l'art pour l'art zur Suppe à la bourgeois aufgekocht.

Daß er die Argumente der vergangenen Diskussionen um die Beziehungen von Kunst und Gesellschaft flugs vergißt, gehört zur verfaulten Moral dieses jämmerlichen Theoretikers. Nachdem sich der Wunderglaube an die Revolutionierung der Kunst in Boudoirs verzehrt hat, taucht die apolitische Haltung als einzige Alternative wieder auf. Hokuspokus werden die »natürlichen Privilegien der Kunst« wieder installiert, mit deren Hilfe man die Dissoziation der Gesellschaft nachhaltig betreiben kann.

Im Dunkel solcher Phrasen gedeiht die Vorstellung von der Kunst als lukrativer Privatsache und platonischer Erbauung, verbunden mit dem bürgerlichen Glauben an den Künstler als Produzenten von Ideen. Aber der Künstler ist nicht von Interesse, weil er Ideen produziert, sondern weil er die Händler bereichert. Nach der Regel – erst Predigt, dann Klingelbeutel – verabschiedet sich Szeemann nicht ohne profitable Tips für Händler und Käufer nebst der Versicherung, daß die Konzeptkunst in die Herrlichkeit der bürgerlichen Kunstgeschichte eingeht. Kaum hat er die Künstler der »sündigen« Aufgabe, nämlich einer sozialen Gesellschaft zu dienen, entbunden, reklamiert Szeemann das eben erst von ihm entmumifizierte Recht für sich, um im Dickicht subjektiver Auswahlkriterien zu verschwinden. Sind erst einmal die objektiven historischen Rechte geleugnet, ist es leicht, sich von jeder Verantwortung für die Folgen eigenen Handelns zu dispensieren. Er tut's auch gleich. Nach mir die Sintflut: ›Mich reizt es, nicht zu wissen, was nach der documenta geschehen wird.‹ (...)

Quelle: Klaus Staeck (Hrsg.): Befragung der documenta oder die Kunst soll schön bleiben. Göttingen 1972, A 2.11

Widerspruch zwischen Katalog und Ausstellung

(...) In der Endphase der Vorbereitungen spaltet die Frage nach der politischen, gesellschaftlichen Funktion von Kunst das documenta-Team. Hans Heinz Holz, dem Szeemann die undankbare Aufgabe des theoretischen Katalogbeitrages überläßt, verfaßt diesen explizit unter den Voraussetzungen des ersten Konzeptentwurfs. Widersprüche zwischen Ausstellung und Katalog ergeben sich zwangsläufig. Karl Ruhrberg kommt zugespitzt zu dem Ergebnis, daß der Einleitungsaufsatz von Holz »ziemlich genau das Gegenteil dessen zu beweisen sucht, was Szeemanns Ausstellung zeigt.«

Im Rückblick bleibt die documenta 5 trotz dieser Abstriche eine wichtige, maßstabsetzende Ausstellung – nicht nur innerhalb der Reihe der documenta-Ausstellungen. Ihre Leistung liegt in der Konstitution der ›Konzept-Ausstellung‹. Ihre Bedeutung liegt – wenn sie auch ihre ursprünglichen Ziele nicht erreicht und den direkten politischen Standort wieder aufgibt – vor allem in ihrer Wirkung, in der nachhaltigen Diskussion, die sie in bezug auf Ausstellungskonzeption und Theoriebildung ausgelöst hat. (...)

Quelle: Monika Lahme: Die künstlerischen Programme der documenta-Ausstellungen. In: documenta. trendmaker im internationalen Kunstbetrieb, hrsg. von Volker Rattemeyer, Kassel o.J., S. 70

Unheilvolle Verquickung

(...) Diese unheilvolle Verquickung von staatlicher Subventionierung und Kommerz würde, fände sie beispielsweise auf dem Bausektor statt, in den dafür zuständigen demokratischen Gremien der

Öffentlichkeit mit Sicherheit ein Nachspiel haben. Daher interessiert mich weniger, daß nun fast die gesamten Programme der Galerie Konrad Fischer und der mit Fischer eng verbundenen Turiner Galerie Sperone auf der d5 zu sehen sein werden. Ich empfehle hier den Vergleich der im Katalog des Kölner Kunstmarktes 1971 abgedruckten Künstlerlisten beider Galerien mit der documenta-Liste. Es geht hier – wohl gemerkt – nicht um die Qualität dieser Programme, sondern um die Fragwürdigkeit des Systems. Das gleiche gilt für die noch in letzter Minute erfolgte Beauftragung eines Editeurs, nun doch noch eine Grafik-Abteilung zusammenzustellen. Wen wundert es da noch, daß diese Grafik-Abteilung hauptsächlich aus selbst verlegten Blättern der von ihm vertretenen Künstler bestehen soll. Das geht sogar so weit, daß von einem Künstler acht Offsetdrucke – die nach meiner Kenntnis einzigen Grafiken, die er überhaupt gemacht hat – mit gezeigt werden sollen. Man wird es den nun wieder beteiligten Händlern schwerlich vorwerfen können, daß sie ihren Auftrag so verstanden haben – dafür sind sie einmal Händler. Unerfindlich bleibt eben nur, weshalb Harald Szeemann ausgerechnet einen Händler mit der Zusammenstellung auch dieser Grafikschau beauftragen mußte. Anzumerken bleibt in diesem Zusammenhang noch die Feststellung, daß bisher fast alle Exponate nach den jeweils 100 Tagen verkauft worden waren. Die documenta ist also auch eine Verkaufsausstellung.

Quelle: Klaus Staeck (Hrsg): Befragung der Realität oder die Kunst soll schön bleiben. Göttingen 1972, S. 3

Das große und Grusel- und Absurditäten-Kabinett

(...) Die documenta V bildet den großzügigen Rahmen für Selbstdarsteller, Narren, freigesetzte Irre, Künstler und Spaßmacher aller Art. In der Alten Galerie wird sogar Kunst ausgestellt. Die Kategorien der »individuellen Mythologien«, des fotografischen Realismus, der Bildnerei der Geisteskranken, der Werbung, der politischen Propaganda, der religiösen Volkskunst und der Pornographie vermischen sich auf eine Weise, die jeden ratlos macht und schließlich nur dazu führt, daß die Vermutung, hier seien alle nicht mehr ganz richtig im Oberstübchen, zur Gewißheit wird.
(...) Die documenta 6 sollte nicht stattfinden, denn die documenta 5 ist ein Ende. Die Gebäude sollten endlich auf andere Weise genutzt werden. Hier sind Leute des internationalen Manager-Ringvereins am Werk, die aus unserer Kultur einen Scheiterhaufen machen wollen.

Quelle: Reinhard Müller-Mehlis in »Oberbayerisches Volksblatt Rosenheim« vom 1. Juli 1972.

Die documenta VI von 1977 mußte erst einen Wechsel in der künstlerischen Leitung verkraften. Karl Ruhrberg trat unter Protest in der Planungsphase zurück, da er die Mitarbeit des Galeristen Stünke – er war seit der documenta II dabei – im Komitee nicht mitverantworten wollte. Aus Köln wurde der Kunsthallenleiter Manfred Schneckenburger berufen. Seine Planung wurde unter dem Begriff des »Medienkonzepts« zusammengefaßt – und während der Ausstellung auch heftig kritisiert. Die vielen Sparten der Kunst und Alltagsästhetik, die die documenta 5 vorgestellt hatte, sollten zurückgeführt werden auf ein abgestecktes Feld der Kunst. Dabei nahmen die Medien Fotografie (eine ganze Abteilung) und Video eine herausragende Position ein. Lothar Romain prägte das Konzept entscheidend mit. In seiner documenta-Revue beschreibt Schneckenburger seine, die 6. documenta, so: »Die Ausstellung setzte, teils in lockerem Kontakt mit dem Konzept, ihre eigenen Akzente. Sie war die expansivste documenta, die es je gegeben hatte: mit Vorstößen in die öffentlich-rechtlichen Kanäle des Fernsehens, das allwöchentlich Bänder aus der Videothek der documenta zeigte, und Vorstößen in den öffentlichen Raum des Aueparks, der durch »horizontale Skulpturen« erstmals nicht nur besetzt, sondern erschlossen wurde. Andere Schwerpunkte: die Künstlerräume (Environments), die umfangreiche Retrospektive der Fotografie, der suggestiv inszenierte Videobereich im Museum Fridericianum, die reiche Abteilung der Handzeichnungen in der Orangerie, die Künstlerbücher in der Neuen Galerie. Drei Generationen technischer Bildmedien – Fotografie, Film, Video – waren erstmals in eigenen Abteilungen präsent. Der Gesamteindruck blieb, trotz wichtiger Neuerungen und spektakulärer Projekte, heterogen.« (Schneckenburger a.a.O., S. 141)
Während die Fachwelt das Medienkonzept diskutierte und der Beitrag von Video, hier an erster Stelle von Paik repräsentiert, ausgelotet wurde, erregte sich die gesunde Volksmeinung am ›Vertikalen Erdkilometer‹ von Walter de Maria, niedergebracht in die Erde »unseres schönsten Platzes in Kassel« direkt vor dem Fridericianum. Während der Steuerzahler (zu Unrecht) fürchtete, hier werde seine Abgabe vergraben, kam die Kunstkritik zu einem differenzierteren Urteil. Die Zustimmung zur Plastik, vor allem im Außenbereich, war groß, die sehr heterogene, mit weniger Gewicht versehene Abteilung der Malerei – hier waren erstmals auch die Renommierten der DDR in Konfrontation mit amerikanischen Hyperrealisten – wurde wenig gelobt. Die Zuschauer kamen trotzdem, beachtlich steigerte sich die Zahl der Besucher auf 355 000.

Joseph Beuys war diesmal mit seiner ›Honigpumpe am Arbeitsplatz‹ wieder mit einer Plastik vertreten und zugleich im Raum nebenan mit gesellschaftskritischer Aufklärung. Der Honig, Nährstoff für den geistigen Energieverbrauch, zirkulierte durch das Treppenhaus des Fridericianums und durch die ›Freie Hochschule für Kreativität und interdisziplinäre Forschung‹.

Wo Kunst-Didaktik zur Garnitur wird...

(...) Die rudimentär verwirklichte Video-Einführung von Bazon Brock, der als einer der wenigen freien Mitarbeiter bis zum Schluß durchgehalten hat, kann auch die didaktischen Mängel der d-5 nicht verschleiern. Sie wirkt bei aller Beredsamkeit wie das aufgepappte Apercu einer sich selbst feiernden Insider-Gilde. Kunstproduktion als gesellschaftliches Phänomen in den Blick zu nehmen, bleibt also immer noch ein Wunsch derer, die mit einer »Rückkehr der Kunst zu sich selbst« das unzeitgemäße Wiederaufleben des l'art pour l'art-Prinzips ablehnen. Kunst, die sich selbst zelebriert, wird in Kassel freilich extensiv präsentiert: in allen Schattierungen vom gigantischen Environment Paul Theks (das Robinson-Hüttenzauber kultisch wieder aufleben läßt) über die Blutmysterien eines Hermann Nitsch bis zu den puristischen Steinplatten-Spaltungen eines Ulrich Rückriem.
Deshalb stehen im Mittelpunkt der d 5 auch nicht etwa die »Suprerrealisten« aus den USA, sondern jene Abteilung, die weitgreifend unter dem Leitbegriff »individuelle Mythologien« zusammengefaßt wurde.
Nicht das fotografisch exakte Tafelbild, sondern die Selbstdarstellung in allen ihren modischen und widerborstigen Erscheinungen triumphiert auf dieser Vierjahresschau. Im Erdgeschoß des Frideri-

cianum hat Joseph Beuys sein »Büro für direkte Demokratie durch Volksabstimmung« eingerichtet. Im gleichen Bau residiert Ben Vautier, der auf einem Podest sitzend sich zur permanenten Diskussion stellt und auf Schrifttafeln verkündet, daß sich der Mensch erst verändern müsse, bevor die Kunst sich verändere. Vautier hat auch den Dachfiguren des Fridericianum ein weithin sichtbares Transparent angebunden, das den Konsumenten schon vor dem Eintritt in das Allerheiligste skeptisch umstimmen soll: »Kunst ist überflüssig.« Unterdessen führt HA Schult im Garten seine »Biokinetische Landschaft« vor: mit Konsummüll garnierte Felsbrocken, von denen ein Wachtposten der Unternehmer das Publikum mit Platzpatronen anschießt. (...)

Christian Herchenröder im »Handelsblatt« vom 30. 6. 1977

Pankraz und die Blinden auf der documenta

(...) Nicht mehr begreifbar, das heißt im Deutschen nicht nur, daß man nichts anfassen, sondern auch, daß man nichts verstehen kann. Genau das mag tatsächlich der Fall sein auf der documenta '77. Sie ist wohl nicht mehr verstehbar, ob man sie nun als Blinder oder als Sehender besucht. Sicherlich haben sich die einzelnen Künstler bei ihren Objekten irgendetwas gedacht, aber ihre Botschaft erreicht keinen Adressaten mehr, weder einen sehenden, noch einen begreifenden. Schutzlos sind Objekte und Publikum dem pseudomystischen Geschwätz der wenigen »Eingeweihten« ausgeliefert, den Gurus des modernen Kunstbetriebs, deren Suada allmählich zum Himmel stinkt. (...)

Quelle: Pankraz in »DIE WELT« vom 1. 8. 1977.

Zurück zur Kunst

Die nächste documenta 1982 markierte mehrere Zäsuren. 1977 war Arnold Bode gestorben. Damit spielten lokalpolitische Einflußfaktoren keine Rolle mehr. Das Verfahren zur Findung des künstlerischen Leiters wurde objektiviert – und bis heute wird es so auch beibehalten. Danach beruft der Vorsitzende des Aufsichtsrates eine Expertenkommission, die sowohl über mögliche Ausstellungskonzepte wie mit den verbundenen Namen des künftigen Leiters der documenta berät und dem Aufsichtsrat letztlich den künstlerischen Leiter vorschlägt. Für 1982 wurde der Holländer Rudi Fuchs auserwählt, Museumsleiter in Eindhoven. Er umgab sich mit einem internationalen Beraterteam. Manfred Schneckenburger, vor und nach Fuchs künstlerischer Leiter der documenta, attestiert der d 7 eine deutliche Abkehr von den Ansätzen voriger documenten, eine Hinwendung zur Kunst: »Konzepte und Konzeptänderungen bewegten die documenta 7 nicht. Sie war die theoriefernste documenta, die es jemals gab. Sie war aber auch eine Antwort auf zehn Jahre Ausstellungsgeschichte. Sie brachte die Abkehr von einer auf Kommentar, Didaktik, Öffentlichkeit, Medien gerichteten Kunstvermittlung. Sie wollte die Kunst von ihren soziologischen Unter- und ideologischen Überbauten befreien. Vokabeln wie Würde, Ruhe, Geheimnis, Devotion, Tempel – Fixbegriffe aus dem Wörterbuch einer konservativen Kulturkritik – tauchten plötzlich als Zentralbegriffe der documenta hervor. Frühere Lieblingskinder – Innovation, Kontext – gerieten ins Abseits.« (Schneckenburger a.a.O., S. 166). Für die gezeigte Kunst bedeutete dies eine Rückkehr zu den klassischen Bereichen, es dominierte die Malerei. Die documenta griff den Trend der Zeit auf. In aller Munde war das Schlagwort von den »Neuen Wilden«. Wolfgang Max Faust und Gerd de Vries legten im Sommer 1982 eine erste Zusammenfassung unter dem Titel ›Hunger nach Bildern‹ vor und stellten fest: »Denn darum scheint das gegenwärtige Interesse der Künstler an der Malerei zu kreisen: Wie verbindet sich das Ich des Künstlers mit dem Bild? Welche Bezüge, Spannungen, Selbstentdeckungen ermöglicht das Malen als ein weitgehend unmittelbarer und spontaner Prozeß der Bildfindung? (...) Die Bilder schlagen keine geschlossenen Antworten vor, sondern wollen provozierende Fragen sein, die sich auf unsere festgefahrenen Vorstellungen vom Individuum ebenso beziehen wie auf unsre Vor-Urteile darüber, was ein Bild zu zeigen hat« (Faust/de Vries, Hunger nach Bildern, Köln 1982, S.9). Die großen Formate der neo-expressiven, gestischen Malerei korrespondierten mit der erhabenen Feier des goldenen Glanzes. Schon das Eingangs-Foyer des Fridericianums blendete mit einer goldenen Säule von James Lee Byars, wenn der Besucherandrang nicht die Aura verdarb, und rechts daneben schloß ein Raum von Jannis Kounellis an, der sich durch eine mit Blattgold beschichtete Wand von den weißen Zellen anderer Künstler abhob. Dieses Konzept einer neuen Feierlichkeit ging einher mit einer Distanz gegenüber den Vermittlungsabsichten früherer documenten. Die Sehschule von Bazon Brock geriet zum klug und schnell geschriebenen Ausstellungsbegleitheft; der Besucher wurde dabei in die Nebenrolle gedrängt. In einem Vorabinterview mit der Pressestelle gab Rudi Fuchs auf die Fragen »Für wen machen Sie die Ausstellung? Wird sie nur Kennern verständlich oder gibt es Orientierungshilfen für interessierte Laien?« eine klare Antwort: »Als erstes macht man die Ausstellung. Ein solches Unternehmen hat seine eigenen Gesetze. Das heißt, sie soll zuerst im Interesse der Kunst und der Künstler liegen. (...)

Wenn aber die Ausstellung in ihrer ureigenen Gestalt da ist, kommt hoffentlich ein großes Publikum herein. Für dieses Publikum wird es außer einem ausführlichen und lehrreichen Katalog auch einen Ausstellungsführer geben, der von Bazon Brock verfaßt wird. (...) Die Ausstellung wird aber sicher nicht weniger kompliziert sein, als es die Kunst selbst ist. Das läßt sich nicht ändern.« (Veröffentlicht u.a.in W.Stehr/ J.Kirschenmann, Materialien zur documenta 7, Kassel 1982, S.22f.). So feierte sich die Kunst, vornehmlich die Malerei, und 380000 Besucher feierten mit. Die »Neuen Wilden« und ihre Vaterfiguren bestimmten die Malerei der documenta 7. Jörg Immendorff zeigte Arbeiten aus seinem Zyklus ›Café Deutschland‹, vor dem Eingang stand seine Plastik ›Brandenburger Tor‹ als eine dreidimensionale Verdichtung seiner eindeutigen Symbolsprache im Bildzyklus. Georg Baselitz blieb seinen *Kopfständen* treu –

Bazon Brock ist nicht der einzige, der dem nur noch geteilten Beifall zollte: »Langsam hat man den Eindruck, als habe sich für Baselitz der ursprüngliche Anlaß für die Umkehrung der Motive erschöpft. Malerei der starken Bilder ist inzwischen auch ohne Protest gegen modische Popallüren wieder möglich. Der herkuleische Gigantenpathos, mit dem sich Baselitz gegen unsere Sehkonventionen stemmt, bleibt beachtlich. Aber die Natur des Auges ist stärker.« (Bazon Brock, Besucherschule d7, Kassel 1982, S.59). Neben Lüpertz, Polke, Richter und Penck traten die Expressiven der jüngeren Generation aus Deutschland und Italien, Namen, die dem Kunstbetrieb oftmals nur erhalten blieben, wenn sich ein signifikanter Stil jenseits der farbschleudernden Pathosgeste herausbildete. Georg Jiri Dokoupil kann hier zum Beispiel genannt werden.

Das Tempelerlebnis vor dem Altar der hehren Künste raubte jeglicher provokanten Anspielung die Kraft; die einzig durch den Urinstrahl von Andy Warhol gefertigten Kupferoxydationen (›Oxydations‹) lockten allenfalls ein müdes Lächeln hervor. Der Meister durfte sein provokantes Spiel mit dem Kunstbegriff spielen.

Dem Rummelgeschrei des Expressiven standen stille Räume und konzeptionelle Arbeiten gegenüber. Carl Andre addierte 6 x 16 Zedernholzblöcke, doch wie abgestellt in der Ecke eines Hinterzimmers und in verlorener Konkurrenz zu einer Raumdecke, die mit Versorgungsrohren und Kabelsträngen den Blick auf sich zog, ist der assoziative Gedanken von Raum und Volumen verspielt. An anderem Ort stellt Robert Ryman erneut und konsequent mit seinen nur mit weißer Farbe gemalten bzw. gespachtelten Bildern in unterschiedlichen Rahmungen auf weißem Wandgrund die Frage nach Bild und Nicht-Bild. Viel eindringlicher: die weißen, übergroßen Tische von Reiner Ruthenbeck, von denen große, farbige Kugeln und Quader hängen, im Begriff, herunterzufallen. Spannungen, Balancen werden sichtbar.

Diskussions- und Zündstoff am Rande lieferte das Vorhaben von Joseph Beuys, der mit Beginn der documenta die ersten von 7000 Eichen in Kassel, ›Stadtverwaldung statt Stadtverwaltung‹, pflanzen und zugleich vor dem Fridericianum 7000 dazugehörende Basaltsteine abkippen ließ. Mit jeder Pflanzung verschwand ein Stein. Doch der Kasseler Bürger schalt diese »Verunzierung des schönen Friedrich-Platzes« heftig. Beuys schmolz den wertvollen Nachbau einer Zarenkrone zum Hasen um, um über das Symbol die Aktionskasse erfolgreich zu füllen. Das Geschäft mit der Publicity funktionierte. Joseph Beuys erlebte seine letzte documenta.

Erschreckend weltfremde documenta 7

Kunstausstellung in Kassel zeigt bis Ende September rund tausend Arbeiten

Auf dem Fries des Fridericianum in Kassel, wo soeben die »documenta 7« eröffnet wurde, prangt in riesigen Lettern der Spruch: »Viele farbige Dinge nebeneinander angeordnet, bilden eine Reihe vieler farbiger Dinge.« Das ist ebenso wahr wie unsinnig, ein »weißer Schimmel«. Symptom für den Zustand der modernen Kunst unserer Zeit? Oder eine Neuauflage des als überholt geltenden »l'art pour l'art«-Prinzips? Eine Kunst um der Kunst willen, die nichts mehr will und nur noch sich selbst meint?

Im Innern des Kasseler Museums, das nun zum siebten Male (bis zum 28. September, Katalog 2 Bd. 85 Mark) die »documenta« als ihren zentralen Ausstellungsort beherbergt, findet man dann unter den rund 1000 Arbeiten, die diese »documenta« vorstellt, eine Arbeit des amerikanischen Künstlers Richard Artschwager: ein wuchtiges Rednerpult, mitten im Raum stehend, mit einem großformatigen aufgeschlagenen Blatt – das leer ist. Wiederum ein Signal, ein Zeichen? Hat die zeitgenössische Kunst, die Kunst unserer Tage, die die »documenta« als größte internationale Präsentation jeweils repräsentativ vorstellt, nichts mehr zu sagen?

So befragt, nach ihrer Widerspiegelung unserer Welt und unserer Gesellschaft beurteilt, hat die moderne Kunst, wie sie sich in Kassel darbietet, tatsächlich nichts mehr zu sagen. Eine erschreckende Weltfremdheit und Realitätsferne zeichnet sie aus. Einzig Joseph Beuys, der inzwischen zu den ältesten Künstlern gehört, die auf der »documenta« vertreten sind, fasziniert durch eine letztlich sehr politische Arbeit und erweist sich damit zugleich doch als einer der jüngsten, vitalsten und lebendigsten Künstler heute: Wie eine steinerne Barriere sind auf dem Platz vor dem Fridericianum 7000 Basaltsäulen, jede etwa einen Meter lang, wild durcheinanderliegend aufgehäuft. Immer dann, wenn in nächster Zeit in Kassel eine Eiche gepflanzt wird, soll ein Basaltblock entfernt und neben dem Baum in die Erde versenkt werden, bis – sichtbares Zeichen dieser grünen »Stadtverwaltungs«-Aktion – alle Steine verschwunden und 7000 Eichen gepflanzt sind. Als über Nacht ein Teil der Steine just zur Eröffnung der »documenta« rosa besprüht wurde, erwies sich Beuys indes recht humorlos; die Steine wurden – was selbst wiederum einer künstlerischen Aktion gleichkam – mit heißem Wasserstrahl mühevoll entfärbt, was Hunderte von »documenta«-Besuchern amüsiert verfolgten. Durch die Stadt fuhren die jugendlichen Urheber der Sprühaktion und riefen von Autos herab: »Beuys soll Farbe bekennen.« Beuys' Kommentar: »Ich will Natur und nicht Kitsch.« Seinen Ruf als unorthodoxer Künstler und Happening-Original setzte Beuys jedoch damit aufs Spiel.

Malen ist große Mode geworden, wofür die unübersehbare Präsenz der sogenannten »neuen Wilden« den Beweis liefert. In riesigen Formaten tritt diese neue »Heftigkeit« eines malerischen Stils allenthalben entgegen, wobei die einzelnen Künstler mit ihren oft kollektiv entstehenden Werken nicht jeweils in einem Raum versammelt sind, sondern – so das in sich schlüssige Konzept des künstlerischen »documenta«-Leiters Rudi Ruchs – die einzelnen Arbeiten scheinbar verstreut, tatsächlich aber in sinnvollem Zusammenhang mit formal ähnlichen Arbeiten anderer Künstler gehängt sind. Da wird dann freilich auch deutlich, daß die »neuen Wilden so neu nicht sind, daß – von den Expressionisten und den »Fauves« in Paris einmal abgesehen – Künstler wie Baselitz oder Lüpertz (beide in Kassel vertreten) diesen malerischen Stil schon in den letzten Jahrzehnten kontinuierlich pflegten, also eigentlich als »Alt-Wilde« gelten müßten. Faszinierend an dieser neuen Heftigkeit – wofür Namen wie Immendorff, Salomé, Bach, Dahn, Dokoupil, Tannert, Hemert u.a. stehen mögen – ist denn auch nicht ein vielleicht sich abzeichnender neuer malerischer Stil, sondern vielmehr die expressive Geste, die sich als Absage an Stile, Richtungen, Schulen und Trends versteht und die künstlerisch nichts als sich selbst meint.

Nicht zuletzt aus finanziellen Gründen kommt auf dieser – quantitativ sowieso im Vergleich zu früher geschrumpften – »documenta« die skulpturelle Kunst sehr schlecht weg. Wo einst der herrlich gelegene Auepark an der Fulda von Plastiken strotzte, stößt man diesmal gerade noch auf Claes Oldenburgs unübersehbaren, an die zwölf Meter hohen Pickel aus Eisen, der – wie vom Herkules auf der Wilhelmshöhe geschleudert – im Ufersand der Fulda steckt. Jörg Immendorffs Bronze-Skulptur »Brandenburger Tor« sticht vor dem Fridericianum in ihrer poppigen Schwarz-Rot-Gold-Bemalung nicht minder drastisch ins Auge. Und fast vollständig zurückgedrängt sind in Kassel 1982 die privaten und individuellen Mythologien«, wenn man sie nicht in den Malereien und Wandbildern dieser neuen Malerei der Privatheit entdecken will. Auch Ambiente und Happening oder Action-Räume sind nur noch Randerscheinungen, vielleicht zu Recht, da die Umwelt- und Friedensbewegung, vor allem hierzulande, wohl mehr an sinnvollen Aktionen liefert, als diese verinnerlichte und allem Politisch-Gesellschaftlichen fernstehende Kunst, die in Kassel aufgeboten wird, je leisten könnte. F. J. Bröder

Quelle: »Donau Kurier« vom 22. 6. 1982

Die gesellschaftliche Dimension der Kunst

1987, zur documenta 8, gab der künstlerische Leiter – es war wiederum Manfred Schneckenburger, nachdem der zunächst berufene Eddy de Wilde das Handtuch geworfen hatte – vorab einen ungewöhnlichen Verzicht bekannt: »Wir haben darauf verzichtet, die Kunst in theoretische oder gar didaktische Konstruktionen einzubauen« (M.Schneckenburger in Band 1 des Kataloges, Kassel 1987, S. 15). Ganz so schlimm kam es dann doch nicht; ein Motto bildete sich mit dem Begriff von der »historischen und gesellschaftlichen Dimension der Kunst«. Präziser formulierte der Leiter im gleichen Vorwort: »Sie (die Fokussierung durch die Ausstellung, Anm. der Hrsg.) richtet sich auf eine Kunst, die umtreibt, was uns umtreibt. Eine Kunst, die auf verschiedenste Weise in den zeitkritischen Diskurs eingreift, Metaphern für soziale Systeme und Modelle für gesellschaftliches Handeln entwirft. Die mit bildnerischen Argumenten kommentiert, appelliert, interveniert. Die von der reinen Wahrnehmung oder Selbsterfahrung zu Erinnerung und Verantwortung kommt. Die ein subjektiver Brennspiegel von Geschichte und Gesellschaft ist« (Schneckenburger, a.a.O. S. 15). Dies bedeutete zunächst Abgrenzung gegenüber der schon im modischen Niedergang begriffenen gestischen Malerei der documenta 7 und rückte die soziale Dimension von Kunst wieder stärker in den Mittelpunkt. Mit zu diesem Konzept gehörte ein deutlicher Schwerpunkt in der Plastik, besonders auch der Außenplastik im Auepark. Das neomoderne Design erhielt in der Orangerie ein großes Segment, ebenso einige Architekten, die ihr *ideales Museum* vorstellen durften. Ein interdisziplinärer Kunstbegriff dominierte; die meisten Kritiker erblickten darin eher einen Schaden denn einen Nutzen, da die Slapsticks am Rande, besonders das Design, den Blick auf das Zentrum relativierten. Hier, im Zentrum, präsentierte neben anderen Anselm Kiefer seine bekannt großen Formate in einem axialen Gegenpart zu Gerhard Richter, der wie 1982 expressiv-abstrakt großflächig malte. Ungeachtet vehementer Kritik hielt Schneckenburger an Robert Morris fest, der in monumentalen Tafeln aus Wachs, Kunststoff und mit akzentuierender Farbgebung die Erinnerung an die Holocaustopfer beschwor. Viel subtiler, viel eindringlicher geriet daneben, in einem Seitenraum des Treppenhauses, der Raum von Christian Boltanski, der mit schwarzen Lampen und schwachem Licht anonyme Portraits Verstorbener anleuchtete. Dicht lagen Spektakel und Innerlichkeit auf dieser documenta nebeneinander, nicht selten streitend in einem Werk. So faszinierte die Videoskulptur von Marie-Jo Lafontaine mit ihren 27 zum Altarmonument aufgeschichteten Monitoren, die die vom Narzißmus getriebene Selbstzerstörung im Sinnbild des selbstquälerischen Bodybilders leicht zeitversetzt abspulten. Die Faszination aus »Vergnügen und Leiden, Sinnlichkeit und Tod« (Lafontaine) führt zurück zur Frage nach der ästhetischen Inszenierung der Gewalt. Eine ähnliche Fragestellung formuliert Gerhard Merz mit seinem komplexen Bilderraum ›Sieg der Sonne‹, eine Anlehnung an die futuristische Oper ›Sieg über die Sonne‹. Klassizistische Formen werden bei ihm zur Bildersprache schlechthin, eine monovalente Semantik gibt es nicht, nur die Brechung des geschichtlichen Zitats und das Ziel einer idealen Ästhetik. Ian Hamilton Finlay gravierte auf die Messerblätter seiner vier hintereinander gestellten Guillotinen Zitate von Robespierre und anderen Revolutionshelden. »Terror ist die Frömmigkeit der Revolution« – und der Blick fällt durch die Guillotinen auf den Tempel im Hintergrund der Parklandschaft. Kunst, die auf ein zweihundertjähriges und ebenso aktuelles Dilemma verweist.

Joseph Beuys ist mit einer seiner letzten abgeschlossenen Arbeiten, dem »Blitzschlag mit Lichtschein auf Hirsch«, inzwischen im Museum für Moderne Kunst Frankfurt, vertreten. An zentraler Stelle, dem Mittelsaal im Fridericianum, verkündet es Endzeit. Relikte einer Hoffnungslosigkeit, 36 unförmige Urtiere, in Bronze gegossen, liegen am Boden. Der Blitzschlag bestimmt, sechs Meter hoch, auch in Bronze, den Raum. Das komplexe Werk verdichtet das künstlerische Gedankengut von Beuys und kommt am Ende doch nach den auf politische Aufklärung zielenden Aktionen und Skulpturen auf eine von Resignation gezeichnete Erstarrung zurück.

Zwischen Gottsuche und Tingeltangel

(...) Die Ergebnisse, wie allerdings nicht anders zu erwarten, sind zwiespältig. Oft hat die vorgefundene Umgebung sich durch die Werke der Künstler nur wenig beeindrucken lassen, in dem barokken Park vor der Orangerie scheinen die künstlerischen Setzungen durch die Landschaft als eher beiläufige neutralisiert zu werden. Solche Absorption widerfährt auch mancher kritischer Tendenz in den Werken dieser d8: Es ist auffallend, daß kritische Formulierungen häufig einen Zug ins Schicke haben, selber mit Reizen operieren (und ihnen verfallen), die sie an den angefochtenen Verhältnissen beobachten. Wir haben es da zu tun mit einem Phänomen dieser Jahre: Einspruch, Kritik, bedienen sich selber der Mittel des Kritisierens – und laufen mitunter Gefahr, zum flächigen Schaustück zu werden. Am Ende ist unsicher, ob Hans Haackes Arrangement zum Thema der Stützung reaktionärer Politik in Südafrika durch westdeutsche Großunternehmen nicht auch als eine raffinierte Werbenummer eben jener Firmen mißverstanden werden könnte.

Zum Schaustück, jedenfalls zur Szene, tendiert vieles auf dieser Ausstellung. Eine gewisse Theatralisierung der bildenden Kunst ist unübersehbar; für das Publikum steigert dieses szenische Element den Erlebnis- und Unterhaltungswert. (...)

Quelle: Peter Iden in »FRANKFURTER RUNDSCHAU« vom 20. 7. 1987.

Der Geist ist Schnickschnack

(...) Manfred Schneckenburger, nach der 6. documenta jetzt wieder Ausrichter und Leiter der 8., hatte sich gut getarnt. Keck ließ er zuvor verlauten, dieses Mal gehe es um »Kunst und Gesellschaft«, um Schönheit und Diskurs, um das Projekt der Moderne auch im Artifiziellen. Damit war ein kritischer und grundsätzlicher Anspruch erhoben, der etwas überkandidelt wirkte, aber im Rahmen der seit längerem betriebenen Verdünnung der Kunst in Konzepten und Entwürfen, Modellen und Kombinationen zu bleiben schien.
Man rechnete mit einer documenta der Vielfalt, einer letztlich verlegenen Anhäufung der tausend Tendenzen und Trends, da sich ja derzeit – wie noch 1982 bei der documenta 7 die Heftige Malerei – keine Stil-Neuerung durchgesetzt hat. Allenthalben herrschte Skepsis vor, man traute Manfred Schneckenburger in dieser verworrenen Lage der Kunst keine einschneidende Standortwahl zu. Darin hat man sich gründlich getäuscht. Der gemütlich auftretende, fast biedermännisch wirkende Schwabe wurde grob unterschätzt. Schneckenburger hat den Sprung in eine ästhetische Mode gewagt, die seit Jahren, von der Architektur ausgeklinkt und von französischen Salon-Philosophen in verquasten Traktaten gefeiert, sich als Erlösung vom Fluch technokratischer Rationalität anpreist. Die documenta 1987 hat sich der »Postmoderne« verschrieben. (...)

Ulrich Wanner in »Nürnberger Zeitung« Nr. 135/1987

Rückschau

Die ersten vier Ausstellungen der documenta bis 1968 konzentrierten einen jeweils strukturierenden Rückblick. Dabei diktierte die Kunstsicht der Verantwortlichen und ihrer Einseitigkeiten die Auswahl. Lange Zeit mußte das Informell als die Kunstsprache schlechthin gelten. Neben einer verdichteten Qualität müssen beachtliche Lücken notiert werden. Nicht jener Qualität allein, sondern verschiedenen Faktoren hat die documenta ihre Legende zu verdanken – und ihr legendärer Ruf schien in der Vergangenheit jeder aktuellen Kritik zu widerstehen. Die fünfte documenta versuchte, von einem differenzierten Kunstbegriff ausgehend, eine Öffnung des Konzeptes; diese – vor allem mediale – Breite wurde von der documenta 6 aufgegriffen. Beiden Ausstellungen begegnete die Kritik reserviert. So strebte Rudi Fuchs mit der documenta 7 ohne deutliche Kontur zurück zur weihevollen Präsentation der Kunst, eine Haltung, die Jan Hoet mit der documenta 9 ebenso einnimmt. Manfred Schneckenburger suchte 1987 – dem Zeitgeist fast konträr – nach einer historischen und gesellschaftlichen Dimension der Kunst als Klammer eines Konzeptes.

LITERATUR

Neben den jeweiligen documenta-Katalogen liegen einige Monographien vor; wir verweisen exemplarisch auf wenige:

Dieter Westecker u.a.: *documenta-Dokumente 1955–1968, Vier internationale Ausstellungen moderner Kunst,* Kassel 1972

Kunst und Medien. Materialien zur d 6, hrsg. von Horst Wackerbarth u.a., Kassel 1977

Kunstforum international. Band 21, Sonderband zur d6, Mainz 1977

Kunstforum international. Band 49, Sonderband zur d7, Köln 1982

Kunstforum international, Band 90, Sonderband zur d8, Köln 1987

Manfred Schneckenburger: *documenta. Idee und Institution.* München 1983

Volker Rattemeyer (Hrsg.): *documenta. trendmaker im internationalen Kunstbetrieb?* Kassel o.J.

DIE ZWEIFELHAFTE AUTORITÄT: Feststellungen zum »Mythos documenta«

Harald Kimpel

Die documenta – diese »große Zugnummer für alle die Leute, die sich für Kunst der Gegenwart mit einiger Leidenschaft interessieren« (Laszlo Glozer) – ist, folgt man einer Analyse, die eine kritische Kunstwissenschaft anläßlich der d6 angestellt hat, das Resultat der »ihr zugrundeliegenden strukturellen Zusammenhänge des heutigen Kunstbetriebs.«[1] Allerdings täuscht die Konsensfähigkeit dieser Überlegung darüber hinweg, daß damit nur die halbe Wahrheit im Verhältnis zwischen Institution und von ihr kommentiertem Kunstbetrieb erfaßt wird – besitzt diese Beurteilung doch in einem komplexeren Sinne Gültigkeit, als es ihre vermeintliche Evidenz zunächst anzudeuten vermag. Denn nicht nur wird jede der Großveranstaltungen von den »wichtigsten Mächten des Kunstbetriebs« (Jürgen Weber) hervorgebracht – also von Künstlern und ihren Produkten getragen, von Museumsleuten und Ausstellungsmachern realisiert, vom Kunstmarkt gestützt, von den Massenmedien durch Kritik oder Zustimmung popularisiert –: mit ihrer sporadischen Existenz trägt sie zugleich zum Weiterfunktionieren eben dieser Faktoren und Mechanismen bei; ihre regelmäßige Präsenz garantiert das Fortleben gerade jenes Betriebs, den zu kommentieren sie immer wieder antritt. Erzeugt von einem spezifischen Zustand der Kunstszene, ist sie nicht nur dessen Produkt und Bestandteil, sondern auch dessen Voraussetzung: sie ist Ursache und Wirkung zugleich.

Aus solcher Funktion heraus ist es dem Unternehmen in seiner nunmehr fast vierzigjährigen Karriere gelungen, den bereits mit seinem erstem Auftreten 1955 verknüpften Sonderstatus unter den Großausstellungen zeitgenössischer Kunst zu etablieren und aufrechtzuerhalten. Noch immer ist die documenta eine Klasse für sich, einziges Exemplar ihrer Gattung: *INSTITUTION.*

Allerdings existiert eine Phase in der Geschichte dieses Kunstvermittlungsbetriebes, in der jeder, der das Unternehmen öffentlich als Institution zu titulieren wagt, gefahrläuft, von den Gründungsvätern der Ignoranz, wenn nicht gar der Verleumdung bezichtigt zu werden. Keine Benennung, mit der etikettiert zu werden sich die Ausstellungsfolge im Zuge ihres Erfolgskurses gefallen lassen muß, wirkt auf die Väter der Erfindung provokanter als der auf ihre Sache angewandte Institutionsbegriff. Der nämlich birgt in den 50er und frühen 60er Jahren für Arnold Bode und seinen Freundeskreis all das Übel, zu dessen Bekämpfung die documenta ins Leben gerufen worden ist. Wie kein anderer repräsentiert der Begriff des »Institutionellen« das Feindbild der in Kassel versammelten kulturellen Wiederaufbauer nach den geistigen Kahlschlägen der nationalsozialistischen Kunstpolitik. Erstarrung im Bewährten, Gleichförmigkeit der Idee, Mechanisierung des Ablaufs, Verkrustung der Strukturen, Anonymität des Apparats etc. sind die Vorwürfe, die man aus den durchaus wohlmeinenden Bemühungen von Kunstkritik und Politik, der documenta unter Attestierung eines Institutionschrakters Regelmäßigkeit und Zukunft zu eröffnen,[2] heraushören zu müssen glaubt. Vehement dagegengesetzt wird stattdessen das Bekenntnis zur »Prozeßhaftigkeit« und zum »Progreß« als den zeitgemäßen Sprachformen des Dynamischen. Nichts nützt da einigen über die Heftigkeit der Gegenreaktionen erschrockenen Formulierungshelfern der Rückzug auf das Argument, der Institutionsbegriff sei doch lediglich auf die Art des Zustandekommens einer documenta bezogen: gerade nämlich die individuelle Genese einer jeden Ausstellung weist den Zyklus nach Meinung seiner Veranstalter als »Anti-Institution« und zum »Anti-Establishment« (Arnold Bode) gehörig aus.

Und der Schrecken vor jeglicher Identifikation mit Konnotationen des Statischen im weitesten Sinne schlägt sich schließlich auch in den Sprachregelungen der offiziellen Rechtfertigungsrhetorik in Hinblick auf die Entstehungsmodalitäten der frühen Ausstellungen nieder. Eine documenta wird danach nicht etwa »veranstaltet«, »organisiert« oder gar »gemanagt«, sie wird auch nicht inhaltlich »erarbeitet« oder »konzipiert«, sondern sie »ereignet sich« bzw. »wird Ereignis«: »Alle vier Jahre tritt sie auf den Plan, ist sie da!«[3] Im Eifer ihres Abwehrgefechts gegen den Institutionsverdacht entwerfen die Gesellschafter den Mechanismus eines gleichsam naturhaften Zustandekommens jeder Veranstaltung: unhinterfragbar, voraussetzungslos als creatio ex nihilo, Resultat des Wirkens von Urkräften, hervorgebracht von einer inneren Notwendigkeit, verwurzelt nur in der jeweils zeitbedingten Bedürfnisstruktur der sie tragenden Gesellschaft und allein aus dieser stets von neuem ihr Exstenzrecht ableitend.

Seine öffentlichste Austragung erfährt der Streit um den Institutionscharakter der documenta im Vorfeld und während der d3. Die Abwehranstrengungen des Kasseler Verantwortlichenrates gipfeln – wie immer, wenn geschliffene Rede und pathosgeladene Grundsatzäußerungen geboten scheinen – in der Autoritätsgeste des Diktums von Werner Haftmann. Seine bekenntnishafte Festansprache zur Eröffnung der d3 enthält als Kernstück die programmatische Definition des Kasseler Unternehmens als einen der letzten von den allgegenwärtigen Bürokratisierungstendenzen des Gesellschaftssystems verschonten Freiräume individueller Existenz. Heftig polemisiert Haftmann gegen die in all ihren Teilbereichen von formalisierten Entscheidungsabläufen abhängig machende »demokratische Massengesellschaft« und thematisiert »das Problem des Standes des freien Menschen in einer dem Institutionellen, der Verwaltung und Verwertung immer mehr anheimfallenden Welt.«[4] In diesem Attentat der verselbständigten Administrationsstrukturen auf die Freiheitsansprüche des Individuums erblickt der Festredner das Gefährdungspotential der Gegenwart: »Der geistige Aufbau unserer westlichen Welt ist gar nicht so sehr bedroht durch die sich offen bekämpfenden Weltbeglückungsdogmen, er wird von innen bedroht durch das immer drückender werdende Übergewicht des Institutionellen. Alle heutigen Organisationsformen des geistigen Lebens münden immer wieder im Institutionellen, und kanalisieren, applanieren und erstikken jeden persönlichen Impuls.«[5] Im Bewußtsein also, »daß das Institutionelle und seine Spielregeln nicht ausreichen, die Funktion des freien Geistes in einer freien Gesellschaft zu ersetzen,«[6] versteht sich die Ausstellung in den frühen 60er Jahren als eine Form der Opposition gegen die allumfassenden Bürokratisierungstendenzen der (nicht nur bundesdeutschen) Bürokratie, als Widerstandsbewegung gegen den permanenten Anschlag der Administration auf die Kunst: sich mit Geringfügigkeiten abzugeben, ist noch nie die Sache von documenta-Verantwortlichen gewesen.

Nach solch grundsätzlicher Funktionsbestimmung verwundert es nicht, wenn der Streit um den Institutionscharakter der documenta zunächst einmal verstummt. So plötzlich, wie die Debatte für das Unternehmen zu einer Überlebensfrage geworden ist, schwindet ihre Aktualität. Eben noch sorgsam darauf bedacht, das von ihrer Ausstellung abgesteckte Reservat künstlerischer Freiheit gegenüber den Ansprüchen der »Verwertungswelt« zu konservieren, verlieren die Veranstalter ihre Berührungsangst vor den Assoziationen des Institutionsbegriffs, als sich herausstellt, daß das verwaltungstechnische Argument in der Tat bestens geeignet ist, das Fortbestehen der stets umstrittenen und gefährdeten Ereignisabfolge zu garantieren. Gänzlich außer Sicht gerät der einstige Emotionalisierungsfaktor schließlich, als einige entscheidende personelle Umschichtungen in den Schlüsselpositionen den Weg frei machen für einen souveräneren Umgang mit dem bislang Unsäglichen. Zwischen d3 und d4 vollzieht sich mit dem Wandel des Begriffs vom Tabu zum Werkzeug ein fundamentaler Wandel im Selbstverständnis der documenta. Er markiert nichts geringeres als den Wandel des Unternehmens von Experiment zum Establishment, von der Opposition zur Offizialität. Denn nicht nur ohne auf Widerstand zu stoßen, sondern sogar unter dem Beifall aller Beteiligten können von nun an Oberbürgermeister und Kultusminister, künstlerische Leiter und Kunstkritiker die »Institution documenta« propagieren und beschwören, proklamieren und zitieren – mit Ausnahme Arnold Bodes, der zeitlebens nicht müde wird, auf der documenta als der »Anti-Institution« zu insistieren: »Was ihre Bedeutung ausmacht, ist wohl die Tatsache, daß die documenta nicht als eine etablierte Institution existiert!«, beteuert er noch 1968.[7]

Sämtliche bislang wirksamen Verwendungen des Institutionsbegriffs haben gemeinsam, ihn formal zu fassen, indem sie ihn an der etablierten Organisationsstruktur der Veranstaltungen sowie an deren gesicherter Regelmäßigkeit festmachen. Sie repräsentieren den umgangssprachlichen Gebrauch einer Vokabel, mit der die Öffentlichkeit jede Einrichtung von kontinuierlicher Präsenz und offiziell scheinendem Charakter bedenkt. Formelhaft soll damit der kleinste gemeinsame Nenner bei der Beurteilung der documenta zum Ausdruck gebracht werden: ein verläßlich sich reproduzierendes Ereignis von beträchtlicher überregionaler Reputation, auf dessen Übersichts- und Sinnangebote ein kunstinteressiertes Massenpublikum auch künftig rechnen kann. Dieser formale Institutionsbegriff gilt also einer kulturellen Vermittlungsinstanz, deren »Verschwinden rundheraus ein Unglück für das deutsche Kunstleben« (Wolfgang Rothe) bedeuten würde und ohne das »Europa ärmer wäre« (Heinrich W. Petzet). Der Ehrentitel bekundet, wie sich ein Unternehmen unentbehrlich gemacht hat, um schließlich das bedenklichste aller Stadien erreicht zu haben: aus dem gegenwärtigen Kulturleben »nicht mehr wegzudenken« zu sein.

Konstanz der Funktionen

Nun liegt auf der Hand, daß eine derartig unproblematisierte Begriffsverwendung ungeeignet ist zu erklären, was die Besonderheit des zyklischen Unternehmens als Institution ausmacht. Keinesfalls nämlich hat die documenta die exeptionelle Imageausweitung allein durch ihre organisationstechnische Konsolidierung erfahren. Die Ausstellung wird zur Institution weniger über ihre formale Verfassung, als über die ihr im Laufe ihrer Geschichte zugefallenen Funktionen: über ihre Wirkungsgeschichte, verstanden als die jede Einzelausführung a priori belastende, sich summierende Erbmasse aus dem Ruhm ihrer Vorläufer – über die Folgen des Erfolgs.

Denn der Grund dafür, daß das nordhessische Kunstvermittlungsunternehmen offenbar selbst »in einer Zeit, da Institutionen abgebaut werden«, als »unantastbare Institution« (Georg Jappe) handelnd akzeptiert wird, liegt in der Dauerhaftigkeit, mit der die documenta eine Reihe konstanter Funktionen gegenüber der jeweils aktuellen Kunstszene ausgebildet hat. Im Kontrast nämlich zu ihrer Wandlungsfähigkeit auf allen organisationstechnischen Ebenen (die ihr hohe Adaptionsfähigkeit als Überlebensprinzip sichert), sind mit dem Begriff »documenta« seit den

50er Jahren einige gleichbleibende Vermittlungsaufgaben verknüpft. Diese sind teilweise aus der Legitimationsrhetorik der wechselnden Verantwortlichen abzuleiten, zum anderen Teil aber werden sie seitens des Publikums an das Unternehmen herangetragen: Effekte des Ausstellungsmachens, die entweder mit dem Selbstverständnis der Macher konform gehen oder aber ihnen abverlangt werden. Jede documenta bezieht also ihre Sonderposition vor dem Ereignishorizont des jeweiligen Kunstbetriebs dadurch, daß ihr spezifische Erwartungshaltungen entgegengebracht werden – ist doch das internationale Publikum seit jeher bereit gewesen, mehr hinter den Kasseler Ereignissen zu vermuten als die private Meinungsäußerung einer Elite von Kunstverwaltern und Kulturfunktionären. Die Bürde der documenta ist ihre traditionelle Selbst- und Fremdverpflichtung zu Aufgaben, die von keiner anderen kulturellen Vermittlungsinstanz geleistet werden (weder vom Museum noch vom Kunstmarkt und der Kunstkritik) und in denen sich das, was seit einigen Jahren als der »Mythos documenta« beredet wird,[8] nachhaltig artikuliert. Hierbei zählen ihre normativen Funktionen zu den prominentesten und folgenreichsten.

»Plötzlich diese Übersicht«: der Mythos der Ordnung

»Bär: ›Ein Genuß, diese Klarheit!‹
Ratte: ›Plötzlich diese Übersicht!‹
Bär: ›Wie einfach im Grunde alles ist!‹«
(Peter Fischli, David Weiss)[9]

Seitdem sich unter den Bedingungen des Kapitalismus die von politischen Forderungen scheinbar entlastete Kunst den Gesetzen, Strukturen und Praktiken des Marktes zu unterwerfen hat, gilt die zugehörige Szene, in der Künstler, Vermittler und Publikum miteinander umgehen, als in zunehmendem Maße unübersichtlich. Die Abwesenheit gesellschaftlich verbindlicher Kriterien für das, was als Kunst zu gelten hat, erzeugt eine Situation, die von der Mehrheit der kunstinteressierten Individuen als chaotisch erfahren wird. Außerhalb der professionellen Kennerkreise bildet und verstärkt sich der Eindruck, undurchschaubaren Interessen ausgeliefert, Zufällen unterworfen, von willkürlichen Machenschaften abhängig zu sein. Kunstproduktion, -vermittlung und -vermarktung sind überschattet von der dumpfen Mutmaßung, künstlich 'gemanagt', von Obskuranten beherrscht zu sein. Jede Person, die Anspruch erhebt, Künstler zu sein, steht in Verdacht der Scharlatanerie. Die Desorientiertheit des Laienpublikums im inflationären Angebot konkurrierender Kunstbehauptungen festigt die Meinung, für dumm verkauft zu werden; dubiose Akteure provozieren die Sottisen vom ›Bluff‹ und ›Unfug‹, denen der Ruf nach dem Staatsanwalt allemal naheliegt. Die individuelle Rezeptionsleistung, das Vermögen des jeweils einzelnen zur Partizipation an der pluralistischen Vielfalt der Kulturangebote erhält den Charakter des Zufälligen; die persönliche Kunstwahrnehmung des vereinzelten Rezipienten fügt sich nicht zu einem sinnvollen Erfahrungsmuster, bleibt somit unkommunizierbar. Und Widerstand ist nicht nur zweck-, sondern ansatzlos, da ihm die Paradigmen fehlen…

In diesem Vakuum tritt nun seit 1955 alle paar Jahre eine Ausstellung auf den Plan, die sich anheischig macht, das Fehlende zu liefern: Übersicht herzustellen, Ordnung zu stiften, Strukturen sichtbar werden zu lassen, verbale Haltegriffe im Gewoge des kunstkritischen Theoretisierens anzubringen, Blickschneisen in den wuchernden Bilderdschungel der Gegenwartskunst schlagen zu können ist der Anspruch, mit dem das Vermittlungsunternehmen documenta sich in der Kunstszene seit dem 2.Weltkrieg unentbehrlich macht. Die Ausstellung zieht den Ariadnefaden durch das Labyrinth der aktuellen Kunstpositionen, -strategien und -begriffe als Antwort auf die dringlichen Rufe nach Orientierungshilfe und Positionsbestimmung.

»Standortbestimmung« ist denn auch das früheste Schlagwort, in dem die zum Grundsätzlichen tendierenden Absichten der ersten documenta-Planer sich verdichten: jene 1955 erstmals von Arnold Bode aufgeworfene und seitdem obstinat vorgetragene Doppelfrage »Wo stehen wir heute?«, »Wo steht die Kunst heute?«, mit der sich das junge Unternehmen als eine »dem Bedürfnis einer deutschen geistigen Situation« (Werner Haftmann) entsprungene und somit als »gesellschaftlichen Auftrag« begreifbare Notwendigkeit ausweist. Die d1-Macher trauen sich zu, mit dem Instrument ihrer Ausstellung das fundamentale Desiderat zu liefern und die ersehnte Plattform zu errichten, von der aus die kulturelle Gegenwart übersehen und beurteilt werden kann. »Unsere Zeit, die alle menschlichen Maßstäbe und geistigen Ordnungen immer wieder in Frage zu stellen scheint, nötigt uns, unseren eigenen Standort – ständig neu – zu bestimmen und auszuloten. Dieser Standortbestimmung im Bereich der bildenden Kunst soll auch unsere Ausstellung dienen«, formuliert Heinz Lemke in seiner Eröffnungsansprache zur d1.[10]

Konnte zwar die zu diesem Zeitpunkt vorausgesetzte Identität zwischen dem »Wunsch einer ganzen Generation« (Erhard Kästner) und den Wünschen der Ausstellungsmacher im folgenden kaum noch aufrechterhalten werden, so ist doch das Unternehmen sein früh erworbenes Image eines verbindlichen Orientierungsmediums für die verwirrten Zeitgenossen moderner und postmoderner Kunst nicht mehr losgeworden. Jede Nachfolgeveranstaltung sieht sich nolens volens gezwungen, einen Ansatz zu finden, der das diesbezügliche Ambitionsniveau der Vorläuferereignisse fortzusetzen vermag. In der Formel, die documenta wolle »zeigen, was ist, nicht was sein sollte« (Alfred Nemeczek) bekräftigt sie 10 Jahre später den Anspruch, objektive Maßstäbe für die Bewertung der Gegenwartskunst induktiv gewinnen, ohne vorgefaßte Meinungen dekretieren zu wollen. Und die Formel pflanzt sich fort: »Zeigen, was moderne Kunst ist, was an Neuem entsteht und welche richtungsgebenden Tendenzen sich abzeichnen«, darf Oberbürgermeister Karl Branner offiziell im Vorwort zur d4 erklären.[11] Im weiteren Fortgang der Institutionsgeschichte wechseln dann lediglich Formulierungen und Metaphern für das gleichbleibende Informationsbestreben: Nachdem die d5 als »Dokumentation eines Status visueller Kultur« (Hans Heinz Holz) mit enzyklopädischer Akribie eine »Befragung der Realität« durchführen will und Manfred Schneckenburgers d6 anschließend die »Grundmuster« des aktuellen Kunstaufkommens freizulegen verspricht, soll die d7 von Rudi Fuchs eine »neue Landkarte der modernen Kunst« entwerfen. Das Kunstvermittlungsmedium wird für ihn zum unerläßlichen Orientierungsinstrument: »Fuchs stellt sich die innere Struktur der Ausstellung als eine Landkarte vor, mit zentralen Punkten, Hauptverbindungen und Nebenwegen.«[12] Die Vielfalt der neuen Kunstmedien seit den 60er Jahren habe – so der künstlerische Leiter der d7 – in Verbindung mit der Explosion des Ausstellungswesens einen »chaotischen Bewußtseinszustand« zur Folge: »Wo die Linien der Entwicklung eigentlich verlaufen, was Kern und was Peripherie ist, sei gegenwärtig unklar. Die documenta 7 soll der Versuch werden, das unübersichtliche und auswuchernde Gelände neu zu vermessen.«[13]

Derweilen hat die Kunstkritik solches Wollen längst bestätigt und affirmiert, indem sie das wiederkehrende Ereignis immer wieder auf eben diese Funktion festlegt: »Seit mehr als 20 Jahren ist die Documenta zu einer Institution geworden, die alle vier Jahre den Standort der zeitgenössischen Kunst bestimmt. Sie zieht Bilanz und versucht gleichzeitig, die entstehenden Tendenzen zu analysieren.«[14] Gefangen in der Falle des selbstgestellten Anspruchs, wird das Unternehmen stets aufs neue mit einer Aufgabe konfrontiert, die das internationale Kunstpublikum keiner anderen Veranstaltung zuzutrauen vermag.

Die Ausstellung als Leitbild: der Mythos der Autorität

»Ruf und Reichweite der Documenta beruhen auf einer Legende, wonach sie die einzige Kunstschau mit objektivem Werturteil über die Gegenwartskunst und deren kunstgeschichtliche Zukunft ist.« (Martin G. Buttig)[15]

Eines der massivsten Probleme der documenta entsteht in dem Moment, als man ihr zu glauben beginnt: als sie ihre Objektivitätsbehauptungen so oft und so überzeugend wiederholt hat, daß die Kunstöffentlichkeit dazu übergeht, sie beim institutionellen Machtwort zu nehmen und in ihr eine Schiedsinstanz in Sachen Gegenwartskunst zu sehen. Vor dem Hintergrund der ihm zugestandenen Kompaßfunktion in den Unübersichtlichkeiten des aktuellen Kunstbetriebs hat nämlich das Unternehmen sein Selbstverständnis ausgeweitet und seine Kompetenzen als objektives Qualitätsgericht so regelmäßig und selbstbewußt ausgeübt, daß man es als Autorität zu akzeptieren beginnt. Seitdem liegt eine der primären Belastungen der documenta darin, diese von ihr selbst erzeugten Erwartungen einzulösen, den eigenen Mythos immer wieder zu erfüllen.

Denn rasch expandiert das legitime Verlangen der Öffentlichkeit nach abgesteckten Pfaden über den Sturzacker der aktuellen Kunst zum Bedürfnis nach gesicherten Aussagen über den Sinn zeitgenössischer Kulturwarenproduktion, das die unverbesserlichen Sucher nach einer verbindlichen Definition von Kunst nach Kassel führt. Dort ist die documenta »für viele so etwas wie ein Orakel, das ihre Zweifelsfragen beantworten, ihre Meinungen bestätigen soll.«[16] Mit der documenta schafft sich also das kunstinteressierte Publikum ein Entlastungsmittel. Dieses nimmt Entscheidungen ab, ersetzt die eigenen Ansichten durch das Diktum der Experten, befreit von der Notwendigkeit, selbst Stellung zu beziehen, von der Arbeit, selbst Kriterien entwickeln zu müssen: die Instanz mit der Aufgabe, »geformt zu zeigen, was ist« (Adolf Arndt) gewinnt Leitbildcharakter.

Unzählige Ausstellungsinstitutionen – besonders die Kunstvereine – nahmen sie sich zum Vorbild«, kritisiert Jürgen Weber diese Abhängigkeit der Szene von ihrem selbstkonstruierten Entmündigungsinstrument. »In eintöniger Wiederholung zeigten diese Institutionen die folgenden vier Jahre immer wieder das, was die documenta hatte. Ohne humanistisches Leitbild und damit ohne jede Basis zum eigenen Werturteil waren diese viel zu vielen Ausstellungsinstitutionen auf dieses Leitbild geradezu angewiesen. Sie brauchten ein Vorbild, dem sie nacheifern konnten und das ihnen Sicherheit bei der Auswahl in der verwirrenden Vielfalt gegenwärtiger Kunstproduktion zu garantieren schien.«[17]

Die Etablierung dieses Mythos reicht zurück bis ins Jahr 1954, als bereits mit der Namensgebung durch Arnold Bodes »Gesellschaft für abendländische Kunst« die Assoziationen eindeutig gesteuert werden. »documenta«, dieser so geschickt gewählte lateinische Plural in Anlehnung an die Neologismen der 50er-Jahre-Werbung: das signalisiert Sachlichkeit der Aussage, Objektivität des Urteils, Neutralität der Absichten, Bestandsaufnahme ohne subjektive Wertung, Registratur von Bestehendem, Bilanz von Gewesenenem, positivistische Faktendarlegung, nüchterne Zustandsbeschreibung... Seinen Anspruch auf Unanfechtbarkeit des Urteils, auf das

Vorlegen von zweifelsfreiem Beweismaterial für die Richtigkeit seiner Behauptungen zur kulturellen Verfassung der Gesellschaft drückt das Unternehmen also schon in seiner Benennung aus, deren humanistische Bildung fordernde Form die wissenschaftliche Fundiertheit des Benannten zu verbürgen scheint. Mit souveränen Objektivitätsgesten – als »im Kantschen Sinne interessenlos« definiert Werner Haftmann die Haltung der Dokumentatoren gegenüber ihrem Beobachtungsfeld – bringt sich somit schon die d1 absichtlich in Opposition zu einzelnen Ausstellungen oder Ausstellungsreihen, die dem Prinzip der subjektiven Auswahl, der individuellen Themenerfindung oder der nationalen Repräsentation (z.B: Biennale Venedig) verpflichtet sind: »Die documenta vermag als einzige internationale Ausstellung eine große, neutral getroffene Qualitätsschau vornehmen« (Ernst Günther Engelhardt).
Akzeptanz gewinnt die Institution mit ihrem autoritären Anspruch in den 50er Jahren aber auch durch ihre ideologische Unverbrauchtheit: ihre Authentizität beruft sich nicht mehr auf die allesamt »heillos diskreditierten« (Haftmann) Normen und Instanzen der Vergangenheit, sondern kann sich unmittelbar aus den kulturellen Erfordernissen der jungen Bundesrepublik ableiten. Zu den Einschüchterungsgebärden der Institution gehört daher auch die Ambition auf einen »völlig neuen Ausstellungstyp«,[18] der unter Verneinung individueller Sichtweisen oder Zufallskonstellationen »einen zuverlässigen Bericht über Leistungen und Ziele der gegenwärtigen Entwicklung« auf dem Sektor der Kunstproduktion gibt[18] und in bezug auf die Gegenwart als ein »Spiegel ihres besonderen Wesens«[19] fungiert: documenta als Abbildungsinstrument für »Qualität«, bei der »nicht Name und Bekanntheit«, »nicht Zugehörigkeit zu einer Richtung«, sondern »allein die Intensität der Begabung und die Überzeugungskraft der Konzeption« (Will Grohmann) als Kriterien wirksam sind.
Allerdings ist es ein eigenartiger Richterspruch, der von der Höhe der Institution ergeht. Regelmäßig wird er kritisiert, angezweifelt, für nichtig erklärt... Als autoritäre Instanz ist die documenta Anfeindungen ausgesetzt, wie sie keiner anderen Ausstellung gegenüber mobilisiert werden. Eben diese Widerspenstigkeiten aber, in denen dem »Museum der 100 Tage« der Vorwurf des »Jahrmarktes« gemacht, es der »Showeffekte«, der Beliebigkeit, der Verfälschung bezichtigt wird, bekräftigen das besondere Image des Kasseler Vermittlungsunternehmens als Ort, an dem Maßgebendes zu geschehen hat: an dem Qualitätskriterien präsentiert, Normen ausgegeben und Verbindlichkeiten formuliert werden sollen. Gerade die Intensität der gegen sie gerichteten Attacken bestätigt die kunkurrenzlose Position der nordhessischen Institution im internationalen Kunstbetrieb: Die documenta hat sich unangreifbar gemacht, indem sie sich angreifbar gemacht hat.
Die kritische Rezeption der documenta, das enorme Provokationspotential jedes Einzelereignisses, spiegelt das ambivalente Verhältnis von Künstlern, Vermittlern und Publikum gegenüber der selbstinstallierten Obrigkeit: ein Abhängigkeitsverhältnis zwischen Faszination und Abscheu, Anbetung und Revolte.
1987 wird bei der d8 eine Rauminszenierung gezeigt, die – ohne dies zu wollen – paradigmatisch die Position der documenta als institutionalisierten Autoritätsfaktor im gegenwärtigen Kunstbetrieb repräsentiert: die Installation »Das Schloß« von Group Material.[20] Im inhaltlichen Argumentationskontext der d8 scheint das Materialarrangement aus künstlerischen und nichtkünstlerischen Gegenständen zunächst Manfred Schneckenburgers Kernthese von der erweiterten sozialen Referenzfähigkeit der Kunst gegen Ende der 80er Jahre zu demonstrieren.

Group Material: Das Schloß, d8, 1987 (Foto: Kirschenmann)

Unter Bezugnahme auf eine Textpassage aus Franz Kafkas Parabel vom Ausgeliefertsein des Einzelnen an die übermächtigen Mechanismen undurchschaubarer Herrschaftsstrukturen und die Unmöglichkeit des Widerstandes gegen diese, fungiert das Environment der amerikanischen Künstlergruppe als Parabel auf die gegenwärtige Relation von Kunst und Gesellschaft: das hermetische Gehäuse des grenzenlosen Produktkosmos als Resultat anonymer, verfestigter Herrschaftsverhältnisse, innerhalb denen als Kunst produzierten und akzeptierten visuellen Hervorbringungen eine Rolle als Ware neben anderen Waren zugewiesen wird und ihre Hersteller die Illusion von freiheitlichem Handeln entwickeln dürfen. Zwar ist Widerstand gegen die verordneten Spielregeln möglich, dieser wird jedoch paralysiert durch die korrumpierende Faszination der Macht und scheitert am Streben der potentiellen Widersacher nach Anerkennung und freiwilliger Subordination. Noch indem die Kunst gegen die etablierten Strukturen opponiert, biedert sie sich ihnen an; die Kunst macht sich zum Bestandteil dessen, was sie bekämpft. Damit kann aber diese Stellungnahme zur prinzipiellen Hilflosigkeit ästhetischer Opposition als Kommentar zur Funktion der documenta als autoritäre Institution gelesen werden. Das Unternehmen interpretiert sich selbst in einem seiner Exponate: der Ausstellungszyklus als das »Schloß«, als der kafkaeske kulturelle Machtapparat, der Unterwerfung unter seine Mechanismen fordert und Abhängigkeiten produziert, der die Kunst für eigene Selbsterhaltungszwecke gebraucht und sie im Kontext des kulturellen und wirtschaftlichen Geschehens auf ihre Plätze verweist. Obwohl permanent angefochten und in ihrem Machtanspruch bestritten, bleibt die Institution doch auf Dauer unbeschadet, denn jeder Versuch des Widerstands unterläuft sich selbst, bringt sich selbst um seine Wirkung im gleichzeitigen Streben nach Partizipation. Der Kampf gegen die autoritären Ansprüche der Institution verkehrt sich in den um Integration und Anerkennung: »Die gefährliche, formlose Natur des ›Schlosses‹ macht es zum Objekt unserer Liebe und Aufmerksamkeit.«[21]

Verlust der Mitte

Die konservative Komponente, mit der die documenta seit 1955 ihrem internationalen Publikum das Gefühl der Teilhabe am kulturellen Ritual der Qualitätsauslese vermittelt, hat sie stets daran gehindert, vorbehaltlos den am heftigsten sich ihr aufdrängenden Innovationsbehauptungen zuzustimmen. Entgegen einer verbreiteten Ansicht ist ihr prognostischer Ehrgeiz nur gering ausgeprägt. Als Institution wird sie daher »so lange von turbulenten Ereignissen überholt und widerlegt werden, wie sie an dem Anschein, letzte Instanz in Sachen Gegenwartskunst zu sein, festhält. Man darf gespannt sein, ob und wann es ihr gelingt, der selbstgestellten Aufgabe zu entrinnen.«[22]
Es hat den Anschein, als sei dieser Zeitpunkt gekommen: als habe jetzt – mit ihrer neunten Ausgabe und zutiefst verwurzelt in der postmodernen Verwirrung der Begriffe und Sachverhalte – die Institution diesen zentralen Anspruch leichtfertig aufgegeben. Als große Kunstausstellung, die primär auf Publikumserfolg setzt, entzieht sie sich nicht mehr der Konkurrenz durch einen normativen Anspruch, sondern konkurriert nun mit anderen großen Kunstausstellungen, an denen gerade in einer Zeit der intensivierten Legitimation ökonomischer und politischer Macht durch kulturelle Aktivitäten kein Mangel herrscht. Damit entledigt sich die Kasseler Instanz ihrer umstrittensten, aber historisch relevantesten Aufgabe zu einem Zeitpunkt, zu dem der Zustand der Szene sie am nötigsten zu haben scheint. Konnte z. B. die d3 auf die Frage nach einer Definition von Kunst wenigstens mit der Tautologie »Kunst ist, was berühmte Künstler machen« (Werner Haftmann) aufwarten, hat Jan Hoet auf dieselbe Frage nur noch das Bekenntnis parat: »Was Kunst ist, weiß ich nicht.«[23]

ANMERKUNGEN

1 Vgl. die Kritik von Avruscio, Nicola / Avruscio-Becker, Helga / Kambartel, Walter: *Kunst und Öffentlichkeit. Kritische Überlegungen zum Kunstbetrieb am Beispiel der documenta 6.* In: Kritische Berichte. 6.1–2/1987. S. 53ff.
2 So sieht z. B. Alfred Nemeczek bereits mit der d2 den »Entrée zu den gewachsenen Institutionen der internationalen Kunstwelt« erreicht (documenta III. In: Die Theatergemeinde. 10/1964), für eine Kasseler Stadtwerbungsillustrierte ist damit der »Weg vom einmaligen Wagnis zur Institution beschritten« (Das große Rendezvous der Kunst. In: Unsere Stadt. 8/1964. S. 24), während für Wolfgang Rothe 1964 »das Kasseler Wagnis als eine internationale Institution (im besten Wortsinn) sanktioniert worden« ist (Knossos heißt Kassel oder das Labyrinth der Bilder. In: Tank, Lothar [Hrsg.]: Eckart-Jahrbuch 1964/65. Witten/Berlin 1964. S. 275). Und auch der Hessische Ministerpräsident Georg August Zinn zielt 1959 auf Kontinuität und Zukunftssicherung, wenn er bei Eröffnung der d2 verlautbart, die documenta solle von nun an zur Institution werden, denn die Landesregierung habe den Wunsch, daß »sich die Ausstellung in regelmäßigen Abständen wiederholen möge.«
3 Bode, Arnold: *documentadocumenta.* In: Kat. »documenta 4«. Bd. 1. S.XII–XIII. Zit. S. XII
4 Haftmann, Werner: *Die institutionelle Gefahr.* In: Melos. 31. 9/1964. S. 257–263. Zit. S. 261
5 Ebda.
6 Ebda.
7 documentadocumenta. a. a. O.
8 Vgl. Themenheft »Mythos documenta«. Kunstforum International. Bd. 49. 3/1982
9 Fischli, Peter / Weiss, David: *Der geringste Widerstand.* Zit. nach Frey, Patrick: *Plötzlich diese Übersicht.* In: Kunstforum international. Bd. 60. 4/1983. S. 122
10 Manuskript im documenta Archiv
11 Kat. »*documenta 4*«. Bd. 1. S. XI
12 Orzechowski, Lothar: *Leitlinien im Chaos.* In: Hessische/Niedersächsische Allgemeine, 23. 3. 1979
13 Ebda.
14 Michel, Jaques: *Manifestation der Widersprüche.* In: Kursjahrbuch 77/78. S. 115–119. Zit. S. 115
15 Buttig, Martin G.: *Ungewisse Größen.* In: Der Monat. 20. Nr. 238. Juli 1968. S. 84–89
16 Petzet, Heinrich Wigand: *Die III. Documenta in Kassel.* In: Jahresring 1964/65. S. 356–360
17 Weber, Jürgen: *»Weltkunst« aus Kassel?* In: Tendenzen. 18. Nr. 114. 1977. S. 38–39. Zit. S. 38
18 Arnold Bode 1958 in einem Konzept zur d2. documenta Archiv
19 Werner Haftmann in Kat. *»documenta 2«*. S. 19
20 Vgl. Kat. »documenta 8«. Bd. 2. S. 88
21 Ebda.
22 Buttig, a. a. O.
23 Schwarze, Dirk: *»Was Kunst ist, weiß ich nicht«.* In Hessische Allgemeine vom 20. 2. 1992

ART RECYCLING.

Fachgerechte Entsorgung und Wiederaufbereitung von Kunst

Matthias Arndt

Die Kunst ist eine Ware wie jede andere auch, das bestreitet heute niemand mehr, der sich mit den Zuständen am Kunst- und Kulturmarkt beschäftigt. Die wachsende »Wertschätzung«, die den Künstlern in den letzten Jahrzehnten widerfahren ist, stellt kein wirkliches Interesse an der Auseinandersetzung mit ihren Arbeiten dar, sondern ist vorwiegend materieller Natur. Und wie es in der westlichen Welt ein Überangebot an Konsumgütern gibt, denen der Konsument sich ausgesetzt sieht, ist auch die Ware Kunst derzeit in inflationärer Menge vorhanden. Produzenten müssen sich immer bessere Gags und Effekte einfallen lassen, um ihre Ware abzusetzen. Natürlich schränkt sich der Verbraucher ein, wählt mit Bedacht aus dem zur Verfügung stehenden Sortiment die ihn ansprechenden Produkte aus.

Grundlegende Positionsveränderungen scheinen dem Künstler im Moment nicht möglich und so arbeitet dieser mit den Prinzipien der Werbung, packt alles hübsch ein und bringt in regelmäßigen Abständen eine Neuauflage der ursprünglichen Idee. Der dabei entstehende »Müll« sorgt trotz der Abschottungs- und Schutzinstinkte seitens der Verbraucher für deren Abstumpfung gegenüber der Gegenwartskunst. Die Kunstwerke werden in ihrer Materialität zum Ballast. Dieser Ballast behindert jegliche Innovation im künstlerischen Bereich und droht das kulturelle Leben zu ersticken. Der Markt indes verhält sich kreativ, entwickelt ständig neue Strategien und Verkaufskonzepte, das nachlassende Bedürfnis nach dem Erwerb von Kunst neu anzuheizen.

In Stuttgart entwickelten die Galeristen Rolf Mayer, Achim Kubinski und Ralf Wernicke zum Beispiel ein Computer-Suchprogramm für den Kunsthandel. Mit diesem Programm sollen Händler und Käufer zusammengeführt werden, um die immensen Lagerbestände von Sammlern und Galeristen abzubauen und deren Ladenhüter abzustoßen. Informationsdienste geben Hintergrundinformationen über Kunstklatsch, den sich ankündigenden Tod eines Künstlers sowie die Auswirkungen auf die Wertsteigerung seiner Arbeiten, informieren über Hoch und Tief an der Kunstbörse, über Eröffnungen und Schließungen von Galerien.

Überproduktion

Das Wirtschaftsmagazin »Capital« erstellt seit nunmehr 20 Jahren eine Hitliste der wichtigsten Künstler und bestimmt wer »In« oder »out« ist. Sich ankündigende Krisen und drohende »Crashs« in Marktteilbereichen werden durch Hinweise auf unterbewertete Sammlergebiete, Newcomer, Trendsetter und dergleichen umgangen. Begriffe wie »Crash« und«Blue-Chip«, die eigentlich aus dem Wertpapiergeschäft stammen, werden dabei kritiklos übernommen. Wirtschaftsmagazine rechneten ihren Lesern bereits vor, in welchem Verhältnis die Wertentwicklung berühmter Kunstwerke gegenüber der Preissteigerung sicherer Aktienwerte steht. Die Preisspirale schraubt sich immer höher, ein Zusammenbruch des Marktes, der gefürchtete Crash war hierbei bisher nicht vorgesehen und muß mit allen Mitteln verhindert werden, denn zuviel Kapital ist im Kunstmarkt bereits gebunden und zuviele Interessen sind mit Kunstproduktion und -vermittlung verbunden.

Parallel zur Entwicklung bei den Klassikern erfolgte auch ein »Run« auf die zeitgenössische Kunst. Preissteigerungen von mehr als 2000 Prozent bei Künstlern wie Warhol, Johns und Rauschenberg innerhalb von zehn Jahren sind keine Einzelfälle. Demgegenüber nimmt sich die Steigerung der Preise bei Werken von Joseph Beuys mit 900 Prozent eher mager aus.

Die Optimisten in der Kunst-Branche deuten den sich andeutenden Einbruch im Auktions- und Kunstgeschäft als positive Entwicklung, als natürlichen Ausleseprozeß. Die Spekulanten gehen zurück an die Börse, es erfolgt eine Rückbesinnung zu den »sicheren Werten«, der Trend geht wieder zu den alten Meistern usw.. Doch so einfach geht es dann doch nicht. Der durch die außerordentlichen Verkaufserfolge in der zeitgenössischen Kunst angeheizte Markt produziert auch nach der Hochkonjunktur der achziger Jahre noch auf vollen Touren. Das Vertriebswesen (Auktionshäuser, Galerien, Art-Consulting-Unternehmen usw.) ist tumorartig gewachsen und fordert seine Rechte.

Der Bilderberg wächst und wächst. In den Depots und Lagern von Galeristen, Sammlern und Museen verstauben mehr oder minder wertvolle Kunstwerke, zu lebenslanger Kerkerhaft verurteilt, schmachten sie bei konstanter Luftfeuchtigkeit ihr Dasein, ohne jemals wieder an das Licht der Öffentlichkeit zu gelangen.

Dabei wird auch der Künstler immer einfallsreicher. Er hat erkannt, daß sich sein Werk, wenn sich Arbeiten in den Sammlungen wichtiger Museen befinden, sehr viel besser verkaufen läßt. Denn der durch die inflationäre Präsenz von Kunst auf dem Markt verunsicherte Konsument vertraut auf die kritische Vorauswahl, die Museumsleiter bei ihren Ankäufen üblicherweise treffen. Ein Künstler umgeht diese Hürde nun, indem er eine nicht bestellte oder gekaufte Arbeit ohne Absender an das Museum sendet. Die hilflosen Kulturbeamten, zur Bewahrung jeglicher Werte verpflichtet, archivieren dieses eingehende Material so, wie sie es gelernt haben, und so

landet die unerwünschte Arbeit eines drittklassigen Künstlers nicht im Papierkorb, sondern im Bestandskatalog eines Museums. Der glückliche Künstler schreibt nun in seinen Lebenslauf, in welchen Sammlungen sich seine großartigen Werke überall befinden und täuscht damit gutgläubige Kunstinteressierte.
Künstler, bei denen der Zerfall und die Veränderung ihrer Kunstwerke ein wichtiges inhaltliches Anliegen ihrer Arbeit darstellt, die sich mit ihrer Arbeit gegen den Ewigkeitsanspruch der Kunst richten, machen es dem Markt hingegen schwer. Der materielle Wert der Werke steigt, während ihre Materialität dahinschwindet. So verzweifeln die Restauratoren an den Maden in den Schokoladenskulpturen von Dieter Roth, die Museumsbesucher werden durch Glasvitrinen vor dem penetranten Verwesungsgeruch, der von den Arbeiten des Joseph Beuys aufsteigt, geschützt. Und die Kampfmaschine Sylvester Stalone wird zum Kunstkiller, weil er seine Bilder von Anselm Kiefer mit Sprühlack traktiert, um das Herabfallen von Asche und Stroh zu verhindern.

Vorschlag zur Güte

Jede Überproduktion schafft sich nun auch ihr eigenes Entsorgungsproblem. Das *Art Recycling* Projekt bietet hierbei einen Weg aus der Krise und zwar durch fachgerechte Entsorgung und Wiederaufbereitung von Kunstwerken. Übriggebliebene Arbeiten, deren Verwendungszweck eingeschränkt und nicht mehr klar ersichtlich ist sowie Kunstwerke aus dem öffentlichen Raum, die ihre ästhetische Aufgabe erfüllt haben, bilden die Grundlage der Arbeit der nachfolgenden Künstlergeneration. Dabei geht es auch um die Schonung der Ressourcen; das wertvolle Material einer Stahl- oder Steinskulptur wird in einem Recyclingkreislauf durch die Künstlerateliers wiederaufbereitet und erneut mit einem ästhetischen Wert angereichert.
Eine zu gründende *Art-Recycling*-Agentur vermittelt die Abbruchaufträge der öffentlichen Hand. Sie koordiniert den Abbau einer temporären Installation oder Skulptur, indem sie vor Ort die Arbeit auf ihre Wiederverwendbarkeit überprüft und entsprechende Künstler beauftragt, die Arbeit zu zerlegen. Die entstandenen Fragmente werden in die Künstlerateliers transportiert und stehen dem Wiederaufbereitungsprozeß zur Verfügung. Diese effiziente, unbürokratische und vor allem kostengünstige Entsorgungsform liefert dabei jungen Künstlern das wertvolle Ausgangsmaterial zur Formulierung ihrer aktuellen künstlerischen Vorstellungen.
In anderen Kulturkreisen wird schon lange so gedacht: Die Höhlenmaler der Aboriginees zum Beispiel sehen keinen Unterschied in der Wertigkeit ihres eigenen Daseins mit seinen künstlerischen Entscheidungen gegenüber dem ihrer Ahnen. Die Malereien der Vorfahren werden stets von der nachfolgenden Künstlergeneration ergänzt oder, je nach Ermessen, auch völlig übermalt.
Zurück zu unserer zivilisierten Ordnung:
Hier erleichtert eine Computerdatei, die Künstlern, aber auch Museen und öffentlichen Kulturträgern zugänglich ist, das Vorgehen der *Art-Recycling-*Agentur.
In Museen und Kunstvereinen werden Sammelstellen eingerichtet, wo nicht mehr benötigte Kunstwerke abgegeben werden können. Die *Art-Recycling*-Agentur wiederum holt dort die »Altstoffe« in regelmäßigen Abständen ab.
Übrigens wird über die Recycling-Frage in der Kunst bereits andernorts nachgedacht:
Der »Informationsdienst-Kunst« berichtet in seiner 19. Ausgabe vom 22. 1. 1992 von einem Papier aus der Senatsverwaltung für Kulturelle Angelegenheiten in Berlin bezüglich der Vergabe von Arbeitsstipendien: »Als Beitrag zur Linderung der Ateliernot in Berlin und zur Förderung einer effektiveren Raumausnutzung zukünftiger Berliner Kunstproduktion gilt in Zukunft verbindlich folgender Grundsatz für die Vergabe von Stipendien: Gefördert werden nur noch solche Projekte, deren Ergebnisse in herausragender Weise platzsparend sind. D.h., zweidimensionale Kunstwerke müssen deutlich kleiner sein als 21 x 29,7 cm. (Empfehlung: Dia im Format max. 6 x 6 cm.) Dreidimensionale Kunstwerke müssen zusammenklappbar und/oder aufblasbar, oder sich selbst auflösend, bzw. umweltfreundlich recyclebar, zumindest jedoch mehrfach verwendbar sein. Projekte, deren Ergebnisse nicht diesen Kriterien entsprechen, können nicht als förderungswürdig anerkannt werden.«
Dieses Papier, welches sich leider als gutgemachte Fälschung der bis dato noch nicht offiziell verabschiedeten Richtlinien der Berliner Senatsverwaltung für Kulturelle Angelegenheiten entpuppte, ist dennoch von großem Interesse. War es doch dem Herausgeber des Informationsdienstes eine Meldung wert, da ihm »der Inhalt so plausibel« erschien und als »Beweis für den wachsenden Bilderberg und die eher hilflosen Versuche in Sachen Krisenmanagement dient.« (Zit. Karlheinz-Schmid, Informationsdienst Kunst, Ausgabe 20., 5. 2. 1992)
In der Tat findet die Krise nämlich auch in den Künstlerateliers statt. Schon Studenten haben nicht mehr den Raum, die Ergebnisse ihrer Versuche zu lagern und sind gezwungen, auf platzsparendere Weise zu arbeiten (Zeichnung und Malerei in kleinen Formaten oder Beschäftigung mit neuen Medien wie Computer und Video) oder beginnen, ihre nicht gelungenen »Frühwerke« zu übermalen. Eine sinnvolle Entscheidung, denn später, im Erfolgsfalle, sind Künstler wie Galeristen der Versuchung ausgesetzt, mit solchen nicht gelungenen oder früheren Werken

Übermalung Georg Baselitz durch Olly und Suzi. (Foto: Galerie Vruchtenhagel)

den Markt zu verwässern. Und dann ist da immer noch die Gefährdung der Qualität in der aktuellen Produktion eines erfolgreichen Künstlers:
»Aufgrund der Knappheit von Werken existieren Wartelisten. Was immer im Atelier steht, es ist schon verkauft. Das schafft für die Produktion eine gewisse Versuchung. Die Anstrengung, zu einem im Zusammenhang des Oeuvres stimmigen Bild zu kommen, erscheint nicht mehr unbedingt nötig. Das Werk wird ja ohnehin abgesetzt. Auch wird es immer schwieriger, ein unvollkommenes Werk zu zerstören. Wessen Entscheidungskraft würde nicht gelähmt, wenn es 50 000,–DM sind, die man in den Papierkorb werfen soll?«
In diesem Zusammenhang und am Schluß meiner Ausführungen zu *Art Recycling* möchte ich noch kurz auf das gegenwärtige Projekt der Londoner Künstler Olly Williams und Suzy Winstanley eingehen.
Unter dem Titel »*Art Recycling* – Olly und Suzy aktualisieren die Kunst« haben die beiden 23-jährigen Maler Arbeiten bereits anerkannter Kollegen »überarbeitet«. Das Rohmaterial unter anderem bestehend aus Originalen und Druckgraphik von Joseph Beuys, Georg Baselitz, Jim Dine, Hanne Darboven, Jiri Georg Dokoupil, Günter Förg und Emil Nolde wurde hierfür von dem Stuttgarter Galeristen Hans-Jürgen Müller zur Verfügung gestellt. Vorhandenes Bildmaterial, unrestaurierbare, unfertige oder nicht fertig gedachte künstlerische Äußerungen bekannter Produzenten wurden zu ihrer Vollendung geführt und mit neuer Kreativität angereichert.
Art Recycling ist eine Attacke gegen das derzeit herrschende Marktsystem und seinem Umgang mit der Kunst. Es ergeht die Aufforderung an die Kulturproduzenten und Konsumenten, die Kunst ihrer Zeit jenseits der materiellen Strukturen ernst zu nehmen. Eine Baselitz-Graphik von 1974 trägt zwar die Signatur des hochdotierten Malerfürsten, doch ist sie kein vollwertiges Werk, im Sinne einer autonomen Existenz als Endprodukt komplexer künstlerischer Entscheidungsfindungen. Solche Arbeiten, die das Werk eines guten Künstlers verwässern, müssen aus dem Verkehr gezogen werden.
»Kunst heißt immer Bewerten.«, sagt der documenta-Macher Jan Hoet. Das setzt von Fall zu Fall neue Entscheidungen voraus. Entscheidungen, die Kompetenz im Umgang mit der zeitgenössischen Kunst erfordern. Entscheidungen vor deren Konsequenzen man sich nicht fürchten darf, die gegebenenfalls die völlige Auslöschung des ursprünglichen Motives erfordern.

DAS WAHRE SCHÖNE UND DIE SCHÖNE WARE

Zum Verhältnis von Kunst und Markt

Stephan Schmidt-Wulffen

Die bildende Kunst befindet sich in einem tiefgreifenden Umbruch. Wenn man versucht, diesen Wandel zu beschreiben, dann liest sich das zunächst wie eine katastrophale Verlustliste. Kaum etwas von dem, was Kunst einmal avantgardistisch machte, scheint noch zu existieren.

Von *avantgardistisch* sprachen wir gerne, wenn Künstler neue Techniken und Werkzeuge benutzten. Aber die Goldmine avantgardistischer Neuerungen scheint erschöpft. Was uns landauf, landab in Ausstellungen präsentiert wird, bietet kaum noch Überraschungen.

Von *avantgardistisch* sprachen wir gerne, wenn Künstler politische oder soziale Werte vertraten und dabei in Konflikt mit der Öffentlichkeit gerieten. Den Künstlern heute scheint dagegen der rechte Biß verloren gegangen, vielleicht auch weil sich ohnehin niemand mehr gebissen fühlt.

Von *Avantgarde* sprachen wir schließlich, wenn Künstler neue Formen der Präsentation, Produktion und Vermarktung verfolgten. Klaus Staeck brachte das 1974 auf die Formel: ›Die Kunst findet nicht im Saale statt‹. Heute ist daraus eine Museumsguerilla geworden. Die Experimente zwischen Produzentengalerien und Straßenaktionen gehören der Vergangenheit an. Traditionelle Medien, Malerei und Skulptur glänzen in noblen, weißen Ausstellungsräumen.

Was ist schuld an dieser negativen Bilanz? Das ist die Frage hier und in vielen Diskussionen während der letzten Jahre. Hat die neue Popularität der modernen Kunst den Stachel genommen? Lähmt insbesondere das Geld, das ein lebhafter Kunstmarkt in der Szene zirkulieren läßt, die Entwicklungskräfte? Die häufig parteilich geführte Debatte müßte aber auch zu einer Überprüfung der eigenen Wertmaßstäbe Anlaß sein: Könnte nicht auch eine von den Kunstentwicklungen der letzten zwei Jahrzehnte überholte Begrifflichkeit zu einer falschen Diagnose führen? Das protokollierte Versagen wäre dann eher eines der Chronisten als eines der Avantgardisten.

Die neue Beliebtheit bildender Kunst

Die gesellschaftliche Institution Kunst hat sich verändert, die Rollen aller Beteiligten haben sich gewandelt. Bis vor kurzem stand moderne Kunst in kritischer Distanz am Rande der Gesellschaft. Fettecken, Flaschentrockner oder Künstlerscheiße in Dosen erkannten die wenigsten als Kunst. Die meisten Bürger fühlten sich davon an der Nase herumgeführt und warfen den Künstler-Außenseitern Scharlatanerie oder Geldmacherei vor.

Solche Ablehnung prägte die Arbeit der Künstler. Das Desinteresse schützte ihre Arbeit, schuf ihnen Freiräume. In seinen Überlegungen blieb der Künstler weitestgehend von äußeren Umständen unabhängig. Er arbeitete über Jahre an der Formulierung seiner Ideenwelt, und niemand drängte ihn, seine Produktion zu beschleunigen. Allein innere Notwendigkeit gab das Tempo vor.

In den 40er Jahren gab es in den USA schätzungsweise ein Dutzend Sammler zeitgenössischer Kunst. Fast zwei Drittel aller New Yorker Galerien wurden nach 1960 gegründet. 1977 gab es in den USA schon dreimal so viele Galerien zeitgenössischer Kunst wie 1949. Im selben Zeitraum hat sich die Zahl der Einzelausstellungen nahezu verdreifacht. Die Zahl kapitaler Sammler ließ sich schon 1977 nur noch in Tausenden schätzen. Moderne Kunst hat also eine neue, große Öffentlichkeit gefunden. Die Künstler gelten nicht mehr als Scharlatane am Rande der Gesellschaft, sondern entwickelten sich zu Stars. 1970 führte die amerikanische Finanzbehörde 600000 Künstler auf. Zehn Jahre später hatte sich die Zahl mehr als verdoppelt, und heute beherbergt New York allein schon 70000 Künstler.

Das hat nicht nur mit einer Gewöhnung zu tun, welche die Massenmedien fordern, wenn sie immer häufiger über Ausstellungen und Kunstskandale berichten. Gerade weil bildende Kunst als so unverständlich galt, eignet sie sich, ihre Liebhaber als kultiviert auszuweisen. Kunst ist eine soziale Eintrittskarte geworden, mit der gesellschaftlicher Aufstieg nobilitiert werden kann. Das gilt bekanntlich nicht nur für Einzelpersonen, sondern auch für Unternehmen: Weil sich deren Produkte kaum noch unterscheiden, wird das Image durch kulturelle Veranstaltungen differenziert. Mehr als eine Viertelmilliarde Mark, schätzt das Institut der deutschen Wirtschaft, haben deutsche Unternehmen für Kultur-Sponsoring ausgegeben. Der *Spiegel* überlieferte jüngst das Motto des früheren Philip-Morris-Chefs George Weissman: »It takes art to make a company great.«

Selbst Kommunen scheinen sich heute daran halten zu wollen. Ein Museum muß her, wenn der Standort für das Management großer Industrieunternehmen attraktiv sein soll. Außerdem gibt es mittlerweile einen profitablen Ausstellungstourismus. Beides führt dazu, daß sich öffentliche Investitionen in Kunst auszahlen. Jedes Museum ist billiger als eine Oper, vor allem, wenn man sich den Inhalt von privaten Sammlern ausborgt. Zweifellos droht sowohl beim individuellen wie beim korporativen Kunstkonsumismus, daß Kunst nur noch nach ihrem Unterhaltungswert beurteilt wird. Schließlich wurde Kunst als Kapitalanlage entdeckt. »Es ist sehr viel Geld verfügbar«, diagnostizierte die *Wirtschaftswoche* unlängst, »auch für mittlere und kleinere Qualitäten. Gerade die moderne Kunst übt eine

enorme Anziehungskraft aus.« Seit Ende der 60er Jahre hat sich die Finanzsituation der Selbständigen derart stabilisiert, daß Mittel für Kunstinvestitionen frei wurden. Heute empfehlen Steuerberater ihren Klienten, Geld in Kunst anzulegen, um Abschreibungsfreiräume auszunutzen. Darüberhinaus fließt gerade in den letzten Monaten ein unerwartetes »Überschußkapital« in die Kunst, das vor allem an den Börsen erwirtschaftet wurde.
Niemals zuvor war Kunst so teuer und, was damit zusammenhängt, niemals zuvor fanden sich so viele Kaufinteressenten. 80% aller Gelder, die je für Kunst ausgegeben wurden, schätzen Stephen Weill und Franklin Feldman, sind in den letzten zehn Jahren ausgegeben worden.

Kunst als Ware

Angesichts solcher Entwicklungen stellt sich die Frage, inwiefern diese neuen gesellschaftlich-ökonomischen Bedingungen die Kunstformen und das Kunstverständnis verändern.
Die neue Beliebtheit von zeitgenössischer Kunst bewirkt, so scheint es, zunächst einen fatalen Kurzschluß im System. War die Provokation für die klassische Avantgarde ein wichtiger Gradmesser für die Neuigkeit und Unkonventionalität ihrer Erfindungen, fehlt diese Art von Überprüfung heute. Seit der Schock als Konvention *moderner Kunst* etabliert ist, kommt keine ästhetische Monstrosität mehr über das Niveau des Partygesprächs hinaus. Je provokanter ein Werk gemeint ist, um so eher landet es im Wohnzimmer der Provozierten. Nichts macht die Integration der Kunst in die Gesellschaft deutlicher, nichts läßt klarer erkennen, wie die gesellschaftliche Akzeptanz ursprüngliche Entwicklungsmechanismen außer Kraft setzt, wie sie Kunst um ihre kritische Dimension bringt. Das *Abweichungsprinzip*, einst der Schlüsselbegriff ästhetischer Theorie zur Beschreibung von Modernität, gehört zum alten Eisen.
Stattdessen belegen die Zahlen, daß die Marktwirtschaft sich der zeitgenössischen Kunst angenommen hat. Ihr Wert wird nicht mehr durch Leistungen des einsam vor sich hin arbeitenden Künstlers bestimmt, sondern – wie in unser Gesellschaft üblich – durch Angebot und Nachfrage. Nicht genug damit: Weil Kunst nach wie vor an eine langsame Form der Produktion gebunden bleibt, übersteigt die Nachfrage bei weitem das Angebot – eine für die Avantgarde-Kunst völlig neue Situation, die zu merkwürdigen Folgen führt. Künstler, die Erfolg haben und behalten wollen, müssen ihre Produktion beschleunigen, weil der Galerist sie nur bei öfterem Erscheinen auf dem Markt durchsetzen kann. Wer eine alte und deshalb zeitraubende Öltechnik ausübt, der verlegt sich zusätzlich auf andere Medien wie die schnellere Zeichnung. Bronze gewinnt als Material auch deshalb an Bedeutung, weil der Guß einer industriellen Fertigungsweise entspricht. Es droht die Veräußerlichung der künstlerischen Arbeit.
Aufgrund der Knappheit von Werken existieren Wartelisten. Was immer im Atelier entsteht, es ist schon verkauft. Das schafft für die Produktion eine gewisse Versuchung. Die Anstrengung, zu einem im Zusammenhang des Œuvres stimmigen Bild zu kommen, erscheint nicht mehr unbedingt nötig. Das Werk wird ja ohnehin abgesetzt. Auch wird es immer schwieriger, ein unvollkommenes Werk zu zerstören. Wessen Entscheidungskraft würde nicht gelähmt, wenn es 50000 DM sind, die man in den Papierkorb werfen soll? Das Kunstwerk droht im Trubel von Investitionslust und Imagepflege nun vollends zur Ware zu werden. Während das Werk seinen Wert daraus bezieht, daß es die Autonomie des Künstlers spiegelt, daß es allein auf ihn und sein Œuvre bezogen ist, folgt die Ware dem Bedarf, sie löst sich also von ihrem Produzenten. Kunstproduktion gehorcht den Gesetzen des Marketing.

Kunst heute – Warenästhetik als Vernunftkritik

Diese Sichtweise ist unbefriedigend. Und so drehe ich die zentrale Frage einmal um: Inwieweit sind eigentlich die Veränderungen, die wir in den letzten Jahren an den Kunstwerken und im Kunstverständnis beobachten konnten, durch die skizzierten Veränderungen der Institution Kunst verursacht? Erst wenn man so fragt, wird eine interessante Koinzidenz sichtbar. Keineswegs kann nämlich für alle Veränderungen der Kunst nur der Markt verantwortlich gemacht werden. Moderne Kunst ist immer auch die Krise der Moderne gewesen, ihre Innovation war nichts anderes als eine radikale Selbstkritik. Interessanterweise hat dieser Prozeß in den letzten zwei Jahrzehnten Ergebnisse gezeitigt, die vorschnell auf den negativen Einfluß des Marktes zurückgeführt werden könnten, für die es aber – ganz im Rahmen der Dynamik der alten Avantgarde – kunstimmanente Beweggründe gibt. Oberfläche, Schmuck, Dekoration, Sinnlichkeit, pures Vergnügen, Voyeurismus wurden zu komplexen Ausdrucksmitteln, entwickelten sich zu Strategien gegen den Kurzschluß im System, gegen einen eng gewordenen Kreativitätskodex der Moderne. Ein kritisches Unternehmen, das – so meine ich – parallel läuft zur philosophischen Demontage einer instrumentellen Vernunft, die auch Motive der Leiblichkeit, der Sinnlichkeit nutzt und die Ästhetik nach romantischem Muster wieder zur Erkenntnistheorie erhebt.
Der drohenden Entwertung des Werks zur Ware läuft die einer überkommenen Rationalität parallel. Wenn man sich vor Augen hält, wie Werke durch das Zitat von Vitrine, Bühne und Warencharakter immer häufi-

ger Prinzipien des Konsums aufgreifen, dann ist man sogar zu dem Paradox verleitet, daß gerade der Warencharakter innerhalb einer zur gesellschaftlichen und auch künstlerischen Konvention erstarrten Kunst zur kritischen Instanz geworden ist. Wer die unterschiedlichen Ursachen der Veränderungen nicht auseinanderhält, übersieht genau das, was die Diskussion um Kunst und auch um Lüge heute überhaupt interessant macht. Die Beschränkung der Kritik auf den Markt allein fällt genauso hinter das Niveau der gegenwärtigen Denkprozesse zurück wie die rein kunsttheoretische Betrachtung. Die künstlerische Praxis heute läßt ihre Brisanz überhaupt nur dann erkennen, wenn man die Doppeldeutigkeit in den einzelnen Schachzügen der Gegenwartskunst erkennt.

Das Wahre im Schönen

Wenn zeitgenössischer Kunst ihre Angepaßtheit vorgeworfen wird, dann bezieht sich die Kritik auf spezifische Merkmale der Werke. Das Anekdotische, der zweckfreie Schmuck, die Schönheit erscheinen als Anbiederung an den breiten Publikumsgeschmack. Eingefordert werden dann Kargheit der ästhetischen Mittel, offene Darlegung der Herstellungsweise, Einfachheit der Form. Diese Stilmerkmale, die gemeinhin als Ausweis einer gewissen Moral des Künstlers bewertet werden, haben ihre eigene Geschichte. Sie läßt sich am Beispiel des Minimal-Künstlers Robert Morris belegen.

1965 stellte Robert Morris zum ersten Mal Objekte aus, die auf einfachste stereometrische Strukturen reduziert waren: Würfel, Quader, Pyramiden. Als Kunstwerke sind sie überhaupt nur glaubhaft, wenn man sie als radikales Fazit einer Suche nach dem Wesen von Kunst betrachtet, als Ergebnis einer radikalen Therapie der Illusion.

Die Liste der Heilkünstler, die sich mit mehr oder minder großem Erfolg dieser, wie sie meinten, Krankheit zuwendeten, ist lang. Morris profitierte unmittelbar von Pollock, Johns und Stella, aber auch Monet, Klee oder Brancusi gehören zu den Ahnen. Diese über Jahrzehnte reichende Debatte erwies, daß Illusion im Bild durch Komposition entsteht, d.h. durch das subjektive, das willkürliche Arrangieren der Elemente. Außerdem wirkt Perspektive trügerisch. Alle Experimente, dem Eindruck von Räumlichkeit im Tafelbild zu entgehen, blieben erfolglos. Einzig die völlige Gleichheit von Bildinhalt und Bildträger, von Figur und Grund war ein Heilmittel gegen die *Krankheit* falscher Vorspiegelungen. Das Objekt im Raum erschien als einzig konsequente Lösung. Aus diesem besonderen Erkenntnisinteresse heraus schien das Tafelbild ab Mitte der sechziger Jahre erledigt. Gerade für das simple Erscheinungsbild solcher minimalistischen Objekte ließen sich gewichtige Argumente finden: Es mußte eine mittlere Größe haben, damit es weder als emotional anrührendes Monument noch als Nippes empfunden wurde. Es durfte keine Farbe aufgetragen werden, weil die bereits zur Essenz des Raumkörpers verdeckend hinzutrat, »das Materielle untergräbt«, wie Morris treffend sagt.[1] Farbe droht das Ganze ins Kulinarische zu wenden. Das Objekt durfte nicht gegliedert sein, sonst würde der Eindruck willkürlicher Komposition entstehen.

»Oberfläche wurde zum komplexen Ausdrucksmittel«

Treibt man die Analyse des minimalistischen Überbaus noch etwas weiter, dann tritt das idealistische Skelett solcher Denkweise zutage. Die Gestalt des Werkes sollte sich in einem Blick erfassen lassen. In der momentanen Betrachtung, die den Gegenstand auch nicht inhaltlich übersteigen durfte, sollte mit der reinen Präsenz des Objekts Kunst in ihrem bloßen Sein erfahrbar werden. Das minimalistische Werk gelingt, wenn der Betrachter im Augenblick fixiert werden kann, wenn Gegenstand, Wahrnehmung, Vorstellung koinzidieren.

Wer sich hier an die platonische Parusie, das Sich-Offenbaren der Wahrheit in der reinen Gegenwärtigkeit, erinnert fühlt, der liegt nicht falsch. Tatsächlich findet sich in den Argumentationen von Morris und denen von Clement Greenberg, dem Chefideologen dieses Modernitätsverständnisses, ein durch und durch metaphysisches Vokabular. *Präsenz, Identität, Wesen, Reinheit* setzen Denk- und dann Praxisformen in Gang, die zur überholten Tradition metaphysischer Philosophie zählen. In dieses Paradigma gehört dann ein spezifischer Subjektbegriff, die Idee des autonomen Autors, genauso wie ein reduktives Verfahren, mit dem man zur Essenz, zur Wahrheit der Kunst vordringt.

Die Suche nach einer »wahreren« Wahrheit

Diesen Idealismus entlarvte Morris bald. Eigentlich zeigte sich bereits in dem Augenblick, als das Programm mit dem weißen Quader erfüllt schien, die Unmöglichkeit, es weiterhin zu vertreten. Die Idee einer Reduktion auf das geometrische Muster schafft ein idealistisches Verhältnis von Bildidee und objekthafter Realisierung, die der bekämpften Abbildbeziehung letztlich vollkommen entspricht. Um diesen Idealismus zu bekämpfen, richtete sich Morris‹ Aufmerksamkeit Ende der 60er Jahre auf das Verhältnis von Idee und Verwirklichung, von Zweck und Mittel, ein Arbeitsfeld, in dem auch so unterschiedliche Künstler wie Polke oder Twombly mit anderen Strategien arbeiten. Wie bei Morris läuft diese Fragestellung immer darauf hinaus, die Gestaltung an das Material zu delegieren. Die Aufgabenstellung – Polke geht sie mit den Rastern und den Lackbildern an, Twombly mit dem Umkippen spontan entstandener Spuren in die Inhaltlichkeit der Darstellung – stellt die Frage nach dem Subjekt der künstlerischen Handlung und gibt dem künstlerischen Denken einen neuen Ort, definiert künstlerische Wahrheit neu.

Dieses Subjekt beherrscht nicht mehr die Handlung, sondern entwickelt sich aus ihr. Das Verhältnis von Zweck und Mittel wird fragwürdig. Zu einem Ergebnis gelangt man dabei nicht durch gezielten Einsatz der Kräfte. Gerade im Abbau der Absichtlichkeit verrät sich eine Logik, die nun das eigentliche Interesse findet. Die Kunst ist nicht mehr zielorientiert, sondern – um Morris noch einmal selbst zu Worte kommen zulassen –, es »enthüllt sich, daß Kunst selber eine Tätigkeit des Veränderns, der Desorientierung, des Verschiebens, der heftigsten Diskontinuität, der Verwandelbarkeit und der Bereitschaft ist, sogar noch im Dienst des Entdeckens von neuen Wahrnehmungsweisen Verwirrung zu stiften.«[2]

Damit deutet sich ein neues Verständnis von Kunst an. Künstlerische Wahrheit liegt – notwendig verborgen – im Prozeß selbst. Sie zu erfahren, bedeutet also künstlerisch zu agieren. Deshalb kann Wahrheit auch nicht mehr erreicht, offenbart werden. Vielmehr gibt es eine Disziplin des Denkens und Handelns, in der Wahrheit sich erfüllt.

Diesen Disziplinen auf die Spur zu kommen, haben sich Künstler der 70er Jahre vorgenommen. Die Renaissance der Malerei, als eines Mediums, in dem die Produktion durch Tradition in besonders starkem Maße geregelt ist, liegt vor allem in diesem neuen Erkenntnisinteresse begründet.

1981 hat Morris seine Kritik an der Kunst der 60er und 70er Jahre radikalisiert: Im Verlangen nach dem Wesentlichen, in der Abstraktion entdeckt er nicht nur eine Spiegelung des amerikanischen Puritanismus, sondern auch ein Streben nach Vorherrschaft, nach Dominanz. Das Verbot des Dekorativen, des Überflüssigen, des Erzählerischen, des rein Sensuellen spiegele eine Form bigotter Religiosität und erfülle nicht die aufklärerischen Zwecke, sondern vereitle sie sogar: »Die Wurzel der Transzendenz ist die Macht« (Morris). Das Ornament dagegen sei ungeordnet nicht hierarchisch, ohne falsche Probleme. Wenn er also zum Stilmittel des Ornaments greift, dann wählt er damit ein theoretisches Programm. Wenn er das Ornament gar als Todesmetapher auffaßt, dann durchbricht er gezielt die Spielregeln der Moderne, um neue, provokante Ausdrucksmittel in die Hand zu bekommen. Daß sie funktionieren, zeigten seine Arbeiten auf der *documenta* 1987. Edward Fry hat in seinen Analysen dargelegt, daß diese Wende nur auf dem Hintergrund eines Modernismus zu verstehen ist, der letztlich von Prinzipien der Aufklärung gespeist wird.[3] Hier dekonstruiert die Kunst ebenso heftig wie die neuzeitliche Philosophie überholte Begriffskonstruktionen. Sie folgt der Architektur in der Kritik einer Moderne, die hinter ihren eigenen Verheißungen hoffnungslos zurückgeblieben ist. An diesem Beispiel läßt sich deutlich machen, wie ein einmal pathetisch vertretener *moderner,* aufklärerischer Geist sich selbst fragwürdig wird. Die Morris'sche Krise ist durchaus symptomatisch, sie findet in Warhol und Beuys, in Nauman und Kirkeby weitere Beispiele. Auf dem Hintergrund einer zur Konvention erstarrten Moderne geht es um die Suche nach einem neuen Paradigma von kreativer Rationalität, nach einer anderen *Wahrheit.*

Ich will mich nun nicht verlieren in den verschiedenen Strategien, in denen dieses Andere der Vernunft ausgelotet und auch angewendet wird, und auch nicht darauf eingehen, wie hier Körperlichkeit ins Spiel gebracht, wie eine Logik der Sinnlichkeit inszeniert wird. Die Rolle des Voyeurs kann genauso zur Metapher dieser Neuorientierung werden wie der religiöse Fetisch. Zweifellos ist diese neuere Kunst vom Wesentlichen zum Kontextuellen, vom Essentiellen zum Differentiellen übergewechselt. Sie zielt nicht mehr therapeutisch auf den utopisch-idealen Bürger, sondern rechnet mit den Bedürfnissen des Menschen, mit seinen Freuden und seiner Spiellust. Während sie früher die Menschen zur Wahrheit über-

»...im Dienst des Entdeckens von neuen Wahrnehmungsweisen Verwirrung stiften.« Ben Vautier: Peinture. 1975. (Foto: Stehr)

reden wollte, versucht sie heute, so paradox es klingt, zur Wahrheit zu verführen. Damit sind wir nun schon sehr nah am Warencharakter der Gegenstände, der ja auch das Prinzip der Verführung beinhaltet.
Die skizzierte Wandlung im Verständnis der Wahrheit künstlerischer Werke hatte einen wichtigen Nebeneffekt. Sie verdeutlichte die alten Gestaltungsnormen, die in der Kritik zu Konventionen geronnen sind. Hier trifft sich offenbar die kunstimmanente Entwicklung mit der gesellschaftlichen: Durch den Kurzschluß im Mechanismus der Provokationen, durch die Akzeptanz moderner Kunst wurden auch hier ihre Ausdrucksformen typisiert. So oder so, die Stilmittel der modernen Kunst, die einmal als so authentisch galten, verdichteten sich zu Formeln. Sie wurden derart konventionalisiert, daß sie sich wie komplexe Zeichen benutzen ließen. Verfügbar wurden sie auf dem Kunstmarkt, aber auch innerhalb der bildenden Kunst, die damit ihre Aussagen auf eine höhere Komplexitätsebene verlagern konnte. Die bekannten Kunststile der Moderne wurden zu Vokabeln einer neuen Kunstsprache.

Wahrheit und Ware

Wenn Kunst, statt aufzuklären, zur Wahrheit verführen will, dann kommt sie dem Schillern der Warenwelt recht nahe. Ich will zum Schluß versuchen, diese Nahtstelle zwischen den neuen, komplexen künstlerischen Strategien und dem Markt auszuloten.
Sehen wir uns ein Werk des Amerikaners Jeff Koons an: Die *executive playthings* sind eine Auflage von silbern- verchromten, nostalgischen Western-Eisenbahnen im Nippesformat. So etwas könnte man vielleicht in einem schlechten Einrichtungshaus kaufen. Koons hat sich diesen Zug nicht einmal selbst einfallen lassen: Er ist ein Abguß von Glasbehältern, in denen besonders witzige Zeitgenossen Schnaps verkaufen. Als Aspekte fallen auf: Das Werk ist zwar verführerisch wie jedes Konsumgut, aber als Replik des Konsumguts macht es den Alkoholkonsum zum Thema, der – und hier wird diese kunstlose Kunst mit ganz wenigen Mitteln zur Metapher – in der Massengesellschaft überhaupt noch ermöglicht, von einem zum anderen zu gelangen, zu kommunizieren. Der Inhalt ist in dieser Arbeit nicht dargestellt. Die Praktiken der Konsumgesellschaft finden modellhaft Eingang in die künstlerische Arbeit: das Werk, das im

Unterschied zur bloßen Ware Botschaft sein muß, ist Symptom dieser Praxis. Werke dieser Art haben also nicht mehr *Inhalt*, sondern sie sind als Verfahren eine direkte Antwort auf gesellschaftliche Verfahren. Der Realismus liegt nicht mehr in der Tatsächlichkeit des autonomen Kunstobjekts, sondern in der Tatsächlichkeit, mit der künstlerische Manipulation auf gesellschaftliche Manipulation bezogen ist.

Die Banalität, die falsch gestimmte Kritiker gerne beklagen, ist durchaus beabsichtigt und hat – nebenbei gesagt – im *Ready Made* und in der Pop Art ja durchaus eine kunstgeschichtliche Legitimation. Banalität ist für Koons ein wichtiges Hilfsmittel, weil sie den Betrachter zur Teilnahme verführt. »Sie ist eine große Verführerin, denn sie wirkt unterschwellig auf die Gefühle«, sagt Koons.[4] Diese Verführungskunst ist aus der Warenwelt übernommen. Sie unterwirft auch die Kunst einer Doppeldeutigkeit der hochorganisierten Gesellschaften, nämlich daß man zwischen Opfer und Täter nicht mehr klar unterscheiden kann. Durch den Transfer dieses Motivs in den Bereich künstlerischer Aussagen gewinnt diese Unklarheit in der Undurchsichtigkeit des Fetischs Gestalt; als Kunstwerk, das immer zum Suchen einer Botschaft auffordert, provoziert es die akute Erfahrung der Unklarheit, weist auf das Defizit an moralischer Haltung, versucht nicht, eine solche wortreich herbeizureden. Damit das gelingt, muß die Praxis des Waren- und Zeichenkonsums als komplexes Zeichen in das Werk eingehen. Diese Kunst höherer Komplexität ist genauso *konzeptuell* wie jene, die durch Zitate kunsthistorische Stile als komplexe Zeichen übernimmt. In dieser Weise kann, was auf der einen Ebene Lüge war, auf einer anderen zur Wahrheit geraten.

Das eingangs geschilderte Defizit fällt also gar nicht so katastrophal wie vermutet aus. Es existiert offenbar doch noch, das gesellschaftliche Bewußtsein, nur die Strategien der Kritik haben sich gewandelt. Dabei können Alternativen zu Präsentation, Produktion und Vermarktung von Kunst nicht mehr angeboten werden, weil ein gieriger Markt sämtliche Innovationen, jede kritische Distanz durch Verwandlung in Warenwert neutralisiert. Die kritischen, avantgardistischen Strategien müssen zwangsläufig guerillaartiger geraten, müssen parasitär auf den zu kritisierenden Strukturen aufsitzen. Deshalb gibt es auch keinen Bedarf an neuen Stilen, Techniken, Werkzeugen, die dem Markt nur zusätzlich Futter böten. Die avantgardistische Erfindungskraft hat sich heute auf eine konzeptuelle Ebene zurückgezogen, wo mit komplexen Zeichen und ausgeklügelten Strategien Ideologiekritik in Sachen Kunst und Gesellschaft getrieben wird. Leider hinkt unsere Begrifflichkeit hinter dem Geschehen her und so beklagen wir häufig Verluste, wo lediglich ein veraltetes Vokabular und überholte Anschauungen den Blick verstellen.

Dieser Beitrag erschien zuerst in: Jahresring 36 (1990), hrsg. von Walter Grasskamp. S. 32ff. Mit freundlicher Genehmigung von Autor u. Verlag.

ANMERKUNGEN

1 R. Morris, Notes on Sculpture, in: Gerd de Vries (Hrsg.), *Über Kunst – Künstlertexte zum veränderten Kunstverständnis 1965.* Köln 1974, S. 197
2 R. Morris, a.a.O., S. 242
3 vgl. Edward F. Fry: Robert Morris in the 1980s. In: *Robert Morris-Works of the Eighties, Museum of Contemporary Art Chicago/Ill.;* New Harbor Art Museum, New Beach/Calif. 1988, S. 5 – 10
4 *Jeff Koons, Gespräch mit dem Künstler.* In: The BiNATIONALE, *Amerikanische Kunst der späten 80er Jahre.* Köln 1988, S. 124

WAFFENSTILLSTAND AUF DEM SCHLACHTFELD?

Der große Kaufrausch gehört der Vergangenheit an

Barbara Böcker und Jessica Schulze

Die Ära der Höchstpreise beginnt schon Anfang der achtziger Jahre. Über Nacht durch abenteuerliche Börsenspekulation reich gewordene Wall-Street-Yuppies locken mit ihrem Überschußkapital die Auktionsriesen Christie's und Sotheby's zu verstärkten Aktivitäten in die USA. Zu diesem Zeitpunkt liegen Spitzenpreise für Kunst unter der Drei-Millionen-Dollar-Schwelle, was sich bald ändern soll. Bereits in der Herbstsaison 1986 verkauft Sotheby's Georges Braques »Femme Lisant« für den bis dahin höchsten Preis von 6,6 Millionen Pfund.

Neureiche Emporkömmlinge benutzen Kunst als Erkennungszeichen für Kultiviertheit und Luxus. Der Picasso wird zum Statussymbol. Man pflegt sein pompöses Image durch spektakuläre Bilderkäufe und Bietgefechte. Kunst wird zur Prestigeförderung mißbraucht, diese Beglaubigung von Reichtum und Klassenbewußtsein erinnert an Medici-Zeiten.

Als im Frühjahr 1987 Christie's van Goghs ›Sonnenblumen‹ zu dem sensationellen Preis von 72,5 Millionen DM an den japanischen Versicherungskonzern Yasuda versteigert, ist die Überraschung groß. Doch diese Entwicklung war abzusehen. Zu dem konstant bleibenden Vorrat anerkannter Kunstwerke gesellt sich eine immer größer werdende Käuferschaft aus wohlhabenden Snobs, großen Wirtschaftsunternehmen, japanischen Sammlern.

Selbst der Börsencrash im Oktober 1987, der zu einem Kurssturz an den internationalen Aktienmärkten führt, kann die neue Generation von Sammlern, von Liebhabern aus Leidenschaft verächtlich Käufer genannt, nicht mehr aufhalten. Im Gegenteil, das Mißtrauen gegenüber Finanzwerten, die panikartigen Massenverkäufe der Anleger führen zu verstärkten Investitionen in Kunst. Die rapide kletternden Kunstpreise verdeutlichen die Angst vor Geld und Aktien. Das Leitmotiv dieser Spekulationen mit Kunst kann nicht länger verleugnet werden: die Hoffnung auf Profit.

Nicht Verehrung und Passion bestimmen die Käufe, sondern eiskalte Kalkulation, der einzige Ertrag, der zählt, ist der voraussichtliche Erlös. Die Spekulanten auf den Kunstauktionen wiegen sich in Sicherheit: Was teuer ist, was viele für viel Geld erwerben wollen, muß auch gut sein, bestimmt wird es später noch teurer. Nicht das Bild wird auf den anschließenden Parties mit Champagner gefeiert, sondern sein Preis. Dabei gibt es bereits einige kritische Stimmen, die vor allzu großer Euphorie warnen. So auch der amerikanische Kunstbeobachter Souren Melikian, der 1988 den Niedergang des Kunstmarktes prophezeit: »Der Preis der Kunst basiert auf dem Glauben an sie, und deshalb sind Kunstwerke anfälliger für Katastrophen als jedes andere Investitionsobjekt.« Daß diese Einschätzung gar nicht so abwegig ist, daran will jedoch noch keiner so recht glauben.

Das Geschäft mit Kunst blüht, seit 1986 haben sich die Preise innerhalb von nur zwei Jahren verdrei-

facht. Finanzinstitute wie die *Citibank* wittern die große Chance, auch sie wollen von der Kunst profitieren. Was liegt also näher, als eine Kunstberatungsabteilung zum Dienste am Millionär zu gründen? Finanzexperten erstellen Berechnungen über den Wertzuwachs bei Kunstkäufen als Vermögensanlage. Diese Kunstkäufe werden vorfinanziert, gegen Sicherheiten, versteht sich.
Die ursprünglichen historischen, soziologischen, ideologischen, ästhetischen oder ethischen Werte eines Kunstwerkes verlieren völlig an Bedeutung, allein der ökonomische Aspekt zählt. Das individuelle Werk wird zur Nummer in einer Computerdatei. Der ungeheuere Höhenflug der großen Auktionshäuser verleitet zu immer aggressiveren Handlungsweisen auf dem Kunstmarkt, die Galeristen geraten ins Hintertreffen.
Selbst das traditionsverbundene Haus Christie's setzt im Frühjahr 1987 im Konkurrenzkampf gegen den Marktführer Sotheby's Praktiken ein, die es bis dato als unethisch abgelehnt hat. Um den Verkaufsauftrag für van Goghs »Sonnenblumen« an Land zu ziehen, offeriert Christie's den höheren Mindestpreis, notfalls soll das Limit durch Scheingebote erzielt werden. Diese Strategie erweist sich als äußerst effektiv, denn Yasuda ersteigert das Bild für den doppelten Schätzpreis: 72,5 Millionen DM.
Bereits ein halbes Jahr später, in der Herbstsaison 1987, wendet sich das Blatt erneut. Sotheby's erreicht mit van Goghs ›Schwertlilien‹ einen neuen Rekordpreis von 89,7 Millionen DM.
Erst später stellt sich heraus, daß dieses Ergebnis von Sotheby's manipuliert wurde. Der australische Bierkönig Alan Bond kann das Bild nur erwerben, nachdem Sotheby's ihm die Hälfte des Preises als Kredit zusagt. Außerdem handelt es sich bei diesem Kauf um ein anonymes Telefongeschäft, bei dem der Käufer jahrelang unbekannt bleibt. Diese Geheimniskrämerei ist kein Einzelfall. Immer wieder verschwinden Bilder aus der Kunstgeschichte, zirkulieren im internationalen Geldkreislauf, um schließlich aus der Versenkung wieder aufzutauchen. Erst einige Zeit später stellt sich der mittlerweile zahlungsunfähige Bond als der mysteriöse Käufer von damals heraus. Im März 1990 präsentiert sich das Getty-Museum als neuer Besitzer der ›Schwertlilien‹. Man munkelt, das Getty-Museum habe das Bild lediglich für den halben Preis erworben.
Nach den Rekorderlösen von 1987 überschlagen sich die Preise. Ein Ende dieser Kletterpartie scheint nicht absehbar. Im Boomjahr 1989 wird weltweit Kunst für 15 Milliarden Dollar verkauft. Neue Rekorde werden aufgestellt, im Frühjahr 1990 wird van Goghs ›Portrait des Doktor Gachet‹ für 135,3 Millionen DM an den japanischen Fabrikanten Saito versteigert. Einige Zeitgenossen werden erstmals höher gehandelt als manche Impressionisten und Künstler der Klassischen Moderne. Gegenwartskünstler wie die Deutschen Richter, Polke und Förg, der Amerikaner Bruce Nauman und der Italiener Mario Merz verkaufen sich teurer als je zuvor.
Nachdem es jahrelang still um sie war, tauchen der Amerikaner Edward Ruscha und die Jugoslawin Marina Abramovic wieder auf. Unter anderem erfahren auch der Amerikaner Robert Gober und die Französin Louise Bourgeois endlich stärkere Anerkennung.
Um das Defizit von anerkannten Kunstwerken zu vertuschen, setzen die Auktionshäuser die Limite von mittelmäßiger Ware so hoch an, daß auch sie die finanzielle Bedeutung von Meisterwerken erhalten. Dieselben Bilder hängen oft monatelang für den halben Preis in Galerien, ohne daß jemand Notiz von ihnen nimmt. Erst auf den Auktionen finden sie reißenden Absatz. Bei diesem Spektakel werden keine Einwände erhoben aus Furcht, daß der »Ramsch« im Mai der »Hit« im Oktober sein wird.
Junge Malerstars, im Medienrummel hochgeputscht, erweisen sich als Eintagsfliegen. Laut Christoph Graf Douglas, Sotheby's London/Frankfurt, hat ein Auktionshaus auch nicht als Kulturträger zu fungieren, sondern verfolgt als materialistische Institution das Prinzip der Gewinnmaximierung. Um den Anschluß an die Auktionsriesen so gut es geht zu wahren, schließen sich viele Galeristen zusammen. Durch Zwischengeschäfte untereinander treiben sie die Preise in die Höhe. Besitzt ein Galerist die Ware, so kennt ein anderer den geeigneten Käufer, man arrangiert sich.
Einige Galeristen ziehen es vor, ihre Bilder an einflußreiche Sammler wie Peter Ludwig zu verkaufen, der als Stifter und Leihgeber eng mit Museen verbunden ist. Obwohl öffentliche Sammlungen meistens weniger bieten können als anonyme Spekulanten, besitzen sie bei einigen Galeristen Vorkaufsrecht, da die somit gewonnene Popularität später als Verkaufsargument dient. Welche verheerenden Auswirkungen Spekulationsmanöver auf den Kunstmarkt haben können, wird am Beispiel des Werbefachmannes Charles Saatchi deutlich. Kauft er 1986 noch ganze Jahrgänge quer durch die Biographie des Künstlers Julian Schnabel und verhilft ihm damit zu weltweitem Ruhm, so schlägt er den gesamten Schnabel-Bestand bereits 1989 wieder los. Mit der Reputation des Künstlers ist es vorbei, dieser Ausverkauf kommt einem Rufmord gleich.
Leo Castelli, einer der bedeutendsten Galeristen in New York, bezeichnet die Explosion der Preise als Naturschauspiel. »Wenn die Menschen wieder ärmer werden, fallen auch die Preise wieder. Das sind Gesetzmäßigkeiten, daran gewöhnt man sich.« Ganz so gelassen sieht der Kölner Galerist Rudolf Zwirner die Situation allerdings nicht. Möchte er auch junge unbekannte, daher nicht auktionsfähige Künstler

ausstellen, so muß er aus Kostengründen weiterhin etablierte Kunst vertreten, eben Kunst mit Marktwert. Während in New York Millionenpreise an der Tagesordnung sind, übersteigen die Preise an dem deutschen Kunstmarkt kaum die Hunderttausend-Mark-Grenze. Welcher deutsche Galerist ist schon in der Lage, ein Jasper-Johns-Bild für 17 Millionen DM bei Sotheby's in New York zu ersteigern?
Die einst mit liebevollem Engagement unterstützen Künstler sind mittlerweile für ihre Förderer unerschwinglich geworden.
Bedenkt man, daß die DM-Preise der Jungen Wilden bei ihren ersten Ausstellungen in Amerika ohne weiteres als Dollar-Preise übernommen, und diese bei ihrer Rückkehr nach Europa dem aktuellen Wechselkurs entsprechend in DM-Preise zurückgerechnet wurden, so sind die unverhältnismäßig steigenden Preise nicht verwunderlich. Hinzu kommen die unvorteilhaften deutschen Steuergesetze, der Wertverlust eines Bildes wird vom Finanzamt nicht anerkannt. Die deutschen Sammler müssen kapitulieren.
Ganz anders sieht es in Japan aus, wo Unternehmen Kunstsammlungen als Kosten absetzen können, der Staat finanziert somit durch Steuerverzicht 52% des Kaufpreises. Fragt man sich nach den Gründen für Japans Enthusiasmus, Kunst im Wert von ca. 3 Milliarden DM jährlich zu importieren, so müssen die Steuervorteile sicherlich berücksichtigt werden. Eine große Rolle spielt auch die Tatsache, daß der Yen seit 1985 gegenüber dem Dollar um mehr als die Hälfte an Wert gewinnt.
Daß sich westliche Kunst als Geldanlage rentiert, kann an einem Beispiel erläutert werden: der japanische Kaufhauskonzern Mitsukoshi ersteigert 1988 bei Christie's in London Picassos ›Akrobat und junger Harlekin‹ für 66,6 Millionen DM.
Die Kosten betragen 4,8 Milliarden Yen, drei Jahre zuvor wären allerdings noch 6,3 Milliarden Yen fällig gewesen. Japanische Konzerne sehen vergleichbare Kunstwerke aber nicht nur als Investitionsobjekt, sondern auch als wichtigen Beitrag zum Kultursponsoring. Ist es doch der größte Wunsch der reichen Yen-Elite, verachtet für zuviel Fleiß und Tüchtigkeit, endlich an der westlichen Zivilisation teilzuhaben, mit Amerika und Europa sozusagen auf der gleichen Geisteshöhe zu stehen.
Treffender als Leslie Waddington, Kunsthändler in London, kann man die Japaner nicht charakterisieren: »Die Japaner haben leider keine Augen. So kaufen sie eben mit den Ohren. Namen statt Bilder.« Die Besessenheit, mit der sie Impressionisten kaufen, drückt Furcht vor Veränderung aus. Westliche Kultur ist gleichzusetzen mit dem Frankreich um 1900, alles danach ist Wilder Westen. Wenn es je einen künstlerischen Dialog zwischen Europa und Japan gab, dann zur Zeit des Impressionismus. Japanische Motive tauchen in Europa auf, japanische Maler studieren europäische Techniken. Diese Harmonie soll nie zu Ende gehen, daher die Verehrung von Renoir und seinen Zeitgenossen.
Vollgestopft mit drittklassigen Renoirs, Sisleys, Modiglianis, Monets droht Japan zu bersten. Es erstaunt nicht, daß die reichen Japaner sogar bewußt Fälschungen kaufen, da diese oft typischer aussehen als die Originale.
Seit geraumer Zeit, ca. seit 1988, entwickelt sich ein immer stärker werdendes Interesse an zeitgenössischer Kunst. Die Büros der ausländischen Konkurrenz sind mit exotischen Kunstwerken geschmückt, da müssen die japanischen Konzerne doch auf internationalem Niveau mitreden können. Daß es nur beim Mitreden bleiben soll, widerspricht aber dem ehrgeizigen Geschäftsleben der Japaner. Wer soll sich also über den Kunsthändler Yamamoto wundern, wenn er behauptet : »In Zukunft wollen wir Japaner den Kunstmarkt beherrschen. Weltweit.«
1990 wendet sich das Blatt. Die große Krise im Kunstmarkt, reißerisch »Kollaps« genannt, zeichnet sich schon zwei Monate vor Kriegsbeginn im Golf ab. Der Abwärtstrend im Kunsthandel läßt sich am besten an den Umsatzeinbrüchen der beiden großen Auktionshäuser ablesen. Im November 1990 wird Christie's nur ein Drittel der angebotenen Bilder los, ein auf 10 Millionen Pfund geschätzter van Gogh findet trotz der imageträchtigen Besitzerin Elizabeth Taylor keinen Käufer. Christie's Notierungen stürzen an der Londoner Börse von 4,3 auf 1,6 Pfund für die Aktie.
Bei Sotheby's sieht es nicht besser aus. Im schwarzen Dezember werden von 39 ausgestellten Werken 11 verkauft, im Gegensatz zum Vorjahr beträgt der Umsatz 1990 nur ein Zehntel. Die Lage ist so prekär, daß beide Häuser hunderte von Angestellten feuern und sich gezwungen sehen, die Direktorengehälter zu kürzen.
Professionelle Sammler ziehen sich völlig zurück, die spekulationsfreudigsten Investoren fallen am tiefsten. Die Gründe für den dramatischen Niedergang des von äußeren Einflüssen abhängigen Marktes sind zahlreich. Zu allgemeinen Welt- und Wirtschaftsproblemen kommen die zum Teil unfairen Mittel, mit denen die Versteigerungsfirmen arbeiten und welche nicht länger hingenommen werden, zumal sie ein völlig verzerrtes Bild des Handels liefern. Man erinnere sich an den schon erwähnten Sündenfall im Zusammenhang mit van Goghs ›Schwertlilien‹. Der damals dank Doping erzielte Rekorderlös schürt die Erwartungen nach weiteren Preisschüben.
Mit immer übertriebeneren Schätzpreisen wird versucht, den beschränkten Nachschub in den Markt zu ziehen. Zeitgenössische Künstler werden durch Massenproduktion rufgeschädigt, bis die Nachfrage schließlich zum Stillstand kommt.

Unsitten, wie dem Einlieferer auch bei Nichtverkauf einen Mindestpreis zu garantieren, kurbeln eine Zeitlang den Markt an und machen das Feld frei für verrückte Spekulationen. Daß es nicht so weitergehen kann, liegt in der Natur der Sache. Mißtrauen wird u.a. dadurch erregt, daß man nicht nur an der Qualität der Kunst zweifeln muß, sondern sogar an ihrer Echtheit. Die Auktionsfirmen sichern sich gegen Regreßforderungen für gefälschte Bilder mit einem ganzen Katalog von Geschäftsbedingungen ab. So ist zu erwarten, daß die Käufer schließlich kritischer werden und damit die Hektik der Händler zügeln.
Der Markt beruhigt sich, die weltweite Stagnation ist jedoch kein Grund zur Panik. Der Wandel kommt den Galeristen – soweit sie keine überteuerte Ware eingekauft haben – zugute, denn deren Dauerkundschaft mit mehr Passion als Geld springt nicht ab. Spekulanten warten auf bessere Zeiten, es dominieren wieder Sammler aus Leidenschaft. So atmen Händlern und Sammler gleichermaßen auf, denn die Rezession auf dem Kunstmarkt bringt neues Geschäft. Man geht wieder zum Galeristen, diese stocken zu niedrigeren Preisen ihre Lager auf.
Auch zum jetzigen Zeitpunkt sind selbst mit der so heiklen Gegenwartskunst noch beträchtliche Gewinne zu erzielen. Während weniger spektakuläre Ware nur bei reduzierten Preiserwartungen verkäuflich ist, können besonders begehrenswerte Objekte immer noch sehr schnell sehr teuer werden.
Als Beispiel sind die beiden Pissoirattrappen des Amerikaners Robert Gober, auf der DOCUMENTA IX vertreten, zu nennen, die im März diesen Jahres für 140000 Dollar bei Christie's ihren Käufer finden. Ein abstraktes Richter-Gemälde geht auf derselben Auktion für 100000 Dollar weg. Auch bei Sotheby's gibt es Lichtblicke, bei ihrer jüngsten Versteigerung werden 90% der angebotenen Werke verkauft, wobei Kunst der Klassischen Moderne den Löwenanteil ausmacht.
Dies verdeutlicht wohl, daß bedeutende Künstler an ihrem Platz bleiben. Man setzt wieder auf Qualität und handwerkliches Können. Die Künstler werden verstärkt gesiebt, Spitzenqualität erzielt weiterhin gute Preise.
Für 1992 kann man einen neuen Trend voraussagen: Das Interesse verlagert sich von den Impressionisten auf die Alten Meister, bei denen die Erlöse gegenüber 1991 um fast 70% gestiegen sind, während der Anteil am Gesamtgeschäft für Impressionisten und für Moderne Kunst von der Hälfte auf ein Viertel sinkt. Kraft kunsthistorischem Wert werden die Alten Meister wohl weiterhin überleben. Allgemein kann für die nächsten Jahre eine weitere Geschwindigkeitsreduktion der Preisentwicklung, der Produktion und auch der Präsentation vorausgesagt werden.
Läßt dieses Gerede um »Boom« und »Crash« nicht einen wichtigen Aspekt in Vergessenheit geraten? Wird die Problematik, die der Künstler in seinen Werken anspricht, nicht oftmals übersehen? Bei einer Podiumsdiskussion anläßlich der Art Frankfurt '92 sieht der Ästhetikprofessor und engagierte Weggefährte der documenta, Bazon Brock, die Gefahr darin, daß Galeristen heute zu Händlern, Künstler zu Erfolgsstrategen, Sammler zu Spekulanten und Kritiker zu Promotern geworden seien.
Die Transparenz des Marktes – ablesbar an den Preisgeboten der Auktionen- fördert das Interesse an Zahlen. Kunst verliert ihren Erkenntniswert, die Preise werden als Unterhaltungsmaterial für die Kommunikationsstrategien der Medien und die Vermarktungsmechanismen der Auktionshäuser mißbraucht. Durch diese Betrachtungsweise werden emotionale und moralische Impulse des Künstlers nicht mehr verstanden.
Die sich nun abzeichnende Verlangsamung des Marktgeschehens ist durchaus positiv zu sehen: kann es doch bedeuten, daß Kunst nicht länger als Unterhaltungsmedium benutzt wird. Man darf hoffen, daß wieder die Vermittlung von Inhalten und Kunstverständnis in den Vordergrund tritt. Die Kunst der 90er wird engagierter und ernsthafter. Jan Hoet bestätigt diese Annahme anläßlich der DOCUMENTA IX:
»Wir haben viele Künstler getroffen, die kaum etwas verkaufen können und die trotzdem arbeiten, weil sie ernsthafte Künstler sind. Und was sie machen, ist oft besser als die Ware, die der Markt in Zeiten der Hochkonjunktur anbietet.«

Die Zitate von Melikian, Waddington und Yamamoto sind dem Report von Peter Schille »Spekulanten in der Spielhölle« im SPIEGEL Nr. 48/1988 und folgende entnommen.

GUTE-NACHT-GESCHICHTE NR. 5:
Der Maler
Thomas Schütte

Für eine besonders wichtige Ausstellung im Ausland entschloß sich der Maler ein besonders großes Bild zu malen. Er besorgte sich viele Farben in Mengen, einen Satz neuer Pinsel, einige Meter Leinwand und ein spezielles Öl als Malmittel. Er begann den Stoff auf seinen größten Keilrahmen zu spannen und sehr sorgfältig mehrere Male zu grundieren. Er hatte eine klare Idee vor Augen, wie das Bild werden sollte und fing rasch an, seine Farben mit dem Öl anzurühren und erst grob, später fein auf die Leinwand aufzutragen.
Dieses besondere Öl, das er zum ersten Male verwendete, hatte die Eigenschaft, den Farben einen merkwürdigen Glanz, einen Schimmer zu verleihen. Der Maler war begeistert von den Ergebnissen, die er schon in den ersten Wochen erzielte und arbeitete unermüdlich.
Jeden Morgen fand er allerdings zu seinem Ärgernis einige tote Fliegen auf dem Bild, die wohl durch den starken Geruch des Öls angelockt worden waren. So begann seine tägliche Arbeit damit, die Fliegen und die Spuren ihres Todes in der frischen Farbe zu beseitigen.
Auch die schon gelungenen Teile des Bildes mußte er immer wieder übermalen und die Farbe wurde dicker und schwerer.
So ging es zwei Monate Tag für Tag und er fing an zu verzweifeln, denn der Termin der Ausstellung rückte immer näher und die Transportfirma rief schon immer dringlicher an, wann sie denn das Bild abholen könne.
Zudem kam, daß der besondere Schimmer der Oberfläche langsam verschwand, denn die vielen Fliegen, die er nicht mehr entfernen konnte, bildeten unzählige kleine und auch große Knoten auf der Leinwand. Auch mußte er immer größere Pinsel zur Hand nehmen, um der wachsenden Arbeit Herr zu werden und schon bald verschwamm die ursprünglich so klare Idee in einem Brei von Farben und Insekten.
Zwei Tage vor dem endgültigen Termin entschloß er sich in seiner Not, alle verbleibenden Farben mit dem Öl zu verrühren, bis ein merkwürdiges schmutziges Braun entstand, und das riesige Format mit dieser einzigen Farbe zu übermalen.
Nach diesem letzten Rettungsversuch schwor er sich, das Bild so zu lassen wie es war und ging eilig in die nächsten Kneipen, um alles zu vergessen.
In der Nacht flogen immer mehr Insekten durch das offene Fenster auf die frische Farbe und zu allem Überfluß wurde noch ein Schwarm dicker schwarzer Nachtfalter angelockt und verendete langsam flatternd auf dem Bild, denn er hatte vergessen das Licht zu löschen, als er aus dem Haus flüchtete. Betrunken kam der Maler am frühen Morgen zurück, setzte sich ratlos und fluchend vor das Bild und wartete auf die Männer, die es abholen sollten. Er versuchte nachzudenken, jetzt noch einen Titel zu finden, empfand er anstrengender, als all die Wochen zu malen und gegen die Fliegen zu kämpfen.
Auch eine Verpackung war bei der dicken, noch nassen Farbe ein großes Problem. Er behalf sich, indem er lediglich breite Leisten um die Kanten des Bildes nagelte und es somit sicher bewegt werden könnte. Er dachte weiter über einen passenden Titel nach, bis endlich am Nachmittag die Transporteure mit einem großen Wagen kamen, eilig die Papiere ausfüllten und daran gingen, das Bild aus dem Haus zu tragen. Im letzten Moment nahm der Maler einen dicken Stift zur Hand und schrieb seinen Namen auf die Rückseite der schweren Leinwand, das Datum 4. Mai 1991 und dazu die Worte:
»BIG BROWN SHIT«
Er war froh, daß nun endlich alles vorbei war, denn was konnte er jetzt noch tun, und legte sich ins Bett, wo er vor Erschöpfung fast zwei volle Tage schlief .
Er sollte das Bild nie wiedersehen, denn noch während der Ausstellung wurde es verkauft.

Mit freundlicher Genehmigung des Autors. Erstveröffentlichung: Jahresring 38. Der öffentliche Blick. Verlag Silke Schreiber. München 1991. S.319f.

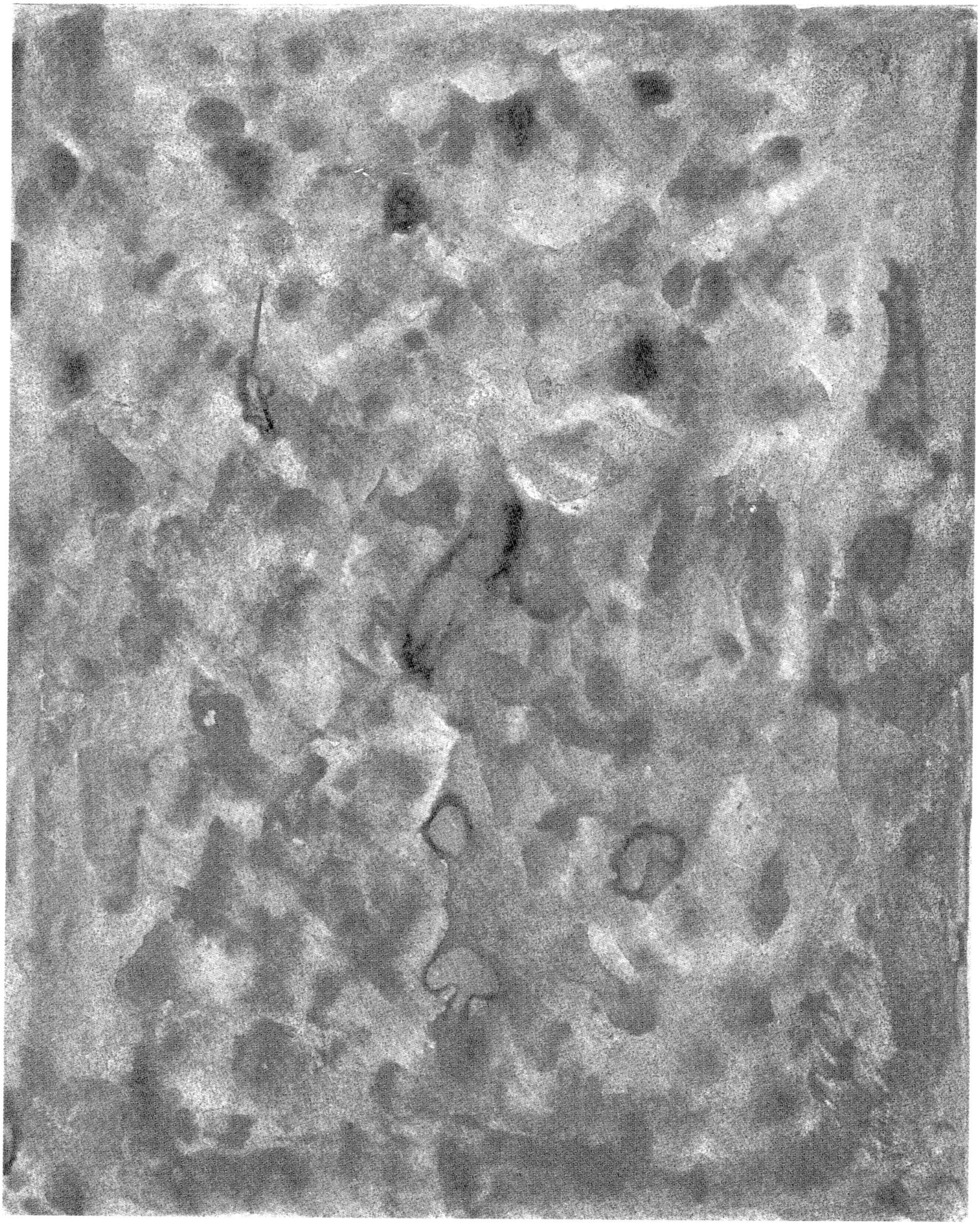

BIG BROWN SHIT

AUTORENVERZEICHNIS

Jean-Christophe Ammann, Dr. phil.; Direktor des Museums für Moderne Kunst in Frankfurt/M.

Matthias Arndt; Leiter der Vruchtenhagel Galerie in Kassel

Klaus Baum, Dr. phil; Studium der Germanistik, Philosophie und Theologie. Lehrbeauftragter für Kunstwissenschaften u. Leiter des Führungsdienstes der documenta 9

Carel Blotkamp, Dr. phil; Professor für Kunstgeschichte an der Freien Universität Amsterdam. Lebt als freier Autor Ausstellungsmacher in Utrecht

Barbara Böcker; Studium der Kunstgeschichte und Kunstpädagogik, lebt in Frankfurt/M.

Christian Bromig; Studium der Visuellen Kommunikation und Gesellschaftslehre, tätig als Ausstellungsorganisator u. Autor, z.Zt. Vorb. einer Dissertation

Johannes Eucker, Dr. phil.; Professor für Didaktik der bildenden Kunst an der Hochschule der Künste in Berlin

Wolfgang Max Faust, Dr. phil.; lebt als Kunstwissenschaftler u. Kunstjournalist in Berlin.

Michael Grauer, Dr. phil.; Fortbildungsleiter, Gymnasiallehrer und freier Autor in Hamburg. Beiträge zu den Katalogen der documenta 8 und XLIV. Biennale Venedig

Lydia Haustein, Dr. phil.; Kulturwissenschaftlerin und Lehrbeauftragte an der Universität Göttingen

Werner Hahn; Künstler, Schriftsteller und Lehrer in Mittelhessen

Markus Heller; Studium der Germanistik und Kunstwissenschaften in Kassel

Harald Kimpel; Studium der Kunstgeschichte und Kunstpädagogik, Leiter der Ausstellungsabteilung des Kulturamts der Stadt Kassel

Johannes Kirschenmann; Studium der Kunstpädagogik und Gesellschaftslehre, Gymnasiallehrer in Bad Homburg, Mitarbeiter des Hessischen Instituts für Lehrerfortbildung

Ulrike Lehmann; Studium der Germanistik und Kunstgeschichte, Ausstellungsleiterin an der Kunsthalle Bremen 1989–1991, Katalogbeiträge und freie Autorin, lebt in Bremen

Michael Lingner; Professor für Kunsttheorie an der Hochschule für Bildende Künste in Hamburg

Pierangelo Maset; Kunsterzieher in Berlin, Doktorand am Graduiertenkolleg Ästhetische Bildung in Hamburg

Ulrich Meyer-Husmann; Studium der Kunstpädagogik, Kunstgeschichte, Philosphie und Germanistik, Gymnasiallehrer und Museumspädagoge in Wiesbaden, lebt in Mainz

Karl Markus Michel, Dr. phil.; Lebt als Autor und Herausgeber des Kursbuchs in Berlin

Roland Nachtigäller; Studium der Germanistik, Kunstpädagogik und Kunstwissenschaft, Assistent am Museum Fridericianum Kassel, Katalogredakteur der documenta 9

Gunter Otto, Dr. h.c.; Professor an der Universität Hamburg, Institut für Ästhetische Erziehung

Stephan Schmidt-Wulffen, Dr. phil.; Kunstjournalist und Leiter des Hamburger Kunstvereins

Mathias Schmitz; Studium der Germanistik, Pädagogik und Philosophie, Lehrbeauftragter an der Universität Hamburg

Thomas Schütte; lebt als international anerkannter Künstler in Düsseldorf

Karin Schulze, Dr. phil.; Kunstwissenschaftlerin und Kunstjournalistin in Hamburg

Jessica Schulze; Studium der Kunstgeschichte und Kunstpädagogik, lebt in Frankfurt/M.

Werner Stehr; Studiendirektor, Fachleiter für Erziehungswissenschaften und Kunst, Mitarbeiter des Hessischen Instituts für Lehrerfortbildung

Helga Stübs; Oberstudienrätin, lebt als Lehrerin und freie Autorin in Hannover

Sophia Vietor; Studium der Germanistik und Philosphie, lebt in Hamburg und Berlin

Gabriele Winter; Dozentin für Ästhetik und Kommunikation an der Fachhochschule Frankfurt/M.

Martina Wüstmann; Studium der Kunstgeschichte, lebt in Bad Homburg

IMPRESSUM

Die vorliegenden Materialien entstanden in der Zusammenarbeit mit dem Hessischen Institut für Lehrerfortbildung und dem Bund Deutscher Kunsterzieher – Landesverband Hessen.

Herausgeber Werner Stehr, Johannes Kirschenmann

Lektorat Dr. Rudolf Martens

Gestaltung/Herstellung Eduard Keller

Satz Fotosatz Weyhing GmbH, Stuttgart

Lithographie Hugo Krämer, Stuttgart

Gesamtherstellung Dr. Cantz'sche Druckerei, Ostfildern bei Stuttgart

ISBN 3-89 322-452-1